皖西现当代作家研究

余学玉　江琼　主　编
陈红梅　崔玲　副主编

北京师范大学出版集团
BEIJING NORMAL UNIVERSITY PUBLISHING GROUP
安徽大学出版社

图书在版编目(CIP)数据

皖西现当代作家研究/余学玉,江琼主编.—合肥:安徽大学出版社,2017.6

(博学文库)

ISBN 978-7-5664-1418-2

Ⅰ.①皖… Ⅱ.①余…②江… Ⅲ.①作家评论-安徽-现代②作家评论-安徽-当代 Ⅳ.①I206.6

中国版本图书馆 CIP 数据核字(2017)第 134952 号

安徽省高等学校省级质量工程项目:省级规划教材(2013ghjc255)
安徽省高校人文社会科学研究重点项目(SK2014A426)

皖西现当代作家研究　　　余学玉　江琼 主 编

出版发行:	北京师范大学出版集团 安徽大学出版社 (安徽省合肥市肥西路 3 号 邮编 230039) www.bnupg.com.cn www.ahupress.com.cn
印　　刷:	合肥创新印务有限公司
经　　销:	全国新华书店
开　　本:	152mm×228mm
印　　张:	27
字　　数:	340 千字
版　　次:	2017 年 6 月第 1 版
印　　次:	2017 年 6 月第 1 次印刷
定　　价:	55.00 元

ISBN 978-7-5664-1418-2

策划编辑:卢　坡　　　　　　　　装帧设计:李　军
责任编辑:赵明炎　刘婷婷　卢　坡　美术编辑:李　军
责任印制:陈　如

版权所有　侵权必究

反盗版、侵权举报电话:0551-65106311
外埠邮购电话:0551-65107716
本书如有印装质量问题,请与印制管理部联系调换。
印制管理部电话:0551-65106311

目　录

绪　论　地域文化背景下的皖西现当代文学 ……… 001

第一章　蒋光慈研究 …………………………………… 001
第一节　蒋光慈的生平与创作 ……………………… 001
第二节　蒋光慈的诗歌创作 ………………………… 008
第三节　蒋光慈的小说创作 ………………………… 020
第四节　蒋光慈对现代革命文学的贡献 …………… 051

第二章　"未名四杰"研究 …………………………… 067
第一节　"未名四杰"成长的历史文化背景 ……… 068
第二节　"未名四杰"与鲁迅的渊源 ……………… 079
第三节　韦素园的文学活动 ………………………… 107
第四节　台静农的文学活动 ………………………… 120
第五节　李霁野的文学活动 ………………………… 138
第六节　韦丛芜的文学活动 ………………………… 152

第三章　徐贵祥研究 …………………………………… 164
第一节　徐贵祥生平 ………………………………… 165
第二节　徐贵祥战争题材小说 ……………………… 173
第三节　徐贵祥中短篇小说 ………………………… 197

第四节　徐贵祥反映和平时期的军事题材小说 …… 202
第五节　徐贵祥散文 …… 208
第六节　徐贵祥小说创作思想及其影响 …… 212

第四章　其他皖西籍作家研究 …… 220
第一节　中国现代文学研究学科奠基者李何林 …… 220
第二节　新中国文物事业的奠基人王冶秋 …… 226
第三节　中国现当代江苏文学领军人物艾煊 …… 231
第四节　中国报告文学作家的一面旗帜张锲 …… 234
第五节　柳冬妩的打工诗歌创作和打工文学研究 …… 246

第五章　皖西本土作家研究 …… 256
第一节　马德俊的文学创作 …… 256
第二节　胡传永的文学创作 …… 270
第三节　张子雨的文学创作 …… 287
第四节　陈斌先的文学创作 …… 299
第五节　黄圣凤的文学活动 …… 310
第六节　张烈鹏的文学活动 …… 325
第七节　方雨瑞的文学创作 …… 342
第八节　陈巨飞的文学活动 …… 348
第九节　霍邱作家群的文学活动 …… 376
第十节　叶集新生代作家群 …… 389

后记 …… 397

绪论 地域文化背景下的皖西现当代文学

皖西依山襟淮,承东接西,是一片美丽而神奇的土地。区域内文化丰富,灿若星河,主要包括:其一,内涵丰富的红色文化。皖西是著名的革命老区,是中国革命的重要策源地、人民军队的重要发源地之一。早在1920年初,皖西就出现学习、宣传马克思主义的组织"中国革命小组";1923年冬,中共寿县小甸集特支成立,直属中共中央领导;1927年7月成立的中共寿县临时委员会,是安徽最早的县委。皖西是"红军的摇篮,将军的故乡"。从"五四"运动到新中国诞生,30年红旗不倒,30多万先烈捐躯,走出开国将军108位,占全国1614位开国将帅的6.7%;在全国"十大将军县"中,皖西就有两个县。其二,特色鲜明的农耕文化。皖西见诸史册记载的历史,可追溯到上古的帝尧时代,农业文明的发育也相当早。皖西地形包括山地、丘陵、平原三大自然区域,又属于北亚热带向暖温带转换的过渡带,四季分明,气候温和,雨量充沛,光照充足,无霜期长,适合农业生产。皖西地处江淮分水岭,在皖西现当代的经济发展中,传统农业依然占据主导地位,农耕文化延续千年,根深蒂固。其三,风格独特的淮河文化。淮河古称"淮水",与长江、黄河、济水并称"四渎",是中国七大江河之一。淮河干流全长约1000公里,流经皖西区域内的长达125.5公里。同时,淮河支流淠河等也是皖西的重要河流。独特的自然风貌,使得淮河文化在皖西千年传承。其四,积淀厚重的古蓼文化、楚文化等。

在皖西这块热土上,霍邱乃春秋时蓼国属地,寿县先后为战国时蔡、楚都城。悠久的历史,成就了厚重的文化积淀,孕育了璀璨夺目、摇曳多姿的古蓼文化、楚文化等。

一、地域文化背景对皖西现当代文学的影响

"一方水土养育一方人",皖西特有的地域文化胎生并影响了皖西现当代文学。

(一)对作家的影响

这主要是影响了作家的创作观。下面以霍邱籍作家蒋光慈为例。蒋光慈是中国早期的共产党人。青少年时代,家乡农耕文化带来的贫穷落后,催生了蒋光慈改变命运的念头。他在芜湖、上海、苏联读书学习期间,思想上不断进步和成熟,并于1922年加入中国共产党。蒋光慈也是皖西党组织的创始人之一,1924年他回乡建立党组织,点燃了皖西革命的火炬。在伟大的革命生涯中,蒋光慈清醒地认识到:要"振作中国的文学界"。他在《觉悟·文学专号》第一期发表《我们是无产者》一诗,代发刊宣言,旗帜鲜明地表达了自己的文学主张:"我们的笔龙要为穷人们吐气,我们的呼吼能为穷人们壮气。"他在《现代中国的文学界》以及后来的诸多文章中,更是提出并阐述了"革命的文学家""革命的文学"等创作思想。由此可见,蒋光慈的无产阶级革命文学创作观的产生与形成,与家乡古老而落后的农耕文化,以及由他亲手播下火种的皖西红色文化,有着千丝万缕的内在联系。再以打工诗人柳冬妩为例。柳冬妩高中毕业就经历了那场席卷大江南北的民工潮,而农民进城打工其实标志着乡村农耕文化在皖西大地的退却和失败。回首农耕文化渐行渐远的熟悉背影,面对冷漠而坚硬、陌生的工业文明和城市文化,柳冬妩认为"打工诗是一种生存的证明",要以诗歌"带着众多漂泊的灵魂在纸上漫步","对生命充满终极关怀并且写作和歌唱,最终走向神明之境"。这种创作思想的定位,

从骨子里说,是皖西乡村文明、农耕文化与城市文明激烈碰撞的产物。

(二)对作品的影响

在创作题材选取上,皖西的山山水水、风土人情、故人旧事,既是作家心里最熟悉的内容,也是他们笔下最常见的内容。翻开皖西现当代文学作品,几乎每一个作家都写过故乡、写过皖西。霍邱作家张子雨写的中篇小说《立夏》,直接选取了发生在皖西的立夏节起义这个红色题材;他在安徽省南北小说对抗赛获奖的中篇小说《桃花渡》,也是将皖西红色文化援笔成篇,演绎了一个曲折动人的故事。陈斌先斩获第二届《飞天》十年文学奖的中篇小说《留守女人》,以及在安徽省南北小说对抗赛获奖的《北岗就在江淮之间》等"北岗系列中篇小说",则是将镜头对准新时期皖西农耕文化,发掘出引人深思的社会问题。在自然环境描写上,许多作品常常以皖西为背景,或实写,或虚拟,设置巧妙。蒋光慈的长篇小说《咆哮了的土地》,把家乡白塔畈的三仙山作为党领导下农民起义的根据地来写。霍邱籍军旅作家徐贵祥的诸多小说作品中,皖西的地名、物件、习俗、风情比比皆是,成就了特定的自然环境。在人物形象塑造上,作家们常赋予其鲜明的皖西性格,使之在文学长廊里散发着浓厚的皖西文化气息。徐贵祥对流经家乡的淮河十分熟悉,《历史的天空》中的梁大牙,就明显带有沿淮汉子粗犷、彪悍、直率、真诚、机智的个性,而这种个性恰好是千里淮河的个性,恰好是有别于其他的另一个,恰好是蕴藏丰富的艺术价值所在。所以,从某种意义上说,是淮河奔腾豪放、桀骜不驯的个性以及由此衍生的文化内涵,塑造了梁大牙这个血肉丰满、栩栩如生的艺术形象。在语言风格的展示上,皖西的方言俚语、山歌民谣及其他文化特质在众多的文学作品中随处可见。比如在台静农的小说中,无论是文本的叙述语言,还是人物的对话描写,皖西乡村特色都一眼即可辨认。

(三)对文学活动的影响

在文学活动中,"社团""书刊""笔会"是举足轻重的三个关键词。皖西籍现当代作家,曾发起或参与了许多文学社团。例如,蒋光慈是太阳社的发起人之一,太阳社积极提倡无产阶级革命文学,要求作品反映工农大众的生活与斗争。韦素园、李霁野、台静农、韦丛芜是未名社的重要成员,这个社团"实地劳作,不尚叫嚣"的特点,很大程度上是从他们身上表现出来的。而这个特点,正好是皖西农耕文化的精髓。20世纪80年代,霍邱籍文学青年刘志明、潘庆农等发起"蓼风文学社",毫无疑问,推崇和弘扬的是古蓼文化。书刊方面,大多在清新的墨香中打上深深的区域文化烙印。寿县信息中心主编的《文化寿州》丛书,包括《城墙根下》《寿州随笔》《寿州琐记》《似水流年》《水泊寿州》《八公山漫话》《天下第一塘——安丰塘》《千年正阳关》《隐贤纪事》共9册,就是围绕博大精深的楚文化建构巨制。政协霍邱县委员会学习文史委和中共霍邱县委党史研究室共同编著的《霍邱剿匪纪实》,则是围绕红色文化回眸历史的烽烟。《映山红》《淠河》《大别山诗刊》《漫流河》《娥眉州》等文学期刊,刊名上就带有浓厚的地域色彩,稍加留心,打捞其中的皖西文化积淀并非难事。作为文学活动的一种重要形式,各类笔会不可不提。比如霍邱县2015年举办的首届中国(安徽霍邱)淮河诗会,辽宁、广东、河南,安徽合肥、蚌埠、淮南、六安等地诗人代表聚集淮畔,召开诗歌座谈会并开展"亲近临淮岗,听着淮河唱歌"采风交流活动,既挖掘了淮河文化的深刻内涵,也凸现了淮河文化对皖西文学乃至区域文学发展的巨大影响。

二、皖西现当代文学的整体风貌

纵观皖西现当代文学,完全可以说是"风景这边独好"的名山胜水,沿着时间的阶梯,移步换景,映入人们眼帘的总是美不胜收的画卷。

"横看成岭侧成峰"。现当代文学的分期,向来没有统一的标准,一直是"仁者见仁,智者见智"。具体到皖西现当代文学,审视百年来风起云涌的发展过程,结合本书研究的重点,我们认为,根据作家及其创作情况,可以将之分为三个时期:一是高峰时期(从"五四"运动到新中国成立)。这个时期,有中国传统文化根基,有西方现代思潮影响,有民族崛起的召唤,出现大师。以中国无产阶级革命文学的奠基人之一的蒋光慈以及未名社霍邱籍成员韦素园、李霁野、台静农、韦丛芜等著名作家为代表,形成了皖西现代文学的"五岳",展示了崇山峻岭高峰林立的雄浑气象。二是高空时期(从新中国成立到1978年)。高空,一般是指等压面在850毫帕以上的、距离地面较高的空间。顾名思义,高空可以指很高很高,也可以指具有一定的高度。高空的界限虽说相对抽象而模糊,但流动的风、灿烂的阳光、洁白的云朵,都是高空的美丽景观。这个时期的文学特点,有战争文化心理影响下的是非善恶分明、新中国成立的欢快和对未来的理想。以李何林、王冶秋、艾煊等作家、评论家为代表。三是高原时期(新时期和新世纪)。地理学上的高原,素有"大地的舞台"之称,是指海拔高度在1000米以上,面积广大,地形开阔,周边以明显的陡坡为界,比较完整的大面积隆起地区。我们在这里所说的"高原时期",则是对皖西文学的广阔舞台一个阶段的描述。这个时期是在改革开放、社会转型、市场经济的大环境下,要素流动加剧,社会活力迸发,价值取向多元,文学景观由高空时期大一统的"一条大河波浪宽",到思潮涌现百川到海的"春江潮水连海平,海上明月共潮生",再到个人化追求的"山重水复疑无路,柳暗花明又一村"的时期。在这个时期,作家阵容形成规模,文学创作异常活跃,精品力作层出不穷,总体水准引人瞩目。代表作家为徐贵祥、张锲、金克木、柳冬妩、王英琦、张子雨、陈斌先、黄圣凤、韩传喜、王余九、胡传永、方雨瑞、马德俊、金从华、谢鑫、张烈鹏、穆志强、李训喜、流冰、陈巨飞、胡世远等。

如果说对皖西现当代文学进行全景式鸟瞰足以令人震撼的话,那么置身其中,走进一座座山川,游历一条条河流,徜徉一处处景点,对每一种文学体裁用心仔细观赏,则会让人更加心旷神怡。

(一)小说创作

小说创作是皖西现当代文学的重头戏,近百年来,无论时代怎样进步,社会怎样发展,经济怎样转型,皖西籍作家笔下的小说始终是类型齐全,风格成熟,好戏连台。

皖西现当代文学的高峰时期,远离故乡的霍邱籍作家蒋光慈、台静农分别在南疆北国推出一大批长篇和中短篇小说精品,堪称这个时期皖西文学的双峰。

蒋光慈大力提倡并以出色的创作实践丰富、发展了中国无产阶级革命文学。1925年以后,蒋光慈以较多的精力从事小说创作。他所创作的中篇小说《少年漂泊者》《短裤党》及短篇小说集《鸭绿江上》,不仅艺术地展现了复杂的社会矛盾和斗争,而且及时地反映了党领导下的工人运动,被钱杏邨誉为"革命青年的三部曲",在文坛影响深远。中篇小说《野祭》《菊芬》推动了中国文学中形成并流行"革命与恋爱"的著名模式,虽说在思想内容上存在一些缺陷,但也典型地反映了20世纪30年代意识形态以及社会生活的转型,反映了30年代青年普遍的政治化和"左倾"的规律,值得深入研究。长篇小说《冲破云层的月亮》《咆哮了的土地》在思想性、艺术性上走向成熟,充满了大革命的时代气息,洋溢着积极进取的革命精神,具有开创的意义,是中国文学史上的重要作品。

台静农是未名社的主要成员,也是中国现代乡土文学的重要作家。收入《地之子》中的《天二哥》《拜堂》等14篇小说,"从民间取材",以朴实而略带粗犷的笔触描绘出一幅幅"人间的酸辛和凄楚"的图画。短篇小说集《建塔者》揭露新军阀的血腥统治,歌颂在白色恐怖下坚持斗争的革命志士,是作家政治上更趋激进的结果。台静农的短篇小说,富有生活实感,素描式反映了当时的农村现实、乡土风习,掩映如画,是乡土小说的杰出代表。

除蒋光慈、台静农外,这一时期,未名社作家李霁野的小说集《影》共收录《革命者》《回信》等 7 篇短篇小说,落笔谨严,感情深而细;韦丛芜短篇小说《在伊尔蒂希(Irtysh)河岸上》《校长》等,也很有思想深度和艺术水准。

新中国的成立,拉开了皖西现当代文学高空时期的帷幕。舒城籍作家艾煊创作的《大江风雷》《山雨欲来》《乡关何处》《秋收以后》等 10 部中长篇小说,享誉文坛。其中《大江风雷》是艾煊最负盛名的代表作,描写 1939 年冬至 1941 年春,新四军某部在东进过程中留下六名干部战士,在淮南地区发动群众、组织武装力量打击汪伪军和日寇的故事。1965 年,这部小说一经面世,就深受好评,成为畅销神州、伴随新中国几代人成长的红色文学经典。同是龙舒儿女的孙坆,创作并出版了长篇小说《万山红》《那年月》《漩流》等。

随着新时期乃至新世纪的到来,皖西现当代文学进入了人才辈出的高原时期。霍邱籍军旅作家徐贵祥的作品是这个时期小说创作的最高峰。

徐贵祥是新时期正面强攻军事文学阵地的代表人物之一。他的长篇小说,无论是《历史的天空》《八月桂花遍地开》《四面八方》《马上天下》,还是《高地》《仰角》《对阵》《特务连》《明天战争》,无论是描绘烽火连天的沙场鏖战,还是再现和平年代的军旅生活,都毫无例外地把三军将士作为写作对象,让金戈铁马、刀光剑影跃然纸上。他的中篇小说,除了《预约晚餐》《有钱的感觉》等 4 部作品外,其他的像《弹道无痕》《潇洒行军》《决战》《好一朵茉莉花》《三尺布》《识字班》《背锅人》等等,也都是为士兵立传,为军营铸魂。可以说,只要打开徐贵祥的作品,就会有浓重的兵味、战味扑面而来,挥之不去。徐贵祥的小说,将宏大叙事、激烈冲突、粗犷语言、规范文本融为一体,在深度挖掘人性、塑造人物形象,大力弘扬主旋律的同时,张扬了独特的艺术个性。长篇小说《历史的天空》荣获第六届茅盾文学奖,入选《共和国作家文库》。他的多部作品被改编为影视剧,在全国热播。2014年,徐贵祥作为全国72位代表之一,参加了习近平总书记主持召开的文艺工作座谈会;2016年底,当选为中国作家协会副主席。

中国作家协会副主席、寿县籍作家张锲的《改革者》,也是这一时期有影响的长篇小说佳作。这部小说荣获"当代文学奖"并被改编成电影,翻译成少数民族文字甚至被译介到国外出版,是新时期"改革文学"的代表作品。

与季羡林、张中行、邓广铭一起被称为"燕园四老"的寿县籍著名作家金克木,80年代用笔名"辛竹"出版自传体小说《旧巢痕》《难忘的影子》,作品"写大时代中小人物,从细处、淡处落笔,看似不动声色却又深邃浓酽,读来娓娓动人"。

评介皖西小说创作,不能不说的是"霍邱作家群"。"霍邱作家群"在小说创作方面,张子雨的作品被誉为"新都市传奇",他的几部中篇小说先后被改编、拍摄成电视电影,其中《警花燕子》还在韩国公映。他的长篇小说《黑白布局》《旧城》,中短篇小说集《打死我也不信爱情》《爱情会在不远处等我》将笔端集中于新旧交替的城市,让"小人物们"在这里上演着喜怒悲欢的日常"传奇"。作家通过精心架构的悬疑情节,在场的生活常态与不在场的精神寄居交融在一起,展示出城市化进程中复杂多变的众生态相。陈斌先的小说主要是乡村题材小说,中短篇小说集《知命何忧》《蝴蝶飞舞》《吹不响的哨子》以及散见于各大期刊的作品,大多有着共同的乡村文化背景和氛围,几乎是全景式地展示了30年多来中国的乡村发展史,展现了中国社会转型期乡村文化的特质。小说中不乏精彩的故事,更有真实的人物，价值指向也都是美好的，堪称"后乡土时期的乡村镜像"。王余九的短篇小说《窗口》与鲁彦周的《天云山传奇》一道被视为粉碎"四人帮"以后安徽文学的重大收获。《虾圆子》等作品，脍炙人口，广泛流传。此外，莽汉的中短篇小说集《江湖时代》对人性和人的生存状况的描绘，有一定深度。80后作家王晓璇的长篇历史小说《商魇》力图在古代话本气质、新世纪主流语汇和戏剧体形式构成的三维中寻找一个中心点作为写作的风格，长篇青春小说《时间动，爱情不动》具有突破价值的麦当劳式创作体验，受到文坛赞誉。陶勤之《黑红剑》《天涯绝情剑》等长篇武侠小说，展示了"霍邱作家群"在通俗文学创作上的艺术成就。

除"霍邱作家群"在皖西小说创作上一路领跑外，本土的其他作家也有不少写小说的高手。女作家胡传永的长篇小说《淠水谣》以一个家族的个人悲剧为切入点，潜入淠水的灵魂，写出一群人和一座城的苦难与疼痛，对历史的本质具有穿透力。小小说名家方雨瑞的作品善于在历史与现实中挖掘人生真相，《断弦》《写信》入选《中国新文学大系》，并被译成英文作为中国小小说代表作品向国外推介；历史小说集《六安王国》，在大胆演绎中献上一部厚重的六安历史和一脉清晰的皋城人文。金从华的小小说《教授与木匠》《天天送你玫瑰花》等，聚焦小人物，透视大社会，每一篇都展现了作家的智慧。流冰的小说集《冷夜暖情》《何处是家园》《杠打老虎鸡吃虫》好看而且接地气，"底层写作"艺术地再现了小人物的生存状态和疼感，文质兼优，可读性强。霍山籍儿童文学作家谢鑫是中国原创少年侦探小说领军人物，出版作品多达100余本。他的"课外侦探组"系列少年侦探小说入选新闻出版总署第三届"三个一百"原创出版工程，"洛克王国魔法侦探"系列图书荣获桂冠童书评选2011年度"文学童书"大奖，儿童侦探小说《蝴蝶标本飞走了》入选国家社会科学基金项目"中国现当代侦探小说研究"丛书。

谢鑫在很多城市为小学生及其家长做过讲座,受到媒体广泛关注。徐航的小说集《高天流云》、文济齐的小说集《看看你是谁》等,也有较大影响。

(二)散文创作

在皖西现当代文学的高峰时期,散文创作主要由蒋光慈和未名社成员领衔。蒋光慈的散文名作《在伟大的墓之前》,洋洋万言,"将叙事、抒情和议论很巧妙地结合在一起。由于形象的叙事和热烈的抒情,就使作者议论列宁的伟大之处,更显得鲜明和深刻。作者写到中国苦力对列宁的崇敬,和印度民间传说中对列宁的向往,更为这篇散文增添了诗的光彩"。蒋光慈与宋若瑜的通信集《纪念碑》以及他旅居日本时写的日记《异邦与故国》,在文本形式上进行了大胆创新,实质上也是很好的散文。未名社成员韦素园的散文,多是病榻上的人生感悟,但境界和情调相对清朗,较能代表其散文水平的作品包括《春雨》《乡人与山雀》《痕六篇》等。霍邱籍作家王冶秋爱起来是把火,恨起来是把刀,他的散文集《狱中琐记及其他》是对革命生涯的回顾,《大地新游》是对新社会的讴歌,《北京琉璃厂史话》是对文物史料的发掘,思想内容丰富。作品中,细腻生动的描写,泾渭分明的对比,真诚自然的情感,朴实无华的语言,构成了鲜明的艺术特色。

李霁野是散文大家,他的散文创作贯穿于皖西现当代文学的三个时期,主要作品收录于《温暖集》《马前集》《给少男少女》《意大利访问记》《纪念鲁迅先生》《鲁迅先生与未名社》《华诞集》《怀旧集》等散文集。他的散文主要分为几种类型:怀人忆旧类,有的以特定时空为界限,截取生活片段;有的以特定人物为对象,选取写作素材;有的以特定物件为线索,获取写作内容,写作视角独特,描写手法细腻。描绘现实类,《慰问抗美援朝志愿军随笔》《似曾相识的杜鹃花》等篇章,立意精深,选材精当,结构精巧,语言精美,思想性、艺术性都很强。写景记游类,对中西文化正确审视，对文史知识旁征博引，对语言艺术娴熟运用，具有引人入胜的魅力。

新中国成立后，舒城籍作家艾煊始终活跃在广阔的散文天地里。"文革"前，艾煊出版散文集《碧螺春汛》，并以此奠定了他作为散文家的地位。此后，他先后出版散文集《太湖漫游》《雨花棋》《艾煊散文选》《金陵·秣陵》及散文套书《烟水江南绿》等。艾煊一生中的大部分时间都生活在南京，因此南京这座六朝古都也常被他纳入笔下。历史悠久的街巷，古老的传说，风土人情，六朝兴废……他笔下的南京色彩斑斓，有着江南的秀丽，又有着一份格外的深沉。艾煊的散文创作，还将笔触伸向了他孩童时期生活的桃溪，描绘了一个宛如世外桃源的千年古镇，也透露了作家对现代化背景下古镇逐渐面目模糊的忧虑。长期的、高质量的散文创作，为艾煊赢得了荣誉，如《烟水江南绿》荣获第一届鲁迅文学奖优秀散文杂文荣誉奖。

新时期以后，皖西籍作家的散文创作持续升温，散文家和好作品不断涌现。寿县籍作家金克木先后出版了《天竺旧事》《燕口拾泥》《文化猎疑》《书城独白》《无文探隐》《文化的解说》等诸多散文随笔集。金克木的散文随笔，以活泼的文调，在中西文化中行走，堪称文化精品。寿县籍女作家王英琦创作成就突出。王英琦是"女权意识"比较强烈、个性"雄化"突出的女性。为了证明女性的智慧、才能和回归的独立意识，她只身孤影地闯进大西南原始雨林，孑然一人漫行大西北浩瀚戈壁，以独特的情致和感受，相继出版了散文集《戈壁梦》《热土》。接着，又通过现实生活"多棱镜"的折光，反射出对社会、人生、自然的诚挚心绪，喷吐心底最深处的隐秘，写出散文集《情到深处》等。王英琦的散文，纵笔山水、钩沉历史、呼唤人生，或坦诚、质朴，或热情、炽烈，或真挚、隽永，或冷峻、沉郁，以少有的阳刚之美活跃于文坛，以严肃、耿直的人生态度、文本特征傲然于世，表现出"大江东去"的豪情，形成了独特的艺术风格。

还有一个出生在六安东乡、推崇"草根人生,边缘写作,秋水文章"的散文家程耀恺,水准颇高。他创作并发表过千余篇散文,出版散文集《不争春》。程耀恺饱读诗书,落笔不凡,不仅仅写往事、写生活、写一般散文里常见的事物,而且笔锋涉猎方言、茶事、徽州纸墨、张爱玲的虱子、《金瓶梅》的谜题等等,文章还不是一般的涉猎,在许多方面讲得通透。程耀恺的文笔雅洁可喜,文风平和冲淡。

小说家的散文往往独具风味,徐贵祥的散文就是如此。收录在散文集《穷人树》《枣树里的阳光》以及短篇经典文集《向右看齐》中的散文作品,写往事、写乡愁、写文学、写南来北往、写教书交友,无不是纵横捭阖,收放自如,大气磅礴,豪迈奔放,展示了"散文中的军旅阳刚派"一贯的文风。《当兵当到了天边边》《冬天里的一把火》《老街沧桑》《穷人树》等,都是让人一旦捧读就爱不释手的精品。与徐贵祥一样,小说家张子雨的散文《父亲的忧伤》、陈斌先的散文《穿越冷暖的河》《寻找父亲的足迹》等,均出手不凡。

皖西本土散文家在创作上更是"不甘寂寞"。叶集女作家黄圣凤巾帼不让须眉,短短几年连续出版诗文集《野菊花的秋天》、散文集《一路轻歌》《一棵树的穿越》《等一朵花盛开》,推出了许多优秀作品。《让兄弟姐妹都开花》获中宣部征文二等奖。《母亲·簸箕》《时光是一盘磨》《北土之德,匍匐在北》等作品,分别获得孙犁文学奖、林非散文奖等奖项。其作品乡土气息浓厚,写作特色鲜明,艺术性、可读性很强。黄圣凤在散文创作中,广泛发掘日常生活中的真善美,诗意地解读形形色色的人和事,娴熟地驾驭语言文字,用优雅的浅吟低唱,构筑一个别有洞天的精神世界。伉俪作家莽汉、胡传永的散文,比翼双飞,别有情致。莽汉的散文主要有文化散文、乡土散文、动物散文等几类,收录在《叩问乡关》《生命物语》《给上帝打个电话》等文集中。无论是闲话大师,在浩瀚的历史文化中感悟人生,还是遥望家园,在发黄的往事中书写乡愁,都可以感受到莽汉的思想深度和语言张力。胡传永的散文主要收录于《沉重的乡土》《行走天路》等散文集。她的多篇散文入选河南大学中文系阅读课本,《伤痛红绒花》更是被选进季羡林主编的《百年美文》。胡传永从女性生存和人文心理的角度,对乡村苦难经历、对生命疼痛与伤逝感,进行正视与反思,还原了20世纪后半期一个真实的农村。霍邱籍作家张烈鹏、穆志强是坚守淮河精神、致力乡土文学创作的散文家。张烈鹏的散文,是他构建在沿淮地带的文学王国。张烈鹏出版的散文集《梦中的家园·遥望》《最好的风景》,其中写淮河、写故乡的文字占有相当比重。他的淮河系列散文,写沿淮的庄台,写淮堤上的民居,写沿淮的风云雨雪,写淮河岸边的男人女人们,写故乡的龙井、田埂、老街、老屋、菜园等等,不一而足。他通过对故乡风土人情、一草一木的不断抒写和叙述,建构了一个精神上的故乡,实现文学意义上的"精神还乡"。张烈鹏的散文朴素而真实,笔触细腻而深刻,弥漫着浓郁的底层生活气息。穆志强的乡土散文总体上数量不多,但文笔优美,抒情真切,构思巧妙,《为故乡喊魂》《故乡的记忆》是其代表作,尤其是长篇散文《为故乡喊魂》在鸿篇巨制中蕴涵着独特的审美发现,比较厚重。寿县作家鲁甄、赵阳围绕寿州古城落笔成文,寄托情思。翻开鲁甄的散文集《在古城过日子》和赵阳的散文集《城墙根下》,楚文化的积淀、寿州的历史文明碎片和人间烟火气息,迎面而来。金寨籍作家京隆自20世纪80年代即主攻散文和散文诗创作,主要作品有散文集《大野》、散文诗集《滩音》《白色鸟》,2006年《中国散文诗》将他载入中国近20年散文诗发展"有代表性"的12位散文诗作家之列。霍邱籍作家史红雨散文集《钓趣》、罗会祥文集《四维阁文钞》、曹承芳散文集《草叶絮语》以及赵克明、刘家宝的散文,风格多样,各有千秋。寿县籍作家仇嫒嫒散文集《飞絮飘影》《大观园群芳谱》《走在文化边上》,以及汪锡文散文集《心灵的阳光》、黄丹丹散文集《一脉花香》中,均不乏佳作。

未名社中坚台静农1946年渡海入台后,在海峡彼岸创作了数十篇散文。1988年,35篇散文结集为《龙坡杂文》并出版。台静农这本唯一的散文集,或怀旧忆往,或谈文说艺,字里行间学问和性情交相辉映,历尽沧桑的老一代知识分子的耿介和深厚博大的人文关怀尽在其中,可谓"思极深而不晦,情极衷而不伤,所记文人学者事,皆关时代社会"。

(三)诗歌创作

皖西是中国诗歌重地。新诗百年,诗人们各显神通,各领风骚。

其一,蒋光慈的诗歌。蒋光慈1921年赴苏联学习,1924年回国。从这个时期他就开始写作新诗。第一本诗集《新梦》中的作品,有抒写诗人为探求革命真理而出国的情怀,有歌唱自己在新生活中种种欢欣的感受,也有向"痛苦的劳动兄弟"倾诉激情的篇章。他的诗中有对红军的歌颂,有对苏联少年儿童的歌颂,也有为列宁的逝世而感到莫大的哀痛。诗歌格调宏朗奔放,革命浪漫主义色彩浓厚,对当时的知识青年起到很大的鼓舞作用。第二本诗集《哀中国》,重点抒写对帝国主义和封建军阀的愤怒和抨击,激越的愤慨、深沉的悲叹和庄严的召唤同时充溢于诗中。诗集《乡情集》,或抒情,或叙事,艺术性更加成熟。蒋光慈的诗歌,主要取材于大革命失败前后的历史事实,反映了一个时代各个层面的生活,描绘了中国人民努力步向光明的奋斗足迹。他的政治抒情诗,是中国20世纪20年代的创作高峰代表。

其二,未名社成员的诗歌。未名社作家中,韦丛芜首当其冲,堪称优秀诗人。他的长诗《君山》共600多行,叙述了"我"与白水、山女之间的恋爱故事,展示了"我"在这场爱情纠葛中痛苦的感情历程。这首叙事诗在艺术手段上进行了大胆尝试,以抒情为主,但不废弃叙事,对叙事采取了淡化与转化两种处理方式,并注重将曲折变化的情绪结构与复沓句式的多样运用相结合,具有浓郁的抒情味与缠绵不尽的风格,令人赞赏。诗集《冰块》收杂诗12首,其影响虽不及《君山》,但题材广泛,思想内容较前更深切,形式和技巧都有一定突破。

李霁野的诗歌也值得称道。在皖西现当代文学的高峰时期,李霁野创作了大量的旧体诗,后编为《乡愁集》《露晞集》,主要是抒写游子的思乡情怀。在高空和高原两个时期,李霁野的诗歌,主要有旧体诗和自由诗,收录在《海河集》《国瑞集》《琴与剑》《卿云集》等诗集里。这些诗作涉及内容十分广泛,或赞美祖国的大好河山,或抒写时代的巨大变化,或缅怀伟人的丰功伟绩,但"爱"是诗魂,贯穿始终,每一首诗歌都是弘扬爱的旋律的优秀篇章。结构上,不乏对称美的整饬和自然美的流畅,具有灵活性;手法上,以文为诗,推陈出新,具有创造性;风格上,旧体诗典雅隽永,自由诗朴实直率,具有多样性。

诗歌同样是台静农的挚爱,可以说诗歌创作贯穿了其一生。他以1922年发表《宝刀》为起点,创作了几首新诗,后主要创作旧体诗,作品为诗歌集《白沙草》《龙坡草》。台静农的诗歌挥洒自如,既没有《地之子》中的沉重,也没有《建塔者》中的悲怆,体现的都是皖西的苍凉。他的诗歌也不像散文那样缠绵悱恻,把思乡的情愫表达得哀婉低回、流连忘返,而是抒情主人公精神向度的挥洒,在看似潇洒中表达着对故土的思念。

或许与"宏才远志,厄于短年"的命运有关,肺病缠身的韦素园,其诗中充盈着一种时光永逝里对生命无望的留恋,读来令人心痛。《睡时》从"我"在恍惚中向"病神"发出的讯问写起,给人一种无比荒寒的感受。《白色的丁香》以丁香自拟,传递出花犹如此、人何以堪的落寞,也满蕴凄楚的人生况味。

其三,柳冬妩的诗歌。柳冬妩是"打工诗歌"的代表诗人,他的"打工诗歌"写作几乎与打工生活同步,如果把现实的打工生活看成他肉体的炼狱,那么"打工诗歌"写作便是他精神的飞升。柳冬妩昭示了作为底层的打工者的反抗宿命之路。从他的诗歌集《打工诗抄》《梦中的鸟巢》中可以看到，作为真实历史境遇中坚决站在受难者一边的参与者和见证人，柳冬妩是一位真的猛士，敢于直面惨淡的人生，敢于正视淋漓的鲜血，能够深入一些最噬心的悲剧主题，自觉地拿起批判的武器，呈示了现实世界给打工者肉体与精神上造成的双重摧残。他的诗歌语言远离华丽和浮躁，追求素朴和平实，书写真实的生存体验和生命感悟，传达着诗人的社会良知、承担意识和人性的悲悯与关怀。柳冬妩的打工诗"不仅是一种生存的证明，同时它是一种慰藉，一种对意义和终极价值的追寻"。

其四，"文学蓼军"其他诗人的诗歌。诗人李训喜自20世纪80年代就开始诗歌创作，出版诗歌集《谁能把一朵玫瑰举过天空》。他用文字建立记忆，在诗句里获得记忆和时间的存在，进而获得一种"生命的在场感"。他的诗歌唯美、浪漫、忧伤，温婉之中蕴涵着诗人的睿智与哲思。"新古典主义"是张烈鹏诗歌作品的标签，他的诗歌带有浓厚的古典气息，具有音乐美、绘画美、建筑美。张烈鹏始终坚持在自己的脚下打一眼诗歌的"深井"。其诗歌题材广泛，平凡中寄予深情，琐碎中蕴涵真义，既有魂牵梦绕的乡愁乡音，也有痛楚的"天问之担当"。他还创作120张烈鹏多首诗歌记录孙子张紫栋的成长，为研究诗歌的私人化写作趋向提供了很好的范本。张烈鹏出版诗歌集《梦中的家园·遥寄》，其作品载入《新诗著作叙录》。子艾的诗歌干净、纯洁，"左手批评，右手温情"，有不少精品力作，著有诗集《伫岸梦舟》。客居东北异乡的"70后"诗人胡世远，以清洁的精神、流淌的诗意以及广袤的乡愁，成为霍邱乃至中国当下诗坛一个特异的存在。他于2009年毅然放弃稳定的工作，做起了专业诗人。多年来，他始终坚持每天至少写一首诗，还自费创办了《白天鹅诗刊》和"白天鹅诗歌奖"。出版《白天鹅的情人》《奔走的草》《炊烟之上》等多部诗集，被评为2010年度中国首届"十大先锋诗人"。此外,霍邱籍作家谢德新的诗歌集《红楼人物癸巳诗》《水浒人物甲午曲》、雅歌的诗歌集《清香落》以及穆志强、徐有亭、史红雨的诗歌作品,也都具有自己的艺术特色。

其五,皖西诸诗群的诗歌。以黄圣凤、李艳等女诗人为代表的叶集诗群,近年来创作势头强劲。黄圣凤先后出版诗歌集《凤的江山》《那河那岸》,她的作品诗意盎然且哲思深远。她善于通过生活中惯常经见的事物,引发独特的心灵感受与生命体验,完成对生活的诗意书写。她注重写作技巧,无论是意象的选取还是意境的营造,无论是词语的嫁接还是修辞的搭配,都能够别出心裁。以陈巨飞、王太贵、孙苜蓿等诗人为代表的河畔诗群,始终保持很高的艺术水准。陈巨飞是安徽80后代表诗人,获首届安徽诗歌奖"十佳诗人"奖,出版有诗集《受降书》。陈巨飞的诗,在落叶般干枯的文字里,缓慢呈现事物的冷峻之美,凸显生命的对抗和张力,抒写诗人悲悯的情怀。诗歌中,光阴冰凉的痕迹,也让诗人给自己建立了一座虚无的精神城堡。80后青年诗人王太贵怀有一颗童稚的心,用独特的眼光来发现生活中的美,通过诗歌创作,建立一个在乡村的童话王国。他的诗歌意象鲜明,感情纯真,语言清新,技法比较纯熟。出版有诗集《数山》《我的城堡》,组诗《在一首诗里邂逅红豆》获《星星》诗刊发起的"中国·红豆绒杯"当代爱情诗大奖赛一等奖,《中医药的诗意辞典》入选"中国好诗"。以高峰、樊子、纪开芹等诗人为代表的寿州诗群,不断推出诗歌佳作。高峰是一个有着"乳汁"情结的诗人。他对养育诗人的河流、土地有着深刻的感情,他对炊烟下的人民有着真切的同情。他深知喂养诗人的事物,他发现这些事物并且写出它们的温暖和痛楚。他的语言灵活、隽永,能够让世俗呈现诗意,能够让平凡展现绚烂。获过金迪诗歌奖的樊子的作品,与高峰、陈巨飞、孙苜蓿的作品同时入选《中国新诗百年大系安徽卷》。樊子的诗歌很宽,从传统文化到现代意象、从淳朴抒情到解构叙事、从日常经验到哲思提升、从内心隐秘到情感释放,他都涉及,他的诗歌情感真实而细腻。纪开芹是2015年度"中国好诗榜"上榜诗人,著有诗歌集《虫鸣向晚》。她的诗歌具有生命感觉的灵动性,给人以心灵的撞击,并在疼痛中感悟,诗的内容的完整性和形式的新颖完美,用词的准确和用典的灵活,给诗增加了绚丽的色彩。许多诗具有深入阅读的质感和价值,许多诗中的佳句具有警言的哲理。以碧宇、程东斌等诗人为代表的大别山诗群,倡导并推动了中国绿色诗歌写作。70后女诗人碧宇出版有诗歌集《碧宇短诗选》《绿色书》《爱上这片春土》《午夜阳光》等,部分作品被翻译成英语、日语推荐到国外,其本人被评为"中国十佳诗人""中国最有影响力诗人"等。不属于任何诗群的金寨籍诗人周拥军的诗歌,一度走红江淮。霍山籍打工女诗人阿洋,《寻找蝴蝶》《亲爱的汗水》等诗集,品位不俗。

(四)戏剧、影视剧创作

在皖西现当代文学中,戏剧和影视剧创作的成就,主要集中在新中国成立后,也就是第二、第三时期,主要代表作家为童立奎、沈晓富、陶锦源、艾煊、王英琦、胡传永等。

童立奎自幼喜爱文艺创作,1958年初中毕业前,写了一篇题为《神的秘密》的通讯报道发表在《安徽日报》上,曾被国家教育部编进小学第六册语文课本。1964年在大学读书期间,他在《皖西报》发表的小戏曲《望子成龙》,被许多农村业余剧团排演。此后,童立奎共创作大小剧本30余个。戏剧创作主要成果:新编历史剧《淝水之战》(与李可、佘家荃、张威合作),资料收入1981年《中国戏剧年鉴》;大型庐剧现代戏《妈妈》(与石生、嘉芝合作),1981年由皖西庐剧团演出,1982年赴京为党的"十二大"演出,资料收入1983年《中国戏剧年鉴》;新编历史故事剧《风尘皇后》;大型革命历史剧《霜天红叶》(与沈晓富合作);新编历史剧《寿春遗恨》;大型庐剧现代戏《山乡恋》(与嘉芝合作）；四集广播连续剧《落凤崖》（与嘉芝合作），1998年由安徽人民广播电台录制，获全国广播连续剧三等奖，安徽省第七届"五个一工程"奖。出版《童立奎剧作选》，分上、下两集，精选了16部经典之作。童立奎的戏剧作品，取材丰富广阔，主题重大深刻，情节曲折精彩，语言生动形象，艺术风格鲜明。

沈晓富，曾用笔名野风，代表作有电视连续剧《漂泊者》，大型剧目《霜天红叶》（合作执笔初稿）、《樊氏狗肉铺》《杜喜梅》《香椿树》等，小戏及小品《两个猎人一只兔》《扔垃圾》《小艾送饭》《早市》《豆腐脑与狮子头》等，曾两次获得"中国曹禺戏剧奖"编剧奖。

陶锦源，"文学薆军"的元老之一，主要剧作有《长相思》《爱的不是你》等30余部。另外，霍邱籍作家中，孙鸣九创作的剧本《八月桂花遍地开》《朱元璋在临水》，也有较大影响。

20世纪80年代，一部名为《风雨下钟山》的电影红遍了大江南北。这是一部战争题材的电影，真实地再现了1949年那场对中国人民意义重大的国共对决，而亲历了那场对决的艾煊，正是这部电影的编剧。电影上映后，先后获得文化部优秀影片奖、首届中国人民解放军文艺奖等奖项。

无独有偶。还有一部电影《李清照》也比较有名气，影片讲述的是一代才女李清照的人生命运和一个时代的悲欢离合，编剧也是皖西人，27岁的寿县才女王英琦。电影文学剧本《李清照》是王英琦创作史上的重要标志，也是她英姿飒爽驰骋文坛的重要起点。

新世纪以来，皖西的影视剧创作好戏连台。徐贵祥编剧的27集电视连续剧《历史的进程》，用主人公的成长史，映照中国现代历史的发展，立意恢弘，故事情节紧张激烈，是近年来难得的一部军事题材佳作。徐贵祥与郭亚平、范伟合作编剧的36集电视剧《滇西1944》，将史实与虚构结合起来，融合了战争戏与谍战戏的优点，艺术感染力很强。胡传永独立编剧的34集电视连续剧《幸福相依》,是一部家庭伦理剧、情节剧、励志剧,着力反映富裕后的农民全新的变化。该剧从平民视角、草根文化出发,艺术地反映他们的生存现状、生活追求和善良美德等。该剧本具有典型的写实风格、细腻的表现手法和独特的审美视角,贴近百姓生活。

(五)报告文学、传记文学创作

新中国成立前,这类作品的代表作是王冶秋创作的传记文学《辛亥革命前的鲁迅先生》。这本书写于1942年抗战期间,共四章:一、故乡与童年;二、由困顿走入"异途";三、海外八年;四、归来与出走。全书前有鲁迅老友许寿裳写的《序言》,后有中国最早的《鲁迅先生年谱》(许寿裳作)和景宋(许广平)写的《民元前的鲁迅先生》。王冶秋撰写的这四章,可以说是中国最早的鲁迅早期生活(青少年时代)的传记,开新中国成立后几本大型《鲁迅传》的先声。

新中国成立后,特别是皖西现当代文学的高原时期,报告文学和传记文学作家、作品层出不穷。

报告文学方面:1980年,张锲深入河南,花了两个多月跑遍中原大地,写了反映河南改革开放大好形势的长篇报告文学《热流》,在全国产生很大影响并获全国优秀报告文学奖。整个80年代,张锲以极大的创作热情,创作并出版报告文学《热岛》《是真名士自风流》《又当桂子飘香时》等。他的这些作品题材重大,和中国的改革步伐息息相关,以报告文学笔法描写巨大的时代变化,蕴涵着深刻的思想,走在全国报告文学创作的前列。胡传永是又一位报告文学创作的高手。新世纪,胡传永的报告文学作品《血泪打工妹》曾获《北京文学》第二届文学奖中"读者最喜欢的一篇报告文学"奖,《陪读》《篱下沧桑》等数篇报告文学脍炙人口。

传记文学方面:李霁野1984年出版的《我的生活历程》,史料丰富,记事生动,文风朴实。90年代以来,徐贵祥的《百战将星秦基伟》形象生动地展现了将军的戎马一生,思想内涵广阔,文笔流畅,意境深远。马德俊的《许继慎传》《蒋光慈传》《蔡申熙传》等长篇传记文学,深受好评。陈斌先的三卷本《李学先》,包括《铁血雄关》(与许辉合著)、《遥听风铃》、《中原沉浮》(与柯原合著),洋洋七八十万字,艺术地展现了老红军李学先的传奇经历、英雄故事、情感历程和战斗生活,情节跌宕起伏,语言生动活泼。徐航《蒋光慈评传》(与吴腾凰合著),介绍了蒋光慈短暂一生的光辉业绩,梳理、评析了他的作品和译著,富有史料价值和文学性。寿县女作家纪开芹的《忧伤而坚韧的曹禺》《柔而刚的老舍》两本传记,从多角度解读大师,带读者认识文字背后他们那不为人知的一生,感悟伟大灵魂深处的美与善,笔法灵活,文字清新。霍邱籍作家杜明成的自传《点面之间》,匠心独运,将数学用语和文学语言有机结合,记叙了一个数学老师的追梦人生。女作家殷娟的《决不放弃》、中共霍邱县委党史研究室编著的《霍邱中共党史人物传》、六安市委党史研究室编著的《六安将军传》等等,也是这个时期的传记文学作品。

(六)文学评论

皖西作家的文学评论,起步早,起点高,在现当代文学的每一个时期都有非凡的人物代表和突出的表现。

高峰时期:蒋光慈、台静农、李何林是蜚声文学评论界的"霍邱三剑客"。蒋光慈是中国最早的一批马克思主义文艺思想的传承人之一,为无产阶级文学理论的建立而冲锋陷阵。自1924年起,蒋光慈在《新青年》等杂志发表《无产阶级革命与文化》《现代中国的文学界》《现代中国社会与革命文学》等论文,并与瞿秋白共同出版了《俄罗斯文学》一书,就无产阶级文学的一些基本、重大的问题做了较为深刻的阐述。主持太阳社期间,结合有关革命文学问题的讨论,撰写了《现代中国文学与社会生活》《关于革命文学》《论新旧作家与革命文学》等一批有影响的论文和一些刊物的《前言》《编后记》等,更为深刻系统地运用马克思主义文艺观点,阐明对文学及革命文学的看法。1926年台静农编辑的《关于鲁迅及其著作》,是中国最早的鲁迅研究专著之一,除作者所作的《序言》外,收录《鲁迅自叙传略》《读〈呐喊〉》等14篇评介鲁迅的文章。"这里面有揄扬、有贬损、有谩骂,在同一的时代里,反映出批评者的不同一的心来",兼容并蓄,很有研究参考的价值。1929年,26岁的李何林编辑出版《中国文艺论战》,该书收录语丝派、创造社等文学团体的文字47篇,比较全面地显示了1928年中国文艺界关于革命文学问题的论争情况。翌年,又编著出版《鲁迅论》,收录1929年秋到1930年春评论鲁迅作品及其思想的文章23篇,立意在于引起学术界、思想界对于鲁迅、对于鲁迅研究的重视,引导对于鲁迅作品和鲁迅思想正确的了解和评价。这两部著作,奠定了李何林研究鲁迅、研究中国文艺思想史的基石,开启了一条新的、革命的、独具风格的鲁迅研究道路。1939年,李何林编成的《近二十年中国文艺思潮论》(1917—1937),约34万字,既是一部近20年中国文艺思想发展史,又是一部近20年中国文艺论文的总集。书前载鲁迅、宋阳(瞿秋白)二人铜版像各一,第一次将鲁迅和瞿秋白并称为"中国现代的两大文艺思想家",并赞誉"鲁迅是中国文艺界的惟一导师"。该书以十分清晰的历史发展线索和十分明确的内容,构成一个前所未有的中国现代文学思潮史的架构、体例和范式,这是一个首创,也因此成为中国现代文学史的一个范本而且标志着中国现代文学史作为一个学科的诞生。

高空时期:皖西籍作家在文学评论领域,李何林可谓一枝独秀。他先后发表《鲁迅是伟大的文学家、思想家与革命家》《"左联"成立前后十年的新文学》《由"七七"到延安文艺座谈会召开前的新文学》《鲁迅先生的思想和著作》等多篇论文,编写出版《文学理论常识讲话》。1959年,他因撰写《十年来文学理论和批评上的一个小问题》,在全国文化工作会议上受到点名批判,随后在全国受到了错误的公开批判,成为中国文学批评史上有名的事件。20世纪六七十年代,发表《〈故事新编〉是新的历史小说》《略论〈野草〉的思想和艺术》等论文,撰写出版《鲁迅的生平和杂文》《鲁迅〈野草〉注解》《北京市中学语文课本中十五篇鲁迅作品的问题试答》《〈狂人日记〉注解》等论著。李何林对鲁迅及其作品的研究,对中国现代文学的研究,一直持续到此后的皖西现当代文学"高原时期"。1988年,他去世的几个月前,还写作并发表《〈"多余的话"讨论集〉读后》,给文坛留下了宝贵的财富。

高原时期:文学批评家可以划为三种类型。一是天才型,凭着超人的天赋和才情,独树一帜,卓然成家。最典型的是柳冬妩。柳冬妩中学毕业后高考落榜,没有经过传统意义上的正规的高等教育,但在外出打工间隙坚持诗歌创作的基础上,成为中国研究"打工诗歌"乃至"打工文学"的第一人。著述出版《从乡村到城市的精神胎记——中国"打工诗歌"研究》《内部的叙述》《打工文学的整体观察》,两次荣获中国文联文艺评论奖,《村里的童年越来越少》入选2009年中国随笔排行榜第二名。《打工文学的整体观察》,洋洋74万字,为文学批评注入真性情,是柳冬妩最重要的一部专著。这部专著在文本的选择、方法论的架构、理论的融会中形成了多方面的突破,体现了作者敏锐的学术眼光和理论阐释的能力,揭示出"打工文学"作为意义丛生而充满活力的边缘表述,对于构建中国当代文学多重话语与另类选择的重要意义。除研究打工文学以外,柳冬妩还研究外国文学和霍邱文学。《解密〈变形记〉》尽可能地贴近文本,在充分的文本细读基础上,将其置于广阔开放的批评视野中,进行全面析察与多维观照,提供了独特的探索路径与丰富的解读方式;《江山幽处客重经——一个家族的诗歌史》系统评介家乡霍邱洪家集窦氏家族的十几位清代诗人,深入研究和开掘那些被时间的灰尘埋没在角落里的优秀诗歌,内容和文本都让人耳目一新。二是学院派,科班出身,高学历高层次高水平,文本意识强烈,理论功底过硬,评论中规中矩,颇有建树。代表人物有黄开发、韩传喜、刘大先、方岩、申东城等。北京师范大学教授、博士生导师黄开发致力于中国现代文学研究,出版有《人在旅途——周作人的思想和文体》《文学之用——从启蒙到革命》《周作人的精神肖像》《周作人研究九十年》等专著。北京师范大学文学博士、东北财经大学教授韩传喜是《文艺报》"聚焦文学新力量"重点关注和推荐的"70后"文学评论家。自2002年以来,韩传喜在《人民日报》《名作欣赏》等报刊发表文学评论和研究文章50多篇。韩传喜围绕先锋文学研究,发表《现代性语境下中国先锋文学世纪末之流变》《消费时代的精神固守——残雪论》《反抗的意义及其限度——先锋派作家创作精神转向考察》等系列论文;围绕戏剧研究,发表《打捞细节、记忆历史——重返戏剧观大讨论》《战争政治:中国抗战戏剧研究的一个视角》等10余篇评论文章;围绕霍邱现当代作家作品,发表《论未名社的文化形态》《反抗宿命之路——柳冬妩论》等,对于扩大霍邱当代作家的影响起到了积极作用。北京师范大学文学博士、中国社会科学院副研究员刘大先,饱读诗书,才华横溢,已出版有作品《现代中国与少数民族文学》《文学的共和》《时光的木乃伊》《无情世界的感情》《未眠书》《中华多民族文学史观及相关问题研究》(合著)等6种,主编有《本土的张力:比较视野下的民族文学研究》等。其有两部专著分别被译为日文和英文,多篇论文被翻译成哈萨克文、蒙古文、维吾尔文,曾获中国社会科学院优秀科研成果奖、中国作协民族文学年度评论奖、全国青年作家批评家峰会"2013年度青年批评家"、第四届"唐弢青年文学研究奖"。供职于《扬子江评论》的方岩是南京大学文学博士、中国现代文学馆特邀研究员,发表有《王安忆长篇小说〈匿名〉:叙事迷局如何取消世界的边界》《全媒体时代的身份识别:"中国故事"与当代文学史重述》《"80年代"是溃败和"80后作家"的可能性》等一大批优秀评论,曾获《当代作家评论》优秀论文奖。四川大学文艺学博士后、惠州学院副教授申东城近年来出版《地域传承与心灵碰撞》等5本论著,撰写、发表了《新世纪以来大陆宫廷题材电视剧的回顾与反思》《如何写出利国利民的宫廷剧精品?——以〈芈月传〉〈甄嬛传〉为例》等评论文章。上海师范大学文学硕士马景红发表《从"理想"爱情到"世俗日子"——论池莉小说爱情观的流变》等多篇文学评论。三是草根族,扎根民间,业余创作,集腋成裘,独具情韵。代表人物有李训喜、张烈鹏、陈巨飞等。李训喜主要写诗歌评论,诗文集《交叉》中,除第一辑《交锋》收录诗歌作品外,《交叉》《交流》两辑收录的都是诗歌评论。张烈鹏的文学评论散见于报刊,代表作品有《一路拾花醉春秋》《诗意的轻歌》等。陈巨飞不仅长于诗歌创作,而且精于诗歌评论,他对皖西诗人和作家的评论文章篇数多、质量高,匠心独运。

(七)翻译文学

翻译是一种艺术,一种技巧,一种文学的再创作。翻译文学既有异域文化的本质特征又带有译者明显的本土文化的特征。与其他文学创作一样,皖西籍作家在翻译文学领域,一样有突出的表现和成就。

蒋光慈早在1922年起就翻译了诗歌《劳工歌》以及俄国那特孙、涅格拉索夫、布留梭夫、布洛克的诗歌,后收入诗集《新梦》。此后,又先后翻译并发表俄国叶贤林诗歌《新的露西》以及《爱的分野》《寨主》《冬天的春笑》《一周间》《信》《最后的老爷》《狱囚》《都霞》《此路不通》等一批苏联小说,丰富、扩大了无产阶级革命文学的内容和作用。

未名社的出现,标志着我国翻译文学发展的新趋势,也就是向着独立的翻译文学队伍方面转化,以翻译介绍为中心,形成一支翻译新军。皖西籍作家韦素园、李霁野、韦丛芜都是未名社翻译队伍的骨干力量。

韦素园、李霁野的译著主要是在皖西现当代文学的高峰时期完成的。韦素园的译著较少,主要有:果戈理《外套》,1926年由未名社印行;《最后的光芒》,1928年由商务印书馆出版;《黄花集》,1928年由未名社出版。韦素园很勤奋,即使在卧病中,仍坚持翻译马克思主义理论著作。李霁野翻译的作品很多,而且都是业余时间翻译的。如安特莱夫的《往星中》;短篇小说集《不幸的一群》;陀思妥耶夫斯基的《被侮辱与损害的》;夏洛蒂·勃朗特的《简·爱》;阿克撒科夫的《我的家庭》;史蒂文森的《化身博士》;吉辛的《四季随笔》;涅克拉索夫的《在斯大林格勒战壕中》;维什涅夫斯基的《难忘的1919》;卢斯达维里的《虎皮武士》等等,包括散文、诗歌、戏剧、长短篇小说各种体裁。他曾翻译列夫·托尔斯泰的《战争与和平》,在日军侵占香港时被毁;用五、七言绝句翻译的《鲁拜集》,在"十年动乱"时损失了。李霁野的译著,忠于原文,文辞优美,影响很大。1995年,李霁野获得中国"彩虹文学翻译奖"荣誉奖。

韦丛芜的翻译文学几乎伴随着皖西现当代文学前两个时期的全过程。他于1924年开始翻译陀思妥耶夫斯基的作品,1930年底去上海,从事翻译工作。几年间,翻译出版了俄国陀思妥耶夫斯基的《穷人》《罪与罚》,蒲宁的《新的梦》《回忆陀思妥耶夫斯基》,法国贝罗的童话集《睡美人》,英国葛斯的《近代英国文学史》等作品。1946—1949年间,翻译出版了陀思妥耶夫斯基的《西伯利亚的囚犯》《死人之家》《女房东》等小说。新中国成立后,50年代初期,翻译出版了20余部苏俄及美国文学作品。1957年,在屡遭冤错之案困扰的处境中,翻译出版苏联短篇小说集《友好的微笑》。1958年翻译出版美国作家德莱赛的长篇小说《巨人》。他50年代的翻译,总共近500万字,尤其是独立完成了陀思妥耶夫斯基小说全集共24部小说近300万字这一浩大的翻译工程。韦丛芜译本,特点鲜明,孟昭毅、李载道主编的《中国翻译文学史》将其概括为以下四点:第一,颇为传神。作为诗人,也写过小说,颇能体会所译作品的精妙之处,因此,他翻译俄国作家的作品,虽说是从英文转译,且为直译,但能够很好地传达原作的韵味。第二,文字简洁流畅。第三,长期全面。其翻译活动长达50余年,独自一人译完陀思妥耶夫斯基的全部24部小说,理解自然比别人深刻得多。第四,反复修订,精益求精,译文质量达到很高的水平。应该说,韦丛芜的翻译文学,给翻译史留下了浓墨重彩的篇章。

除未名社以外,金克木在翻译文学方面也颇有建树。金克木精通梵语、巴利语、印地语、乌尔都语、世界语、英语、法语、德语等多种外国语言文字,主要翻译作品有:《伐致呵利三百咏》《云使》《通俗天文学》《我的童年》《印度古诗选》《莎维德丽》等。

三、皖西现当代文学在中国文学史上的地位

皖西现当代文学是中国文学的有机组成部分,在中国文学史上占有重要的一席之地,其地位和价值主要体现为:

(一)成功的探索与突破

皖西儿女勇于探索和创新。"弄潮儿向涛头立,手把红旗旗不湿",以此形容皖西籍作家在文学上的风采,是妥帖而恰如其分的。蒋光慈对无产阶级革命文学的倡导和实践,标新立异,开一代风气之先。他在中国文学史上创立的诸多第一,更是让人惊叹和景仰。未名社集创作和翻译于一体,从成立之日起,就成为中国现代文学一个重要的标志。李何林在中国文学批评史上创下了一系列记录,特别是《近二十年中国文艺思潮论》对中国现代文学研究学科的建立和完善,影响重大而且深远。同时,李何林以及未名社作家对鲁迅及其作品的研究,学术水平和理论成果在全国领先。徐贵祥长篇小说《历史的天空》在人物塑造、反映生活的深广度等方面为中国当代军事文学做出了有益的开拓,被誉为"军事文学的新丰碑"。柳冬妩在1995年第5期《诗刊》发表的组诗《我在广东打工》,被评论界

誉为"打工文学在中国文坛初露头角的一个重要标志";2007年出版的《从乡村到城市的精神胎记——中国"打工诗歌"研究》,是全国第一本打工诗歌研究专著;2012年12月出版的《打工文学的整体观察》,是全国第一部"打工文学"研究专著。方雨瑞是中国小小说扛鼎者之一,他的创作助推了这个小说新品种的兴起和成熟。凡此种种,都具有重要的文学史意义。

（二）可观的整合与分流

研究皖西现当代文学,台静农是绕不过去的一个重要人物。他早在1946年就东渡台湾,被誉为"新文学的燃灯人",也被评论家喻为由大陆移来的一株"文学老梅"。由于种种原因,中国大陆文学界对台静农的介绍一度偏少,这与他的成就和地位是很不相称的。随着两岸文化的深入交流,台静农先生一步步走进大陆读者的视野,成为海峡两岸共同瞩目的文化名人。而对台静农的深入研究和发掘,其实就是对海峡两岸文学的整合,是对中国文学史的补充和完善。此外,皖西现当代文学还有一种值得关注的现象,就是"走出去的作家",蒋光慈、未名社作家、李何林、王冶秋、艾煊、金克木、张锲、徐贵祥、柳冬妩等等,都属于这一范畴。这里所说的"走出去",不仅指作家本人南下北上、东进西出,走出了故乡皖西,更重要的是指作家的实力和影响超越皖西,名扬全省全国。而对这些作家的研究,既有依据皖西元素所做的深度融合,也有依据现有区域做的科学分流。上述整合与分流,都是中国文学史当中蔚为壮观的内容。

（三）大量的作家与作品

如前所述,皖西百年来涌现的优秀作家作品,数量众多,实力超常,影响深远,有的已经成为彪炳中国文学史册的杰出代表。这是皖西的骄傲,也是中国文学的幸事。

最后,套用卞之琳先生的诗句来形容皖西现当代文学,就是:"明月装饰了你的窗子,你却装饰了中国的梦。"我们觉得,以此作为这篇绪论的结尾,很好。

第一章 蒋光慈研究

第一节 蒋光慈的生平与创作

蒋光慈,原名蒋如恒,自号侠生、侠僧,最初以"光赤"为名发表诗文。他在国民党白色恐怖的文化围剿中,不断变换笔名:华希里、维素、华维素、魏克特、敦夫等,最终定名"蒋光慈"。1901年9月11日(农历七月二十九日)生,今安徽省六安市金寨县(过去属霍邱县)白塔畈人。蒋光慈祖籍河南,家境贫穷,祖父流落到安徽,靠抬轿为生。父亲蒋从甫,在白塔畈老街开了一家杂货铺,家境稍有起色。其父诗文功底深厚,被当地私塾聘为教师,蒋光慈也是在父亲的私塾馆里读书发蒙的。

11岁那年,蒋光慈离开家乡,到河南固始县志成小学读书。学校里由具有进步思想的知识分子詹谷堂任国文教员,蒋光慈参加了他组织的读书会,阅读了大量进步书籍,开始接触新思想、新知识。1916年夏天,蒋光慈考入河南固始中学,因为不满校长对待穷学生

图一 作家蒋光慈

和富家子弟的不同态度,联合几个穷学生打了校长,因而被学校开除。1917年夏天,蒋光慈进入芜湖安徽省立第五中学读书。期间接触了《新青年》《每周评论》等刊物,并且阅读了大量无政府主义著作,崇拜刺杀沙皇的索非亚,发出豪言:"此生不遇索非亚,死到黄泉也独身。"此外,他还与钱杏邨(阿英)、李克农等人成立"安社",出版油印小报《自由之花》,这是他最初的编辑出版生涯。

1919年爆发的"五四"运动很快波及芜湖。5月7日,芜湖各校成立学联,蒋光慈被推选为芜湖学生联合会副会长。期间,用笔名"蒋光赤"在《皖江日报》上发表诗文。7月19日,蒋光慈带领学生查禁日货,鼓动罢市。年底,参加曹靖华在开封组织的"青年学会"。《青年》半月刊全国发行,当时在全国颇有影响。蒋光慈的《读〈李超传〉》《我对自杀的意见》分别发表在该刊第四、第五期上,在读者中引起较大反响。后来他与号称"中州女侠"宋若瑜的情缘即起源于此。1920年,蒋光慈去上海,结识了陈独秀等人,加入上海社会主义青年团,并且到外国语社学习俄语。学习期间,他阅读了《共产党宣言》,接受了马克思主义,积极参加革命活动。

1921年初夏,蒋光慈和刘少奇、任弼时、萧劲光、韦素园等前往苏联留学,入莫斯科东方共产主义劳动大学中国班学习。1922年成为中国共产党党员。在红场,他曾和列宁一起参加星期六义务劳动。1924年1月,列宁逝世,蒋光慈创作诗歌《哭列宁》。留苏期间,蒋光慈目睹了十月革命后新生的苏维埃政权的勃勃生机,怀着高昂的革命激情,创作了一批歌颂列宁、歌颂十月革命、歌颂新生的苏维埃政权的诗歌。这些诗歌后来结集为《新梦》,于1925年1月由上海书店出版。这是蒋光慈第一部诗集,在当时影响很大。阿英认为,《新梦》"简直可以说是中国革命文学著作的开山祖"。

1924年夏,蒋光慈回国。经瞿秋白介绍,在上海大学社会学系任教。3月,以"蒋侠僧"为名在《新青年》季刊发表论文《无产阶级革命与文化》。11月,与沈泽民等组织"春雷文学社",并且在上海《民国日报》副刊《觉悟》上办"文学专号",该刊仅出了两期。蒋光慈在上面发表了长诗《哀中国》和论文《现在中国的文学界》,开始倡导革命文学,提出建立无产阶级革命文学的主张,他也因此成为中国无产阶级革命文学的奠基人之一。

1925年初,蒋光慈参加创造社,在《新青年》上发表怀念列宁的散文《在伟大的墓前》;4月,去北京参加中国共产党北方区执行委员会工作;5月,到冯玉祥将军处担任苏联顾问翻译;10月,回上海,继续在上海大学任教。期间,创作第一部中篇小说《少年飘泊者》。12月,为悼念惨遭军阀杀害的上海总工会副委员长刘华,创作了诗歌《在黑暗夜里——致刘华之灵》。

1926年1月,《少年飘泊者》由上海亚东图书馆出版。这部具有"成长小说"色彩的作品在青年读者中引起很大反响,很多青年都是受作品中人物影响而走上革命道路的。小说出版以后的7年时间里,重版了15次,是当时少有的畅销书。8月,在经过几年的通信与思念之后,蒋光慈与宋若瑜有情人终成眷属。同居一个月后,宋若瑜因为肺病到江西庐山牯岭医院治疗,11月6日,宋若瑜病逝,蒋光慈悲痛万分。一年以后,为了纪念他心目中的"索非亚",蒋光慈出版了他与宋若瑜之间的通信集《纪念碑》。

1927年,蒋光慈的第二本诗集《哀中国》、短篇小说集《鸭绿江上》先后出版。反映上海工人武装起义的小说《短裤党》几乎同步地反映了当时的斗争生活,而且首次在作品中表现了真人真事,具有报告文学的特征。因此,也有人称之为"报告小说"。瞿秋白赞曰:"暴民专政正是《短裤党》那篇小说的理想。""四一二"政变以后,蒋光慈去武汉,在《农工日报》上发表《到武汉以后》,表示要做中国的拜伦,决不屈服,要为自由而战。"七一五"政变以后,又返回上海。10月,中篇小说《野祭》出版。

冬，与孟超、钱杏邨等着手筹办《太阳月刊》和"春野书店"。11月上旬，在征得郭沫若同意后，拜见鲁迅，表示革命的大联合意愿，鲁迅欣然同意，主张恢复《太阳周报》作为共同园地。期间，《短裤党》正式出版。

1928年1月，《太阳月刊》第一期出版，太阳社成立。2月，太阳社和创造社召开联合会议，蒋光慈做了《关于当前文艺运动》的发言。不久，两社联合起来，对鲁迅进行批评，开始了关于革命文学的论争。对鲁迅的批评有过火现象，流露出"左"的倾向。同年，《哭诉》《菊芬》《最后的微笑》先后出版。10月，蒋光慈主编《时代文艺》创刊号，仅出一期。

1929年1月，蒋光慈主编的《海风周刊》创刊。3月，他主编的《新流月报》创刊。4月，完成长篇小说《丽莎的哀怨》。这部小说真实地描写了当时流亡上海的白俄贵族妇女的生活。被当时的"左翼"文学界认为是过多地同情了白俄贵族妇女，渲染了不健康情绪，因而遭到同志们的批评。11月，蒋光慈因为治疗肺结核而东渡日本，在其倡议和组织下，成立了太阳社东京支部。在日期间，他翻译了里别津斯基的小说《一周间》，创作了长篇小说《冲出云围的月亮》，写作了日记《异邦与故国》。期间，蒋光慈还对中国文艺的现状、诸多文艺理论问题进行了深入思考，写出了不少阐述无产阶级革命文学的理论文章，并且翻译介绍了苏联文学的创作情况和理论动态。

1930年1月，由田汉介绍，蒋光慈与南国社演员吴似鸿相识，2月结婚。同月，出版第三本诗集《乡情集》。3月，"左联"在上海成立，蒋光慈虽然因病未能出席成立大会，但是仍然被选为常务委员会候补委员。同年，长篇小说《咆哮了的土地》杀青。

1931年1月，柔石等"左联"五烈士被捕牺牲。国民党特务曾跟踪追捕蒋光慈，蒋光慈设法脱身。4月，蒋光慈肺病加剧，住进虹口同仁医院。1931年8月31日上午6时，蒋光慈病逝,终年30岁。当日下午,在霏霏细雨中,阿英、吴似鸿等送别了蒋光慈,将他安葬于上海公墓。1932年,蒋光慈最后一部长篇小说《咆哮了的土地》改名为《田野的风》由上海湖风书店出版。

1953年5月25日,由上海市文联主持,将蒋光慈的遗骸迁葬于虹桥公墓。陈毅同时书写墓碑:"作家蒋光慈之墓。"1957年2月,经安徽省人民政府批准,追认蒋光慈为革命烈士。1981年,蒋光慈骨灰存放入上海龙华革命烈士陵园,他所写的诗歌《诗人的愿望》被镌刻在陵园内的诗墙上。

为了纪念蒋光慈这位皖西热土上走出去的革命作家,1999年,金寨县白塔畈乡新建的马窑小集镇上,将一条新街命名为"光慈大街"。与此同时,又将与一条光慈大街相连通往本乡龚店村的约十里长的柏油路,命名为"光慈大道"。此外,在光慈小学里,还专门建立了蒋光慈作品陈列馆。

蒋光慈的一生虽然短暂,但他对中国现代革命文学的开创与发展做出了重大贡献。在他短短的30年人生历程中,真正从事文学创作的只有10年。10年间,他创作了100多万字的作品,内容涉及诗歌、小说、散文、译著和文艺理论等方方面面。主要作品结集出版的有:诗集《新梦》《哀中国》《哭诉》《战鼓》《光慈诗选》《乡情集》,中篇小说《少年飘泊者》《短裤党》《野祭》《菊芬》,长篇小说《最后的微笑》《丽莎的哀怨》《冲出云围的月亮》《田野的风》(原名《咆哮了的土地》),《鸭绿江上》(短篇小说集),《纪念碑》(通信集,与宋若瑜合著,后改名《最后的血泪及其他》),《异邦与故国》(日记),《光慈遗集》(诗、小说合集),《夜话》(短篇小说集),《蒋光慈文集(1—3卷)》,《俄罗斯文学》(文学评论集),翻译作品有《冬天的春笑》(新俄国小说集,苏联索波里等著)、《爱的分野》(小说,苏联罗曼诺夫著)、《一周间》(长篇小说,苏联里别津斯基著)。

同时,他还发起组织和参与了多种文学活动。他组织领导了太阳社，主编过"太阳小丛书""拓荒丛书"和"中国新兴文艺丛书"。他先后主编了《太阳月刊》《时代文艺》《海风周报》《新流月报》和《拓荒者》，为发表无产阶级革命文学作品、推出文学新人、培养青年作家，做出了很大贡献。

蒋光慈是一位富于理想、敢于斗争、勇于探索、不断创新的革命作家。他始终领导着20世纪20年代中后期和30年代初无产阶级革命文学的潮流，创下了新文学史上众多的"第一"。

1924年11月，他与沈泽民等人组织了中国第一个革命文学社团"春雷社"，并在上海《民国日报》上出版了无产阶级革命文学第一个周刊性的《觉悟·文学专号》。

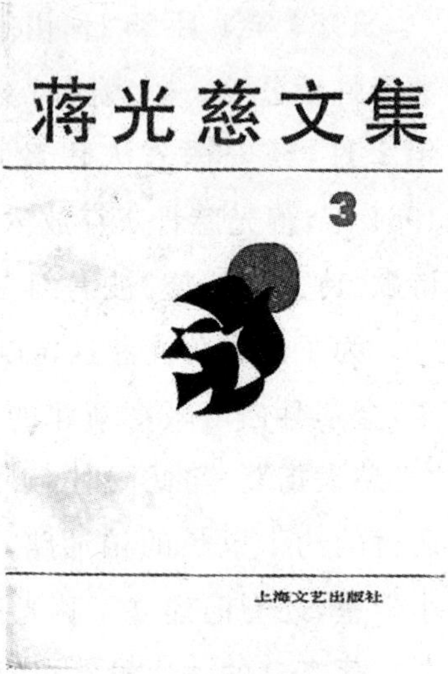

1925年出版的诗集《新梦》，为无产阶级革命文学大厦奠定了

图二 《蒋光慈文集》封面

第一块基石，是中国现代文学史上第一部歌颂十月革命的诗集，诗中第一次描写了革命导师列宁的形象。

1926年出版的《少年飘泊者》，被视为现代中国第一部"革命成长小说"，也是中国现代作家第一部用书信体形式创作的小说。

1927年出版的《短裤党》，几乎同步表现了上海工人三次武装起义，是中国第一部正面描写城市工人阶级革命斗争的小说，同时开创了中国以真人真事为表现对象的"报告小说"的先河，也是中国现代文学史上第一个反映早期共产党领导人斗争生活的作品。

1927年至1928年出版的《野祭》《菊芬》，被视为"革命加恋爱"小说的滥觞之作。

为纪念"五卅"运动一周年,中国共产主义青年团机关刊物《中国青年》于1926年5月30日出版了"五月特号",向蒋光慈约稿,蒋光慈写了小说《疯儿》以示纪念。他因此成为第一个用小说反映"五卅"运动的作家。

1930年创作的《咆哮了的土地》,表现了农村土地革命和农民武装斗争这一重大主题,塑造了农民运动的领导者形象。这是我国新文学第一次正面描写农村武装斗争生活、歌颂工农红军的长篇小说,艺术地再现了井冈山道路,具有填补空白的意义。

蒋光慈是第一个倡导并实践无产阶级革命文学的作家。早在1924年8月1日出版的《新青年》第三期上,他就发表了《无产阶级革命与文化》,旗帜鲜明地提出了建设无产阶级革命文学的主张,并且初步阐明了革命文学的性质、特点和作用。

1924年12月出版的《新青年》第四期,发表了蒋光慈翻译的列宁在第二次共产国际大会上的讲话稿《民族和殖民地问题》和斯大林的文章《列宁主义之民族问题的原理》。他成为第一个翻译列宁和斯大林著作的作家。

早在莫斯科学习期间,蒋光慈就十分关注十月革命后的文学状况。他用马克思主义文学理论来分析十月革命后的苏联文学,写成了10万多字的《十月革命与俄罗斯文学》,1926年4月起在《创造月刊》上连载。其外,蒋光慈还翻译了一批苏联作家的诗歌和小说,这使他成为系统地向中国读者介绍苏联文学的第一人。

蒋光慈的作品在当时非常畅销,影响巨大。许多作品一版再版,成为引导青年人走上革命道路的"灯塔"。据胡耀邦、陶铸等人回忆,他们就是在读了蒋光慈的作品以后,怀揣着革命理想而走上革命道路的。朝鲜人民领袖金日成在回忆录中也提到:"蒋光慈的小说《鸭绿江上》和《少年飘泊者》,给我留下了难忘的印象。"

无论是同时代人还是后来者,许多作家、评论家和文学史家都给予蒋光慈很高的评价:

郭沫若在评价亲密战友蒋光慈时曾说:"死早了一点,否则以他的艺术才能,完全可以毫不夸张地说,中国会有'伟大作品'问世。"郭老称蒋光慈的书信体中篇小说《少年飘泊者》为"革命文学的前茅"。他还评价光慈:"所说的不仅是'赤'其名,而且是'赤'其实的铁骨铮铮的汉子。"

著名作家郁达夫,在为蒋光慈写的一篇纪念文章中沉痛地指出:"他的早死,终究是中国文坛上的一个损失。"

作家孟超先生在《〈蒋光慈选集〉序言》中作如下评价:"当革命的暴风雨将要来临的时候,最初飞来的几只海燕,掠过了乌云弥漫的太空,歌唱出斗争的曲子,即使说有的羽翼还不够健强,声音还不太嘹亮,但毕竟是时代的预言者,时代的战士。她们冲破黑暗,发出了号召的画角,鼓舞了来者;勇敢的战斗就在她们的身后猛烈的展开,时代的光芒遥遥的已经在望。因此,对这些开路者,是不应该轻于忘记的。我于光赤和他的作品,始终是作着这样估价的。"

第二节　蒋光慈的诗歌创作

蒋光慈最初的文学创作活动是从诗歌开始的。他在文坛上产生广泛影响也是始于诗集《新梦》的出版。他的主要诗歌作品收录在《新梦》《哀中国》《哭诉》《乡情集》4个集子里。

《新梦》1925年1月由上海书店出版印行。它不仅为中国无产阶级革命文学奠定了第一块基石,而且是中国现代文学史上第一部献给十月革命的赞歌。《新梦》共收入新诗42首(其中6首是译诗)分为"红笑""新梦""我的心灵""昨夜梦入天国"

"劳动的武士"5组。诗人在《自序》中写道：

> 这一本小册子是我留俄三四年中的诗集。从前我在国内时，也曾作了许多诗歌，但是随作随丢，现在无从收集。这一本小册子完全没有插入一首去国前的作品。……我呢？我的年龄还轻，我的作品当然幼稚。但是我生适值革命怒潮浩荡之时，一点心灵早燃烧着无涯际的红火，我愿勉力为东亚革命的歌者！

这种燃烧着无涯际的红火，努力讴歌东亚革命的创作动机，奠定了《新梦》全新的风貌格调。

对十月革命的故乡苏联的向往，虔诚地寻求革命真理的心，对理想社会的追求和建设新生活的渴望，是《新梦》所要表达的重要主题。

《新梦》诗集中的第一首诗《红笑》，创作于1921年7月4日作者前往苏联学习途中。对十月革命的故乡苏联，诗人充满了想象和神往。一进入苏联国境，诗人顿感神清气爽，心潮澎湃。"红笑"者，红色的笑容也。诗歌开篇即表达了这种喜悦的心情："艰难的路程已经走了／危险的关头已经过了／一大些白祸的恐慌／现在都变成红色的巧笑了！"为什么艰难与恐慌现

图三 《新梦》封面

在都变成"红色的巧笑了"呢？因为"贝加尔湖碧滴滴的清水"洗净了诗人的心脏，诗人穿过一个个山洞，"都寻着了光亮"。诗人怀着热恋的心态，把莫斯科比作多年梦见的情人，马上就要投入她的怀抱，喜悦激动之情溢于言表。为什么如此激动呢？因为诗人此行的目的并非游山玩水，而是怀着朝圣的心情前来寻找革命真理。在《西来意》中，诗人表达了自己的心迹：

"俄罗斯好比当年的印度/你我好似今日的唐僧。"诗人"愿得到一点真经/回转家乡做牧师"。这"真经"就是马克思主义思想和理论。经历了十月革命后的苏联,到处生机勃勃。新的思想、新的理论、新的生活鼓舞着诗人、教育着诗人、改造着诗人,使诗人坚定了建设新社会的信念。在《新梦》一诗中,诗人表达了这种转变的过程:"冰雪的寒威去了/春光带着笑意来了/草也青了/花也开了。"这种全新的生活、崭新的气象,净化了诗人的心灵、提升了诗人的境界、锤炼了诗人的思想:"贝加尔湖的清水/把我的心灵洗净了/乌拉山的高峰/把我的眼界放宽了/莫斯科的旗帜/把我的血液染红了。"受到革命洗礼的诗人,不禁兴奋地反问:"谁说诗人的心儿是沉闷的/谁说诗人的歌声是悲哀的?"诗人不但自己坚定了理想信念,而且告诫劝慰朋友们:"我的可爱的朋友/我的勇敢的兄弟/也不要灰心/也不要失意/只要你一步一步地前走/幸福终有一日接近你。"怀着一颗火红的心,以燃烧的激情歌颂十月革命,歌颂列宁,歌颂劳动者,歌颂社会主义新生活,是《新梦》最集中的主题。

《莫斯科吟》以描绘经过十月革命洗礼的莫斯科的美丽和壮观开篇,展开了对十月革命的歌赞:"十月革命/如大炮一般/轰冬一声/吓到了野狼恶虎/惊慌了牛鬼蛇神/十月革命/又如通天火柱一般/后面燃烧着过去的残物/前面照耀着将来的新途径/哎!十月革命/我将我的心灵贡献给你罢/人类因你出世而重生。"十月社会主义革命开创了人类历史的新纪元。而这一伟大的历史功业又和列宁的名字紧密相连。因此,当1924年初列宁不幸逝世时,诗人极度悲痛,写了《哭列宁》一诗。诗人以沉痛的心情缅怀了列宁的丰功伟绩:"历史上本不少伟大的人们/他们也值得诗人的赞美歌吟/但是列宁你啊/你是一个空前伟大的个性/你送给了人类不可忘的礼物/你所遗留的将与日月以同明!"但诗人并没有沉溺于失去列宁的悲哀中,而是化悲痛为力量,抒发了高昂的战斗激情、坚定的革命信念和继承列宁遗志高歌猛进的决心:"死的是列宁的肉体/活的还是列宁的主义/列宁虽死了/列宁的心灵永化在无产阶级的心灵里/倘若我们是列宁的学生啊/且收拾眼泪/挺起胸膛/继续列宁的未竟之志。"

《新梦》中还有许多诗篇,歌颂了十月革命后翻身解放的普通劳动者,歌颂他们为建设苏维埃国家而忘我工作的献身精神以及崭新的精神面貌,歌颂他们在新时代的幸福生活。

译诗《劳工歌》歌颂了"劳工神圣":"睁开眼儿罢,劳动兄弟/把无意识的压迫抛尽/把黑夜的沉阴宣开/排着队伍——勇敢地前进!"昔日的奴隶,如今当家做主人了,他们为建设新社会而奋勇前行。在《一个从红军退伍归农的兵士》中,描写了一个曾经为翻身解放而不怕牺牲、英勇斗争的红军战士,在打下江山之后,为了建设新社会,毅然退伍归农,投身于农业生产。生动表现了红军战士豪迈的气概、自由的精神、乐观开朗的心态和建设社会主义的主人翁姿态:"放下枪头/拿起锄头/从枪头上夺得了自由/从锄头上要栽培这自由/啊!自由!自由/昨日的枪头/今日的锄头。"

在《十月革命的婴儿》中,他歌颂了沐浴着新社会的雨露阳光而积极向上、健康成长的孩子们:"一队一队地小孩们,男的,女的/颈肩上围披着小红巾/手里敲着巴拉半/口里歌唱出幼稚音:'我们预备好了,我们永远地预备好了。我们是劳农的婴儿,我们是共产主义的童子军;我们是将来的花,我们是新世界的主人。……"诗人受到这动人的场景和美妙的歌声感染,愿跟着他们一起高歌、欢跃! 有时,诗人漫步在莫斯科街头,通过对莫斯科街景的场面描写,烘托出了普通民众的幸福生活:"天气这般地清爽/人们这般地漂亮/老的,小的/男的,女的/一往一来/一来一往/涌着,挤着,拉着,扯着/满街满园/成行成队地游逛。"而在《昨夜里梦入天国》中,诗人展开想象的翅膀,将新生的苏维埃比作自由、和谐、美丽幸福的天国:"也没都市,也没乡村,都是花园/人们群住在广大美丽的自然间/要听音乐罢,这工作房外是音乐馆/要去歌舞罢,那住室前面便是演剧院。""花儿香薰薰的,草儿青滴滴的/人们活泼泼地沉醉于诗境里/欢乐就是生活,生活就是欢乐啊!"虽然有一些乌托邦色彩,但也是新生的苏维埃的真实写照,同时也表达了作为浪漫主义诗人的美好愿望。

《新梦》中还有一些诗篇,表达了诗人对祖国现状的悲愤和焦虑,对帝国主义、封建军阀的痛恨,号召祖国人民起来反抗帝国主义和封建主义,争取民族独立和自身解放。

《新梦》中有一首短诗《每回搔首东望》,表达诗人对故土沉沦的悲愤和焦虑:"每回搔首东望/我的心只是跳动不停/诗人客地的情怀/最苦的是遥悲故土的沉沦/哎,中国,中国/你何时复生?!"诗人并没有沉溺于社会主义苏联的"天国"里,而是时刻关心着祖国的命运,期冀自己的祖国也能够像苏联一样获得"复生"。在《太平洋中的恶象》中,诗人愤怒控诉了帝国主义的横行霸道:"横着欧亚的中间/我站在乌拉山的最高峰上/看啊!那不是太平洋么/那阴惨惨地——水的气,雾的瘴,煤的烟/隐隐跃现着的,那不是/美利坚假人道旗帜的招展/英吉利资本主义战舰的往来/日本帝国主义魔王的狂荡?"面对帝国主义的侵略与蹂躏,诗人并没有屈服,也不会旁观,而是大声地呼喊:"远东被压迫的人们起来罢/我们拯救自己命运的悲哀/快啊,快啊……革命!"在《中国劳动歌》中,诗人更是用鼓点般的节奏,号召劳苦大众起来斗争:"起来罢,中国劳苦的同胞呀/我们尝足了痛苦,做够了马牛/倘若我们再不夺回自由/我们将永远蒙着卑贱的羞辱/我们高举鲜艳的红旗/努力向那社会革命走/这是我们自身的事情/快啊,快啊,快动手!"

前文已述,蒋光慈是怀着"取经"的目的前往苏联留学的。在苏联的几年里,他目睹了世界上第一个社会主义革命地苏联翻天覆地的变化和蒸蒸日上的生活,再回望处于风雨飘摇中

"沉沦的故土",他坚信,只有走十月革命的道路才能救中国,马列主义即是拯救祖国的"真经"。在《怀拜伦》一诗中,诗人首先表达了对拜伦的崇敬和赞颂:"拜轮啊/你是黑暗的反抗者/你是上帝的不肖子/你是自由的歌者/你是强暴的劲敌。"诗人把拜伦引为自己的榜样和知己:"我们同为被压迫者的朋友/我们同为爱公道正谊的人们/当年在尊严的贵族院中/你挺身保障捣毁机器的工人/今日在红色的劳农国里/我高歌全世界无产阶级的革命。"诗人怀着盗火者的勇气和殉道者的虔诚,决心像拜伦一样,为自由而放歌,为祖国和人民而抗争。

《新梦》在中国现代诗歌发展史上具有划时代的地位。"五四"新文化运动开始以来,以郭沫若《女神》为代表的现代白话诗"开一代诗风",高扬个性解放的旗帜,高歌民主和自由的精神,抒发自我心灵的情感,形成了狂飙突进、积极进取的浪漫主义新诗潮。可是,到了蒋光慈留苏以及归国的这几年,随着"五四"的退潮,诗风发生了很大变化,由先前的狂飙突进、积极进取的新气象逐渐向孤寂彷徨、感伤迷惘的方向转变。例如,郭沫若1923年出版的诗集《星空》,很多诗篇都表达了诗人在新文化阵线分裂、"五四"运动退潮后孤寂彷徨的心情;朱自清1923年发表的长诗《毁灭》,表现了诗人的迷茫;闻一多1923年出版的诗集《红烛》,其中确有部分诗篇具有爱国激情和民族骨气,但更多的还是对爱情的歌唱和对未来的幻想;"湖畔诗人"冯雪峰、汪静之、应修人、潘漠华等,于1922年和1923年先后出版了诗集《湖畔》《春的歌集》,大多是一些歌咏爱情和抒发刹那间感受的小诗;王统照出版于1925年的诗集《童心》,诗风也较为沉郁,抒发人生的苦痛和对生活的追求;徐志摩在1925年出版了诗集《志摩的诗》,一部分作品抒发了对黑暗现实的不满,但大部分表达的是爱情的感觉和对人生的幻想,具有浓厚的感伤凄迷色彩。总体看来,从1922年到1925年的诗坛,其思想高度并没有超出"五四"时期的标杆,表现底层人民的苦难,反帝反封建仍然是常见的主题,但诗风开始下沉。沉闷的气息笼罩着诗坛的上空。蒋光慈《新梦》的出现,以其崭新的主题和昂扬的精神,在当时中国沉闷的诗坛上空爆炸了一颗"爆裂弹"。高语罕评价《新梦》说:"她的思想,是一个整个的无产阶级革命的思想,有积极反抗精神的革命思想;她的情感是太阳般的热烈的义侠的,代表无产阶级的呼声的情感。只有这种思想,才可以扫荡中国青年萎靡不振的苟偷心理,把衰弱的中华民族,从国际帝国主义的压迫下面,举起他的头来;只有这种情感,才可以鼓荡那困苦无告的无产阶级的勇气,从国外资本主义国内蛮横军阀的重围中杀出!"

《新梦》不仅显示了蒋光慈对世界革命、对社会主义、对祖国和人民强烈挚爱的思想基调,而且也初步展露了其诗歌创作的艺术风格:感情奔腾、气势豪放、深沉的内在节奏和强烈的思想旋律融为一体,形成了一种富于时代精神的感染力量。从郭沫若的《女神》到蒋光慈的《新梦》,显示了现代抒情诗的发展正在孕育着从思想内容到艺术表现的新突破。如果说郭沫若的《女神》高扬着个性解放的旗帜,开创了"五四"时期狂飙突进的浪漫主义诗风,那么蒋光慈的《新梦》则高扬着民族独立和阶级解放的旗帜,开创了革命浪漫主义的一代诗风。

蒋光慈的第二本诗集《哀中国》于1927年1月出版,由汉口长江书店发行。收入作者大致创作于1924—1926年间的新诗23首。蒋光慈1924年夏天从苏联回国。从新鲜的、自由的、光明的社会主义国家苏联,回到了半殖民地半封建的祖国,来到了"黑暗荟萃的上海",理想与现实的巨大落差使蒋光慈的思想和诗风都发生了转变。主题由对十月革命和社会主义苏联的歌颂,转化为对帝国主义和封建军阀的揭露与反抗、对处于水深火热中的中国人民的同情,诗风也从激昂豪放、乐观明朗变得激越愤慨、深沉庄严。

蒋光慈回国后,目睹了帝国主义列强在中国分别扶植各派军阀,争权夺利,互相混战,肆意践踏中国的主权,屠杀中国民众。这期间,相继发生了"二七""五卅""沙基""三一八"等惨案。《哀中国》中的诗歌感应着时代的脉搏,因此,反对帝国主义、反对封建军阀是其中的最强音。《哀中国》一诗开篇即怀着忧愤的心情,描写了祖国母亲令人悲哀的现状:"我的悲哀的中国/我的悲哀的中国/你怀拥着无限美丽的天然/你的形象如何浩大而磅礴/你身上排列着许多蜿蜒的山河/你身上耸峙着许多郁秀的山岳/但是现在啊/江河只流着很呜咽的悲音/山岳的颜色更惨淡而寥落!"曾经美丽富饶的祖国,如今却江河悲音,山岳寥落。为什么会如此呢?诗人给出了答案:"满国中外邦的旗帜乱飞扬/满国中外人的气焰好猖狂。""满国中到处起烽烟/满国中景象好凄惨!"帝国主义的侵略、国内军阀的混战、反动统治的黑暗,是造成故土沉沦、母亲蒙羞、人民悲苦的罪魁祸首。面对这黑暗的现实,诗人悲愤而焦虑地呼喊:"哎哟!中国人是奴隶啊!为什么这般地自甘屈服/为什么这般地萎靡颓唐?""我的悲哀的中国啊/你几时才跳出这黑暗之深渊?"但是诗人并没有绝望,更不会屈服,而是希望发出振聋发聩的声音以惊醒国人、唤起民众:"我愿跑到那昆仑之高巅/做唤醒同胞迷梦之号呼/我愿倾泻那东海之洪波/洗一洗中华民族的懒骨。"中华民族自古就有不屈服的斗争精神,能够战胜一切内忧外患而屹立于世界。诗人回溯历史,从历史的深处和古代英雄的身上获取力量:"易水萧萧啊,壮士吞仇敌/燕山巍巍啊,吓退匈奴夷/回思往古不少轰烈事/中华民族原有反抗力。"因此,诗人最后怀着自信,抒发了对祖国"重兴"的期望:"哎哟!我的悲哀的中国啊/我不相信你永沉沦于浩劫/我不相信你无重兴之一日。"诗歌感情激越、格调深沉、回环往复、一唱三叹,于悲愤中抒发了灼热的爱国情怀,在屈原式的沉痛太息中显示了慷慨悲歌的战斗意志。

《哀中国》中的其他一些诗篇,如《血花的爆裂》《北京》《血祭》《我要回到上海去》《在黑夜里——致刘华同志之灵》等,都描写了帝国主义与封建军阀的暴行,表达了爱国人士誓死抗争的决心。《血花的爆裂》写于"五卅"惨案后的 6 月 2 日,对帝国主义枪杀爱国工人的罪行发出了强烈的控诉,诗人相信工人的血不会白流,势必"将灌出鲜艳的红花"。诗人高呼:"起来吧,我们为中华民族的大暴动/起来吧,我们把帝国主义的权威断送!"《在黑夜里——致刘华同志之灵》一诗更是具有特殊的价值,诗人融叙事与抒情于一体,热情歌颂了为革命献出生命的工人运动领袖刘华同志。刘华这一工人领袖形象,是"五四"以来新文学中塑造的第一个无产阶级英雄形象。

与《新梦》相比较,尽管《哀中国》里有的诗篇感情还过于直露,思想存在矛盾,但却显得深沉和坚实了。它继承了《新梦》的反抗精神,同时又以冷峻沉郁的思考代替了《新梦》的那种单纯热情的讴歌。较之《新梦》,《哀中国》的诗风也有变化:在革命浪漫主义气息中明显融进了革命现实主义的因素,悲怆的音调代替了欢快的旋律,愤怒的现实批判取代了美妙的理想追求,在思想上它更加深沉,在艺术上也更加成熟。由于诗人告别了幸福明朗的"赤都",回到苦难深重的祖国,生活环境发生了巨大变化,因而在诗作中减少了前期激昂豪放的浪漫主义因素,而是以现实主义的笔触真实生动地描摹中国的现实社会:这里的农民被帝国主义残害以至家破人亡(《余痛》);这里的工人被资本家盘剥不得不起来反抗(《罢工》);这里的革命者为迎接光明,被反动派残忍地枪杀在"黑夜中"(《在黑夜里——致刘华同志之灵》)……在诗集中,真诚的爱国主义心曲和对苦难大众的深切同情完美地融合在一起,构成诗集悲愤激壮的主旋律,产生了一种荡气回肠、发人深省的艺术感染力。

同时,在艺术表现技巧方面,《哀中国》也逐渐摆脱了《新梦》的"粗暴的呐喊",更加注重"艺术性"。如《诗人的愿望》写出了这样句式整齐、注重节律、文采飞扬的诗句:"愿我的心血化为狂涌的圣水/将污秽的人间洗得净净地/愿我的心血化为光明的红灯/将黑暗的大地照得亮亮地！"而在《海上秋风歌》中，诗人这样写道："海上秋风起了/吹得了大地苍凉/满眼都是悲景呵/望云山而惆怅/海上秋风起了/吹颤了我的诗魂/触目频生感慨呵/哀祖国之飘零。"句式匀整、意境清新、形象鲜明，富有诗情画意，显然是吸收了中国古典诗词的长处，具有了中国古典诗词的意境美。

出版于1930年2月的《乡情集》，也是蒋光慈的一本重要诗集。收录蒋光慈创作的诗歌5首，外加译诗2首。诗歌创作于1928—1929年，艺术上更趋于成熟了。

诗集中的第一首《牯岭遗恨》长达76行，是作者为悼念亡妻宋若瑜而作。宋若瑜是"五四"时期开封学生运动领袖，被称为"中州女侠"，与蒋光慈因为志同道合而结成伴侣。可惜婚后一个多月，宋因为肺病而住进庐山牯岭医院，最终未能康复，于1926年11月6日病故。《牯岭遗恨》作于宋若瑜两周年忌日。诗歌开篇即表达了对亡妻的无限思念与痛惜："遥隔着千里的云山/我的心是常环绕在她的墓前/牯岭的高——高入云天/我的恨啊——终古绵绵！"但是，难能可贵的是，诗人并没有一味地沉溺于个人的伤痛之中，而是把对亡妻的思念之情与对祖国和人民的赤子之情联系起来，化悲痛为力量，继续为祖国和人民鼓与呼。所以，诗人写道："曾记得我在你的面前宣言/我的诗要歌吟着民众的悲欢/纵然我是漂泊，颠连/但是我的心愿永不变。""请你放心罢，我永不会忘情/请你放心罢，我依旧的歌吟/我歌吟，我勇敢地歌吟/一半为着你，一半为着革命。"《乡情》也是该集中的著名诗篇，曾经入选过中学语文课本。蒋光慈有一个童年的小伙伴，绰号"黄牛"，父亲是轿夫，家境贫穷。富家子弟看不起他，欺凌他，蒋光慈却很同情他，与他相处甚好。后来党在农村领导土地革命，"黄牛"参加了农民协会，蒋光慈误以为他牺牲了，写作此诗以示纪念。诗人首先描绘了故乡美丽的景色和童年伙伴们无忧无虑的生活:"在村镇的北头有一条小河/小河的两岸上有着柳林/这里在夏天可以听见蝉鸣/在冬天也不断孩子们的踪影。"可是,美丽的故乡在官匪兵绅的压迫剥削与祸害下,已经面目全非,农民们过着饥寒交迫的日子,于是起来闹革命。"黄牛"是农民运动的积极分子。"这个从前为人所鄙弃的黄牛,现在做了农民协会的执委"。并且,"黄牛"在实际斗争中不断提高觉悟,大公无私,受到了农民们的拥戴,"他专与豪绅做对/任谁也不奈他何/从前是轿夫的儿子/现在变成了穷人的大哥""他自身是异常地干净/从不乱取别人的分文/可是他为着穷人们着想/引起了豪绅们的仇恨"。"黄牛"在这里既是一个具体的个体,又是一个意象。他象征着旧中国千百万受压迫和剥削的农民,在共产党的指引下,终于觉醒了。"黄牛"是蒋光慈笔下,也是中国现代文学中出现的第一个农民革命英雄形象。《乡情》集还有一首脍炙人口的诗篇《写给母亲》。该诗曾出过单行本,作者在1928年12月写的《后记》中说:"去年八月底从汉口到上海,当时满腹牢骚,一腔悲愤,苦无发泄的机会,提笔写了这一首献给母亲的长诗。"诗歌既表达了一个游子对母亲的思念以及长期未归的愧疚之情,更抒发了一个革命诗人对祖国母亲的拳拳之心和赤子之情。诗歌开篇描述了当年母亲为儿送行的动人场面:"曾忆起我离家的那一年,那一年的春天/那时是杨柳初绿,草儿初青,野花儿初露脸/在一个清醒明媚的朝晨,你送我一程又一程/我说,'母亲,回去罢'!你说,'儿呵,你几时才回来?'"这一去就是七年!诗人先是留学苏联,然后回到"沉沦的故土"。东奔西就,颠沛流离,所到之处满目疮痍。诗人悲愤地吟唱:"呵!今日的中国乃一块荆棘蓬蔓的荒原/呵!今日的中国弄得骨肉都不能团圆!"往昔的朋友,有的升官发财,有的投降变节,有的冷漠超然。但诗人矢志不渝地为革命而歌,为劳苦大众而歌,"我只知道倔强,抵抗,悲愤,顽固,至死也不变"。面对母亲深情的呼唤,诗人强忍着对故乡和母亲的思念,继续在外面为理想为革命东奔西忙。所以,诗人最后含血带泪地回答母亲:"但是我的母亲呵,我不能够,我不能够/命运注定了我要尝遍这乱世的忧愁/我的一颗心,只是烧,只是烧呀/任冰山,呵,任冰山也不能将它冷透!"整个诗篇情感真挚,格调悲怆,气势昂扬,悲愤而不低迷,沉痛而不绝望,回肠荡气,催人奋进,具有震撼人心的艺术感染力。

如同蒋光慈本人一样,蒋光慈的诗歌历来也是人们争议的对象。褒扬者认为,与郭沫若的《女神》一样,蒋光慈的《新梦》同样"开一代诗风"——开创了无产阶级革命诗歌的风气,在新诗发展史上占据重要地位。贬抑者认为,他的诗歌理论大于形象,议论多于描写,直白的说教和粗暴的叫喊代替了诗歌应有的含蓄,缺乏诗味。对此,我们应该知人论世,联系蒋光慈诗歌创作的时代背景来具体分析。蒋光慈诗歌创作的时代,正是中国人民处于水深火热之中、反帝反封建任务既迫切且艰巨的年代。"五四"退潮以后,新旧阵营发生分化,许多青年感到迷惘失落,在道路选择上困惑。新诗创作在经历了"五四"短暂的高涨之后,整体格调也从乐观激昂转向低迷感伤。这时迫切需要有人站出来大声呐喊以振聋发聩,哪怕这种呐喊是"粗暴"的。这一历史的重任落到了蒋光慈身上。诚如他自己所言:"我不过是一个粗暴的抱不平的歌者""而不是在象牙塔中漫吟低唱的诗人"。作为一位革命诗人,他并非不会而是不愿躲在象牙塔里浅吟低唱,而是"勉力为东亚革命的歌者"。这种创作动机和艺术个性决定了他诗歌创作的主题和风格。另外,纵观蒋光慈全部诗歌创作,标语口号式的只占少数。除了思想性之外,许多诗篇即使从艺术上衡量,在当时也属上乘。如《柳絮》《小诗》《诗人的愿望》《海上秋风歌》《乡情》《写给母亲》等。高语罕先生说得好:"我觉得一个人的作品,能用他的思想、情感,引起人的同情,使读者感发兴起,这便是高尚的艺术。"蒋光慈的诗歌确实使读者感发兴起,鼓舞、教育了大批年轻人走上革命道路。吴腾凰、徐航两位先生的评价则更加到位:"应该承认,标语口号式的倾向虽然不自蒋光慈始,但在他的诗歌中是比较突出的。但若以偏概全,进而否定蒋光慈的诗歌,那也不是历史唯物主义的态度,也是不公正的。因为标语口号式的作品,在蒋光慈的诗歌中仅占一小部分,他的大部分诗作,还是张收有致,形象鲜明,意境畅阔。同时,蒋光慈以政治抒情诗见长,在当时达到了一定高度。它以昂扬的革命音调、崭新的革命风格和鲜明的革命赤色,使人得到震撼和感染。我们应把此类诗歌与标语口号式的作品,小心地区别开来。"

第三节　蒋光慈的小说创作

蒋光慈的小说创作,结集出版的主要有:《少年飘泊者》(中篇小说,亚东图书馆,1926年1月初版);《鸭绿江上》(短篇小说集,亚东图书馆,1927年1月初版);《短裤党》(中篇小说,泰东书局,1927年11月初版);《野祭》(中篇小说,上海现代书局,1927年11月初版);《菊芬》(中篇小说,上海现代书局,1928年4月初版);《最后的微笑》(长篇小说,上海现代书局,1928年6月初版);《丽莎的哀怨》(长篇小说,上海现代书局,1929年8月初版);《冲出云围的月亮》(长篇小说,北新书局,1930年1月初版);《田野的风》(原名《咆哮了的土地》长篇小说,山海湖风书店,1932年4月初版);《夜话》(短篇小说集,上海生活书店,1936年版)。创作时间大致在1925—1930年。在短短的五六年时间里,创作了如此之多的作品,而且每一部作品都非常畅销,影响很大,这在当时是不多见的。

纵观蒋光慈五六年的小说创作历程,大致可以分为第一阶段:发轫时期——革命青年成长"三部曲"(《少年飘泊者》《鸭绿江上》《短裤党》);第二阶段:喷发时期——"革命加恋爱"模式的滥觞;第三阶段:成熟时期——《咆哮了的土地》。这三个阶段既互相衔接,又各具特色。

第一阶段:发轫时期——革命青年成长"三部曲"

钱杏邨在《蒋光慈与革命文学》一文中指出:"同时我们也可以把《少年飘泊者》《鸭绿江上》和《短裤党》特别的提出来,因在这三部创作里所表现的完全是一部革命青年的三部曲。《少年飘泊者》代表初期的青年,对于一切怀疑,想找出路,而有了革命的要求的时期,但要求那一种的革命,他们是说不出来的。《鸭绿江上》代表了革命青年的第二期,在这一期的青年是认清了自己所需要的是那一种革命了,然而还没有挺身向前。《短裤党》代表了第三期,代表了青年的革命家表现他们最伟大的力的时期,是青年革命家的血沸腾到最高点的时期,是他们勇敢向前,走上牺牲的血路的时期。在这三部创作里,把四五年来的青年心理整个的表现了,把近几年来的革命在青年心里力量的进展全部表现了。"钱杏邨的这种评价,是切中肯綮的。蒋光慈发轫时期的三部主要作品《少年飘泊者》《鸭绿江上》和《短裤党》,确实构成了当时革命青年成长的三部曲。

先看《少年飘泊者》。这部 4 万多字的中篇小说完成于 1925 年 11 月。1926 年 1 月由亚东图书馆初版。小说以主人公汪中给诗人维嘉先生的一封长信展开故事情节,开创了现代书信体小说之先河。全篇共 18 节,外加"维嘉的附语"作为尾声,交代主人公汪中的最后结局,首尾照应。

小说开篇即为读者描绘了一幅 20 世纪初中国乡村社会血泪斑斑的阶级压迫和剥削图景:家住 T 县 P 乡的 16 岁小学生汪中,一家三口。父母是当地大地主刘老太爷的佃户。刘老太爷的大儿子在省里做官,二儿子在军队里当营长。刘家"称雄于乡里",欺压百姓,残酷地剥削佃户。民国四年大旱,汪中父母交不起租子，父亲汪老二前去求情，遭到毒打，第二天死去，刘家带人来抢租子，母亲也被逼自尽。16岁的汪中成了孤儿，内心里怀着对刘老太爷等地主阶级的强烈仇恨走投无路之时，他决定投奔土匪，为父母报仇。但是没有找到土匪，却遇到了专门敲诈勒索的"川馆"刘先生。他跟随刘先生4个月，发现刘先生畏强欺弱，而且还要鸡奸他，汪中羞愤难当，择机逃离。

汪中继续流浪，来到皖北大商埠H城，到瑞福祥杂货店当学徒。杂货店老板刘静斋刻薄严厉，汪中备受苦楚。刘静斋女儿玉梅，在县立女中读书，态度从容，品貌俱佳，很是同情汪中。两人日久生情，为刘老板不容，刘老板将汪中赶了出去。汪中又从H城经过巢湖来到W埠，在陶永清经营的洋货店栖身。这时，他接触了《皖江新潮》，尤其喜欢读"提倡新文化，反对旧思想"的文章，思想发生了转变。那一年，W埠学生抵制日货，汪中的老板陶永清对学生运动非常痛恨，密谋雇凶暗杀学生领袖。汪中得知消息，偷偷跑到学校向当时的学生领袖维嘉先生报告。此举被陶永清怀疑，因此辞退了汪中。

此后汪中继续漂泊。他在汉城X街亲戚开的茶馆里当过茶房，在T纱厂里做过工，因为鼓动工人罢工而入狱，出狱后流浪到上海，在一家纱厂的工会工作。后来工会遭到巡捕房查封闭，汪中无路可走了，决定到广东考黄埔军校，打算战死疆场。后来在黄埔学生军攻打惠州城的时候，汪中奋勇当先，冒着枪林弹雨往前冲，高喊着"打倒军阀，打倒帝国主义"而壮烈牺牲。

《少年飘泊者》是中国现代文学史上第一部"革命小说"。作品着力塑造的汪中这一文学形象，在当时具有很大的代表性，富有时代色彩。通过汪中几年的流浪生活，全景式地反映了当时中国社会的现实生活。这个曾经是学生的孤儿，在流浪生涯中，当过学徒、奴仆、乞丐、茶房、工人、工会工作者，最终选择了革命道路，成长为一位反帝反封建的革命英雄。同时，在他流浪过程中,从西到东、从北到南,从农村到城市、从工厂到军校,接触了三教九流,各色人等,从而多层次、多侧面地反映了帝国主义、封建军阀和地主资本家对劳苦大众的压迫和剥削。作品反映了"五四"运动、"二七"大罢工、林祥谦英勇就义、"五卅"惨案、国民革命军东征等重大事件,展现了时代的风云变幻,为"五四"以后寻找出路的青年指明了一条正确的人生道路。因此,被郭沫若称为"革命时代的前茅"。

曾经有人指责《少年飘泊者》艺术上显得"粗糙",对此,我们应该一分为二地理解。作为蒋光慈创作的第一部小说,《少年飘泊者》艺术上确实还不够圆熟,有些地方显得"粗糙"。但是,诚如蒋光慈在《自序》中所言:"在现在唯美派小说盛行的文学界中,我知道我这一本东西,是不会博得人们喝采的。人们方沉醉于什么花呀,月呀,好哥哥,甜妹妹的软香巢中,我忽然跳出来做粗暴的叫喊,似觉有点太不识趣了。"但是,作者并不是一个只会"粗暴"的人,他也有爱美之心,只是现实生活的黑暗与严酷,使作者无暇也无心玩花弄月,他要用粗暴的叫喊来控诉帝国主义和封建军阀,来唤醒民众,尤其是青年。因此,我们可以说《少年飘泊者》的"粗糙"更多的是一种"粗犷",是一种革命浪漫主义的激情流淌。这也正是《少年飘泊者》作为第一部"革命小说"的特色所在。事实上,《少年飘泊者》一出版即风靡一时,深受读者喜爱。汪中这一文学形象,鼓舞、激励、指引了当时许多在黑暗中苦闷彷徨的青年,投身于滚滚的革命洪流中。老作家田涛曾说:"《少年飘泊者》给我的印象最深。在青年时代我也追慕着漂泊的生活,对当时现实不满!以致在高小读书看到学校里不合理的情况,便组织同学反对、闹学潮而被开除。这种思想现在回忆,可以说接受蒋光慈作品思想所起作用较大,从此使我热爱文学,走上了文学的道路。"胡耀邦有一次在谈及文学作品对人的影响时,谈到他和当时许多进步青年就是受了蒋光慈的《少年飘泊者》等作品的影响而投身于革命的。陶铸则说得更直接:我就是怀揣着《少年飘泊者》去参加革命队伍的。

短篇小说集《鸭绿江上》1927年1月由亚东图书馆初版,共收入了8个短篇:《鸭绿江上》《碎了的心》《兄弟夜话》《一封未寄的信》《徐州旅馆的一夜》《橄榄》《逃兵》和《寻爱》。其中最有代表性的是《鸭绿江上》。小说完稿于1926年1月,大约14000字。小说以在莫斯科留学的朝鲜革命青年李孟汉自述爱情史展开情节。20世纪初,高丽被日本帝国主义占领,在美丽的C城,李孟汉与金云姑自小生活在这里。他们青梅竹马,情深意长。后来,孟汉的父亲因参加抗日活动被杀害。成年后的孟汉为避免惨遭毒手,与云姑依依惜别逃到中国,后来又到苏联参加红军,后来又到大学学习。为了祖国的独立解放,李孟汉如饥似渴地学习马克思主义。留在故乡的云姑积极参加抗日活动,担任高丽社会主义青年团同盟妇女部的书记,勇敢地抗击日本侵略者,后来被捕入狱,坚贞不屈,英勇献身。李孟汉万分悲痛,同时更加坚定了斗争信念:"我相信我自己的意志可以算得是很坚强的。我虽然有无涯际的悲哀,但我还抱着热烈的希望。我知道我的云姑是为着高丽而死的,我要解放高丽,也就是安慰我云姑的灵魂,也就是为她报仇。"《鸭绿江上》是蒋光慈小说创作中一篇比较集中地表现民族矛盾、反映民族独立斗争且涉及国际主义的小说,充满悲愤的反抗精神,洋溢着炽热的爱国主义激情。

集子中的其他作品,《碎了的心》通过对爱国青年汪海平与吴月娟爱情悲剧的描写,控诉了帝国主义与封建军阀的罪恶,表达了共产党人与群众密切的关系以及民众的觉醒。《兄弟夜话》带有自叙传色彩。通过主人公江霞与大哥关于婚姻问题的争论,揭露了现实社会的黑暗,表达了"五四"以后一代青年对婚姻自由的渴望与追求。《一封未寄的信》采用第一人称的手法,力图通过爱情来表现群众对革命党人的拥护与爱戴,但作品显得有些简单而苍白,具有概念化倾向。《徐州旅馆之一夜》写作者在徐州旅馆的遭遇,通过一个卖春女子的自白,揭露了现实社会的黑暗和军阀混战的罪恶,表现了革命知识分子对底层民众的同情。《橄榄》叙述了一个主人公起先软弱动摇,备受工厂主蹂躏,最后奋起反抗,杀死工厂主的故事。塑造了一个历经苦难、最初逆来顺受、最后终于觉醒、奋起反抗的青年女工吴喜姑形象。《逃兵》通过一个杀死团长的逃兵张得胜的自述,揭露封建军阀的穷凶极恶,表达了反抗的主题。《寻爱》具有喜剧色彩和讽刺意味。描写了青年诗人刘逸生怀着对美好纯洁爱情的憧憬,寻找真爱而到处碰壁。从而认识到,在充满铜臭的金钱社会,人们成了金钱的奴隶,包括爱情。因此,他开始觉醒,决心通过革命来改变现实。

通过以上简介,我们可以发现,《鸭绿江上》承接蒋光慈此前作品的反帝反封建的斗争精神,在反映生活的深广度方面又有所开拓。从空间上看,从国内到国外,从乡村到城市,从工厂到军营;从人物形象看,有工人、农民、学生、士兵、教师、逃兵、妓女、护士、资本家、职业革命者等。作品通过对广阔的社会生活的描写和众多的人物形象的塑造,为我们展示了帝国主义和封建军阀的罪恶,以及民不聊生,危机四伏,各种矛盾不断激化,革命之火即将燎原的现实图景。而且,作品中所表现的被压迫民众开始觉醒,自觉走上反抗道路,初步显示了自己的力量,也是《鸭绿江上》主题的深刻性所在。《鸭绿江上》一出版即产生很大影响,当时也获得了较高的评价。郁达夫评价说:"《鸭绿江上》共含有短篇小说八篇,从内容说起来,篇篇都是同情于无产阶级,和反抗军阀资本家的作品,光就同情的一方面说起来,已经可以完全说是无产阶级的文学了。"钱杏邨的分析则更具体、更具有针对性:"现代中国青年的苦闷是找不出出路,我们应该指示一条大道给他们;换句话说,对于一切的问题,现代青年所需要的是解决,不是仅仅要了解事实!……粗暴不要紧,时间长了,自然可以成功,自然有伟大的劳动文学作家产生出来!——要紧的是我们不要走错路!"

中篇小说《短裤党》完稿于1927年4月3日,1927年11月由上海泰东图书局初版。小说几乎同步地描写了中国共产党领导上海工人三次武装起义的实况,这在现代文学史上绝无仅有。1927年上海工人武装起义期间,蒋光慈就在上海,他与起义领导人周恩来、赵世炎、罗一农等熟悉,与瞿秋白一起为起义出谋划策,可以说是起义的亲历者,因此能在第三次武装起义胜利后半个月时间里写出作品。蒋光慈怀着一腔革命激情,鲜明的阶级爱憎,以汪洋恣肆的笔触,第一次正面描写了中国共产党领导的这场工人阶级运动的过程,揭示了胜利的原因,将现实中真实的人物写进作品。书中的很多人物都有原型。据起义的参与者郑超麟回忆:"书中的杨植夫和秋华夫妇,就是瞿秋白和杨之华夫妇的化身,书中的老头子郑仲德即陈独秀,鲁德甫即彭述之,史兆炎即赵世炎,何乐佛即罗亦农,林鹤生即汪寿华,易宽即尹宽,曹雨林即郑超麟。此外,小说中的沈船舫即孙传芳,张仲长即张宗昌。"还有,江洁史暗指蒋介石等。小说中一些过程和细节也与事实相符。据此,学者旷新年指出:"《短裤党》的突出特点就是以时事、以现实斗争的尖端题材为内容,将真实的现实生活斗争中的人物写进小说……以时事入小说是蒋光慈小说的一个鲜明的特征,也是20世纪初期文学发展中一个新的文学现象,它产生了一种新的文学体裁——报告小说。"在作品中,共产党人和工人阶级第一次成为文学作品的主角。小说不仅塑造了杨植夫、史兆炎等党的领导者、起义的组织者形象,而且塑造了李金贵、邢翠英等一大批先进的工人阶级形象。他们具有坚定的政治信念,富有智慧,对敌人充满阶级仇恨,对同志怀有阶级感情,敢于斗争,不怕流血牺牲,具有中国无产阶级和革命知识分子优秀的品质,是中国革命的领导者,未来中国的希望所在。

由于以同步反映重大现实斗争为题材,来不及细致构思和精雕细磨,作品难免有些粗糙和不足。诚如作者在《写在本书前面》所言:"当写的时候,我为一股热情所鼓动着,几乎忘记了自己是在做小说。写完了之后,自己读了两遍,觉得有许多地方很缺乏所谓'小说味',当免不了粗糙之讥。不过本书是中国革命史上的一个证据,就是有点粗糙的地方,可是也自有其相当的意义。"是的,作为"中国革命史上的一个证据",其思想意义以及产生的影响是无法抹杀也无法替代的。况且,作品自有一种激情四射、热烈紧张、节奏张弛、格调激昂、痛快淋漓、豪放中带有庄严的浪漫主义格调。给人以壮烈奔放的阅读快感。

第二阶段:喷发时期——"革命加恋爱"模式的滥觞

1927年第一次国内革命战争失败后,中国革命进入由无产阶级(共产党)单独领导的新的历史时期。参加过第一次国内革命战争的作家如郭沫若、成仿吾等,刚从日本回国的青年作家如冯乃超、李初梨、彭康、朱镜我等,以及在国内从事实际工作的作家如蒋光慈、钱杏邨、阳翰笙等,相继来到上海。面对尖锐复杂的阶级斗争形势,他们对于文学不能适应斗争需要的现状深表不满,急切地要求用文学作为同反动势力斗争的武器。苏联和西欧各国无产阶级文学运动的活跃,尤其是日本无产阶级文学运动的蓬勃兴起,给予他们很大的影响和启示。在郭沫若等人的积极推动之下,从1928年初前后开始,以创造社和太阳社为主,开始了无产阶级革命文学运动的倡导。郭沫若的《英雄树》、成仿吾的《从文学革命到革命文学》《全部的批判之必要》、冯乃超的《艺术与社会生活》、蒋光慈的《关于革命文学》、李初梨的《怎样地建设革命文学》、钱杏邨的《死去了的阿Q时代》等是最初发表的有代表性的论文,从多方面阐述了无产阶级革命文学的基本主张。他们认为无产阶级已成为中国革命的"支配阶级",因此"革命文学,不要谁的主张,更不是谁的独断,由历史的内在的发展一一连络,它应当而且必然是无产阶级文学",它是"以无产阶级的阶级意识,产生出来的一种斗争的文学",是"为完成他主体阶级的历史的使命"服务的,初步阐明了无产阶级革命文学产生的社会原因和根本任务。在理论倡导的同时,许多"左翼"作家也积极从事创作实践活动,形成了一股声势浩大的普罗文学浪潮。

"普罗"是法语"普罗列塔利亚"的简称,意思为无产阶级的、大众的。普罗文学来源于20世纪现实主义文学,强调文学为政治服务,文学是政治经济的产物,受到普列汉若夫、老舍等作家推崇,"左联"也宣传它的政治功能。普罗文学在1928—1930年,成了当时文坛的主流。它"不仅是一个重要的文学现象,而且是一个具有划时代意义的文化现象","普罗文学创造了新文学的奇迹,它创造了新文学的流行时尚和畅销书,形成了新文学的规模生产和普遍模式,并且迅速地拓展了新文学的读者大众"。无论是无产阶级文学的理论倡导,还是普罗文学的创作实践,蒋光慈都是弄潮儿。从1927年到1930年,蒋光慈先后出版了《野祭》《菊芬》《最后的微笑》《丽莎的哀怨》《冲出云围的月亮》等作品,形成了他创作的第二个高峰。郁达夫说:"一九二八、一九二九以后,普罗文学执了中国文坛的牛耳。光赤的读者崇拜者,也在这两年里突然增加了起来。"他的创作开创了一种新的范式——"革命加恋爱"模式。开创这一模式的是中篇小说《野祭》。蒋光慈在这篇小说的《书前》写道:"这本小书虽然不是什么伟大的著作,但在现在流行的恋爱小说中,可以说是别开生面。它所表现的,并不在于什么三角恋爱,四角恋爱,什么好哥哥,甜妹妹……而是在于现今的时代,在这个时代中有两个不同的女性。"显然,作品的新意在于表现了"现今的时代",表达了与以往不同的、全新的恋爱观念。让我们看看作品的故事脉络:革命文人陈季侠租住在章淑君家里。章是小学教员,虽然温柔善良但相貌平平。她以前读过陈季侠的作品,对陈的文章及以前从事革命活动的行为很是崇拜,所以她处处体贴,主动示爱。陈季侠看不上淑君"无一点儿特出"的长相,婉言谢绝。淑君不甘平庸,表示要参加革命,真的做起了秘密革命工作,将对陈的爱转移、升华到革命工作中,获得替代性满足。陈季侠经人介绍,认识了自然朴素、美丽天真的郑玉弦,陈对其一见钟情,互相表白,陷入爱河,卿卿我我,很是甜蜜。面对日益高涨的革命运动,淑君为革命工作不顾安危、身心劳瘁,郑玉弦却不关心、不热心。当敌人疯狂反扑时,淑君坚持斗争,不怕牺牲,郑玉弦则失望惊恐,不辞而别,直至与陈季侠断绝恋爱关系。最终淑君英勇牺牲了。陈季侠闻讯,悲悔交加,放声痛哭,祭奠英魂。作品中的两个女性,相貌普通的章淑君一步一步走向革命,直到英勇牺牲;美丽天真的郑玉弦不理解革命,害怕革命直至退却躲避,抛弃恋人。陈季侠一开始看不上淑君,而对郑玉弦一见钟情。随着郑的离去和淑君的牺牲,陈季侠大梦方醒,痛定思痛,祭奠英烈,在追悼中将情感的天平乃至人生价值的选择倾向了淑君。"《野祭》从恋爱这一流行题材入手,最终通过恋爱来肯定革命。《野祭》把爱情和革命在题材和意义等多种层次上巧妙地缝合了起来。淑君把对季侠的爱投注到革命之中去,实现了能指的转移,革命代替爱情成为了一个新的,而且更高的能指。同时反过来,淑君又因为对革命这一能指的追求与融合,而最终在死后得到陈季侠爱的追认,也就是说,陈季侠和章淑君在革命这一最高的能指上实现了最终的共同的结合。因此,《野祭》的创新之处在于它将革命与恋爱进行了巧妙的转换,爱情作为一个初始的能指出现,而革命则最终作为它的转换和补位"。

《野祭》之后,蒋光慈又创作了中篇小说《菊芬》、长篇小说《最后的微笑》和《丽莎的哀怨》。《菊芬》以1927年武汉"七一五"反革命政变和重庆"三三一"惨案为背景,浓墨重彩地塑造了梅英、菊芬这两个既美丽可爱又英勇顽强的形象,表现了革命者不屈服的反抗精神。书中也描写了革命者铤而走险、刺杀复仇的行为。作品中的江霞是一位流浪诗人、革命文学家,有蒋光慈自己的影子。《最后的微笑》以1927年大革命前后的上海为背景,塑造了一个备受资本家压迫和欺凌,生活贫困无着,因而铤而走险、疯狂复仇的纱厂工人王阿贵形象。王阿贵怀有一种病态的疯狂的复仇心理,他不仅杀死了工头、包探、秘密稽查,甚至还想杀死自己的父母和妹妹——为的是不让她们在社会上受苦受欺凌。最后,他饮弹自尽,死后"面孔依旧充满着胜利的微笑"。这种个人冒险主义的复仇行为显然是不可取的。蒋光慈的创作深受陀思妥耶夫斯基的影响,使自己笔下的主人公具有一种变态的近乎疯狂的心理。这种心理在当时有一定的社会土壤和普遍性。中国现代文学史家杨义先生指出:"1927年政局邅变对人们灵魂触动之巨大和深刻,并非一般的恋爱描写所能深入地揭示的。残酷的现实生活扭曲某些人们的灵魂,需要对之进行'残酷的'灵魂解剖。因此,引进俄国陀思妥耶夫斯基的强烈到几近变态的心理描写方法,是蒋光慈企图描绘动荡时代中的动荡心灵的另一种艺术探索。"杨义先生进一步具体分析道:"小说以疾风迅雷般的笔触,写人物的灵魂在痛苦中分裂,在焦灼中酣然入梦,在恐惧中陡然归于宁静,于三天三夜的时间幅度之内集中了人物的种种灾难和痛苦,狂想和梦幻,直到破门入室,铤而走险,这种紊乱无章的病态心理的描写,显示了作家迥异于前期小说率直描写的艺术追求。由于作品格调过于阴郁,又散发着过多的无政府主义的狂热,并未得到进步文坛的认可。"杨义先生的评价非常中肯。

　　1930年1月出版的《冲出云围的月亮》是蒋光慈"革命加恋爱"小说的代表作,也是当时"革命的罗曼蒂克"思潮的扛鼎之作。小说出版的当年就重印了6次。小说女主人公王曼英本是富家小姐,原在女子师范学校读书。身处大革命的时代,她在男友柳遇秋的指引和鼓励下,进了军事政治学校,成为一名革命战士。她经常接触的还有从事革命活动的李尚志,李尚志虽然没有柳遇秋英俊的外表和出众的口才,但是性格坚毅,善于思考,真挚朴实。他爱曼英,但曼英专注于柳遇秋,而把李尚志视为战友。在大革命失败后的白色恐怖中,曼英与柳遇秋、李尚志等失去了联系,感到非常苦闷和绝望,产生了虚无主义思想,以极端的方式报复社会。"与其改造这世界,不如破毁这世界;与其振兴这人类,不如消灭这人类"。她用自己年轻美丽的肉体为武器,向这个黑暗丑恶的社会宣战。在几个月放荡腐朽的生活中,她腐蚀、捉弄了很多人。这里面有诗人。有政客,也有资本家十七八岁的儿子……她把自己撕毁了,沉入了堕落的深渊,自己都看不起自己了。正当王曼英深陷泥潭之时,李尚志出现了。他还是从前的李尚志,一点也没有变。他不但没有被大革命失败后的白色恐怖所吓倒,反而更加勇敢、更加坚决地投入到与反动派的斗争中。他开导情绪低落的王曼英:"你要知道,群众的革命的浪潮还是在奔流着,不是今天,就是明天,迟早总会在这些寄生虫的面前高歌着胜利的。"而柳遇秋却退却了,叛变了,投靠反动政府做起官来,生活也腐化堕落。两相对比,曾经朴实无华、沉默多思的李尚志是如此的坚强而伟大,曾经风流倜傥、口若悬河的柳遇秋是如此的脆弱而渺小!王曼英感到很震撼。在李尚志的感召下,王曼英摆脱了以前的堕落生活和极端心理,洗净身心污浊,投身到工人群众中去,成为一名身心健康的工人,并且积极从事工人运动。在获得了新生的同时,也重新获得了爱情。以健全的精神和健康的身体与李尚志结合。诚如王曼英自我表白:"亲爱的,我不但要洗净了身体来见你,我并且要将自己的内心,角角落落,好好地翻造一下才来见你呢。所以我进了工厂,所以我……呵,你的话真是不错的!群众的奋斗的生活,现在完全把我的身心改造了。哥哥,我现在可以爱你了……"小说最后写道:"这时在天空里被灰白色的云块所掩蔽住了的月亮,渐渐地突出云块的包围,露出自己的皎洁的玉面来。云块如战败了也似的,很无力地四下消散了,将偌大的蔚蓝的天空,完全交与月亮,让它向着大地展开着胜利的,光明的微笑。""冲出云围的月亮"象征着主人公王曼英从堕落沉沦中获得拯救和新生,具有寓言色彩。有学者指出,《冲出云围的月亮》"讲述了大革命失败后青年知识分子的分化,它用李尚志、柳遇秋这两个带有象征意义的名字来隐喻对于革命的两种不同态度和两种不同类型的人物:一种是坚贞的革命者,一种是可鄙的变节者。它成为这个时代性政治的寓言。王曼英和李尚志、柳遇秋曾经是革命战友,王曼英曾经属于柳遇秋。但是当柳遇秋脱离革命成为一个反动军官以后,他也就失掉了爱情。最终革命者得到了爱情,变节者被爱情所抛弃。爱情这一能指最终为'革命'所替换。《冲出云围的月亮》这一小说文本通过李尚志将性/政治、爱情/革命高度缝合起来。革命是最终的能指,只有通过'革命','爱情'才能得到确认"。

通过以上几个文本的介绍与分析,我们可以发现,蒋光慈开启的"革命加恋爱"模式在当时获得巨大成功,被广大读者尤其是青年读者所追捧,关键之处在于将革命斗争内容与恋爱内容有机糅合在一起,把"五四"以来新文学中热门的个性解放和恋爱自由的主题在新时代的背景下与革命和政治的主题结合起来,革命取代了恋爱,恋爱推动着革命,坚定的革命者最终将获得真正的爱情。这种主题构架满足了那个时代青年的阅读期待,震撼着他们的心灵,影响着他们的人生抉择。这种模式之所以大行其是,与当时严酷的社会现实密不可分。"国民党的反动统治,使进步青年陷入了历史的巨大苦闷之中,恰恰'革命'为他们提供了'光明的出路'和'历史的意义',以至'人生的价值'。'革命'作为一种最高、最后的唯一能指,作为崇高的象征与乌托邦,为30年代追求理想而苦闷颓废的青年提供了伟大的抚慰、承诺和肯定,为迷途的灵魂提供了温暖的、辉煌的归宿"。"革命加恋爱"模式既迎合了当时社会阅读心理的需求,反过来又刺激了作家们以至于他们开始大张旗鼓地从事这一模式的创作。阿英曾说:"书坊老板会告诉你,顶好的作品,是写恋爱加上点革命,小说里必须有女人,有恋爱。革命恋爱小说是风行一时,不胫而走的。我们很多作家喜欢这样干,蒋光慈当然又是代表。"可见,在新的时代氛围中,是读者与作者的"合谋",造就了"革命加恋爱"模式的大行其是,从而在30年代汇聚成浩浩汤汤的"革命的罗曼蒂克"文学思潮。

本阶段,蒋光慈还出版了一部时至今日仍然有不断争议之声的小说——《丽莎的哀怨》。这是一部长篇小说,1929年8月由上海现代书局出版。小说一发表就引发了很大争议。1930年,因为此书,蒋光慈受到"左翼"文学界的严厉批评。当时的中央机关刊物《红旗日报》上这样写道:"他曾写过一本小说,《丽莎的哀怨》,完全从小资产阶级的意识出发,来分析白俄,充分反映了白俄没落的悲哀,贪图几个版税,依然让书店继续出版,给读者的印象是同情白俄反革命后代的悲哀,代白俄诉苦,诬蔑苏联无产阶级的统治。经党指出他的错误,叫他停止出版,他延不执行,因此党部早就要开除他,因手续未清,至今才正式执行。"像这样,因为一部作品而被开除党籍的革命作家,蒋光慈是第一个人。下面,让我们看看《丽莎的哀怨》的真实面貌。

第一,小说表现了新颖、独特的题材。十月革命后,大批白俄逃亡至中国。据国际联盟统计,20世纪20年代末,在华白俄多达7.6万人,哈尔滨和上海是他们的两大聚居地。当时住在上海的蒋光慈非常熟悉他们的生活。《丽莎的哀怨》讲述一个沦为上海妓女的白俄贵族妇女丽莎的悲惨遭遇。丽莎原本是一位纯真、善良的俄罗斯贵族少妇,俄罗斯发生布尔什维克革命(十月革命)后,她和家人逃往中国上海。为了维持难民家庭,她沦为脱衣舞娘和妓女,经历了灵魂流浪与肉体漂泊的双重磨难,最终投身海底。这种新颖独特的题材,在当时革命文学创作几乎是一统天下的局面下,别开生面,新人耳目。

第二,小说塑造了真实、复杂的人物形象。小说的重要收获在于塑造了丽莎和白根这两个真实、复杂而具有一定典型性的人物形象。在当时革命文学占领中国文坛的时代,大多数作家都是把革命者作为作品的主角,《丽莎的哀怨》大胆选择了一个崭新也是冒险的形象——流浪异乡的白俄贵族妇女丽莎作为小说的女主角。主人公丽莎是善良和坚强的,虽然她代表着白俄贵族的立场,与苏联革命的立场格格不入。但是,在她漂泊上海的生活中,你会逐渐感受到她的善良、纯洁与坚强。丽莎来到上海之前,心里对布尔什维克是怨恨的。认为是他们毁了她曾经拥有的幸福生活,摧残了她这朵温室中的白花。后来,丽莎的生活越来越穷困潦倒,直至沦为脱衣舞娘甚至是娼妓。在出卖自己肉体的同时,几度想着自杀,内心痛苦万分而又无奈,但此时,她的思想也开始转变。随着回国的无望,生活的艰辛,丽莎开始怀念在少女时代一个曾经喜欢她的木匠,后悔自己没有选择成为木匠的妻子,又开始怀念起当年背叛家庭、投奔革命的姐姐薇娜,对自己曾经的生活选择有了怀疑与反省。作为一个旧俄贵族妇女,这种思想的转变尤为重要。她终于能够站在客观的角度来审视自己的婚姻家庭,有了崭新的看法。尽管流浪的过程是那么痛苦,但这也是成长的过程。通过对丽莎这一成长经历的描述,使得人物政治色彩之外的美好的真实的人性——善良、纯洁、坚强的品质逐渐呈现出来。丽莎的丈夫白根在作品中也被刻画得真实而深刻,其性格发展合乎生活逻辑。当初那个身材魁梧、彬彬有礼、满腹才情、前程似锦的白根竟然在历史的动荡中身不由己,逐渐丧失掉了人的尊严,麻木地等着妻子通过卖淫来养活自己,成了行尸走肉。他的人生轨迹与丽莎正好掉转过来,丽莎是由依赖转变为绝望的抗争,白根则由最初的抗争堕落为彻底的苟活和依赖。于是,在十里洋场的上海,有这样一对白俄难民夫妻,丈夫白根选择了猥琐无能地活着,而妻子丽莎为了家庭与爱人,选择牺牲了自己的清白,痛苦地活着,两人的精神境界形成了一个鲜明的对比,由此更加突出了丽莎作为一位弱女子的坚强,也使读者更加同情她,却鄙视她的丈夫。这对特殊的白俄夫妻的形象填补了中国现代文学的人物画廊的空白,具有文学史意义和史料价值。

第三,与蒋光慈此前作品相比,《丽莎的哀怨》在写作手法和创作风格方面也有所创新和突破。一是细腻的心理描写,善于揭示主人公矛盾、痛苦的内心世界。作家采用第一人称的视角,让丽莎向读者敞开心扉。由于国内政治的巨变,给她的生活和家庭带来了毁灭性的打击,她的生活一次又一次地被放逐到天涯,从彼得格勒到海参崴、到上海,一步步地远离了祖国,成为无根的人。在人生的每一次挫折面前,我们都会感受到丽莎在面对苦难时,汹涌澎湃的纠结的内心世界。例如,到了上海以后,丈夫没有能力去养家,就指望丽莎卖淫挣钱。在这个地狱般的10年生活中,她渴望有一个人能将她从火坑里解救出来,而丈夫是无能的,于是她的思想也发生了一些微妙的变化,不断涌出下面的想法:"现在我时常想道,如果当年我爱上了那个卷发的木匠伊万,而且嫁了他,那我的现在境况将要是怎样的呢?做一个劳苦的木匠的妻,是不是要比做一个羞辱的卖淫妇为好些呢?""如果他能用他的劳力以维持他家庭的生活,能用诚挚的爱情以爱他的妻子,而且保护她不至于做一些羞辱的事情,如我现在所做的一样,那他在人格上是不是要比一般卑鄙的贵族们为可尊敬些呢?我还是在伏尔加的河畔,跟着那个卷发的诚实的伊万,过着劳苦的、然而是纯洁的、独立的生活,为好些呢,还是现在跟着这过去的贵族白根,在这异国的上海,日日将肉体被人玩弄着、践踏着为好些呢?……天哪,我现在情愿做一个木匠的妻了!我现在情愿做一个木匠的妻了!"这样的内心独白在作品里占据了很大篇幅,给读者的震撼力更强、更真实,在成功塑造丽莎的形象上起了重要的作用。二是哀怨的抒情语言。与蒋光慈以前的作品相比,在这部作品中,抒情语言营造的哀怨的氛围很大程度上弥补了以前革命文学"粗暴的呐喊"的不足。

通过以上的分析对比,我们可以得出结论:蒋光慈创作《丽莎的哀怨》是忠于生活、忠于艺术的。虽然从题材上看,《丽莎的哀怨》与当时盛行的革命文学主潮不合拍,但它是具有真实性的;虽然在技巧方面还不够成熟,但是其文学审美价值远远超越了政治性,也超越了作者其他的作品。对此,我们应该给予实事求是、客观公正的评价。

第三阶段:成熟时期——《咆哮了的土地》

1930年,蒋光慈在身患疾病、政治处境艰难的情况下,顶着巨大压力,以非凡的毅力完成了长篇小说《咆哮了的土地》的创作。这部小说共17万字,是蒋光慈小说创作中最长的一篇。全书共56章,1930年在《拓荒者》上连载了13章。1932年4月,为了躲避国民党当局的查封,全书改名为《田野的风》出版。小说以大革命失败后皖西地区波澜壮阔的土地革命为背景,展示了乡村农民在中国共产党的领导下,武装起来,组织农会,同地主阶级进行你死我活的斗争,建立工农红军,走武装斗争夺取政权的道路的壮丽画卷。这是中国现代文学史上第一部反映土地革命和农民武装斗争的长篇小说,也是蒋光慈小说最为成熟的一篇。

小说的创新之一在于:第一次表现了农民的觉醒,第一次描写了土地革命给几千年来沉睡的乡村带来的翻天覆地的变化。我们不妨回顾一下,在此之前的反映农村生活的作品。在鲁迅批判国民性思想的影响与带动下,20年代中后期曾经形成一股声势浩大的"乡土文学"潮流。代表人物除了鲁迅外,还有台静农、王鲁彦、许杰、许钦文、彭家煌等。他们的作品,真切地反映了辛亥革命前后到北伐战争时期中国农村的现实生活,表现了农村在长期封建统治下形成的闭塞、落后、野蛮和破败,以及农民们极其悲惨的生活境遇。展示了诸如水葬、冥婚、械斗、典妻、偷汉及鬼节超度等乡土风俗,在理性的批判中,突出表现了远离现代文明的乡村落后愚昧的生存方式和民众麻木不仁的精神状态,对乡村妇女的悲惨命运给予深切的同情。表现出了对乡村停滞、落后的生存方式的现代性焦虑,也寄托了挥之不去的淡淡的乡愁。作品的格调大多阴郁、压抑、沉重,色调灰暗、阴冷、惨淡,反映了中国农村令人窒息的生活,具有浓厚的悲剧色彩。乡土作家站在启蒙的立场,师法鲁迅,极力揭示出乡村社会的病苦,以"引起疗救的注意"。但他们仅仅将"乡间的死生、泥土的气息,移在纸上",而没有找到解救与根治的"良方"。在他们笔下,乡村依然沉睡,民众仿佛生活在千年的梦中,在苦难的煎熬下,"默默地生存,默默地死亡"。

到了蒋光慈笔下,乡间虽然依旧是旧日的乡间,"但是,这乡间又不是旧日的乡间了"。小说一开头就描写了大革命运动给乡村带来的巨大冲击与影响:"在什么隐隐的深处,开始潜流着不稳的水浪。在偶尔的,最近差不多是寻常的居民的谈话中,飞动着一些生疏的,然而同时又是使大家感觉得异常的兴趣的字句:'革命军'……'减租'……'打倒土豪劣绅'……"在大革命的疾风暴雨中,共产党员、矿工张进德和出身地主家庭的革命知识分子李杰相继回到故乡,他们把新思想带给农民,并在农村撒下反抗的火种,在沉睡的田野上掀起了一股革命风暴。饱经苦难的农民纷纷觉醒:"现在是时候了,我们应当干起来!"轰轰烈烈的农民革命运动开始了,沉睡了千年的土地终于咆哮了。虽然"马日事变"后形势逆转,反动封建势力疯狂反扑,但已经组织起来的农民并没有被屠杀吓倒,他们在张进德等人的带领下,英勇反抗,冲出包围,最后奔向革命队伍的聚集地"金刚山"。小说以大革命前后农村中尖锐剧烈的阶级斗争为背景,反映了党领导下的早期农民武装斗争的面貌。首次以长篇小说的形式热情地表现农民的觉醒、再现了农民革命运动的过程,并揭示出革命风暴之后的胜利前景。作品最后安排张进德率领农民武装奔向金刚山,寄寓着作家对中国革命道路的认识。《咆哮了的土地》创作于 1930 年,当时正是井冈山根据地建立发展时期。作家站在时代的至高点上,贴近现实,凭借自己敏锐的观察与分析能力,以艺术把握世界的方式,反映了中国革命的出路问题:中国革命事实上是农民革命。农民革命必须走井冈山道路!在主题思想方面超越了此前的"乡土文学",达到了前所未有的高度。此后农村题材的文学创作,从叶紫的《丰收》、丁玲的《水》《太阳照在桑干河上》、贺敬之的《白毛女》、李季的《王贵与李香香》,直至建国后梁斌的《红旗谱》、柳青的《创业史》……他们笔下的农民作为主人公,大多摆脱了闰土式的愚昧、麻木、忍耐和悲哀,走上了从苦难到觉醒到反抗的革命道路。可以说,写农民阶级意识的觉醒,正面表现农村的土地革命和武装斗争,是从蒋光慈开始的。《咆哮了的土地》在题材和主题方面具有开创意义。

　　塑造了崭新的、血肉丰满的人物形象是《咆哮了的土地》的重要成就。众所周知,伴随着新文化运动而兴起的"五四"文学革命,其突出的成就之一是"人的发现"与"个性解放"成了文学表现的新主题;农民、劳动者和新型知识分子等人物形象代替了旧文学中的帝王将相和才子佳人。彻底的反帝反封建精神和民族意识的觉醒,使"五四"文学体现出前所未有的现代性诉求。"五四"一代作家,作为知识精英,以先知先觉的姿态担负起向民众进行启蒙的责任。这些作家笔下的知识分子形象,主体性充分张扬。他们怀揣着新思想深入社会,深入民众,力图启迪民智,改革社会人生。在这里,知识分子身份是启蒙者和教育者,民众则是被启蒙和改造的对象。到了蒋光慈《咆哮了的土地》,知识分子与工农民众的角色身份发生了很大的变化。小说着重塑造了两个主要人物:农民、矿工出身的革命领导者张进德和出身地主家庭的革命知识分子李杰。从作品中的描写我们不难看出,工人出身的革命者张进德的革命意志显然超过了出身于地主家庭的革命知识分子李杰。张进德是现代小说中最早出现的农民运动中党的基层领导者的形象,他的斗争经历体现了工农革命的壮大和无产阶级对农民运动的领导作用。作家对这两个人物的描写与命运安排是寓意深刻的。

李杰出身地主家庭,受过良好的教育,过着无忧无虑的优越生活,属于小资产阶级知识分子。如果不是爱情婚姻的不幸,这位地主家的少爷很难割断与剥削阶级家庭的联系。他与贫苦农民的女儿兰姑的自由恋爱被封建宗法家长强行拆散,从而导致兰姑自尽。这一爱情悲剧使他看清了封建地主家庭的等级制度和吃人本质,因此离家出走,与封建家庭决裂。这是他背叛剥削阶级家庭的第一步。在大革命时代的"疾风暴雨"中,他接受了马克思主义,成长为一名坚定的革命者。在黄埔军校期间,他已经意识到了所谓的"革命军",未必真的能革命。因此,怀着"改造家乡生活"和"促使农民自身觉悟"的目标,毅然返回家乡从事农民革命运动。从中我们可以看出,无论是政治理论水平、政治觉悟,还是政治判断力,李杰都不比张进德低。但是,由于剥削阶级出身和先前所接受的资产阶级教育,使他在走向革命道路、从事革命工作时,背负着比张进德沉重得多的心理重负,势必要经历灵魂深处的搏斗与考验。其中考验之一是怎样与工农群众相结合、取得他们的信任。作品写道:他刚到家乡的时候,跟着张进德走进吴长兴那又破又脏的小屋吃第一顿饭时,他感到"饭菜异常地粗劣,碗筷在表面上看来异常地不洁,那上面似乎粘着许多洗濯不清的黑色的污垢",因此"踌躇了一下,皱了一皱眉毛"。而矿工张进德则完全不同,"拿起碗筷来就咕哧咕哧地吃起来,似乎那饭菜是异常地甜蜜"。两者形成了鲜明对比。李杰回到家乡,发动农民起来造反,革命的对象是以其父亲为代表的地主豪绅。李杰一开始并不能被人们理解和信任,甚至被视为异端。"李大少爷放着大少爷不做,有福不享,来和我们革命干吗呢?他家里有那么多的田地,当真愿意分给我们穷人吗?为着什么呢?怕又向我们弄什么鬼罢……"是啊,把自己家的田地分给穷人,这就是无产阶级革命者的觉悟与目标,难怪尚未觉悟的农民不能理解。李杰回乡革命遇到的第二个考验是在革命与亲情之间的抉择。虽然此前他已经与家庭决裂,但是母子、兄妹这些血缘亲情是无法割裂的。父亲为了软化他,写信劝他回家,并以母子之情动其志,他矛盾痛苦过。尤其是在火烧李家老楼的时候,他灵魂深处的搏斗被推向了顶端。李家老楼是他的家,在那里他度过了童年与少年时光,那里住着他的父母与不满10岁的妹妹。现在,为了革命的需要,要将它付之一炬,农民们请示他要不要烧,他还不能不答应。其内心深处的痛苦可想而知。通过艰难的心灵历程,他经受住了考验,获得了一些农民的信任。剥削阶级家庭出身和小资产阶级知识分子身份,使他具有一种原罪感,从而产生了自卑心理和忏悔意识。

相反,张进德没有李杰那样的心理重负。这位农民出身的矿工,"在这乡间不但没有了房屋,没有田地,以及其他什么财产,而且连一个亲人都没有了"。一穷二白,无牵无挂,这是无产阶级革命最基本最可靠的力量。政治和经济上的双重压迫,在他心灵深处早就埋下了反抗的火种,一旦被革命的火种点燃,必定要释放出巨大能量。他很快由自发的经济斗争走上自觉的革命道路。作品写道,张进德回到家乡,"随身带回来一些新的思想,新的言语,在青年们中间偷偷地传布着,大部分的青年都受了他的鼓动","自从他回到乡间以后,一般青年的农民得到了一个指导者……"由此可见,张进德是受党的指派,带着革命任务回到家乡的。而且在宣传发动农民革命过程中,由于其出身与威望,他不像李杰那样一开始不被信任,而是"青年们知道张进德是一个诚实而精明强干的人,对于他都怀着敬意"。

即使在与李杰一起领导农民革命过程中,张进德也一直居于主导地位。在张进德眼里,作为知识分子的李杰只是个革命的"帮手",而不是革命的启蒙者和引路人。相反,张进德在李杰的眼里,是非常坚强有力的,尤其是在李杰经受考验的时候,张进德可以说是他的精神支柱。"如果没有张进德这么样一个有力的人,那我真不知道如何对付我当前的任务呢"。农民出身的矿工张进德在作品中占据了主要地位。他革命意志坚强,心胸宽广,沉着冷静,考虑问题细致周到,虽然文化水平不高,但很有政治头脑和政策水平。李杰初回家乡,有家归不得,在乡间小路上徘徊的时候,是张进德把他引到吴长兴的茅屋,安排食宿,促膝谈心,百般安慰;当李杰被刘二麻子等人误解,认为"靠不住",是张进德出面做解释;农会成立以后,部分群众革命情绪激烈,出现了无组织无纪律的过火行为。一次,小抖乱和癫痫头擅自处死了进行破坏活动的老和尚,李杰听到此事,开着玩笑说:"打死了一个寄生虫老和尚也没甚要紧。"张进德得知此事后很生气,严厉地批评了当事者,并借此机会对大家进行了一次严肃的遵守纪律和执行政策的教育。张进德的政治水平与冷静性格在"夜审"一场表现得尤为突出。一天夜里,活捉了几个偷袭农会的俘虏,众人对他们又是辱骂,又是拳打脚踢,还不解恨,要杀俘虏。张进德一进来便制止了这些行为,审清了每个俘虏的情况,弄清了暴乱的主犯。他采取区别对待的政策,放的放、关的关、留的留。对受蒙蔽的穷苦农民,宣讲了农会的性质和革命的目的,揭穿了敌人的阴谋,争取了群众,孤立了敌人,壮大了农会的队伍。"马日事变"以后,面对着敌人的屠刀,李杰有点不知所措,是张进德坚定的态度和应变能力给了李杰以信心和力量。为了保存革命力量,他们带领队伍撤向三仙山。当李杰在战斗中牺牲,三仙山被重重围困,即将弹尽粮绝,队员们纷纷问"怎么办"时,张进德坚定地说:"不要紧,我自有办法!"其实他此时也还没有想出办法。但是,为了稳定军心,他必须沉着应付。最后,经过周密的观察部署,终于带领大家突出重围,投奔"金刚山"去。作品最后安排李杰牺牲,让张进德带领队伍投奔"金刚山",其寓意是深刻的。中国革命已经从思想启蒙转向了武装斗争,革命主体也随之发生了位移——工农大众成了革命的领导者和主导力量,而知识分子退居到从属地位,甚至成了被改造对象。"工农大众的思想提升与知识分子的精神沦落,这种价值尺度作为后来'红色文学经典'的衡量标准,它既体现着蒋光慈对中国革命性质的准确把握,同时也昭示着他对中国革命文学的杰出贡献"。

《咆哮了的土地》所形成的创作范式对后来"红色经典"的创作产生了巨大影响,其文本示范作用是非常明显的。

图四 《咆哮了的土地》封面

其一是工农兵英雄模式。"五四"文学革命倡导人的文学和为人生的艺术,劳苦大众成了文学的主要表现对象,这是巨大的进步。但是,"五四"一代作家站在启蒙的立场上,他们笔下的劳苦大众大多是被侮辱被损害的弱小者。在"乡土文学"中,作家笔下的农村是凋敝的、停滞的,农民是落后的、保守的、麻木的、不觉悟的、安于天命的。到了《咆哮了的土地》,沉睡了多年的土地咆哮了,安于天命的农民开始觉悟了。农民成了土地革命的主要力量,工农出身的干部成了农民革命的主要领导者。张进德这位农民革命英雄形象占据了作品的主要位置。这对后来"红色经典"着力塑造工农兵英雄形象起到了很好的示范作用。赖大哥、郭全海、朱老忠、梁生宝、萧长春,乃至"样板戏"中的李玉和、江水英、方海珍、柯湘等"红色经典"中的著名英雄人物,无不闪耀着"张进德"式的性格特征和精神气质。

其二是知识分子改造模式。前文已述,从文学革命到革命文学,知识分子由启蒙者转变为忏悔者,甚至被改造的对象,《咆哮了的土地》对此进行了较为细致真切的描写。李杰艰难的心灵考验和灵魂搏斗,可以说是那个时代出身剥削阶级家庭的知识分子,走上革命道路所经历的普遍心灵历程。《青春之歌》中的林道静的成长道路即具有李杰的影子。知识分子在与剥削阶级家庭决裂以后,只有接受共产党的教育和领导,把个人命运与国家民族、劳苦大众的命运联系起来,走与工农群众相结合的道路,才会有出路。

其三是作品中主要人物的恋爱模式。蒋光慈是"革命加恋爱"模式的开启者。《咆哮了的土地》中的爱情描写避免了"革命+恋爱"模式的简单复制,显得含蓄节制,而且赋予了全新的理念。小说主要写了李杰、张进德、何月素、毛姑四个人物之间的情感纠葛。其中李杰、何月素系出身剥削阶级家庭的知识分子,张进德、毛姑出身贫苦农家,没有什么文化。按说从门当户对以及共同语言方面讲,应该是李杰与何月素相恋,张进德与毛姑相配。但是,作者并没有这么安排。作品先写何月素与毛姑同时对李杰都有好感,然后写李杰爱的是毛姑,张进德爱上了何月素。最后,李杰牺牲了,负伤的何月素躺在张进德的怀抱,"开始了新的生活的梦……"这种知识女青年与工农兵革命干部的恋爱模式,被"红色经典"作品广为采用。《青春之歌》中林道静情感历程就很具有代表性。出身于剥削阶级家庭的小资产阶级知识女性林道静,因反抗包办婚姻而逃出家门。先与北京大学学生、大地主的儿子余永泽结合,后来因思想观念不合而分裂。以后爱上了同样是北京大学学生的地下党员卢嘉川。卢牺牲以后,最终与工人出身的共产党人江华结婚。林道静的情感在经历了一波三折以后,最终归依到工人阶级身上,这也是知识分子与工农群众相结合的一种隐喻。这种隐喻在李杰与毛姑、张进德与何月素身上已经肇始了。

其四是新老两代农民思想观念冲突模式。《咆哮了的土地》真实地反映了土地革命运动在新老两代农民思想观念上产生的巨大反差和激烈冲突。张进德与李杰回乡宣传、发动革命,在青年农民与老年农民中引起的反响是截然不同的。年轻人听到革命军快来了的消息,怀着盼望的心理,"不但暗暗地活跃起来,而且很迫切地希望着",他们跃跃欲试,"现在是时候了,我们应当干起来!……"老年人听到这些消息,感到大惑不解:"革命?为什么要革命?世道又大变了……"作品着重描写了王荣发与王贵才父子两代农民的冲突。儿子王贵才精明能干,爱动脑筋,善于接受新事物,具有反叛性格。他不认命,"不,我不能够再这样了!我不愿意再这样了……为什么我们风里雨里所耕种出的稻米要送给别人,而自己反来吃不饱肚子……这样是太不公平了!"这些朴素的反叛意识一旦经过革命道理的洗礼,便会化作强大的革命动力。他坚决拥护成立农会和农民武装,积极参加群众运动,在尖锐激烈的阶级斗争风暴中,成长为坚定的革命战士,最后虽然被捕,但大义凛然,视死如归。父亲王荣发作为老一代农民的代表,具有中国传统农民典型的精神特质:忠厚善良,吃苦耐劳,封闭保守,安于天命。他认为自古以来,佃户是佃户的命,东家是东家的命。"田地是东家的,为什么要把它夺来?"但是,随着革命形势的发展和革命运动的影响,他的思想意识也在发生微妙的变化:"我们种田的人也真是太苦了!""也许这个世界的脸孔要改一改?"像王荣发这样的老式农民,政治上受压迫,经济上受剥削,意识深处潜伏着反抗的潜能。随着革命运动的深入,最终会摈弃传统的因袭而跟上时代的步伐。这种新老两代农民思想观念冲突模式,对解放区和新中国文学也起到了强烈的示范效应。叶紫《丰收》与《火》中云普叔与立秋、赵树理《小二黑结婚》中的二诸葛与小二黑、梁斌《红旗谱》中严志和与江涛、柳青《创业史》中梁三老汉与梁生宝……都在不同的时空中诠释着王荣发与王贵才的故事。

总之,作为蒋光慈创作成熟时期的代表作,《咆哮了的土地》突破了作家以往创作"粗暴的呐喊"的弱点,注重人物性格的丰富性和人物情感的层次性,注重对生活环境的描写。作品还采用了一些方言和民歌,运用了一些民俗与传说,生活气息大大加强了。呈现出较为浓郁的泥土气息和乡村情调。更为重要的是,《咆哮了的土地》在题材、人物、结构等方面的创新与经验,被后来的"红色经典"创作广泛借鉴,形成了一种独特的文本范式,在现代文学史上占有重要位置。

在20年代末和30年代初的中国文坛,蒋光慈创下了中国出版界和大众接受的奇迹。他的作品刚出版就会迅速再版,有的作品一年内再版好几次。尤其是他的在当时具有先锋文学色彩"革命加恋爱"模式的作品,更是每部都非常畅销,成了当时都市大众流行读物。他的作品经常被改头换面不断地盗版,甚至出现了专门盗印蒋光慈作品的书店。例如,有一家爱丽书店将亚东图书馆初版的《鸭绿江上》改名为《碎了的心和求爱》,一版再版。新文艺书局将《冲出云围的月亮》改名为《一个浪漫女性》出版。新文艺书局还将《鸭绿江上》改名为《李梦汉和云姑》、《寻爱》改名为《求偶》、《少年飘泊者》改名为《长信一封》、《丽莎的哀怨》改名为《别了,一切都永别了》、《逃兵》改名为《归家》、《碎了的心》改名为《吴海平与吴月君》、《野祭》改名为《哭淑君》、《冲出云围的月亮》改名为《革命战线归来的王曼英》和《依然走上革命正规的王曼英》出版。上海沪滨图书馆出版了假冒的《蒋光慈全集》。蒋光慈与宋若瑜的通信集《纪念碑》被美丽书店改名为《最后的血泪及其他》,并添加了一些毫不相干的"情书"而后出版。由于蒋光慈的巨大影响,他的姓名符号的巨大吸引力,别人的作品也会印上蒋光慈的姓名,打着蒋光慈的旗号而畅销。邹枋的短篇小说集《一对爱人儿》出版不到一年,就被另一家书店换上蒋光慈的名字出版了。更有甚者,1929年7月刚刚出版的茅盾的短篇小说集《野蔷薇》里的一些作品,1930年1月就被爱丽书店包装成蒋光慈的作品,以《一个女性》为名出版。

蒋光慈的书在当时为什么会如此畅销?他的作品为什么会获得读者如此的青睐和热捧呢?我们不妨从以下几个方面加以探究。

第一,从作品所反映的时代背景和主题取向看,蒋光慈能够与时代脉搏同频共振,贴近现实,关注社会生活的主要矛盾和热点问题,对当时中国社会的出路尤其是青年人的出路问题进行了及时的探索和富于激情的表现。而这些正是广大读者,尤其是青年读者非常关注和感兴趣的。"中国新文学运动从来就和政治浪潮配合在一起,因果难分"。蒋光慈小说创作的黄金时代主要集中在1927—1930年,这正是无产阶级单独领导中国革命、需要建设无产阶级文学的时期。这一特殊时代造就了蒋光慈小说的先锋内容,奠定了蒋光慈重要的无产阶级作家地位。《少年飘泊者》小说以书信体的形式,描述了农村少年汪中在父母双亡之后漂泊四方,经历艰难曲折,最终走上了自觉地为革命事业而英勇斗争的道路。反映了群众的日益觉醒与革命情绪的日益高涨,也为青年人指出了一条正确之路。在当时影响了一代青年的人生抉择。1927年上海工人第三次武装起义后不久,蒋光慈完成的中篇小说《短裤党》,反映上海工人阶级在共产党的领导下举行武装起义,由失败而胜利的战斗历程,作品中贯穿着无产阶级革命的诸多因素。之后,在1927—1930年,蒋光慈陆续发表有中长篇小说《野祭》《菊芬》《最后的微笑》《丽莎的哀怨》《冲出云围的月亮》和《咆哮了的土地》等。这些作品大多努力地宣扬了无产阶级革命的紧迫性、必要性、合理性和正当性,传达出中国革命必然胜利的坚定信念,也收到了很好的宣传效果,"如一颗爆裂的炸弹,惊醒了无数的青年的迷梦"。20世纪30年代,中国共产党领导的农村土地革命风起云涌,《咆哮了的土地》则第一次以文学的形式对此进行了反映。任何一个文本都有自己的期待读者,蒋光慈作品的期待读者正是那些或沉浸在恋爱的卿卿我我之中,或被生活折磨的失去反抗意志,或迷失奋斗方向的青年。蒋光慈的小说正好为他们规划自己未来提供了全新的思路。蒋光慈作品的革命主题,迎合了当时读者,尤其是青年读者的阅读期待视野,这是他的作品畅销流行的原因之一。

第二,爱情描写契合青年人情感需求。蒋光慈在小说中不仅描写了许许多多严肃而神圣的革命故事,他还把爱情这种纯私人化情感融进革命描写之中。形成了"革命加恋爱"模式,这不能不说是蒋光慈的独创,也成为当时小说的流行元素。在那个火热的年代里,对青年人来说,还有什么东西能比爱情和作为事业的革命更重要,也更具魅力些?"革命和恋爱都是生命之火燃烧的材料,把生命之火为革命、为恋爱而牺牲,将是多么有意义啊!"可以说,那时的广大青年视蒋光慈小说为"圣经",其爱情描写契合青年人情感需求。爱情情节在蒋光慈小说具体表现:首先,用革命补偿恋爱的失败。《少年飘泊者》的汪中、《鸭绿江上》的李孟汉以及《咆哮了的土地》的李杰,都是在爱情受挫后走向革命,将爱的深情转化为革命的激情。作者引导他们走出爱情的狭窄天地,去求索人生更高价值的东西。其次,表现为革命的驱动力来自爱情。《野祭》的主人公陈季侠以一位革命文学家的文才和思想,同时引起两位女性的爱慕,以致她们纷纷表示以"身"相许的愿望。1929年写于日本的小说《冲出云围的月亮》则叙述了一位革命女性的充满性诱惑的"身体"在不同男性之间曲折流传,最后经过"革命思想"的清洗而为那位久以暗恋她的革命领导者李尚志所接受的故事。

一方面是集体性质的革命,裹挟着时代的风云变幻;另一方面是个人性质的爱情,充满感伤、浪漫。正常的情感需求与崇高的理想造成了一个欲望的压抑与释放之间能量上的落差，这落差为小说反抗情节的发展提供了动力。这些对于当时的青年读者来说绝对是全新的阅读感受。将革命与恋爱问题杂糅在一起来写"本身就是一种大胆而超前的创造，隐寓着极大的接受潜力"。①

第三，"粗暴"的激情宣泄与大众化的通俗书写，也是读者乐于接受的重要原因。蒋光慈在其理论著作《十月革命与俄罗斯文学》中对"革命浪漫蒂克"一词有过这样的阐述："革命、诗、浪漫具有本源上的同一性，它们打破了庸常的现世生活，带来激情的体验、心灵的飞升、情感的释放，满足人类追逐新奇、伟大的事物乃至实现'生命的狂欢'。"这种理论观点同样折射于其小说创作中，他的第一篇小说《红布》描写蒋光慈等中外留苏学生1923年11月7日在莫斯科纪念十月革命的情景，作品重在呈现隆重的群众欢庆场面，没有太多的故事情节，全篇荡漾着狂欢的激情。《短裤党》《菊芬》等文都在喧腾的群众场面描写中释放着狂热的激情。这种激情来源于作者对革命的诗性想象，既鼓胀着强烈的反叛与战斗的激情，也饱含了渴盼心灵解放与生命自由的超越性追求。另外，蒋光慈多采用第一人称叙述，这更适合作者全身心投入，宣泄激情。作品对黑暗的揭露与鞭挞，对革命的景仰与呼唤，都因那份激情而格外感人。

在白色恐怖下，蒋光慈小说以澎湃的革命激情、强健的生命活力和特别的煽动力，把广大青年读者从压抑、沉闷、倦怠中拯救出来，予之以希望与光明。他们在阅读过程中也很容易发生"移情"——倾心地与作品中的人物相拥抱，达到心灵共振与情感契合。哪个青年会不喜欢他那足以动人心弦的"粗暴的叫喊"？谁还会在乎他的小说味不够？如此狂热激情的宣泄，蒋光慈小说采用的却是通俗的书写。其"革命加恋爱"情节模式

---

① 王智慧：《"革命＋恋爱"新探》，《海南师范学院学报》，2006年第1期，第60—64页。

也是对通俗言情小说"××加恋爱"模式的不自觉"挪用"。从通俗的立场来看,"革命加恋爱"模式不过是在"××加恋爱"模式中介入了革命因素。如短篇小说《橄榄》中对吴喜姑与其表兄周德发的恋爱故事的描写。两人在同一家纱厂做工,先是喜姑被厂主何庆三看中纳为五姨太,喜姑虽舍不下周德发,但富足的生活和最初的受宠让她慢慢接受现实。可时间不长,何庆三又纳了一位新姨太,喜新厌旧。失宠后的喜姑暗杀了何庆三,与周德发逃至广东过起了夫妻生活。在随后的工人运动中,周德发被编入工人纠察队。在"革命加恋爱"模式中,革命赋予了爱情非常态的环境,使作者有极大的空间表现情之奇、情之烈,也极大地满足了广大市民的猎奇心理。《野祭》中淑君参加革命活动,行为诡秘;《菊芬》中菊芬为反抗政治黑暗,行刺官员;《冲出云围的月亮》中王曼英参加军队,行军打仗,革命失败后,为报复社会勾引男人,最后成为工人运动的组织者。20世纪二三十年代,在读者腻味了"三角恋爱、四角恋爱"的时候,蒋光慈的小说为他们提供了一种满足其求新欲望的新内容,那些让读者既熟悉又陌生且带有冒险刺激的内容极具吸引力。作为蒋光慈小说流行元素之一,激情的宣泄与通俗的书写迎合了作为当时文学主要接受者小资产阶级青年的阅读趣味。

第四,现代性进程中都市文化市场运作也是蒋光慈小说畅销流行的推手。20世纪初,随着上海这座现代大多市的兴建,工商业逐渐繁荣兴盛,带动了一个新型文化市场的创建。都市的五光十色催生了各式各样的文化生活形态,舞厅、电影院、跑马场、通俗文学等成为上海文化市场的一部分。蒋光慈小说主要创作出版于二三十年代的上海,此时上海已经是一个相当现代的大多市了,各种文化消费形式都在这里有着自己的位置与消费渠道,文学显然是其中一个非常重要的文化消费形式,这为蒋光慈小说的盛行提供了广阔的文化市场。那时上海从河南路到福建路有一片书店高度集中的区域,占据当时上海书店80%的比例,被称作"文化街"(包括周围的几条小马路,如山东路、山西路等)。该地带"在'八一三'前,有报纸数十家,杂志数百种,新旧书肆三百余家"。文化街的书店以商务印书馆、中华书局、世界书局三家规模最大,它们鼎足而立,形成了良好的竞争机制。从书店的销售与出版情况来看,可以发现当时上海图书市场"革命加恋爱"小说模式产生的轰动效应。蒋光慈小说主要集中在亚东图书馆、现代书局和北新书局出版,除了《咆哮了的土地》初版时遭国民党政府查禁之外,其他的全部一版再版,风行一时。在市场规律支配下,只有那些作品畅销的作家才可能获得比别人更多的出版机会,因为他们可以为出版商带来更多的商业利润。蒋光慈小说正好搭上了上海图书市场这趟快车。蒋光慈是当时聚居上海的外来作家之一,最初只能租住在如"鸟笼子一般的亭子间里",和钱杏邨等赤贫文艺家一样,生活处于窘迫、飘零之中。这样的底层生活境遇给了这些作家一种别样的文学经验,对于他们来说文学不再是神秘的、高高在上的,而是借以在上海这个都市站稳脚跟,求得一席之地的生存途径。在"文化街"这样的文化消费市场中作家们可以接触到时下最流行的书籍,并且耳濡目染,急切地将它们融入到自己的写作之中。1927—1930年蒋光慈的《野祭》《冲出云围的月亮》等小说接连出版,并大量再版。其市场销路之好,多少能让我们联想到许多年以后的"金庸系列""古龙系列"。用时下的语言解释,蒋光慈对社会需求具有比较敏锐的感知,能准确地捕捉商机。在上海这个大型文化市场里,他用创作来宣传革命主张的行为本身也是在制造和兜售一种文化商品,同时也为他自己带来了相当可观的经济收入。上海这个大型文化市场为蒋光慈提供的不仅仅是进行革命宣传的话筒和喇叭,还有那让他赖以生活的物质资料。

在多重元素的合力下,"蒋光慈在短短一两年时间内创造了新文学的奇迹,他使先锋文学转变成为了畅销书和流行读物"。

第四节　蒋光慈对现代革命文学的贡献

　　蒋光慈既是早期革命者,又是无产阶级革命文学作家。作为中国无产阶级文学的奠基人之一,蒋光慈不仅在现代革命文艺理论方面有着颇多建树,而且其革命文学作品曾风行一时。自《新梦》集为中国无产阶级文学大厦奠定第一块基石之后,"革命"的主旋律就响彻蒋光慈的文学创作。蒋光慈为中国现代革命文学的发展呕心沥血,以致献出年轻生命。

　　蒋光慈少年期间就读的河南省固始县志成小学,设在同叶集隔史河相望的陈淋子镇南侧,原名"固始县保和镇公立小学堂",后取"有志者事竟成"之意,改为"志成小学"。志成小学创办于清光绪三十四年(1908),推行民主教育思想,是当时皖豫交界处的一座进步堡垒。教师诸如詹谷堂、詹佛堂、曾楚香等人,德高望重,推行新知。尤其国文教员詹谷堂痛感清廷的腐败和民族灾难的深重,努力探索救国救民的真理。詹谷堂经常在

图五　吴腾凰、徐航著
《蒋光慈评传》封面

课后给蒋光慈讲一些课本外的知识,为他以后走向革命打下了思想基础。1917年,蒋光慈在芜湖省立五中学习,受高语罕、刘希平等教师启迪,接受了新思想,成为芜湖学生联合会副会

长。"五四"运动时,蒋光慈与钱杏邨、恽代英、萧楚女等人经常在《皖江新潮》副刊专栏上发表白话文章,抨击旧思想、旧道德,反对偶像崇拜,提倡科学,宣扬民主,反对专制,对当地新思潮的传播,起了积极的推动作用。1922年蒋光慈在苏联留学期间加入中国共产党,接触和阅读了大量苏联革命文学著作,并认真地学习了马克思、恩格斯、列宁、普列汉诺夫等人的文艺理论著作,从而为他系统地倡导无产阶级革命文学理论夯实了基础。几年的留苏经历对蒋光慈革命文学理论建树、革命文学创作实践起到了举足轻重的作用。1924年7月,蒋光慈回国,被党组织派往家乡大别山地区建立基层党组织。他回到故乡霍邱县白塔畈(今属金寨),并到志成小学将自己的老师詹谷堂发展为中共党员(后为革命烈士)。从此,中国共产党在皖西、豫东的地方组织,便最早在志成小学建立起来了,并乘风就势,点燃了大别山的革命火种。作为皖西共产党的创建人之一,蒋光慈介绍了很多同志加入共产党。

在我国现代文坛,1923—1926年就有初期革命文学倡导。早期共产党人中一部分从事宣传工作和青年运动的党员如邓中夏、恽代英、萧楚女、瞿秋白、李求实、沈泽民、蒋光慈等,通过《新青年》季刊、《中国青年》周刊(《先驱》停刊后的中国社会主义青年团机关刊物)、《觉悟》(上海《民国日报》副刊)三个阵地,以及某些进步文艺刊物,发表了很多文章,提出将文学与时代、政治相结合,宣传初步的马克思主义的文学主张。根据历史唯物主义的一般原理,他们首先肯定文艺的上层建筑性质。肖楚女在《艺术与生活》一文中,针对当时流行的某些唯心主义文艺观点,指出"艺术是生活的反映","艺术不过是和那些政治,法律,宗教,道德,风俗……一样,同是一种人类社会底文化,同是建筑在社会经济组织上的表层建筑物,同是随着人类底生活方式之变迁而变迁的东西"。蒋光慈在《无产阶级革命与文化》(1924年8月发表在《新青年》季刊第3期,署名蒋侠僧)中提出

"因为社会中有阶级的差别,文化亦随之而含有阶级性",较早阐明文艺的阶级实质。

蒋光慈在大革命中投身于革命运动,"四一二"政变后,只身潜回上海。大革命失败后,无产阶级单独领导中国革命的政治斗争形势,有建设无产阶级文学以形成文艺界的领导的需要。1927年底,蒋光慈、钱杏邨、夏衍等共产党员在上海筹建成立文学社团太阳社,出版文学刊物《太阳月刊》。从1928年1月起,后期创造社和太阳社成员,在《创造月刊》《太阳月刊》等刊物上,正式开始了无产阶级革命文学运动的倡导,兴起了中国现代文学史上一场规模浩大的无产阶级文学运动。郭沫若的《英雄树》、成仿吾的《从文学革命到革命文学》、蒋光慈的《关于革命文学》、李初梨的《怎样地建设革命文学》等文,初步论述了革命文学的根本性质、任务,从多方面阐述了有关无产阶级革命文学的基本主张。"左联"成立后,蒋光慈主编《太阳月刊》《时代文艺》《海风周刊》《新流月报》《拓荒者》等文学刊物,继续宣传革命理论,倡导革命文学,从事文学创作,直到1931年病逝于上海。蒋光慈对中国现代革命文学建设,先启者之大功毋庸置疑。

一、在现代革命文艺理论上的颇多建树

蒋光慈是最早在中国系统地宣传、推广并积极实践马列主义文艺理论的作家之一。在革命文学倡导初期,共产党人陈独秀、李大钊、邓中夏、恽代英、萧楚女等人或介绍马列主义经典著作,或痛击封建复古主义的文化思潮,或揭露资产阶级改良主义的叛逆行径,或为革命作家从事革命文学活动呐喊助威。他们公开提倡以"宏深的思想、学理,坚信的主义"为根基的"为社会写实的文学",要求作家"要多作表现民族伟大精神的作品,要多写描写社会实际生活的作品"。这一切无疑在当时文艺界引起极大的反响,有力促进了文学革命向革命文学的深入

发展。然而,由于这些早期共产党人主要致力于革命实践,致力于党的思想建设和组织建设,致力于工农革命斗争,未能更深入地分析和研究文学上的问题。因此,他们提出的革命文学理论还不系统,有些理论还不够明确,对马列主义的理解还有不确切的地方。例如陈独秀在"文学革命"时提出著名的三大主义:"曰,推倒雕琢的阿谀的贵族文学,建设平易的抒情的国民文学;曰,推倒陈腐的铺张的古典文学,建设新鲜的立诚的写实文学;曰,推倒迂晦的艰涩的山林文学,建设明瞭的通俗的社会文学。"虽然跳出了偏重文学形式的改良主义的狭小圈子,揭示了文学革命的内容,但陈独秀对文学与政治的关系还比较模糊,对文学的社会基础和阶级基础也缺乏足够的认识。① 蒋光慈在归国之初的1924年8月1日,就发表了《无产阶级革命与文化》一文,热情地倡导革命文学。11月,他又与沈泽民等一起,以"春雷文学社"的名义,创办了中国文坛上第一个专门倡导革命文学的刊物《觉悟·文学专号》,先后发表了诗歌《我们是无产者》、论文《现代中国文学界》等,旗帜鲜明地提出了"革命文学"的口号。12月20日出版的《新青年》季刊第四期"国民革命号"上,刊出斯大林的《列宁主义之民族问题的原理》一文,是蒋光慈从斯大林所著《列宁主义》一书中节译的。这是斯大林的文章第一次被译成中文。

　　蒋光慈继承了李大钊、邓中夏等人倡导的革命文学理论并积极加以发展,成为那个时代的一座高峰。应该说,他在传播马列主义理论上的贡献确实是超越前人的。自《无产阶级革命与文化》后,他还陆续发表了《唯物史观对于人类社会历史发展的解释》《现代中国社会与革命文学》《现代中国文学与社会生活》,以及《十月革命与俄罗斯文学》《关于革命文学》等文。这些闪烁着马列主义思想光辉的文章,集中反映了作者的无产阶

---

① 吴家荣:《论蒋光慈在传播马列主义文艺理论上的贡献》,《淮北煤师院学报》,1986年第1期,第97—101页。

级文艺观,较为系统全面地阐述了马列主义的文艺理论。

马克思主义文艺理论的一个根本问题就是用历史唯物主义解释文学现象,这也是现代革命文学及其理论的基础。① 《无产阶级革命与文化》着重论述作为上层建筑重要组成部分的文化(含文学)与经济基础的关系:"人类文化本是人类物质生活的产物。"在《唯物史观对于人类社会历史发展的解释》一文中,蒋光慈明确提出了真正具有鲜明无产阶级色彩的"革命文学"的口号。他说:"我们不但要实行文学革命,并且要建设革命的文学。"马克思主义不仅认为文学是客观现实的反映,同时还强调文学对于认识世界、改造世界的巨大作用。蒋光慈在《现代中国社会与革命文学》中十分明了地阐述了这一点:"文学是社会生活的反映,一个文学家……在积极方面可以鼓动,提高,奋兴社会的情绪。"他举拜伦为例:"拜伦在十九世纪高呼反抗,自由。我们在这一种高呼中,可以看出当时英国社会生活或者全欧洲社会生活之如何黑暗;在别一方面,拜伦的高呼的确惊醒不少漫漫的迷梦。"恰如其分地评价了文学的社会作用。其他早期共产党人的文章虽有涉及,但如此准确、深刻地从历史唯物主义高度来揭示文学产生的社会根源,在当时很少见。蒋光慈还宣称"文学家负有鼓动社会的情绪之责任",并以自己的创作活动实践自己的理论主张。如前文所述,他的第一部中篇小说《少年飘泊者》给当时还处于黑暗统治下的广大青年指出了一条革命的出路,胡耀邦、陶铸等一大批人正是在《少年飘泊者》的感召下投身革命。蒋光慈自觉地站在时代前面,承担起时代交给革命文学家的使命。

在阶级斗争白热化的年代里,强调文艺批评标准的阶级性往往显得特别重要,这是社会条件使然。蒋光慈在这一点上受普列汉诺夫的影响较深。普列汉诺夫在《二十年文集》(第三

---

① 周勇:《略论蒋光慈对中国现代革命文学的贡献》,《求索》,2001 年第 4 期,第 114—115 页。

版)《序》中说:"批评的第一项任务,就是将该文艺作品的思想,从艺术语言译成社会学语言,以便找到可以称之为该文学现象的社会学等价物。"这就是说,文艺批评的第一个任务是对作品进行思想内容的分析和评价,看作品为哪个阶级利益服务,是否符合人类进步事业和革命斗争的需要。作品的艺术价值则放在其次。这样的批评标准虽未免对作品的政治功利性过于强调,容易导致概念化作品的产生,但在当时的历史条件下不无其合理性,比起艺术至上、唯美主义的批评标准无疑是有进步意义的。蒋光慈明确地提出:"每一艺术家都生活于某一阶级环境里,受此阶级利益的熏染陶冶……艺术家的作品免不了代阶级色彩。"这是我国现代文学史上最早而又最明确的关于文学的阶级性的论述。由此,蒋光慈认为无产阶级革命文学应当是无产阶级一个重要的战斗武器,他热情激昂地疾呼:"谁个能够将现社会的缺点、罪恶、黑暗……痛痛快快地写将出来……则他就是革命的文学家,他的作品就是革命的文学。"这一理论主张也准确地概括出了蒋光慈作品的主要内容,即揭露统治阶级对被统治阶级的压迫与剥削,呼吁被统治阶级的觉醒和革命。

　　蒋光慈很重视将文学同人民群众相结合,他把苏联革命诗人别德内依的作品介绍到国内,并指出别德内依的作品"所用的语言都合乎民众的俗语,他的作品的内容不外乎牧师、农民、士兵、地主、革命"。蒋光慈认为在无产阶级革命时代,不反映人民群众的斗争生活,或反对人民群众反抗斗争的文学作品,都是无价值的。其小说创作就很重视文学语言同人民群众相结合,语言面向大众,都是合乎民众的俗语,通俗流畅,表达力较强,一般读者都不会有阅读障碍。可以说,蒋光慈小说虽有着严肃的政治思考,但它是通过浅显通俗的创作手法来传递这些严肃思想的。如其第一部中篇小说《少年飘泊者》,采用的即是通俗的语言书写被压迫者"跳出来粗暴的叫喊"。

在文学遗产问题上,蒋光慈也是用马克思主义的态度来对待的,他在《无产阶级革命与文化》一文中说:"共产主义者也爱百合花的娇艳,但同时想此百合花的娇艳成为群众的赏品;共产主义者也爱温柔的美的偶像,但同时愿把此温柔的美的偶像立于群众的前面;共产主义者对于资产阶级之无意识的玩物,非常地厌恶,然对于美术馆、博物馆及一切可为群众利益的艺术作品,仍保护之不暇,还说什么破坏呢?共产主义者对于帝王的冠冕可以践踏,但是对于诗人的心血——海涅的《织工》,歌德的《浮士德》,仍是歌颂,仍是尊崇!""整理过去的文化,创造将来的文化","这种责任也只有无产阶级能够负担"。蒋光慈这种人对继承优秀的文化遗产,建设新文化的观点无疑是正确的。蒋光慈1927年编辑的文学评论集《俄罗斯文学》至今仍是一部介绍苏联文学的珍贵专著,为我国现代革命文学及其理论建设提供了极有价值的借鉴。①

需要指出的是,蒋光慈在前期革命文艺理论构建时,不免有"左"的印记,带有教条化的痕迹。然而,他在传播马列主义文艺理论上的贡献是不可抹杀的。

1929年8月到11月蒋光慈在日本东京治病游学,这个时期可以视作蒋光慈文学生涯的一个分界线。期间,他主持成立太阳社东京支部,与日本无产阶级文艺理论家藏原惟人交游,这些活动深深影响并推动了蒋光慈革命文学理论的深化与提升。从蒋光慈日记集《异邦与故国》可知,此时他大量接触到马克思、恩格斯、别林斯基、普列汉诺夫、卢那察尔斯基等人的经典理论著作。蒋光慈从中汲取到了纯正的理论养分,开拓了理论视野,对以往"左倾"冒进的文艺思想作了清算。高度自觉的理论意识使他在东京又提出文学能动反映论、文学的美学属性

---

① 周勇:《略论蒋光慈对中国现代革命文学的贡献》,《求索》,2001年第4期,第114—115页。

和文学的人民性三个理论观点。①

第一,文学能动反映论。在读到卢那察尔斯基的《艺术的对话》时,蒋光慈探讨了艺术和政治的关系:"无论政治或艺术都非尽量地用力使人类震撼及向上不可;无论政治或艺术都非尽量地努力着深刻地追寻人类的精神不可……政治能够把最高的材料,最强烈的冲动提供给艺术家;而艺术家在最大的程度里使政治的斗争力量巩固起来。"这说明,蒋光慈既继承了前期"文学是生活的表现,真正的文学作品没有不含时代性的"观点,要求将艺术与政治深刻联系,同时在对这种联系复杂性的揭示过程中又产生了文学能动反映论的新认识。他认识到艺术与政治是一种并列而非从属的关系,艺术并非政治附庸。高尚的政治理想能给予艺术家最强烈的创作冲动,而艺术家蕴涵审美感染力的创作又能有效鼓动政治理想。

第二,文学的美学属性。与文学能动反映论直接相关的是文学的审美特殊本质问题,对文学美学属性的关注使蒋光慈在这一时期有了重大收获。"内容必须溶解在作品形式之中,而不是自说自话",这种对作品历史分析和美学分析应该统一起来的观点,正是从别林斯基、普列汉诺夫那里承继来的现实主义批评原则。蒋光慈为此郑重宣称:"在无产阶级文学的运动中,高喊着口号的时期已经过去了。"他坦承,无产阶级诗人在诗形风格语句等方面尚处未完成状态,艺术水准与同路人作家相比还是很幼稚的。深入阅读《马克思主义对于文学和艺术的阐明》,使他进一步思考了形式的问题。马克思、恩格斯关于德国哲学家拉萨尔历史剧《弗兰茨·冯·济金根》的通信,集中体现了他们的文艺观,蒋光慈受益匪浅。蒋光慈看到,"伟大的社会改造者,不但要在艺术中找出社会学的资料,而且要在艺术中得着美学的感觉"。他发现马克思、恩格斯从艺术自身体系

---

① 公务员之家:《蒋光慈革命文学理论发展》,http://www.gwyoo.com/lunwen/jiaoyue/wxlw/201207/532822.html。

开始分析作品的方式,已经把形式的批评提高到文艺学方法论根本原理的高度。从蒋光慈在日本期间所阅书籍来看,他较多受到卢那察尔斯基影响,卢氏虽继承了普列汉诺夫社会学与美学的批评思想,但对艺术的审美特征有着更为细腻精辟的分析。①

第三,革命文学的人民性。"人民性"的问题,从蒋光慈1928年在《关于革命文学》一文中提出,到经由东京游学最终形成,存在一个由强调集体性向集体与个人相统一的转变过程。在论述"革命的作品中,当然也有英雄,也有很可贵的个性,但他们只是群众的服务者,而不是社会生活的中心"时,蒋光慈把个人主义英雄与集体主义英雄对立。这种对立观念,背离了马克思主义。然而在日本游学期间,蒋光慈却赞同个人主义的重要意义。在回国后的1930年,蒋光慈又对此做了极为抒情的表达,他在为洪灵菲翻译的《我的童年》(高尔基著)撰写《前言》时,因为直接倾听到了高尔基"自觉了的人类的良心的声音",而主张"活生生的人类个性的强有力的爱"。由此可见,从"集体概念的群众"到"阶级的反抗"与"个体的权利",再到"人类的良心"和"个性的爱",蒋光慈对革命文学人民性的认识,已经逐渐接近了马克思"人的自由和全面发展"的观点。

蒋光慈是一位勤勉的革命文学作家,在反思自身创作实践的基础上探讨文学创作的基本规律,也就更深刻、更具指导性。这一时期的蒋光慈还深入思考了典型形象、创作个性的问题,使得他的文学创作理论向前迈进了一大步。在1928年《关于革命文学》中,蒋光慈认为"革命文学应当是反个人主义的文学,它的主人翁应当是群众,而不是个人"。这种理论,使得蒋光慈在他的前期创作中,往往忽视了对于人物形象、人物性格的刻画与描写,只满足于写所谓群众斗争的场面与事件。而文

---

① 公务员之家:《蒋光慈革命文学理论发展》,http://www.gwyoo.com/lunwen/jiaoyue/wxlw/201207/532822.html。

学作品,正是通过"典型环境中的典型人物"来反映时代、表现主题的。削弱甚至否定了对于"典型人物"的塑造,只能导致作品的失败。这也正是蒋光慈前期作品艺术性不高的一个重要原因。① 直到蒋光慈注意到了艺术表现形式的多样化,把典型形象塑造确立为文学创作一般规律。他在日记中提出革命文学如何避免"政治宣传大纲"加"公式主义的结构或脸谱主义的人物"的弊端。"马克思在致拉萨尔信中指出,要在具体的历史环境中塑造人物,使人物面貌呈现出鲜明的时代特征"。蒋光慈在日记里称赞里别津斯基的长篇小说《一周间》不愧为普罗文学代表作,虽许多描写并不成熟,但其崇高的价值和意义在于"将革命党人的心灵的深处给大众翻露出来。读者读了这一部书,将觉得所谓真正的革命党人并不是简单的凶狠的野兽,而却是具有真理性,真感情,真为着伟大的事业而牺牲的人们"。这样,蒋光慈最终形成了他的"形象与环境、共性与个性统一"的马克思主义艺术典型观。《丽莎的哀怨》《冲出云围的月亮》和《咆哮了的土地》等,都开始注意人物的刻画与描塑,收到了很好的艺术效果。

  蒋光慈初期塑造的人物形象没有鲜明的个性色彩,往往显得道具化,成了作家意识形态观念的单纯的传声筒。1929年10月17日蒋光慈与藏原惟人讨论文学家与实际工作时,专门探讨了作家的创作个性问题。蒋光慈与藏原惟人认为,"文学工作并不是很简单的工作,自有其特殊性"。蒋光慈在要求文学创作有"实际生活的根据"基础上,明确创作依赖于"作家想象之力"。这个观点表明蒋光慈既强调文学反映生活的客观性,又肯定了作家创作的主体性。即作家反映社会生活,不是刻板地、机械地、恪守统一标准地反映,而是浸润着作家个体的认识、情感和评价,借由作家想象之力创造性地反映社会生活。

---

① 史挥戈:《蒋光慈与革命文学》,《济南教育学院学报》,2001年第3期,第34—39页。

在蒋光慈看来,文学创作是建立在主体集心理、生理、实践等于一体的生活体验基础上,而这种主体性正是形成作家风格和作品艺术特性的基础。他开始从《丽莎的哀怨》注意对人物内心世界的开掘、展示和探讨,突出个性形象,情调哀伤、深沉,创作超于同时代的其他作品。《冲出云围的月亮》中又给我们塑造了一个动人的形象阿莲,作者虽着墨不多,却将她的言语与行动深深地刻在了读者心头。①

对文学能动反映论、文学美学属性、文学人民性、典型形象、创作个性等重要问题的正确把握,标志着蒋光慈已经初步成长为一位真正的马克思主义文艺理论者,从而为中国早期无产阶级文艺理论发展做出自己的贡献。这也是蒋光慈后期文章对艺术性进行自觉的探讨,开始展露个性的主要因素。

列宁曾说过:"评价历史的功绩,不是根据历史活动家没有提供现代化所要求的东西,而是根据他们比他们的前辈提供了新的东西。"20 世纪 20 年代初期,黑暗的中国刚刚射进马列主义"新文明之曙光"。革命的知识分子纷纷在探索、宣传马列主义新思潮的时候,蒋光慈就已经较为系统而又深刻地阐述革命文艺理论。东京游学为蒋光慈深入思考本质论、创作论等文学理论基本问题提供了重要契机,直接促进了蒋光慈革命文学理论的发展与成熟。蒋光慈确实对现代"革命文学"的蓬勃发展起了很大的推动作用。

二、现代革命文学创作实践颇丰

蒋光慈不仅进行了深入的革命文学理论探讨,而且身体力行地运用革命文学理论来指导自己的文学创作。蒋光慈是从写情绪激昂的普罗诗歌开始踏入文坛的,是 20 年代中期影响较大的普罗诗人。

---

① 王智慧:《激情叙述下的革命言说——蒋光慈小说创作简论》,《现代文学研究丛刊》,2002 年第 2 期,第 191—207 页。

《新梦》是蒋光慈 1921—1924 年留苏时期的诗集,是中国现代文学史上第一部为十月革命和社会主义新生活尽情歌唱的诗集。正如作者在《〈新梦〉自序》中说:"我生值革命怒潮浩荡之时,一点心灵早燃烧着无涯际的红火。我愿勉力为东亚革命的歌者!"诗集中的作品,有抒写诗人为探求革命真理而出国的情怀,有歌唱自己在新的生活中种种欢欣的感受,主要歌颂十月革命。如在《莫斯科吟》中,他

图六 《蒋光慈诗文选集》封面

为十月革命热情歌唱:"十月革命/又如通天火柱一般/后面燃烧着过去的残物/前面照耀着将来的新途径/哎!十月革命/我将我的心灵贡献给你罢/人类因你出世而重生。"年轻的诗人意气风发、情绪高昂,诗歌格调宏朗奔放。在《十月革命的婴儿》等诗篇中,诗人以澎湃的政治热情讴歌了十月革命的成功及其对自己的鼓舞,把"染着十月革命的赤色"的雄风吹进中国诗坛。

钱杏邨对《新梦》评价:"中国的最先的一部革命的诗集""不啻是一颗爆裂弹!""带来了不少的关于'世界革命'的消息!"在当时,《新梦》具有振聋发聩的醒世作用,是唤醒国民、鼓舞青年的号角,非一般诗文所能比。《新梦》出版于"五卅"前夜,确实对当时的知识青年起了很大的鼓舞作用。

从 1925 年至 1927 年大革命失败前,短短两年内,蒋光慈写出了小说《少年飘泊者》《鸭绿江上》《短裤党》、诗集《哀中国》、散文集《纪念碑》等,以其多种样式的文学作品显示了中国无产阶级革命文学最初的实绩。

《少年飘泊者》是蒋光慈在小说领域对"革命"主题阐释的

最早成功之作。小说主人公汪中的曲折经历为青年人指出了一条正确之路,成为二三十年代广大青年最喜欢的文学作品之一。从1926年问世到1933年,《少年飘泊者》先后印行15版。1926年短篇小说集《鸭绿江上》,共收小说8篇,借不同社会生活的描写,反映了民族、阶级之间的不平,革命倾向相当鲜明。但有些部分,尤其是写爱情故事的部分具有小资情调。1927年4月初,在上海工人第三次武装起义后不到半月,蒋光慈完成了中篇小说《短裤党》,及时地反映了党领导下的工人运动,比较真实地描述了这一历史事件的面貌和当时的社会气氛。

《少年飘泊者》《鸭绿江上》《短裤党》,"给蒋光慈带来了巨大的声望,使他向他所向往的做一个'伟大的、反抗的、革命的文学家'的目标迈出了坚实的一步"。因为"在这三部创作里,把四五年来的青年心里整个的表现了,把近几年来的革命在青年心里力量的进展全部表现了"(杨杏村语)。

诗集《哀中国》显示出和《新梦》不同的格调。描述的是诗人回国所看到的景象,梦碎了,唱起了"哀"的悲歌。如诗集中代表诗作《哀中国》,受19世纪英国浪漫主义诗人拜伦《哀希腊》影响而创作,全诗共6个诗节。第一个诗节先唱出中国地大物博,接着笔锋一转写出了今天目不忍睹的现实;第二、三个诗节写出山河惨淡寥落的原因;第四个诗节为祖国命运沉痛叹息;第五、六个诗节从中华民族原有的反抗力中看到希望:"我不相信你永远沉沦于浩劫/我不相信你无重兴之一日/……我今枉为一诗人/不能保国当愧死/拜伦曾为希腊羞/我今更为中国泣。"诗歌以拟人手法,对祖国的面貌及其悲哀作了形象化的描写,诗人悲愤苍凉的情感寓于形象之中,给人印象真切,较为含蓄。在《血花的爆裂》《北京》《我要回到上海去》《血祭》等一系列诗篇中,也都表达了诗人的这种对帝国主义和封建军阀的强烈憎恨和对祖国的热爱之情,并在革命浪漫主义气息中融进了革命现实主义的因素。这一切,说明诗人与现实生活更贴近了。这种变化在蒋光慈反映创作的自传体长诗《哭诉》(后改名为《写给母亲》)和《乡情集》中又显示了新的波折和发展。①

20世纪二三十年代,普罗文学成为中国文学思潮的主潮。1930年中国"左翼"作家联盟在上海成立,"左联"的提倡和鼓励使普罗文学达到新的高峰。"光赤的读者崇拜者,也在这两年里突然增加了起来"。蒋光慈不仅是一位中国无产阶级革命文学的拓荒者,还是一位新思想的传播者和新文学范式的创造者。1927年下半年,蒋光慈的小说创作带动了"革命加恋爱"叙事模式的流行。《野祭》中革命者陈季侠以一位革命文学家的文才和思想,同时引起两位女性的爱慕,陈季侠最终将心灵祭献给了为革命牺牲的那一个,被看成这一模式的滥觞。在日本写就的长篇小说《冲出云围的月亮》"革命加恋爱"写作模式最为典型。女学生王曼英在大革命时期离家参加革命队伍,在大革命激流中与柳遇秋相恋,对暗恋她的革命者李尚志只保持一般友谊。大革命失败后,李尚志坚定不移的革命斗志唤醒了颓丧迷茫的王曼英,她痛斥卖身求荣的柳遇秋,与李尚志走到一起并重新投入革命工作。1928年以后,随着对革命文学理论的广泛介绍与深入探讨,蒋光慈在总结自己创作经验的基础上,逐渐认识到了自己艺术上的不足。他开始"注意于无产阶级意识的把握及技巧的完成","更进一步的去精心结构的创作"。标志着他在艺术上进行新的探索,发生"转换"的第一部作品是完成于1929年4月14日的长篇小说《丽莎的哀怨》。在这部作品中,作者不仅改换了题材和人物,而且改换了技巧与写法,跳出了以往公式概念、标语口号的窠臼,写了一个凄婉曲折的故事。《丽莎的哀怨》以独特的叙事角度彻底冲决了蒋光慈的革命文学创作范式,给读者以惊异与新鲜,塑造了丽莎这一个性鲜明的典型形象。受陀思妥耶夫斯基影响,作者采用

---

① 郭志刚:《中国现代文学史》(上),高等教育出版社,1999年,第258页。

了大量的笔墨直接展露人物的内心世界,着力开掘感觉、幻觉、情绪等方面的东西,在内心矛盾的张力下,人物形象得以深化,给人以镂刻雕印般的立体感。丽莎形象的丰富、复杂性,突破了一个阶级一个典型的刻板做法,蒋光慈革命文学创作中的人物,也由"扁平"开始走向"圆整"。①《丽莎的哀怨》成为蒋光慈最富探索性和艺术性的作品,是另类女性成长叙事的典范。蒋光慈自己也曾在太阳社东京支部常会上提到过这一"转换":"我的《丽莎的哀怨》,这一篇就是我的很大胆的尝试。"

《咆哮了的土地》是蒋光慈的最后一部作品,第一次以文学作品的形式指出了工农革命斗争相结合的历史必然性,思想性与艺术性得到了很好的统一。作家如火的热情经过了理性的适当控制,激荡读者的同时又能引人深思。人物言行也更切合身份,张进德、李杰等,都是内涵复杂、丰满独特的典型形象,丰富和发展了之前革命小说中的革命主体。小说中的革命由农会领导,农会并不是李杰和张进德的个人创造而是马克思主义理论指导下土地革命的产物,且农会的领导人张进德和李杰在工人运动和革命斗争中对马克思主义革命理论有一定的了解和学习,因此农会对革命的领导是建立在理论基础之上的。革命理论、革命组织和阶级意识对革命的意义是蒋光慈对革命现代性新的反思与探索。作品融入了人性叙事,通过对李杰的身份设置和"火烧李家老楼"情节的安排完成革命的"人性"表达。作品还采用了一些方言和民歌,使人感到质朴亲切,富有农村生活情趣。作为"红色文学经典"的开山之作,《咆哮了的土地》的最大价值在于继"五四"新文学的思想启蒙之后,开创了中国革命文学政治启蒙的全新思维模式。后来的革命文学中大多能看到对其模仿的痕迹,重读这一文本能更好地了解"红色文

---

① 王智慧:《激情叙述下的革命言说——蒋光慈小说创作简论》,《中国现代文学研究丛刊》,2002年第2期,第191—207页。

学经典"的起源,也能帮助"我们全面了解中国现代文学发展规律"。①

显然,蒋光慈后期的革命文学创作逐步走向成熟,他横溢的才华与极大的艺术潜质,都使我们有理由相信郭沫若、郁达夫等人的慨叹并非过誉之词。

蒋光慈是我国早期的革命作家,能诗善文会评论,是文坛多面手。从起步的作品《新梦》到最后的小说《田野的风》,都记录着他在中国现代革命文学土地上的辛勤开垦。蒋光慈对于"左翼"文学运动的影响,是十分显著的。他的创作,开拓了题材、深化了主题、塑造了新人。在某种意义上,可以说是中国20世纪20年代革命斗争生活的形象化的反映。在"五四"新文学与30年代"左翼"文学之间,起到了承前启后、继往开来的桥梁作用。

蒋光慈在长诗《哭诉》的《后记》中说:"倘若别的诗人矜持自己是超时代的艺术家,是美的创造者;那我就矜持我自己是时代的忠实儿子,是暴风雨的歌者。"坚定地表示要使自己的作品成为时代的"鼓号"。蒋光慈正是以这一特色为刚刚萌生并在腥风血雨中艰难成长的无产阶级革命文学做出了重要贡献,从而也确立了他在中国现代文学史上的地位。蒋光慈是皖西人的骄傲,亦是皖西文学界的先驱和楷模。无论是他的读者,还是他的研究者,都能从他身上和他的作品里获得无尽的教益。

---

① 张晶:《新世纪以来蒋光慈创作研究综述》,《现代语文(上旬.文学研究)》,2010年第5期,第71—73页。

第二章 "未名四杰"研究

"五四"运动的烈火激起了20世纪初中国文坛的波澜,茅盾曾在《〈中国新文学大系·小说一集〉导言》中指出:"这一时期是青年的文学团体和小型的文艺期刊蓬勃滋生的时代,从民国十一年(1922年)到十四年(1925年),先后成立的文学团体及刊物不下一百余。"[①]未名社即是其中的一个,它在中国现代文学史中的独特之处,除了其自身独特的文化意蕴与扎实的文学功绩之外,更在于它和鲁迅的关系。众所周知,鲁迅对新文学和新青年的扶持力度是前所未有的,其中一个重要的举措就是身体力行地组织了几个新文学社团,未名社、莽原社等都是在鲁迅的大力扶持之下诞生并成为"五四"时期重要文学社团的。

未名社充满特质的文学理念、文化品格为中国新文学增添了一道亮丽的风景线。对苏俄文学的译介是未名社对新文学最突出的贡献,也是20世纪20年代新文学的重要收获。

未名社的6位成员,除鲁迅(浙江绍兴人)、曹靖华(河南卢氏人)外,其余4位:韦素园、台静农、李霁野、韦丛芜(韦素园、韦丛芜系兄弟),均来自安徽省霍邱县叶集镇(现为安徽省六安市叶集区)。未名社成立后不久,鲁迅南下闽粤、上海,曹靖华也远走苏联,韦素园、台静农、李霁野、韦丛芜成了未名社实际的骨干,被誉为"未名四杰"。他们在鲁迅的扶持和培养下,积

---

① 茅盾:《〈中国新文学大系·小说一集〉导言》,上海良友图书印刷公司,1935年,第5页。

极从事苏俄文学翻译和新文学创作活动,各自成就了一番文学事业。同期从同一个集镇走出一批作家、翻译家、教育家,这在中国现代文学史上是一个极其罕见的文学现象。鲁迅先生扶持培养了许多文学青年,但手把手地教授一个群体,仅此一例。

第一节 "未名四杰"成长的历史文化背景

当代著名皖籍作家鲁彦周,在《叶集·未名社》一文中,曾感慨万千地问道:"一个小集镇,一个小学校同时出现一批作家,这现象并不多见,为什么偏偏在叶集这样一座小集镇里发生了?"要回答鲁彦周先生的问题,得从"未名四杰"成长的皖西厚重的历史文化背景讲起。

皖西,安徽西部,有着深厚的历史文化积淀,主要范围在今安徽省六安市五县三区,即霍邱县、舒城县、金寨县、寿县(2016年划归淮南市管辖)、霍山县、金安区、裕安区、叶集区。

六安别称"皋城",曾是"上古四圣"之一皋陶及其后裔的封地。《史记·夏本纪》载有:"帝禹立而举皋陶荐之,且受政焉,而皋陶卒,封皋陶之后于英、六。"[1]现位于六安市城东的皋陶墓,佐证了这个悠久的历史记载。20世纪90年代,随着文集《皋陶与六安》的出版,第一次提出"皋陶文化"这个概念。虽然"皋陶文化"概念提出较晚,但皋陶文化早见于我国多种古代文献,较集中的是《尚书·虞书》之《尧典》《舜典》《大禹谟》《皋陶谟》和《益稷》,以及《尚书·周书》之《吕刑》。[2] 4500年前,皋陶率部迁入大别山区,与生活于此的三苗部落共创皖西古文化,

---

[1] 注:英,今金寨、霍邱境;六,音 lù,今六安市北。
[2] 姚治中:《论皋陶文化——科学地研究皋陶及皋陶文化》,《皖西学院学报》,2012年第3期,第37—41页。

皋陶部落南迁后主要活动在这里。2010年,在霍山迎驾厂、野岭饮料厂扩建的工地出土了皋陶部落的图腾凤鸟玉璧,证明了皋陶部落进入大别山区与三苗共处的史实。皋陶文化以兴"五教"、定"五礼"、创"五刑"为主要内容,奠定了皖西文化的基础,构成古代祭祀文化与礼仪文化的重要组成部分。可以说,皋陶文化不仅是皖西文化的底色,还是中华民族文化的重要祖源之一。

据《史记·春申君列传》记载,楚考烈王二十二年(公元前241年),将都城由陈迁到寿春(今寿县)。楚国迁都寿春后,这里逐渐成为晚楚文化的中心。寿春楚文化是淮夷文化与楚文化互相影响、渗透、融合而形成的独具一格的古文化,凝聚成尚德务实、崇文重教、和谐包容、开拓创新等文化特征。从春秋战国到西汉中期,寿春一直是道家学派研究和教育活跃的地区。著名的文化胜地寿县八公山,因汉淮南王刘安欲求长生不老之术,率八公登山造炉炼丹而得名。寿春是中国众多成语典故的发源地,"一人得道,鸡犬升天""风声鹤唳、草木皆兵""投鞭断流""围棋赌墅""赵匡胤困南塘"等成语典故均出自这里,国人皆知。寿春因晚楚文化成为皖西文化重镇。

2006年,六安市金安区三十铺镇双墩村境内发现汉墓,这是安徽境内第一次发现诸侯王陵,而且是目前全国发现的古墓中保存最完整的一个。随着该墓的发掘,考古专家证实双墩一号墓主为西汉六安国的第一位王爷刘庆。六安国为汉武帝在此地所置,取"六地平安,永不反叛"之意,"六安"之名沿袭至今。

地域文化一般是指特定区域源远流长、独具特色,传承至今仍发挥作用的文化传统,是特定区域的生态、民俗、传统、习惯等文明的表现。它在一定的地域范围内与环境相融合,因而打上了地域的烙印,具有独特性。皋陶文化、寿春晚楚文化构成皖西地域文化的精髓,"未名四杰"正是扎根于这片古老而丰富的文化土壤之中。文化是作家创作的底蕴,是作品的根脉和灵魂所在。有什么样的文化,便会孕育出什么样的文学艺术作品,一方水土养一方人。作家独特的文化身份与创作个性,很大程度上是独特的地域文化养育的结果。

历史上,皖西地区多聚族而居,地名的名称往往由姓氏和"庄""集""湾""郢"等聚落名共同组成,"叶集"地名体现出聚落文化的特征。叶集《叶氏宗谱》记载,叶氏先祖叶荣(祖籍徽州歙县)在南宋嘉定年间迁徙至皖西霍邱县南乡沙涧湾开族,形成聚落。叶家善于经营,又加家庭繁衍迅速,所以名声越来越大。此后,外面迁来的人越来越多,特别是由山东迁来的澹台氏(来叶集后,将复姓"澹台"改为"台")表兄弟三家,更扩充了叶集的势力。各家办店经商,生意日渐红火。至明朝景泰三年(1452年),朝廷将沙涧湾封名"叶家集"(简称"叶集")。

叶集地处大别山北麓两省(安徽、河南)三县(霍邱、金寨、固始)交汇处,交通便捷,资源丰富,贯江淮而连中原。一条发源于大别山的大沙河——史河,紧挨镇西边平缓地向北流淌五十里汇入淮河。史河上通大别山区,下达淮河,水运发达,因此叶集很快就成为木材、茶叶、毛竹等农林产品以及贝母、柴胡等中药材的集散地。乾隆、道光年间,南北街道及各港口分布着河南、江西、安徽等六家商务会馆和六百余家货行、商店、手工作坊。《霍邱县志》载:"同治八年,邑中舟车之集,商贸所聚,以叶集为最。""未名四杰"祖辈时期,多桅的大帆船在史河上来来往往。镇上台、韦两姓是两家大族,有不少人外出经商。经商,自然带来了经济上的繁荣,也带来了良好的联动效应。"未名四杰"的父辈在叶集老街都有店号,他们的故居散见于老街里面。原叶集文化馆馆长安天国老先生回忆道:临街多为两层阁楼式店铺,典型的徽州建筑,上层堆放商品货物,下层为经营店面,后面连着院落,既实用又美观。

台静农的故居在老街的南段,当年台家经商的店号名曰

"台裕大",主要经营粮食。台家的店面有五间,两边的厢屋各三间,后面是大五间厅屋,构成一个四合院子;接着又是两边厢屋各三间,与后面的大五间堂屋又构成了一个四合院子。堂屋后面是一条四季长流的小河。1902年,台静农就出生在这里。其父台佛岑,是清末秀才,天津法政学校毕业后,曾在汉口、芜湖、重庆等地历任过法院推事、检察官、法院院长、地方首席检察官等职。其母樊氏,家系望族。台静农,原名台传严,他是老大,还有四个弟妹,即台传刚、台传鼎(早逝)、台传馨、台传凤。台家的厅屋后堂屋前,长着一棵大柳树,从初春到深秋,柳枝扬扬,绿叶拂拂。台静农多次在文章中,提到这棵令他魂牵梦绕的柳树。

在老街的北段,有韦素园、韦丛芜兄弟的故居,他们的父亲韦美堂开了"韦合兴"盐店、麻行。这座故居1958年之后,先后被用作叶集人民公社、叶集镇镇政府的办公处、叶集镇北街居委会的办公处,与当时相比已经面目全非了。当年韦家有面对街市的门面房五间,两边有相对的厢屋各三间,连接两边厢屋的是大三间厅屋,与厢屋构成一个院子。厅屋后面筑有一道七八尺高的"照壁",中有圆门。过了圆门,南北两边又有相对的厢屋各三间;连接两边厢屋的是大三间堂屋,与厢屋又构成一个院子。堂屋后面是花园。1902年、1905年,韦氏兄弟分别出生在这里。韦氏兄弟5人,即韦崇璧(凤章)、韦崇义(少堂)、韦崇文(素园)、韦崇武(丛芜)、韦崇斌。还有一位姐姐韦崇英(早逝),一个妹妹韦崇贤。韦家老大韦凤章,在外地教书,后在省会安庆担任过商品陈列所长,在社会上颇有名气。韦凤章夫人周俊卿和韦崇贤在当地小学教书,改革旧教育,把家乡的一所私塾改办为洋学堂,在当时影响较大。

沿老街北段再走50米,即是李霁野的故居,因保存较好,故仍可见当年的样子。李家当年经商的店号名曰"李锦源",门朝西,店面经营粮食,店后设有槽坊(酿酒)。李家店面房有三间,店面之后有两边相对的厢屋各三间,后有连接两边厢屋的三间厅屋与厢屋构成一个小院子,厅屋之后有房五间,主要是供酿酒所用。1904年,李霁野就出生在这里。李霁野兄弟三人,即李霁野、李耕野、李昭野;还有一位姐姐李素野。由于同居一条街,韦素园、台静农、李霁野、韦丛芜在牙牙学语时就一起玩耍。

秉承"贾而好儒"的徽商传统,"未名四杰"父辈很重视对子女的教育,使他们受到了良好的思想文化启蒙教育。清时,叶集开设有不同规模的私塾60余所。其形式有名儒自己设馆办学的(学馆)、有地方人士聘师立塾的(约馆)、有大族请师立塾专教一姓子弟的(族塾)、有富户自设家塾聘师课子的(家塾),种类多样。出身于小商人之家的"未名四杰"先后进入同一所私塾接受启蒙教育,临帖、读史、诵经、对对联,熏陶于浓郁的传统文化之中。塾师安信之还向孩童们介绍刚刚逝去的辛亥革命,使他们对革命有了初步的认识,为他们树立读书报国的理想打下了基础。1903年,清政府颁布"癸卯学制",废科举,兴学堂,叶集地区也刮起了兴办学堂的新风。叶集清末举人孟振先于1912年冬,在当地火神庙办了"叶家集蚕桑学校",招生70余人。该校为全霍邱县职业技术学校之首创,两年后因战乱、灾荒而停办。1914年9月,台介仁、孟振先、叶兰谷等人,又在蚕桑学校旧址办了叶集第一所小学"明强小学",吸纳一批高素养的教师,开设国文、算术、地理、历史、体育、美术等课程。"未名四杰"同年进入明强小学学习,开始接受现代科学文化思想启蒙,李霁野在耄耋之年仍记忆犹新:

> 故乡安徽叶集创办了明强小学,韦素园、台静农、张目寒、韦丛芜和我,从私塾转到第一班学习。教我们语文课的老师,一位是中过进士的何棣伍,他兼教地理,眼很近视,但能用手指出我们提到的任何地名,没有一次错过。另一位是中过秀才的董卓堂,他善讲

《孟子》,并让我课外读《三国演义》,引起我读古典小说的兴趣。我们对于小学是很满意的,对学习很感兴趣。①

老师们的引导激起了学生对文学的兴趣——几乎读完了能弄到手的所有古典小说。教历史的韦凤章,受过高等教育,经常给学生灌输爱国主义、无神论思想。新思想像春风一样吹进了皖西边陲小镇,滋润着少年同学的心田。语文老师董卓堂称赞说:"他们几位,不仅学习优异,在对待事物、时政的见解上,已超出同龄人许多,他们诗、词、歌、赋、书法全面发展。"韦素园13岁就在他们4人的合影上题诗明志:"他年若得男儿志,大地苍茫任求取。"李霁野则书写一副对联作座右铭:"牢记清贫不为浊富,固守已性岂做人奴。"台静农用"立定脚跟撑世界,放开斗胆吸文明"抒发理想。年龄最小的韦丛芜也赋诗一首:"崇高遵孔训,仰慕敬岳忠。纬武经文备,魁英冠世雄。"可见,少年"未名四杰"已胸怀大志、心骛八极。少年好友韦素园、台静农、张目寒、李霁野、韦丛芜常围坐在火盆旁边,海阔天空彻夜长谈,谈理想、谈人生、谈国家,对"五四"运动及新文化的发源地北平充满了向往。

小学毕业后,韦素园、李霁野、韦丛芜先后考入设在阜阳的安徽省立第三师范学校,台静农考入汉口德华中学。"五四"新文化运动催醒了中国人向往新生活的梦,也催生了中国文学思想的跨越式大进步,中国文学从此进入了一个理性启蒙时代。觉醒了的一代青年如饥似渴地读着《新青年》《少年中国》《觉悟》等进步书刊,"在阜阳的师范学校读书时,每月有一件难以忘却的事,这便是《新青年》的寄到。拆开来第一先看看有否鲁迅先生的文字……这些都是最深切地引起我对于文学的嗜

---

① 李霁野:《从童颜到鹤发:记台静农同我的友谊》,《新文学史料》,1998年第3期,第111—115页。

好"①。年轻学子们初次"遭遇"鲁迅,即被先生犀利的文笔和深邃的思想所吸引。李霁野、韦丛芜与身在武汉的台静农联合创办《新淮潮》杂志,积极宣传新文化。此时,韦素园作为安徽省有影响的学生领袖被派往红色苏俄留学。从此,他与俄罗斯古典文学和苏俄进步文学结下了不解之缘。

由于阜阳三师封建复古势利对新文化、新思想大肆打压,李霁野、韦丛芜愤然退学。第二年春天,他俩同到安庆,在商务印书馆所设的一个售书处做义务店员,借机阅读了大量文学书籍。高尔基曾说过:"文学使思想充满肉和血,它比哲学或科学更能给予思想以巨大的明确性和说明性。"②诚然,文学不仅能使人在其中找到自己的严师挚友,还能影响他的思想和行为。李霁野、韦丛芜勇敢地在两人合办的《微光》周刊上公开发文解除由家庭代订的旧式婚约,获得婚姻自由。台静农在新诗处女作《宝刀》中要用"宝刀"斩除祸国殃民的军阀、拯救受难的人民,思想十分激进。在体验中收获,在历练中成长,"未名四杰"逐步形成相似的价值观、世界观和人生观。

从1922年春到1923年秋,"未名四杰"陆续集结到北京求学。一群热爱文学的青年与对青年向来爱护备至的文学长者——鲁迅先生,不期相遇。当时鲁迅先生每周到北京大学讲授一次《中国小说史》课程,他们经常去旁听,获得了许多文学史和文学创作的知识,增强了对写作的兴趣,③也因此与先生结下了深厚的师生情谊。1925年,鲁迅亲自参与、大力支持,成立了未名社,使"未名四杰"有了发表著译作品的阵地。用文艺的火光去照亮国人的心灵,是鲁迅对文学青年的希望,他对"未名四杰"精心培养,直接点燃了他们的创作之火。先生耐心

---

① 李霁野:《李霁野文集(一)》,百花文艺出版社,1991年,第53页。
② 杨志杰等:《文学与精神文明》,文化艺术出版社,1985年,第12页。
③ 商金林:《以小说参与时代的批评和变革:论台静农的〈地之子〉和〈建塔者〉》,《北京大学学报》,2002年第3期,第62—69页。

详细地向他们传授小说写作经验,鼓励他们写英伦随笔(essay),帮他们看译稿。"在要斟酌修改的地方,总用小纸条夹记,当面和我们商量改定……对于人名的音译和字形,他都一一认真改定",甚至纸张、墨色、字体字号、书面的装潢等等,都亲自指导校阅。在先生手把手的教授下,韦丛芜的诗集《君山》、台静农的小说集《地之子》、李霁野小说集《影》以及他们翻译的苏联文艺作品纷纷面世。鲁迅先生的言传身教,对"未名四杰"的文学道路和人生旅程有着不可估量的影响。"遭遇"鲁迅先生是"未名四杰"人生中最大的幸运。

楚都寿春十八年,终于成为晚楚政治、经济、文化的中心。好学、进取、陶情、崇廉是寿春晚楚文化基本表征,"未名四杰"在文学道路上的上下求索、对文学的皈依与执着,正是秉承了寿春晚楚文化进取、执着精神。

未名社成立第二年,在鲁迅、曹靖华相继离京后,"未名四杰"实际成了该社的中坚。他们一边求学,一边"努力作文章",生活状况十分艰窘,甚至于典当衣物换取食物。但他们拿出初生牛犊不怕虎的干劲,坚守阵地,为未名社成为"五四"后期重要的文学社团立下了汗马功劳。台静农1926年在散文《梦的记言》中所描写的"我生息于这古老的城堡中,一无所有的,除了荒凉和寂寞",即是他们当时窘况的真实写照。在艰难困苦之中,他们执着地坚守着文学理想,这一坚守就是一生。

韦素园在负责接管未名社社务期间,患有严重肺结核病,每天拖着病体从事编辑、校对、出版等繁重的社务,直到大量咯血,住进疗养院。躺在病榻上,他完成了一生近90%的文学创作。以他

图一　1928年(左起)韦丛芜、李霁野、韦素园、台静农摄于未名社

这样一个长期患病的身躯,肩荷着如此繁重的工作(主持社务、从事文学创作和翻译、编辑《莽原》),若没有坚定的信念和顽强的毅力,是断难坚持的。1932年8月韦素园病逝,鲁迅先生极为痛惜,为他手书碑文,并撰写《忆韦素园君》一文留传后世。韦丛芜是以诗人身份在"五四"文坛"闪亮登场"的,其诗集《君山》得到众多名家赞赏。他严格按照鲁迅先生的教诲,对读者高度负责,对翻译工作勤勤恳恳、一丝不苟。例如,他在翻译《穷人》的过程中,以美国女翻译家康斯坦斯·迦内特的英译本为主要底本,又参考了美国《现代丛书》的英译本。译稿先经韦素园以原文本校订,又经鲁迅据日译本核校。经三种文本反复对照、校改,力求译文忠实、畅达、典雅。对书名是译为"可怜人"还是"穷人"更是进行了反复斟酌。新中国成立后,韦丛芜因"历史误解"多次遭受牢狱之灾,却依然执着地在逆境中完成了1000多万字的译著工作。

同样,台静农、李霁野在风雨人生中从未放弃对文学的执着守望与探索。1946年10月,台静农应好友魏建功之邀,携家渡海就任于台湾大学中文系。他没有想到这一去,就再没机会回故园。"二二八事变"改变了台湾的政治气候,稍有不慎,就会招来杀身之祸。台静农潜心教学做学问,桃李满天下。在紧张的政治气氛下,他没有停止所钟爱的文学创作,在他的"歇脚庵"里写了一篇篇忆旧散文,《龙坡杂文》集一再荣登台湾当代文学新书"排行榜",于两岸文化传承功不可没。"文革"一开始,李霁野就被所任教的南开大学当权派作为主要"牛鬼蛇神"抛出来,劳改抄家。但"只要活着,就还能写下去"[①],甚至在古稀之年他还坚持每天写上几百字。2004年百花文艺出版社出版九卷本《李霁野文集》,在海内外拥有广泛的读者并受到高度的评价。

---

① 林非:《李霁野纪念集》,上海文艺出版社,2004年,第47页。

老诗人冯至曾对鲁迅研究专家、北京鲁迅博物馆原副馆长陈漱渝说过这样一句话:"当时我感到未名社的人太抱团了,有人干脆称他们'安徽帮'。"的确,从故乡小镇到阜阳三师,再齐聚鲁迅先生麾下,"未名四杰"和衷共济、紧抱一团,结下了深厚的兄弟情谊。一定程度上这种相互扶持的抱团精神是他们对皖西地域文化精髓——皋陶文化的传承。皋陶文化要求父义、母慈、兄友、弟恭、子孝,使社会和谐,天下大治,其落脚点在"和"字。《尚书·皋陶谟》讲"五礼有庸"时强调"同寅协恭和衷哉",要求人们协调和谐、精诚团结。皋陶谟之谟曰:"慎厥身修,思永,惇叙九族。"(万历《六安州志》"列传")要求修身、治家、思想纯正而注重家族和睦,从而形成自己的文化传统。"未名四杰"成长于同一文化氛围中,"协恭和衷"文化观念自然渗入他们的骨髓。

少年好友聚合异乡北京,他们在经济上互相支持,创作上互相帮助。韦素园出于对俄罗斯古典文学和苏俄进步文学的兴趣,自己尝试翻译俄诗人梭罗古勃的《蛇睛集》的同时,鼓励并帮助李霁野试译安特列夫的《往星中》、韦丛芜试译陀思妥耶夫斯基的《穷人》。韦素园的文学兴趣很大程度上影响了李霁野、韦丛芜的苏俄文化价值取向。他们齐心协力,在译介俄苏文学方面做出了不可磨灭的功绩,也很好地诠释了文艺创作需要特定氛围这一特点。台静农成为20年代乡土小说的杰出代表,也与韦素园的勉励帮助分不开,他曾在《地之子·后记》里专门谈道:"我开始写了两三篇……素园看了,他很满意我从民间取材;他遂劝我专在这一方面努力……素园便咯血病倒了……有些篇的构思简直是成就于病榻前医院中。"未名社时期的"未名四杰"已从青春伙伴变成同一壕沟里的战友。1928年4月,因韦素园、李霁野合作翻译的苏俄文艺论著《文学与革命》被军阀政府视为违禁宣传品,未名社被查封,台静农、李霁野、韦丛芜同时被捕(韦素园因病住院而幸免)。虽受牵累被捕,却无任何怨悔,共同经历生死炼狱。在未名社结束清算账目时,台静农和李霁野各自有一大家人需要养活,生活异常艰难,但他俩还是用自己的版税替韦素园偿还因病透支的钱款。这种相互支援、抱团取暖的精神使他们一次次度过重大难关,成为一个冲不破、打不垮的"安徽帮"。

在动乱现实中,他们相互介绍谋职、彼此照应、共克时艰。1932年12月12日深夜,任教于北京辅仁大学的台静农因"莫须有"罪名再度被捕。13日清早,李霁野正准备去上课,朋友打来长途说:"台静农突然害病(是一种隐语,即被国民党逮捕),病情十分严重。"当时,李霁野、韦丛芜在天津市河北区女子师范学院任教,台静农的被捕直接威胁到他们的安全,但他们没有考虑个人安危,立即坐火车去北京准备设法营救,所幸有惊无险。几经磨难,他们的友谊更加坚实深厚,根茎相连。即便台静农日后客居台湾,海峡相隔几十年,也阻隔不了他们相濡以沫的深厚情谊。待台海关系稍有回暖,他们就通过叶嘉莹教授、台静农的女弟子施淑(现为台湾淡江大学教授)间接通信,互通牵挂,直到相继离世。当代皖西籍军旅作家、第六届茅盾文学奖获得者徐贵祥曾多次宣称,他感到自豪的是霍邱的作家们有抱团的优良传统。香港《大公报》上有一篇文章,也特别赞赏"未名四杰"及霍邱作家群的抱团精神。正是这种抱团精神让现代文学史有了一个来自同一地域作家群——叶集"未名四杰"。

皖西地域文化是两淮文化的重要组成部分。两淮地区是北方中原文化与南方楚文化的交汇之地,既具有中原文化的理性精神,更具有楚文化的浪漫气息。随着楚国迁都寿春,晚楚文化成为两淮文化的主体。在漫长的发展与积淀过程中,晚楚文化形成了"筚路蓝缕"的创业精神、"抚夷属夏"的融合精神、"鸣则惊人"的创新精神、"上下求索"的执着精神。因此,皖西民风具有一种剽悍轻灵、坚忍不拔、清廉刻苦、忠于诺言、勇于任事、不怕牺牲的精神。"未名四杰"生长于斯,深受此种民风浸润，形成了坚韧倔强的反抗性格，虽历经磨难，却毫不气馁，敢于任事，保持气节。同时，从历史上看，皖西地区兴老庄哲学，含浪漫之气，《淮南子》对后世影响很大，"未名四杰"的文风在沉郁厚重中又显得轻柔飘灵，富有浪漫气息，崇尚生命体验，执着追求理想。最后，皖西地区丰富多彩的民俗文化对"未名四杰"的成长也具有潜移默化的影响。于是，便有了"未名四杰"的抱团精神和求实作风，有了韦素园的坚韧踏实、韦丛芜的理想浪漫、台静农的沉郁豁达、李霁野的执着坚守。

总之，绵长的家学渊源，传统文化的深厚积淀，早年乡村生活的体验，以皋陶文化、晚楚文化为核心的皖西地域文化的熏陶，无不在"未名四杰"的精神气质、性格特征、文化身份、创作个性以及作品的情感表现等方面留下深深的痕迹。

第二节 "未名四杰"与鲁迅的渊源

未名社成立时，鲁迅在文坛已经属于叱咤风云的人物，而他们几位均属初出茅庐的年轻人，因而，在未名社中鲁迅担当的是精神导师的角色。一个先生带着五个学生，开始时这样，结束时还这样。未名社时期的"未名四杰"，艺术与思想都正在形成期，脱不了稚气。鲁迅先生亲自给他们改稿，撰写序言，向读者和出版界介绍，甚至用自己有限的聊以为生的版税和薪金收入，资助他们出版作品。他们创作的第一部书或翻译的第一部作品出版后，都是首先呈送给鲁迅先生。1926年夏，鲁迅离京后，通过信件时时鼓励他们，"深望你们努力"，"均可于文艺界有所贡献"，"一定可以有为"，并指导处理未名社社务。"未名四杰"的每一步成长，无不是鲁迅先生心血浇灌的结果。他们得到了鲁迅先生多方面的培养与呵护，与鲁迅先生结下的师生情谊千古流芳。

一."未名四杰"与鲁迅的深厚关系源于未名社

"未名四杰"有幸与鲁迅先生结识,有赖于同乡张目寒的穿针引线。张目寒与他们系明强小学同学,都是叶集人。当时鲁迅除在北大、北高师、北女师授课外,还兼任着北京世界语专门学校的讲师。张目寒是北京世界语专门学校的学生,他与鲁迅彼此非常投缘,相处颇为亲密。张目寒常在先生身边走动,从1924年9月24日开始,先后引荐几位好友登门拜访先生。"未名四杰"都是深受"五四"影响的文学青年,对鲁迅早已高山仰止,很快同鲁迅成为朋友。[①]

此时,鲁迅正在为北新书局编辑专收译文的《未名丛刊》,看了李霁野的《往星中》译稿,决定将其也纳入该丛书序列。当鲁迅翻译的日本文艺批评家厨川白村的文艺论文集《苦闷的象征》付梓时,便特意写了《〈未名丛刊〉是什么,要怎样?》(现编入《集外集拾遗补编》),作为新书预告登在了《苦闷的象征》封底:"还想陆续印行的是:1.《苏俄的文艺论战》。俄国褚沙克等论文三篇。任国桢译。2.《往星中》。俄国安特来夫作戏剧四幕。李霁野译。3.《小约翰》。荷兰望蔼覃作神秘的写实的童话诗。鲁迅译。"

但《往星中》的出版计划却难以实施,因为李霁野此时尚名不见经传,书局老板对新人新作不感兴趣。正是《往星中》的出版困难,促生了鲁迅自办出版社的意向。1925年8月30日晚,鲁迅在北京阜成门西三条寓所接待了"未名四杰"和赵赤坪(叶集人,1925年入党后即离开北京,成了职业革命家)等五位安徽籍青年。他告诉几个年轻人,日本有个完全由大学生自行经营的丸善书店,起初规模很小,慢慢就发展起来。鲁迅建议:其

---

① 张目寒后来一直追随国民党元老于右任,并且得到重用,1987年病逝于台湾。

实我们自己也可以弄一个出版社的,只印自己的作品。这个提议得到了热烈响应,他们当晚就决定自己尝试编印书刊。为了筹措印刷经费,"未名四杰"向在山西任职的叶集人台林逸借款200元,算作他们四人的印费(后来遵照台林逸先生的意思,韦丛芜等将还款交给家乡女子小学作图书费)。鲁迅先生为了支持文学青年,出资最多,筹400元。河南人曹靖华在莫斯科留学时跟韦素园相识,又因联系俄译本《阿Q正传》事宜跟鲁迅通讯,也寄来了50元要求参加。这样,鲁迅、韦素园、台静农、李霁野、韦丛芜、曹靖华六人于1925年8月在北京树起了"未名社"的大旗。"未名",是"还未想定名目"的意思。未名社因《未名丛刊》而生,丛刊改归未名社发行。未名社的社址就在韦素园租住的一间小小房屋里,因为他生病,便常常"守寨"。鲁迅在北京大学讲完课,常来这里送稿或谈天,他把这间小屋称作"破寨"。

曹靖华(1897—1987),河南省卢氏县人,翻译家、散文家、教育家。1919年冬天,受"五四"运动影响,他在开封创办了"青年学会"学生社团,影响遍及河南全省。1920年夏天曹靖华中学毕业,入上海泰东图书局做校对工作,从而有机会结识了茅盾、郑振铎、蒋光慈以及韦素园等人,并经蒋光慈介绍于1921年元月加入社会主义青年团。随即他受该组织委派,与刘少奇、任弼时、韦素园等20余人一起,秘密前往莫斯科东方劳动共产主义大学学习。未名社的整个筹划过程中,曹靖华恰好不在北京,由韦素园写信告知。全社人员的第一次集合,是在1926年3月21日,《鲁迅日记》载:"下午,曹靖华、韦丛芜、韦素园、台静农、李霁野来。"这次雅集,是未名社的唯一一次"合家欢",也是鲁迅与曹靖华的第一次见面。曹靖华于1927年4月,重赴苏联,1933年回国,在大学任教并从事文学翻译工作。曹靖华由未名社出版的翻译作品有:《蠢货》(独幕剧集)俄国契诃夫等著,1927;《烟袋》(短篇小说)苏联爱伦堡等著,

1928;《第四十一》(中篇小说)苏联拉甫列涅夫著,1929。曹靖华的散文创作开始于新中国成立后,有《花》《春城飞花》《飞花集》《望断南来雁》等散文集。

未名社既因《未名丛刊》而生,开张头一项工作自然是印制《未名丛刊》。未名社开展的第二项重要工作是创办了《莽原》半月刊,该刊源于《莽原》周刊杂志。《莽原》周刊杂志于1925年4月24日在北京创刊,鲁迅编辑,附于《京报》刊行,同年11月27日停刊,共出32期。1926年1月复刊,改为半月刊,先后由鲁迅、韦素园编辑,未名社印行。鲁迅在《记念刘和珍君》一文中提到"然而在这样的生活艰难中,毅然预定了《莽原》全年的就有她",这里的《莽原》即是《莽原》半月刊。刘和珍是鲁迅在女师大的学生,也是一个崇敬鲁迅先生的读者。李霁野1956年所写的《"三一八"惨案前后》对此事有记载:"刘和珍不仅预定了《莽原》半月刊,而且是第一个购买《出了象牙之塔》的人。她亲自到未名社……确像鲁迅先生所描写的样子。她说她最爱读鲁迅先生的文章……她拿起书来,仿佛还要找寻什么似的看了看书架。"①这也是从另一个角度说明了未名社出版的书刊在当时知识青年中的影响。

1926年冬天,未名社社址迁到了北京大学二院对面的西老胡同1号,谐音称作"西老虎洞",是个小四合院。这时,社里的主要工作基本上都落在了韦素园肩上。由于工作过度劳累,1926年底韦素园的肺结核病加重了,大量咯血。次年初,由台静农等送往北京西山福寿岭疗养院。为了撑持未名社社务,李霁野不得不于1927年秋天从燕京大学休学,一面在孔德学校教书,一面主持社务。

1927年10月17日夜晚,鲁迅致信李霁野,说因为《莽原》半月刊与《莽原》周刊的关系,觉得"莽原"二字"不甚有趣",提

---

① 李霁野:《鲁迅先生与未名社》,人民文学出版社,1984年,第229页。

议改称"未名"。于是,《莽原》半月刊于 1927 年 12 月 25 日停刊,共出 48 期。《未名》半月刊于 1928 年 1 月 10 日创刊,按鲁迅意见,第一期刊登了鲁迅的译文《小约翰》和 10 篇回忆文章以及韦素园的诗。1930 年 4 月 30 日《未名》半月刊终刊,共出 24 期。该刊以译文为主,创作次之。发表有韦素园、李霁野、韦丛芜、曹靖华、戴望舒等人的译文,以及台静农、李霁野等人创作的小说。鲁迅 1929 年在北京第二师范学院的演讲《现今的新文学的概观——五月二十二日在燕京大学国文学会讲》也发表于该刊。

1928 年 10 月,未名社在北京景山东街 40 号开设未名社出版部售书处。售书处房屋里还摆放了桌椅,俨然一个小型阅览室,使欲购书者可以坐下来先读后买——算是招揽生意的一项举措,营业渐佳。"售书处也代销卖别家出版的书刊,尤其在不显痕迹中推荐的书刊是进步的,所以很受欢迎,大有'门庭若市'的气象"。从售书处开设到 1929 年 8 月的近一年时间里,未名社共出书 10 多种。可以说,正是售书处营业的渐入佳境,迎来了未名社的鼎盛之期。看到亲手开创的事业不断发展,鲁迅的心情可以想见。1929 年 5 月他回北京省亲,百忙中竟三至社里。

1930 年冬,时局动荡,市场萧条,未名社书款收不上来,处于困顿。鲁迅从家用中省下 100 元寄来,附言一部分给韦素园交住院费,一部分给三人生活用。鲁迅先生的关心温暖了年轻学子的心,激励了他们的斗志。在安徽安庆人丁文山的帮助下,他们刊出再版旧书和出新书的广告。购书款陆续汇来,甚至国外的爱国华侨也直接汇款到未名社买书,未名社又有了生机。大学、中学的师生往来不断。朱自清先生就曾亲自到店里为清华大学图书馆购买书刊,每回一买就是几十本。一些偏僻省份,当权的军阀不准向外面汇款。渴望得到未名社书刊的读者,便寄一些实物、用品到售书处换取书籍。比如云南当地的书店便想方设法巧立名目,给售书处寄来火腿换书刊。这年12月,国民党南京政府公布《出版法》,进步的报纸、杂志全部被封,未名社又陷入了困境。随着李霁野、苇丛芜先后受聘于天津市河北区女子师范学院,未名社不得不做出"取消社名,存书交开明书店接收"的决定,并随之在北平和上海两地报纸上刊登了结束声明。1932年,社团活动完全终结。

鲁迅先生是未名社灵魂式的人物,对未名社费尽心血。《鲁迅日记》里有很多关于未名社的记载,他给未名社成员的书信达两百多封。南下后,鲁迅曾在厦门大学托学校图书馆代售未名社书刊,后又在中山大学创办了广州北新书局,专售北新和未名社的出版物。在鲁迅先生不倦教诲和未名社同人的不懈努力下,短短几年时间,未名社取得了骄人的文学成就。看到未名社能有如此的实绩,鲁迅流露出了父爱般的感情。新中国文化部文物局第一任副局长王冶秋曾亲眼看到鲁迅在未名社出版部抚摸新书时的表情,是"见了自己婴孩似的喜悦"。

鲁迅对未名社同人的评价,仿佛一个慈父在数落自己的孩子一样似抑实扬:"并没有什么雄心和大志,但是,愿意切切实实的,点点滴滴的做下去的意志,却是大家一致的。"[①]他们没有辜负鲁迅先生的厚望,用脚踏实地的默默工作报答所敬爱的良师。

二、"寨主"韦素园与鲁迅

在北京西郊香山东北麓的万安公墓里,有一块碑文为"君以一九又二年六月十八日生,一九三二年八月一日卒。呜呼,宏才远志,厄于短年。文苑失英,明者永悼。弟丛芜,友静农、霁野立表;鲁迅书"的碑碣。这是鲁迅先生为韦素园手书的墓记。

韦素园是1922年夏到北京的,带着他的文学梦想,考入北

---

① 鲁迅:《鲁迅杂文全集》,河南人民出版社,1994年,第722页。

京俄文法政专门学校读书。未名社成立初期社址就设在韦素园住的北京大学一院对面的沙滩新开路5号。这是一所小公寓,鲁迅先生戏称它为"破寨"。这样的艰苦条件丝毫不妨碍青年们对文艺创作的热忱与激情,他们用火一般的热情积极地为自己的理想奋斗着。鲁迅对这些文学青年十分关心,总是亲自给他们改稿,撰写序言,那时他在北大兼课,每每下课后就把校稿送到此处,有时也留下吃饭。韦素园因在莫斯科东方劳动大学读书时生活艰苦、学习紧张而

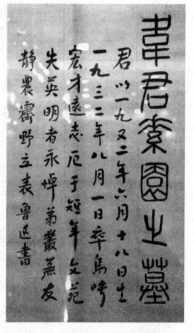

图二:鲁迅书法:为韦素园墓题字

患有肺结核病。1926年底,他的肺部穿洞导致大量吐血,病情已属无望的后期,卧床不起。不能上学读书,只能"守寨",而他也甘愿、乐意处理一切编务工作。他是"一个瘦小,精明,正经的青年",平时"笑影少",总是"不声不响"地看稿、编稿、校对、写复信、卖书,一心为别人的出书而奔波劳累。《莽原》半月刊杂志、译作丛书《未名丛刊》、创作丛书《未名新集》等都是由韦素园负责具体工作。鲁迅称赞韦素园是那种默默地奉献自己、牺牲自己来为中国文坛不断耕耘的人,对他的人品给予高度赞扬。鲁迅知道韦素园曾读过一些俄文的文艺理论书,就指导他在这方面努力。韦素园卧病在北京西山福寿岭疗养院时,伏枕所译的马克思主义文艺理论文章,就是鲁迅先生的教导成果。对于和韦素园的交往,鲁迅曾感叹自己若能化身为青年,便可不分彼此,无所顾忌地交往开来了。韦素园一直把鲁迅先生当作精神导师,从他身上吸取无尽的力量与智慧,坚决地走鲁迅

指引的路。鲁迅不时告诫他:"做人、作文既要小心又要泼辣,男人要像男人的气概,必须直率,坦白,敢作敢当。"在鲁迅的教诲下,韦素园始终推崇"对人要虚心,推诚相与"。

大革命失败后,白色恐怖笼罩中华大地,韦素园因肺病住在疗养院,他依然坚定自己的革命立场,并在给未名社同人的信中坚定地表明自己的立场,鼓励同人要永不停止地彻底地怀疑旧时代,这样才能创造新的完全属于他们的新时代。在探求新思想的道路上,韦素园与鲁迅先生互为知己。鲁迅在1928年7月22日致韦素园信中谈到自己学习马克思主义文艺观的体会:"以史底唯物论批评文艺的书,我也曾看了一点,以为那是极直捷爽快的,有许多昧暧难明的问题,都可说明。"在《鲁迅日记》我们可以常常看到,"晨得素园信,即复""午得素园信,即复"这样的记载,说明两人的交流从未中断。

鲁迅在上海定居后,以永不休战的姿态领导"左翼"文化运动。韦素园虽已病卧北京西山,但是他的思想感情,他的心脏跳动却紧紧连着上海。他常常辗转病榻,夜不能寐,为"左翼"文化运动的胜利而欢欣鼓舞,为鲁迅所受的"围剿"而深切挂牵。当国民党浙江省党部呈请国民党中央通缉"堕落文人鲁迅",当柔石等被捕、鲁迅处境危险,当关于鲁迅被拘或已死的谣言传到北京时,韦素园总是极力支撑着,写信给鲁迅,不顾白色恐怖的威胁,热情拥护和声援鲁迅的斗争,同时为不能亲自参加战斗而深感不安。鲁迅对韦素园这样一位青年战友,是非常喜爱的。他在1931年2月2日给素园的信中说:"中国的做人虽然很难,我的敌人也太多,但我若存在一日,终当为文艺尽力……希兄也好好地保养,早日痊愈,无论如何,将来总归是我们的。"在紧张的战斗中,鲁迅时常把周围的斗争情况告诉韦素园,他们的心是相通的。对于国民党反动派的反革命文化"围剿",鲁迅表现出鄙视、蔑视的大无畏精神,这些都深深感动和影响着韦素园。所以,韦素园虽然长期为病魔缠身,但他思想发展的步伐是紧随着鲁迅前进的。在鲁迅的指导下,经过长期的现实斗争,韦素园等人渐渐领悟到同旧社会旧势力斗争的方法,那就是要坚定自身的立场,果断勇敢地做出决策。由于它还是个持久不断的过程,在这样的过程中,一定要持有耐性,保存实力。因而"将鲁迅提倡的'韧'劲化作了百折不回的毅力和脚踏实地的工作之风"(韦顺:《鲁迅培养的青年文学战士——韦素园》)。

遗憾的是,壮志未酬身先病。鲁迅先生对韦素园的病是十分关怀的,一得知他咯血的消息,立即从厦门写信来劝慰:"兄咯血,应速治,除服药打针之外,最好是吃鱼肝油。"此后又不断提醒:"我想你要首先使身体好起来,倘若技痒,要写字了,至多也只好译译《黄花集》上所载的那样短文。"在给未名社其他成员写信时,鲁迅也常常记挂着韦素园的病情。随着韦素园病情的反复,鲁迅先生也忧喜交并:"漱园病已愈否";"漱园已渐愈,甚喜";"素园兄又吐些血,实在令我忧念……"这是多么深切、细致的关怀和爱护呀!而病中的韦素园,最为想念的也是鲁迅先生。当他预感自己病危难起时,特嘱李霁野代为题字,赠送一本精装的《外套》给鲁迅,作为永久的纪念。1929年5月30日,鲁迅回北京省亲,专程到西山疗养院探望韦素园。当天,鲁迅在给许广平的信里谈到韦素园终将死去时,不禁"觉得心脏一缩,暂时说不出话"。"1932年8月1日晨5时半,素园终于病殁在北平同仁医院里了,一切计画,一切希望,也同归于尽。我所抱憾的是因为避祸,烧去了他的信札,我只能将一本《外套》当作唯一的纪念,永远放在自己的身边"[①]。这本精装的《外套》见证了韦素园和鲁迅之间真挚的友情。

在"未名四杰"中韦素园创作数量最少,但他所做的大量编校审阅工作"在默默中支持了未名社"。对于他的早逝,鲁迅先

---

① 鲁迅:《鲁迅杂文全集》,河南人民出版社,1994年,第723页。

生极为悲痛与惋惜。先生仅有的几篇纪念性文章中,就有一篇长达三千言的《忆韦素园君》。他短暂的一生如鲁迅所评那样,虽"不是高楼的尖顶,或名园的美花,然而他是楼下的一块石材,园中的一撮泥土,在中国第一要他多"。泥土与石材虽然微不足道,但是,在建筑者和栽植者的眼中,它却永远是第一位的。鲁迅先生给了素园一个最为公允的评价,极大地肯定了他在未名社中的付出,并称赞他的这种默默奉献的精神在中国文坛上是占第一位的。

三、"平生风义兼师友"——台静农与鲁迅

1925年4月27日,台静农经小学同学张目寒的介绍,初识鲁迅先生。当日《鲁迅日记》记有:"晚钦文来并赠小说集十本。夜目寒、静农来,即以钦文小说各一本赠之。"从此,两人亦师亦友,过从甚密。"台君为人极好"(《书信331219·致姚克》),这是鲁迅对台静农人品的高度评价。在他们十一年半的交往中,台静农致鲁迅信件有74封,鲁迅致台静农信件有69封,目前保存收录于《鲁迅书信集》中的尚有43封,那封著名的拒绝诺贝尔文学奖提名的信件就是写给台静农的。综观这些书信,不管是论人或议事,都直言不讳、毫无忌惮地袒露自己的心声。鲁迅一生,以"尖刻冷峻"而著称于世。如果不是一种特殊的关系,像鲁迅这样为人谨慎的"世故老人"是断不会如此而言的。由此可见,鲁迅对台静农的由衷信任和深厚情谊。

台静农是鲁迅的嫡传弟子,他在北京大学读书时,做过鲁迅的学生。直到晚年,他还清楚地记得鲁迅讲课时不似周作人死盯着讲义,而是天马行空地发挥,使学生学到许多讲义上所没有的知识。台静农的乡土小说的创作源于鲁迅的引导,李霁野曾在《鲁迅先生对文艺嫩苗的爱护和培养》一文中提到过,鲁迅多次"教导他(台静农)从熟悉的生活中取材","多读点外国短篇小说……要读史,特别要读野史笔记"。查《鲁迅日记》,从

1925年4月至1927年底,台静农的名字出现了80余次,而台静农的乡土小说正是创作于这段时间。1928年,台静农把自己起名叫《蟪蛄》的第一部小说集书稿送给鲁迅审读,出版时听从鲁迅的建议,把书名改为《地之子》,这部小说集的发表使台静农成为乡土小说界的代表人物。鲁迅后来在《二心集·我们要批评家》中称赞《地之子》为"优秀之作"。在鲁迅的指导下,台静农创作更加勤奋,继《地之子》集结的小说之后,他又创作了《建塔者》《被饥饿燃烧的人们》等等。这些篇章后来集为《建塔者》专集,1930年由未名社印行,《建塔者》集中也有几篇乡土小说。

台静农的乡土小说,从内容到风格,可以说皆师法鲁迅。他师承鲁迅的现实主义传统,善于通过对底层农民的遭遇和乡土风习的描写来展示社会的病态,从故乡那些小人物的小事件中,细致地刻画了人物的悲惨生活处境,反映病态社会的生活面,成为抨击黑暗现实的一种力量。

鲁迅先生后来谈及台静农20年代所写的小说,评价说在那个时代的乡土小说作家里,静农是写乡土小说最勤的,也是最多的一个。在鲁迅主持编选的《中国新文学大系·小说二集》中,选入了台静农的《天二哥》《红灯》《新坟》《蚯蚓们》四篇,该书中一人名下选取四篇的只有台静农、陈炜谟和鲁迅自己。

台静农极其珍惜与鲁迅先生的宝贵友谊,1926年7月,他编了一本最早研究鲁迅的专集《关于鲁迅及其著作》,在《序言》中推崇鲁迅的战斗精神。这本书是新文学以来第一本评论鲁迅的论集。

2000年,陈漱渝在《百年潮》杂志发表《台静农曾是中共地下党员》,其中介绍说:"1930年秋冬之际,台静农等根据中共北方局的指示,跟潘漠华等发起成立北方左翼作家联盟(简称北方左联)。"①同鲁迅南北呼应。台静农参与的最著名的活动是鲁迅1932年在北平的五次讲演和两次座谈。关于此事,李霁野在《鲁迅先生与未名社》中有一篇文章专门介绍始末,即《两次秘密座谈会和五次公开讲演》。台静农陪同鲁迅到北京大学第二院和辅仁大学讲演,第二次秘密座谈会就是在他的寓所西城西皇城根79号召开的。鲁迅离京时,也是他用化名购买的火车票,直到送鲁迅上车安全离开北平。1932年12月12日夜,担任辅仁大学副教授兼校长秘书的台静农被北平市公安局以"共党嫌疑"逮捕入狱。远在上海的鲁迅对台静农的这一案件十分关心,写信给王志之询问情况:"静农事殊出意外,不知何故?其妇孺今在何处?倘有所知,希示知。此间报载有教授及学生多人被捕,但无姓名。"又在1933年2月9日致曹靖华信中说:"静兄因误解被捕,历时多天始保出,书籍衣服,恐颇有损失。近闻他的长子病死了,未知是否因封门,无居处,受冷成病之故,真是晦气。"台静农被捕期间,夫人于韵娴带着三个孩子,无家可归,长子受冷致病因无钱医治而夭折。1934年7月26日台静农第三次被捕,与他同案的是范文澜先生。北平宪兵队以"共党嫌疑"将他解送至南京警备司令部囚禁直到第二年春释放。台静农始终紧跟鲁迅进步文化活动方向,后两次被捕均因与鲁迅关系密切、暗中支持北平左联文学活动有关,为此他付出了惨痛的代价。但他仍忠诚地协助鲁迅校勘《嵇康集》、收集南阳汉画和写作《古小说钩沉》。对台静农的所作所为,鲁迅回报他以"老朋友的态度"。

1936年10月19日鲁迅先生去世,台静农悲痛万分,手抄鲁迅诗作,分送友人,以示纪念。在重庆鲁迅逝世两周年大会上,台静农作了《鲁迅先生的一生》的报告,报告的最后,他激昂地喊道:"我们每一个炎黄子孙都得学习先生的精神,就是'拿

---

① 陈漱渝:《台静农曾是中共地下党员》,《百年潮》,2000年第1期,第51—53页。

赤血献给中华民族'!"他接过鲁迅先生的"匕首"和"投枪",写就了《鲁迅眼中的汪精卫》等论文、杂文近30篇,歌颂民族抗争意识的觉醒,鞭挞屈膝投降行为。

1946年是台静农人生的分水岭,这一年将他的人生隔成两个不同的世界。之前台静农是在五四文坛上冲锋陷阵的战士,为民主为个性解放摇鼓呐喊、摇旗助威。之后台静农的人生地覆天翻,这一年,他的好友魏建功在台湾推行国语,参与台大中文系系务规划,邀聘他赴台任教。但世事无常,本以为只是暂居宝岛的台静农在台大任职后却因为种种原因选择了退守一隅,心无旁骛地专心教育。曾经在他身上奔涌的激情和仿佛会永不止息的燃烧的斗志都在某一瞬间骤然凝顿了。对台静农去台湾后的一些表现很多人是不理解的,从台湾大学历史系毕业的李敖甚至冠之以诸如"贪鄙""无聊"之类的称号,这样的评价实在是曲解了台静农。

事实上赴台之后台静农的处境委实不妙。"二二八"事变之后,台湾岛上的政治形势日趋严峻。1948年2月18日深夜,台大中文系主任许寿裳因为在台湾传播"五四"文化、宣传鲁迅精神,被特务惨无人道地用斧头砍死了。许寿裳的死亡无疑是当局对进步文人们发出的警告,官方刻意营造了这种恐怖气氛,一时间人心惶惶。惊雷过后,众人才恍然,所有关于"五四"关于进步的内容包括鲁迅都成了高悬的达摩克利斯之剑,在这场秀才与兵的对决中,秀才选择了暂且避让。基于台静农与鲁迅的亲密关系,台静农到台后,一直处在特务或明或暗的监视中。尤其是1949年之后,台静农等于在枪管下度日。他没有发声,只是保持着沉默,然而沉默并不意味着对理想的背弃、对鲁迅的忘却。回首台静农在台湾的44年的风雨人生,鲁迅风骨在他身上时有体现。

回顾台静农的人生经历,我们能看到他是个思想激进前卫的人,并且结识鲁迅之前他已经是个怀有满腔赤血的爱国志士了。台静农还没走出家乡叶集这个封闭狭小的山镇时,受新思想熏染的他就自发的组织了剪辫子、砸神像等反封建的活动。1922年九国公约的耻辱传遍华夏,尚且稚嫩的台静农已创作了诗歌《宝刀》一首,在诗中怒号:"我的热血沸腾了,我的灵魂愤极了!"认识鲁迅之后,鲁迅先生坚定的反帝反封建的革命立场,同旧社会和腐朽当局顽强斗争的精神更是令台静农血液里反抗黑暗的火种燃烧得更旺盛了。

　　抗争,可以是烈如火焰不成灰烬不罢休,也可以是春风细雨般无声瓦解敌人的包围。鲁迅当年弃医从文,以笔为刃同敌人直面地斗争,而台静农去台后选择转战教育,在台湾大学中文系潜心耕耘,无声地传播"五四"火种。"老师从未改变对贫穷、受苦、弱小生命的同情、悲悯与关怀,也始终不肯与不公不义的权势妥协"(方瑜:《天心圆月自从容——我所认识的静农师》)。在台大中文系的建设和办学方向上台静农大胆借鉴当年蔡元培主持北大文科时的宗旨,"五四"时期的一些办学举措也被他应用于台大中文系的课程设置和系务改革方面。台静农任职期间不拘一格地任用人才,自嘲是被"敬而远之"的聂华苓也被他坦率耿直的个性和对贤才的爱惜吸引到了台大,一批有识之士在台大中文系自由传教,各种思想在这里激荡碰撞,不亚于百家争鸣的盛景。台湾大学的陈万益教授如此说道:"当时的时局气氛,固然不能深入多样的去讨论'五四',但是'五四'那一代人对自由的追求,对新事物向往和学习的态度潜移默化到了早期台湾大学中文系和学生身上……'五四'的遗泽不是那么容易就会消失的。"在他主持台湾大学中文系的20年期间,把师资空荡、学生程度参差的中文系办得风生水起,盛况空前。正是由于这种自由精神,台静农允许王文兴全部用英文教材在中文系教授现代文学课程。多年后,已成台湾现代派名家的王文兴仍很佩服台老师的胸襟。

　　台静农和"五四"的先驱者们,有许多是朋友。像胡适、陈独秀、沈尹默,与其均有交情,有的关系甚密。台静农是抗战时期在四川江津县结识陈独秀的,两人互为知己。陈独秀曾托台静农将《小学识字教本》交国立编译馆出版,结果未成。台静农对陈独秀学术中的锐气和新鲜思想,颇为赞许,他认为独立精神是人间至宝,便将这"五四"精神实质内化到写作与治学之中。他的《龙坡杂文》随笔集不仅于两岸文化传承功不可没,而且切切实实让刚从皇民化教育解脱出来的学子们感受"五四"自由精神的余温。

许寿裳出事后,台静农沉默地接受了上级的安排,担起台湾大学中文系主任的责任。即使如此,台湾当局也从未放松对他的警惕。他歇脚的台大宿舍区的巷口直到70年代每天还有面目可憎的特务乔装后在他家附近蹲点,监视他的一举一动。或许是因为在台湾的"身处艰难气如虹",台静农的作品中曾经显著凸现的"五四"激昂的战斗精神,曾经"以精诚以热血供奉于唯一的信仰"仿佛随着时光的冲刷褪色成一幕遥远的回忆。没有公开地宣扬五四精神,并不能证明他在逃避,单看台静农对古今文学的研究便能找到鲁迅的"遗风",在对待学问的态度上,台静农亦与鲁迅先生接近。

1934年,鲁迅先生曾撰文阐述自己对文化遗产的态度,创建了"拿来主义"这一概念。他认为我们应当批判地继承和借鉴文化遗产和外来文化,吸取各自的精髓为我所用,不全盘西化,也不故步自封。这种"并重"的思想被台静农运用到了古代文学与新文学的研究上。关于如何研究中国的古今文学,台静农提出了"继往开来"的主张,所谓"继往开来"可以翻译成"古今并重",即对古代文学与新文学要一视同仁。他认为,我们民族历经几千年的沉淀流传下来的古代文化是我们扎根发展的土壤,可以发掘、整理、批判本民族的文化但不能全然抛弃。正因为这样的文学研究主张,他在教书之余静心撰写了《台静农论文集》《中国文学史》等重要学术著作。《中国文学史》是在台静农病逝后,其弟子柯庆明教授根据他的遗存文稿整理编印出版的。其实,早在台静农去台不久,就与台湾编译馆签约准备撰写《中国文学史》一书。后因白色恐怖与"殷海光事件"等影响,台静农不愿连累编译馆相关人员,遂与编译馆解约未能出版。

查人民文学出版社出版的四卷本《鲁迅书信》,鲁迅与台静农的通信将近 50 封。他们通信的内容,学问之类的内容多于创作之类的内容。1933 年 12 月鲁迅写给台静农的信:"北大堕落至此,殊可叹息,若将标语各增一字,作'五四失精神','时代在前面',则较切矣。兄蛰伏古城,情状自能推度,但我以为此亦不必侘傺,大可以趁此时候,深研一种学问,古学可,新学亦可,既足自慰,将来亦仍有用也。"鲁迅劝导他不如在沉潜期静

图三 《中国文学史》封面

心钻研一门学问,一方面能得到自我慰藉,一方面也能成为一种谋生的手段在将来派上用场。

台静农也喜欢魏晋文人的洒脱,读《台静农论文集》中《魏晋文学思想述论》《嵇阮论》等文,自然让我们想起鲁迅,似乎那思考的背后,有着鲁夫子的投影,他们都看重魏晋文人放达的精神。深处白色恐怖台岛,台静农以自身的体验在《嵇阮论》中论述士大夫苦苦挣扎的内因:

> 嵇、阮所生的年代,刚刚跨着两个时期,即汉魏之际和魏晋之际……他们作为司马氏的臣仆,绝不可能;抗拒呢,更无此力量;隐遁呢,则一时人望,忽然隐藏起来,那野心家的猜忌又必然的随之而至。正值历

史的路不能再走的时候,刚刚形成的由何、王代表的新思想的潮流却给了他们一线生机……他们与何、王不同,宁可戕贼自己,而以放达的生活,嘲笑礼教,冷视权威,同时他们借此伪装以保全生命;那么,他们的颓废行为,是武器,也是烟幕。

所论正如中国人民大学文学院院长孙郁教授所见:"台静农从社会政治变迁看文化的发展以及文人自我意识的形成,思路与鲁迅庶几近之";"从鲁迅与台静农的风骨里,能读出现代史的一道流脉"(孙郁:《始自于隆隆 终至于默默》)。由创作走向书斋,不仅无丝毫老态,且于旧学之中散出洒脱的气象,更证明台静农不失鲁迅遗风。

独自背负着五四精神在黑夜里潜行,四面涌来的压力使台静农积郁于胸的苦闷难以排遣,于是台静农开始寄情于书法。但是即使他提起了彤管,卸下了心理对飘零流浪的忐忑,也还是卸不下胸怀天下的牵挂。这一切台静农只想自己消化不愿说与人知。也是通过书法这个传递内心禅机的高手,我们才能看到隐藏在台静农平静表象下的心理暗潮。鲁迅与台静农都喜欢汉代的艺术,都特别钟情于汉代绘画的宏阔气象。台静农还专门托友人拓印了 200 余幅南阳汉画像,赠送给鲁迅。从中可以探析,他们的性格里都有桀骜不驯的一面。

在众多的书写题材中,台静农更青睐魏晋时期的诗文,其中他尤为推崇的是嵇康。他写嵇康的孤傲自负,写嵇康临刑的"顾视日影",在写嵇康的过程中他释放了禁锢已久的自我,更是由此确立了独属于自己的书艺风格。

事实上,台静农早已被魏晋文人的率真任诞、清峻通脱的风流折服。台静农对嵇康的独钟,不仅是感于他的狂放不羁,更是借着嵇康怀念鲁迅,怀念他与鲁迅相交的那段岁月。鲁迅曾经对魏晋时期的文人做过专门研究,嵇康则是他的重点研究对象。他曾耗时近二十年校订了一本《嵇康集》,校订的准备工作就花费了近十年,为了校订更准确,鲁迅四处搜集有关嵇康的古本资料,历经曲折才找到五本刻印本。这本书从1913年开始编辑,经过陆陆续续的修订增删,直到1931年《嵇康集》才最终校勘完毕。《嵇康集》倾注了鲁迅诸多心血,据许寿裳回忆,"自民二以后,我常常见鲁迅伏案校书,单是一部《嵇康集》,不知道校过多少遍,参照诸本,不厌精详,所以成为校勘最善之书"。这本书亦有台静农的一份功劳,鲁迅1935年9月17日的日记中记录了"得伯简(台静农)信并校本《嵇中散集》一本"。台静农在为鲁迅校勘时还特意用红笔对前人的批注再次疏解。正是这次校书的经历让台静农更进一步地接触了嵇康,在嵇康身上找到了自己与嵇康精神的契合点,寄寓台湾后台静农身上映射的嵇康精神更加分明。即使他的留台岁月如同在激流中逆水行舟道阻且长,他依然坚守自我不曾放逐。借着手中轻微的竹管来吞吐万钧豪情。他的书法,无论是险劲不羁的草书,还是沉着刚健的隶书,都在大张大合的点画间冲击着视觉,疾涩的线条镌刻了主人的慨愤,起承转折中流淌的点滴泣诉着不平,字里行间的倔强控诉了河清海晏遮掩的剑拔弩张。一幅幅书帖恰似凌厉的讨伐檄文,温柔的毫尖不留情面地鞭笞着累累罪恶。他的书艺流露的立场十分坚决,一如鲁迅在《魏晋风度及文章与药及酒之关系》里强硬地表示"文人不应随和,不可做和事佬,而是得像热烈地主张着所是一样,热烈地攻击着所非"。从开始选择了这条路起,台静农就已经准备和他的老师鲁迅一样,即使走累了也绝不坐下,不会当一枚安置在衙前的任人掌握的印章。但是无言的抗争后,台静农依然不能游刃有余地寄迹人间。他在很多方面是固执得可爱,而他神态里的寂寞却是难以抹平。他还是会在深夜独坐书斋,想着满腹的心事却又无从说起,最后还是陷入了更深的沉寂。显然,台静农的字与文,受到鲁迅的影响,有着汉魏余绪。让鲁迅怀抱很大期望的台静农在台海分离的背景下,用大寂寞和大孤独的心,在古老的书道艺术中,书写无人可以了解的心事。他的书法以沉郁顿挫、落拓潇洒、内敛含光而著称,但仍难掩其抑郁难伸之志。

纵观台静农的一生,忧世很深。他的精研旧学、移情书艺,其间的苦楚非外人所能知。他在《我与书艺》一文中云:"战后来台北,教学读书之余,每感郁结,意不能静,惟时弄毫墨以自排遣,但不愿人知。"可见其心之苦楚。他在大学教书多年,专著不多,写作的欲望亦稀,有时万念皆空,枯坐书房,有着难言的哀凉。李敖在《我最难忘的一位教授——台静农的人格与学格》一文中说:"去年(指1989年——引者)10月,《联合报》系的出版机构,印出了《静农论文集》,报章推介,说是学术著作。我素知台静农懒于学术,并以'我不在乎'自道其不出版学术著作的态度。"真是没有读懂曾经帮助过他的台老师。

台静农在为弟子洪素丽《〈浮草〉序》中写道:"无根的异乡人,都忘不了自家的泥土。中国有句话'叶落归根',今世的落叶,只有飘到哪里就是哪里了。"这话有一丝悲哀、一丝喟叹,也有一份随性,一份明达,而这一切皆静静不着痕迹。他将苦楚难排的心境,隐藏在文、字之中,压抑在内心。晚年期间,曾有不少刊物想请台静农说一说和鲁迅的交往,他仍然选择沉默。前尘老去,一世蹉跎,台静农忍受着各方的猜疑和误解,静默地蛰伏在宝岛台湾。咫尺海峡隔断,半生知交天涯。台静农一直珍藏着鲁迅当年在北京女高师的演讲稿《娜拉走后怎样》,将其裱成长卷珍藏。亦师亦友的鲁迅先生给台静农的精神动力支撑着他度过困厄,也让我们看到了一种君子之交的情义、风范、力量!

四、李霁野——鲁迅精神的承传者

鲁迅先生曾说:"我吃的是草,挤出来的是牛奶和血。"李霁野说:"我李霁野就是喝他奶汁长大的其中的一个。"李霁野不仅亲受鲁迅精神哺育成长,而且自鲁迅逝世后,他坚持研究鲁迅,传播鲁迅精神直至生命的最后时刻。

少年李霁野在阜阳三师读书时初次在《新青年》上"接触"到鲁迅,鲁迅小说犀利的文笔、深邃的思想给他留下深刻的印象。出于对文学的兴趣,李霁野在北京崇实中学读书期间,利用课余时间借助词典翻译外国文学作品,但一直苦于无人指导。天赐良机,世界语专科学校的张目寒借机向鲁迅说了小同乡的事。鲁迅先生向来对青年爱护备至,更是欢喜爱好文学的青年。很快高中生李霁野将从英文转译的安特列夫的剧本《往星中》送呈鲁迅案头。我们从《鲁迅日记》可以查到1924年9月20日"上午张目寒来并持《往星中》译本全部"、9月21日"夜整理专拓片。看《往星中》"。1924年9月21日是星期日,虽然是周末,但鲁迅还是一口气把译稿看完,并充分肯定了这部译稿,写下了六七百字的内容提要,随后便约李霁野到寓所"老虎尾巴"面谈译稿修改。1925年8月,未名社成立。作为未名社中坚分子,李霁野耳闻目染鲁迅做人作文之道,深得先生真传。我们详细统计《鲁迅日记》中关于李霁野与鲁迅交往的记载,1924—1936年共292次(不包括同日重复出现)。他是未名社中与鲁迅交往最多、最密切的成员,仅他保存下来的鲁迅致他的信件就有58封之多。在与鲁迅先生频繁的接触与心灵交流中,"文艺嫩苗"李霁野坚定而执着地走上了文学道路。

未名社刚成立时,稿件由鲁迅审阅和编辑。他一丝不苟地为成员们修改著译作品,手把手地教他们如何编印书刊。"只要我们向先生请教,他总是耐心而认真地向我们提出建议"[①]。对待译著工作,鲁迅更是身体力行。在翻译日文版《出了象牙之塔》时,凡是遇到与英国文学有关的内容时,他都主动向精通英文的许寿裳请教。翻译《小约翰》时,他常约老同事齐寿山商

---

① 李霁野:《鲁迅先生与未名社》,人民文学出版社,1984年,第20页。

权。先生严肃的文学创作精神潜移默化地感染着这一群青年学生,为他们树立了很好的榜样。榜样的力量是无穷的,李霁野在文学园地里默默耕耘七十载,始终谨记鲁迅先生的教导:"不使读者看了书后觉得自己受了骗。"百花文艺出版社出版的九卷本《李霁野文集》既展现了李霁野的文学成就,也让我们看到了他"实地劳作,不尚叫嚣"的严肃与踏实。

新时期之初,为了继承鲁迅热心扶植文学青年的精神,李霁野与湖南人民出版社合作创办编辑《未名小集》,吸引不少文学爱好者加盟。当代翻译家谷恒东教授在《感念李老》一文中情真意切地回忆李霁野如何引导他走上翻译之路,他所述的每件"小事"都体现出李霁野对文学青年的细致关爱。爱护青年、诲人不倦、奖掖后学,李霁野成为新时代青年心中的榜样。"鲁迅先生为了培育青年,主要办法就是为青年的作品写序……李霁野先生继承鲁迅的办法,也大量为后辈写序"。李霁野培育的后学,很多人都成为中国文坛的骨干,成为文学事业薪火相传的火种。

李霁野虽然1956年才加入中国共产党,但之前,他一直思想进步、倾向革命。这一正确的政治方向和文学方向与鲁迅先生的引导是分不开的。早在约谈修改《往星中》时,鲁迅就提醒李霁野注意安特列夫悲观主义的影响,希望他多翻译些进步的俄苏文学。在《鲁迅先生对文艺嫩苗的爱护与培育》文中,李霁野写道:"鲁迅先生对我们的教育和培养,首先注意的是坚定正确的政治方向。"未名社在鲁迅离京南下、韦素园生病入院后,由李霁野负责主持了近五年时间,他始终执行鲁迅定下的刊物的进步方向。1928年,李霁野因翻译出版托洛茨基的革命文学论著《文学与革命》被军阀政府逮捕关押50天。出狱后,他仍选择若干被压迫民族的短篇小说翻译,结集《不幸的一群》出版。他还利用未名社的社务活动,收留、掩护王冶秋、李何林、王青士、赵赤坪、韦佩弦、李耕野等多位霍邱籍共产党员和进步青年。现任鲁迅与中国文化研究所所长姬学友教授谈道:"李何林来到未名社之际,正是李霁野开始实际主持社务的时候。为了安置他并拓展业务,未名社及时决定10月在景山东街40号开设出版部售书处,由李何林和另外一个同样因霍邱暴动而逃到未名社避难的小同乡王青士负责具体事务。"①在白色恐怖时期接纳被通缉的共产党,其风险可想而知。但坚定的政治信仰,让李霁野大胆而无畏。未名社最后一年的社务由韦丛芜负责,他打算和骆驼社的周作人、张凤举、徐耀辰合作办一个综合性的《未名》半月刊。李霁野坚决反对,他认为办综合性刊物迎合小市民情趣,有失未名社进步方向的宗旨和传统。同时,他还与台静农提议办一个旗帜鲜明的"左倾"刊物,以响应鲁迅在上海参加的左联。他们始终遵循鲁迅的教导,因而"未名社虽然不同于左联,不是中国共产党直接领导下的文学团体,但该社的进步色彩是十分鲜明的"。②毛泽东主席曾经指出:"青年应该把坚定正确的政治方向放在第一位。"③没有正确的政治方向,青年就会失去奋斗的目标和前进的动力。正是由于鲁迅先生的引领,李霁野始终有坚定进步的政治方向和文学方向。而李霁野坚定正确的政治方向又深深影响着他周围的青年学生。1938年,李霁野应聘任教于辅仁大学,在传授知识的同时,他经常与学生谈论分析时事,向学生指明共产党是唯一可以复兴中国的政治力量。不少学生就是听了他的谈话,才决心去延安根据地。

鲁迅为社会改造、民族解放而战斗的精神一直鼓舞着李霁

---

① 姬学友:《论李何林先生的学术选择》,《南开学报》,2007年第3期,第136—140页。
② 陈淑渝:《未名社及其文学精神》,《新文学史料》,2005年第1期,第155—160页。
③ 毛泽东:《毛泽东著作选读·下册》,人民出版社,1986年,第780页。

野。① 在黑暗的旧中国,李霁野坚持鲁迅等新文学工作者开启的这一战斗传统,敢怒、敢言,把笔杆当作枪杆使。虽几经入狱,仍矢志不移。抗战爆发之初,新婚的李霁野留在京津地区潜心翻译列夫·托尔斯泰的《战争与和平》。对他来说,此时翻译该作有着战斗的意义:"我终日译书,觉得《战争与和平》对我们有了特殊的意义……东条英机的下场也许比拿破仑更糟糕。"可惜的是120万字的《战争与和平》译稿毁于日寇侵占香港的炮火。在辅仁大学教书时,李霁野冒险加入了学校秘密组织——文教委员会。该组织的主要工作是输送学生到未沦陷区并帮助滞留在北平的文化教育界人士解决生活问题,以免他们不得已而与日寇合作。李霁野明知学校有日伪特务监视,仍毫不畏惧,甚至在班上侃侃而谈,做学生思想政治教育工作。在日寇逮捕了"文教委员会"两位成员的严峻时刻,李霁野只身逃离华北沦陷区。战乱颠沛流离中,他译出了格鲁吉亚"诗圣"卢斯达维里著的民族史诗《虎皮武士》,以及描写苏联卫国战争的短篇小说集《死后》(后改名为《卫国英雄故事集》)。这些作品所表现出的民族精神、反抗精神,对于处在民族危亡之际的中国读者极具现实意义。抗战期间李霁野还开始了诗歌创作,受鲁迅启发,特殊时期,诗歌也是对敌斗争的武器。如《愤世》一诗:"愤世忧时肝胆摧,回天无力滞边陲。神州疆土陆沉久,误国元凶万罪魁。"用曲笔抨击了国民党的腐败政治。1948年,台湾大学中文系主任许寿裳被国民党特务杀害于台北寓所。许寿裳是战后在台湾宣传鲁迅精神的关键人物,常写些纪念鲁迅的文章。在许寿裳的追悼会上,李霁野(此时任教于台大外文系)拍案而起,怒斥敌人暴行丑行,让人们看到了"谦谦君子"的另一面。如果没有中共台湾地下组织的帮助,李霁野很可能成为继闻一多先生后又一个牺牲的民主斗士。李霁野

---

① 解志熙:《"严肃的工作"——〈李霁野文集〉阅读札记》,《鲁迅研究月刊》,2005年第1期,第53—61页。

的这种敢于和帝国主义、反动统治作坚决斗争的精神与鲁迅不屈不挠的战斗精神一脉相承。在17年"左"倾思潮泛滥、"文革"疯狂的岁月中,李霁野敢于坚持真理、据理力争。即便遭到劳改抄家、鞭打针刺,也绝不改共产党员的本色。

1935年李霁野译完《简·爱》,由鲁迅介绍给郑振铎,作为《世界文库》单本发表。他将译《简·爱》所得稿费作为川资,去英国考察学习。《鲁迅日记》1936年4月22日有这样一句记载:"李霁野自英伦来,赠复印欧洲古木刻三帖。"据此可知,李霁野从英国回国当天就直接去了上海大陆新村9号鲁迅寓所看望先生。鲁迅先生很有信心地对他说:"不久前我病了一场,等我全好了,请你们都到上海来,商量未名社的中兴。"未名社的社团活动虽然于1932年完全终结,但未名社同人一直希望重振未名社。4月24日晚,李霁野再度拜访了鲁迅先生。他们聊至深夜,李霁野没想到这是他与先生的最后一次见面。

鲁迅逝世后不到一个月,李霁野就写出了他的第一篇纪念文章《忆鲁迅先生》。之后,他陆续写有《鲁迅先生的精神》《鲁迅先生和青年》《鲁迅先生对文艺嫩苗的爱护与培育》等近80篇(首)纪念、缅怀鲁迅的诗文。这些文字都集中在《李霁野文集》第二卷,"我总自勉在译书上不偷闲躲懒,在做事上不苟且敷衍,就因为在我的心中永远存在着鲁迅先生这样一个典范"。不论教书译书多忙,李霁野都会经常去鲁迅先生母亲处问安,替先生尽孝道。他只身逃离北平时,仍不忘嘱托夫人刘文贞常去看望太师母。在鲁迅研究中,李霁野常以亲历者身份纠正一些错误认识,维护着鲁迅先生。比如有些研究者认为鲁迅对朱安不好,李霁野现身指正鲁迅对朱安虽无爱情,但对她十分尊重。他举了很多例证,如"有一次去拜访鲁迅,见他很疲劳,一问才知道是朱安病了,他忙里忙外,有点累"。我们认为,只有亲历者,才最具有话语权。作为鲁迅研究专家,李霁野从不推辞出版社将要出版的鲁迅著作及鲁迅研究著作的审阅工作,为传播鲁迅精神竭尽全力。

20世纪90年代初,耄耋之年的李霁野将自己收藏的鲁迅友人遗存分别捐赠给北京鲁迅博物馆和上海鲁迅纪念馆,为鲁迅研究和纪念事业尽最后一份力。其中他捐赠的上海北新书局1931年版的《中国小说史略》异常珍贵,这是鲁迅根据自己的课程讲义编撰的专著。李霁野捐赠的这册《中国小说史略》之所以金贵,在于它原是鲁迅赠给许寿裳的藏书。书的内封上有许寿裳的钤印,几乎每页都留有许寿裳的眉批,见证了鲁迅与许寿裳的友谊以及许寿裳精深的国学造诣。李霁野不但自己捐赠文物资料,还通过各种途径让台静农也捐赠书物。1989年,北京鲁迅博物馆的陈漱渝曾赴台湾探亲,期间五次拜访台静农。1990年11月,当得知陈漱渝将再度赴台探亲,李霁野特地写信请陈漱渝转达台老,请他将用过的文房四宝、日用器物选几件交陈漱渝带回,转送给上海鲁迅纪念馆,以慰鲁迅先生在天之灵。台静农在台湾仙逝后,李霁野通过联系台静农亲属、学生及海外进步文化人士收集了台静农的部分遗存。在李霁野收集转赠的台静农遗存中,有台静农手迹本《两汉乐舞考》《龙坡杂文》集、《静农论文集》,陈独秀著的油印本《小学识字教本》等。台老的这几部著作的收藏价值自不必说。值得一提的是《小学识字教本》,这是陈独秀晚年撰写的一部关于文字学的学术巨著。台静农与陈独秀结识在抗战时期的四川江津县,两人互为知己。陈独秀托台静农将《小学识字教本》交国立编译馆出版,结果未成。后此书只刻印了50部油印本。这部油印本原件,现已成为珍稀版本。陈漱渝第一次赴台拜访台静农时,台老送他的《文字新诠》,就是《小学识字教本》的台湾翻印本。我们知道,鲁迅与陈独秀是"五四"新文化运动的战友,他的第一篇白话小说《狂人日记》就是在陈独秀主编的《新青年》上发表的。上海鲁迅纪念馆珍藏的这部油印本《小学识字教本》,既蕴涵着珍贵的历史文献价值,又体现了陈独秀、鲁迅、台静农、李霁野之间同道挚友的关系。

1997年,终生忠实于鲁迅思想与事业的李霁野长眠了在故乡温暖的土地上,但他所承传的鲁迅精神仍在激励着后人。

五、"先生有怨我心惊"——韦丛芜与鲁迅

未名社活动期间,"未名四杰"积极致力于俄国文学及苏联文学的翻译工作,出版的翻译作品在当时的中国文坛引领新潮。韦丛芜更是这方面的杰出代表,著译作品达数千万字,在我国翻译界与傅雷先生齐名。

韦丛芜是"未名四杰"中年龄最小的一位,他与鲁迅先生的"交流"始于其短篇小说《校长》。1925年3月26日,李霁野把韦丛芜创作的短篇小说《校长》寄给鲁迅,后由先生转寄郑振铎,刊登在《小说月报》上(小说作者署名蓼南)。5月,韦丛芜由张目寒带着第一次去拜访鲁迅,先生让他把《君山》组诗也带给他看看。未名社成立后,诗集《君山》作为《未名新集》丛书的第一部诗歌创作印行问世,奠定了韦丛芜在20年代文坛诗人的地位。鲁迅先生还特请著名画家林风眠为此书设计了精美的封面,请司徒乔先生作了十幅很有情趣的插画。韦丛芜还有不少作品直接发表在鲁迅先生主编的《莽原》《语丝》等刊物上。

韦丛芜敬鲁迅先生如师长,坚决拥护先生。在鲁迅与现代评论派的主要成员陈西滢的论战中,韦丛芜曾以"东滢"的笔名在《莽原》周刊上发表了杂文驳讽陈西滢。鲁迅先生曾兴致勃勃地谈到此文引起的反响,开怀大笑。1926年,"三一八"惨案发生时,韦丛芜还是燕京大学的学生,也加入爱国请愿的行列。他在段祺瑞政府的暴行中受伤倒下,压着一个已牺牲的同学,死者鲜血染红了他的头发、脸和衣服,他又被中弹倒下的同学压在身上,动弹不得。枪声稀疏后,韦丛芜满身血污地从伤亡的人堆中爬出来,碰到赵赤坪一同搀扶着回到未名社。3月21日韦丛芜与韦素园、台静农、李霁野、曹靖华一起去向鲁迅报告

大屠杀的经过。先生十分悲痛和激愤,拍桌子说:"这是民国以来最大的惨案!你们写写大屠杀的亲历和感受,狠狠地揭露那些反动派的丑恶嘴脸。"他要韦丛芜以亲历的事实揭露反动派的丑恶。韦丛芜遵从先生的教导,以亲身经历写下了《我披着血衣爬过寥阔的街心》《我踟蹰,踟蹰,有如幽魂》两首控诉的诗篇,这两首诗后来都收录在他的第二本诗集《冰块》里。

鲁迅先生对这位小伙伴在生活上也很关心、照顾。1926年8月1日《鲁迅日记》所记"下午访小峰、访丛芜,分以泉百"一事令韦丛芜终生感动。据韦丛芜回忆说,鲁迅得知他患了肺病,担心他缺钱,便给了他100元,口头说是给未名社作印费,而其实是让他便于向未名社借用,先生是在暗暗地帮助他。

1929年5月,在鲁迅先生到北平省母期间,韦丛芜邀请鲁迅先生到燕京大学做了一次讲演,题目是《现今的新文学的概观》,受到燕京大学学生们的热烈欢迎,整个校园为之震动。韦丛芜还与台静农、李霁野陪同鲁迅至北大二院演讲、到西山疗养院看望韦素园。

对陀思妥耶夫斯基作品的翻译是韦丛芜在俄苏文学翻译方面取得的主要成就。陀思妥耶夫斯基的巨作《穷人》第一个完整的中文译本就是韦丛芜1926年翻译的,后来在未名社作为《未名丛刊》之一出版。鲁迅先生欣喜地为它写《引言》,介绍作品翻译的情况,"这是用 Constance Garnett(英国女翻译家)的英译本为主,参考了 modern library(《现代丛书》)的英译本译出的"。对于有歧义的地方,鲁迅先生认真参阅了原白光的日文译本,韦素园又用原文比较加以校定。

韦丛芜译著之丰与鲁迅先生的教导和激励分不开,他一直牢记着先生对他的叮嘱:专门翻译陀思妥耶夫斯基的作品。陀思妥耶夫斯基的《罪与罚》是他进入燕京大学读书后开始拿起笔翻译的陀氏大部头的代表著作。他集中精力,废寝忘食,最后导致积劳成疾,患上了肺病而不自知。经过艰辛的努力终于在1930年将《罪与罚》译完。这本巨著的译名也是由鲁迅先生所定。在韦丛芜负责未名社后期社务期间，他与鲁迅书信往来比较频繁。为办理未名社出版部存书出让手续，韦丛芜在上海居住约五个月，当面向鲁迅汇报。就在这五个月时间里，他在租住的如鸟笼般的亭子间里译完了《近代英国文学史》。办完未名社结束手续后，经李霁野介绍，韦丛芜到天津女师学院教书。

九一八事变爆发，国难当头，韦丛芜苦寻救国图存之道。他苦思冥想出全国合作化的经济政策，并编了个《合作同盟》的小册子，详细地阐明他对合作组织的理想、办法和实施步骤。小册子出印后，他首先想到鲁迅先生，特奉上一册请教。1933年，韦丛芜回到家乡安徽省霍邱县任代理县长，投身乡村建设运动，实践他的救国理想。韦丛芜的乡村建设运动理想，是他作为一名爱国知识分子用属于自己的方式来寻求救国之路而苦苦探索的思想结晶。然而，鲁迅先生对他弃文从政似有不满，摇头叹息。1933年6月28日，鲁迅在致台静农的一封信中写道："立人先生大作，曾以册见惠，读之既哀其梦梦，又觉其凄凄。昔之诗人，本为梦者，今谈世事，遂如狂醒；诗人原宜热中，然神驰宦海，则溺矣。立人已无可救。"①立人，是韦丛芜从政几年的名字。可惜，韦丛芜当时不知道这封信，对于鲁迅的不满、批评，丝毫未闻。所幸，他在那腐朽政治的大海里没有"溺"死，但他为此蒙受了很多的冤屈与苦难。

直到20世纪50年代后期，韦丛芜从《鲁迅书简》才看到1933年鲁迅致台静农的那封信，他百感交集，在《忆鲁迅先生》一诗中写道："五十年来一觉醒，先生有怨我心惊！"被先生误解，何其苦涩！

新中国成立后，由于历史的误解，韦丛芜虽几经牢狱之灾，但他仍忠实遵从鲁迅先生1930年对他说的话"以后专译陀思

---

① 马德悟：《未名社作家韦丛芜的梦与醒》，《人物杂志》，1998年第9期，第136—146页。

妥耶夫斯基的小说,最好能把全集译完"。1952年他进了上海新文艺出版社任英文编辑,为出版社审稿和继续着手自己的翻译工作。为了完成鲁迅先生的嘱托,不辜负先生当年培养的苦心,他每天从早晨一直工作到深夜,不知疲倦。从1950年到1955年8月,他译完陀氏80多万字的长篇小说《卡拉玛卓夫兄弟》《陀思妥耶夫斯基短篇小说集》,还翻译了其他文学作品约400多万字。十年浩劫的"文化大革命"期间,韦丛芜顽强地和衰老搏斗着,继过去已完成的译著之后,又完成了《永久的丈夫》《魂灵》《家庭的朋友》《地下笔记》《诚实的贼》等陀思妥耶夫斯基小说全集近300万字。韦丛芜以惊人的毅力,终于在垂暮之年将500多万字的陀思妥耶夫斯基的全集全部译完,完成了鲁迅先生所期待的这一浩大翻译工程。韦丛芜没有辜负鲁迅先生对他的叮嘱与厚望!

第三节 韦素园的文学活动

韦素园(1902—1932),出身于小商人之家,一生只有短暂的三十年,但他克勤致勉,脚踏实地,默默地为自己的文学理想而奋斗,在五四文坛划下了瞬间的闪光。

韦素园在私塾发蒙,打下了坚实的古文基础。在明强小学成绩优异,会写旧诗词和对联。有一年学校的房上长出一棵鸡冠花,韦素园感兴吟诗一首:"文冠屹立不求栽,壁上挺立独自开。抛去世间尘俗气,今朝还与菊争魁。"[①]流露出自强不息,奋发向上的志气。小学毕业后,韦素园曾辗转于阜阳、长沙及安庆等地读书,开始接受新文化思想。受五四运动的感召,他积

---

① 秦峥:《韦素园早年的七绝和题词》,《鲁迅研究月刊》,1985年第5期,第23页。

极参加长沙、安庆两地学生驱逐军阀的爱国运动。在驱逐皖系军阀马联甲的斗争中,韦素园参加了安徽省学生联合会的工作。"他(指韦素园——引者)沉默寡言,埋头苦干,从不夸夸其谈,哗众取宠,因此很使人敬重,同时也受人爱戴"[①]。因此,被同学们推举为学生会领导。

1920年,作为安徽省有影响的学生领袖,韦素园、蒋光慈和吴葆萼被推荐到由第三国际和上海共产主义小组领导的外国语学社学习。并于次年和刘少奇、任弼时等被派往苏联莫斯科东方大学学习,开始接触马克思主义的理论书籍。东方大学把中国学生单设一班,聘请时任北京《晨报》莫斯科特约通讯员瞿秋白任翻译和助教。韦素园、蒋光慈都爱读瞿秋白的文艺通讯,因此与他成了好友。身居

图四　作家韦素园

红色苏俄,出于对文艺的热爱,韦素园立志以介绍苏俄进步文学唤醒民众作为终身事业。他每天只吃一小块黑面包和几个土豆,将节衣缩食的钱,用来从旧书摊上购买一些俄罗斯古典文学、苏俄文学的书籍。回国时,还冒着危险把它们带了回来,这就是鲁迅先生在《忆韦素园君》所说的"窗前的几排破旧外国书,在证明他穷着也还是钉住着文学"。异常艰苦的留苏生活,使韦素园患上了肺结核病。

韦素园回国后,于1922年秋考入北京俄文法政专门学校。不久,台静农进入北京大学中文系旁听,李霁野、韦丛芜先后由韦素园劝说到北京读书。少年好友异地重逢,倍感亲切。出于

---

① 李霁野:《鲁迅先生与未名社》,人民文学出版社,1984年,第99页。

对文学的共同爱好,他们利用课余时间创作一些短文,开始了最初的文学活动。韦素园则成为这群聚合在北京的文学青年的核心,他的一间破旧小屋成了他们经常出入的地方。虽然韦素园自己的物质生活条件相当艰窘,但他尽可能地给他们提供帮助与支持,有一段时间李霁野还与韦素园挤住在一间屋子里。这时,韦素园自己尝试翻译俄国诗人 Sologub(梭罗古勃)的《蛇睛集》,帮助李霁野、韦丛芜分别试译安特列夫的《往星中》和陀思妥耶夫斯基的《穷人》,并劝勉台静农专从民间取材从事小说写作。台静农、李霁野、韦丛芜后来各自成就了一番文学事业,但这都与韦素园的帮带分不开。

马克思主义生命价值观认为,人生的价值在于奉献,而不在于索取。生命的意义在于如何按照他或她的目标和理想奋斗及其过程中所获得的快乐和感悟。韦素园 30 年短暂的人生,却彰显了生命的全部价值与意义。1924 年底,韦素园与鲁迅先生结识,鲁迅给了他诸如坚定正确的政治方向、文学创作以及待人处世等多方面教益。起初,韦素园由鲁迅引荐到北京《民报》副刊任编辑。受鲁迅"有一个阵地很要紧,这个社会太乌烟瘴气,不能沉默"的教导,他一上阵便向旧世界开炮。报纸名震一时,社会反响很大。正因为这样,不出一个月,就被张作霖下令查封。虽然时间不长,但是韦素园认真负责的工作作风为鲁迅先生所认可。在编辑《民报》副刊期间,他坚持逐一细看来稿,并且给每位来稿者写信说明自己对稿件的意见。据李霁野回忆:"以后素园不肯在《莽原》半月刊上发表向培良的稿子,高长虹向鲁迅先生告状,先生不加理睬,主要原因是他相信素园对编辑工作严肃负责,不会草率从事。"在中国现代编辑史上,韦素园的这种敬业精神可以与《小说月报》主编恽铁樵相媲美。

未名社早期社址就设在韦素园的住处,他每天拖着带病的身体从事着编辑、校对、出版等琐碎的事务。"他(指韦素园——引者)坐在一间破小屋子,就是未名社里办事了"①。译书、策划、出版、联络作者,他大概是付出心血最多的人。"在默默中支持了未名社",也在默默中实践着自己的文学理想,他的文学理想很大程度上影响了未名社同人的苏俄文化价值取向。共同的文化取向使他们齐心协力,做了大量的苏俄文学及文艺理论的翻译、传播工作。"未名社除创作外,比较侧重外国文学的翻译介绍。特别在译介俄苏文学方面有着不可磨灭的功绩"②。在主持未名社期间,韦素园不仅从事着繁重的社务,还挤出时间为鲁迅对校《勃洛克论》原文,为韦丛芜校订译文《穷人》,为李霁野校订译文《往星中》和《黑假面人》等。而他自己的著译工作,往往放在社务办完之后,深夜抽出点时间来做。鲁迅在《〈中国新文学大系·小说二〉集序》中,曾满怀深情地说:未名社"主持者韦素园,是宁愿作为无名的泥土,来栽植奇花和乔木的人"。

由于生活艰苦,素园的肺病没有得到及时治疗,工作上又过度的劳累。1926年底的一天,他深夜未睡,想赶完一篇介绍果戈理的文章,结果第二天就大量咯血。当时医生诊断,肺部已有巴掌大的阴影,痊愈是无望的了,他因此被迫离开了心爱的战斗岗位。1927年初,由韦丛芜、台静农、李霁野等送往西山福寿岭疗养院。从此,他就很少起床。他离开未名社时,一再嘱咐接替他"守寨"的李霁野等人遵照鲁迅先生的指导,坚守阵地,继续工作。列夫·托尔斯泰有一句名言:"理想是指路明灯。没有理想,就没有坚定的方向。"在生病卧床期间里,理想与信念支撑着韦素园继续关心未名社工作,坚持翻译和写作。甚至在生命的最后几个月,他还在寄给李霁野的信里乐观地写道:"大夫来,见着我大笑说'我非常高兴地看见你,我说痨病不易死人,不错'。"(1932年4月25日寄霁野)"人生就是工作,只

---

① 鲁迅:《鲁迅杂文全集》,河南人民出版社,1994年,第722页。
② 唐弢:《中国现代文学史简编》,人民文学出版社,1984年,第197页。

有在工作中求得真实的快乐和意义"(1932年5月2日寄霁野)。生命的价值与意义不在于时间的长短,韦素园30年的人生,虽然短暂,却很好地诠释了生命的价值与意义。

韦素园短暂的一生从事文学著译工作不到10年,这10年里有6年时间他是沉疴在病榻上,在"未名四杰"中创作数量最少,作品有诗集《山中之歌》、散文集《西山朝影》《书信集》以及《杂文五篇》等。他的翻译工作主要集中在1923—1926年,主要译著有俄国短篇小说集《最后的光芒》、北欧诗歌散文集《黄花集》,以及与李霁野合译的苏俄文艺论著《无产阶级的文化与无产阶级的艺术》《文学与革命》等。其中,《外套》是果戈理作品的第一个中文译本。① 《黄花集》是我国最早介绍北欧散文和诗歌的一本结集,荟萃了俄罗斯文学中许多文情并茂之作。如我们非常熟悉的高尔基的《海鹰歌》(现通译为《海燕》),韦素园雄健遒劲的译笔,形象有力地表达了高尔基原作中对于黑暗的诅咒,对于革命的期待,对于光明的赞颂。②

1928年为纪念列夫·托尔斯泰一百周年诞辰,韦素园翻译卢那察尔斯基的论文《托尔斯泰底死与少年欧罗巴》。鲁迅翻译的卢那察尔斯基文艺论文集《文艺与批评》出版时,还专门在译者附记中提到"韦素园君的从原文直接译出的这一篇(即《托尔斯泰底死与少年欧罗巴》),也在《未名》半月刊二卷二期上发表了。他多年卧在病床上还翻译这样费力的论文,实在给我不少的鼓励和感激"。

韦素园留下的创作作品多作于1927年之后:散文集《西山朝影》10篇中有7篇;诗集《山中之歌》16篇中有15篇;《序言和随笔》集6篇中有3篇;现存25封书信全部是1927年作者

---

① 陈漱渝:《未名社及其文学精神》,《新文学史料》,2005年第1期,第155—160页。
② 胡从经:《并未枯萎的花卉——〈黄花集〉:读鲁迅编校书札记》,《读书》,1981年第10期,第45—51页。

在西山养病之后写给朋友和亲人的(不包括韦素园写给鲁迅的书信,因为避祸,鲁迅烧去了他的信札)。也就是说,韦素园的57篇诗文、书信有50篇都是他在西山疗养院时坚持创作的。韦素园十分清楚自己的病情,那时痨病是不治之症。但他却以坚忍的毅力,躺在病榻上完成了他一生近90%的文学创作。他留下的这些虽不是很多却弥足珍贵的作品,显露了他对文学理论的真知灼见和他的艺术才华。

图五 《韦素园选集》封面

韦素园的文学理论散见于他自己翻译作品的序言、替他人译作写的序言以及书信当中。他在病中给鲁迅先生写了许多请教、探讨、评论文艺问题的信札,遗憾的是这些信件已不复存在了。在给侄儿德富的信中,韦素园写道:"科学是人类的火把,可以照亮人们前进;艺术是人类的火炉,可以温暖人们现实的生活。"并进一步指出,文学作品"应具体地来描写,不应抽象谈道理"。韦素园的创作实践与文艺理论紧密结合。

韦素园在《校了稿后》这篇散文中,谈到他喜爱俄国作家梭罗古勃和蒲宁,他喜欢梭氏对于"昔年的'幻美的悲哀'底故事创造",喜欢蒲宁对于"往事怀着无尽的'凄伤的回忆'"。这两位作家作品中的悲哀、凄伤格调,无不影响着他,使他的散文也大多充满着类似的情调。写于1925年1月16日的《晚道上》,记述了韦素园在访问俄国诗人特列捷阔夫以后的特殊感怀,整篇充斥着凄凉的情调,这是他对自己人生遭遇的悲叹。韦素园曾随长兄于长沙、安庆辗转生活,数不尽的酸辛,那"在江南A城几年前曾经留过奋斗足迹的我,此刻也不过好像久别的辽远的故人似的模糊隐现到脑海上来",以及 1921 年春赴苏留学,途中历经艰险。那个时候,他们"曾被胡匪追逐于荒天战地断桥野站之间",如今也不断跃入他的脑际。还有病友的死去、消息未明的哥哥的音容等等,这些都使他惊栗。"过去,现在,一切只在失望的吞蚀里边"。按理说,素园当时年纪轻轻,应该是精神昂奋、意气勃勃的,但他却感到了像快进入墓地的老人,而被访问的新俄诗人特列捷阔夫却比他岁数大,"然而却正变年轻呢"。什么原因使得年纪轻者那么老气,而年岁长者却那么年轻,作家没作回答,但我们能体味到这主要应归于制度的不同。新俄的制度保证了特氏的幸福,而旧中国的昏天黑地使素园的希望变成了失望,于是他哀叹,他悲伤。创作《影的辞行》《小猫的拜访》时,韦素园正在西山福寿岭养病,他身边没有战友,一个人卧在病榻,疾病缠身不能做事,更使他感到寂寞、孤独,那"白墙上静卧着一个孤独冷静的黑影",无不是素园自身写照。那异常阴暗的暴风雨的夜晚,因谈"鬼"而害怕,虽然他不相信鬼魅,但感觉到自身快和他们接近,因而带来苦恼,"我感觉我的生命在这黑夜里是这样暗暗地消去"。这种以写个人某一段特殊经历,揭示孤独、苦闷心情的散文,读来的确揪动人心,给人留下淡淡的哀伤。《端午节的邀请》《窄狭》则是记录韦素园几次恋爱生活,流露出怀旧情绪,情调哀伤、凄凉。

  法国艺术家罗丹说过:"艺术就是感情。"文章是感情的产物,以情取胜,且感情必须是真情。韦素园在创作中也特别注重抒真情,他善于把内心的情感熔铸于记事、写景和描写人物之中。《乡人与山雀》有着寓言般的意趣,第一节写遇到打山雀而不获的乡人,引起作者对他妻女生活的担忧;第二节以诗体的方式写他听到林里的枪声后对山雀命运的担忧,乡人为生活所迫的可悲又将制造山雀的可悲,两节对照投射出对众生命的辩证思考,也隐约含蕴对时代的批判。《痕六篇》(包括《影的辞行》《窄狭》《端午节的邀请》《小猫的拜访》《蜘蛛的网》《焚化》)

熔叙事、抒情、哲思于一炉,风格更近散文诗,和韦丛芜的《冰块》一样,也直接受到鲁迅《野草》的影响,第一篇《影的辞行》即是明证。1919年的端午节,韦素园经人介绍认识一位女友,二人彼此倾慕,但相处不多,后来素园离开长沙到安庆,又矜持着很少通讯。1921年,韦素园赴苏留学之前,曾在安庆一公园里碰到了她。女友泣涕劝阻他不要冒险远离,他还是踏上了征途。1929年11月,韦素园收到一份期刊,上面有一首情诗,诗的末尾出现的少女的名字正是这位女友,于是作了《端午节的邀请》,回忆他与初恋女友的爱情,留下这段生活的创伤。《窄狭》《蜘蛛的网》则描写了作者与女友G之间爱情的悲哀。由于韦素园大量咯血,恐辜负了对方的爱情,影响了她的幸福,便命弟弟丛芜代其复信,愿她早日另选爱人,毅然割断这缕情丝。在《蜘蛛的网》里,作家形象地把蛛网比作爱情,蜻蜓被蛛网缚住,挣脱不得,以表达对自己过去不幸的爱情生活之感慨。①

韦素园善于把自己的情感熔铸于记事、写景和描写人物之中,使散文通篇闪耀着强烈的感情火花。其散文创作主要手法表现在三个方面。

第一,融情入境,寓情于景。在韦素园散文中,很少有单纯的写景。他的景物描写都是那么三言两语,朴素简练,时时将景语扣在感情的基调上,以情取胜,感人至深。如其散文名作《春雨》采用诗化手法进行景物描写与人物描写,非常讲究意境。作品叙述了一个充满诗意的爱情故事,通篇贯穿着一条情绪线索,真正做到了"一切景语皆情语"。在现代作品中,以《春雨》为题的为数不少,梁遇春便有同题散文,不过韦素园的"春雨"只是个破题,全文借雨写人,用柔婉的笔调叙述了一个少女"春雨"般的初恋。

韦素园的《春雨》所创造的意境,如"春雨"般朦胧、缠绵。

---

① 谢昭新:《谈韦素园的散文》,《安庆师范学院学报》,1985年第4期,第45—48页。

作品的意境首先表现在诗化的环境描写上。环境是意境的重要组成部分,诗化意境,必然要诗化环境。《春雨》描写的环境充满浓郁的诗意。暮春的潇潇细雨,远方红光灿烂的暮霞,夜色笼盖着的大地,海边生满绿草的蜿蜒小道,低低细语似的晚潮……构成了一幅诗意盎然的自然风景画。好的环境描写,不仅能给读者带来美感,还能为烘托人物服务。《春雨》的主人公是一位情窦初开的少女,文章叙述的是她充满梦幻般的爱情故事。散文中的环境,就是为烘托主人公的心境铺设的。当爱撞击她的心扉时,远方出现了红光灿烂的暮霞,她注视着远方的暮霞,心中充满了爱的甜蜜和幸福。当她和男友约会时,晚潮渐渐地上来,发出"低微的波声",浸湿了她足下的沙石,漫过她的脚面。这涨潮的景观,展示了她心潮的起伏、激荡。当爱情幻灭后,晚潮则发出"低低的细语",树叶则发出"沙沙"的声响,少女触景生情,"暗暗地流下泪来"。在这里,自然景物与人物的心境相契合,真正达到了物我交融,妙合无垠,对展示人物的心境,发挥了很好的作用。正如文章所说的,"海天,树木,野草,晚烟,暮霞",对人物做了"奇迹般的陪衬"。[①]

其次作品的意境还表现在诗化的人物刻画上。散文的写人不同于小说,无需对人物的身世、经历、相貌、语言、动作做细致的刻画,而往往摄取人物在特定时刻的音容笑貌,举手投足,着意展示人物的情绪。《春雨》着意捕捉的,则是少女的情态,着力揭示的,则是少女心灵深处的东西:在爱情过程中情愫的波动。作品以"春雨"开篇,但转而荡开笔触,讲述起"当日青年争相传说的一个故事"。这故事的主人公是一位少女,关于她的身世、经历,作者未做交代,也未工笔细描她的姿容,而是采用意墨点染的方法,勾勒了她的容貌,"缟衣素手,意态幽然"。寥寥八字,一个端庄、秀颀、温文尔雅,而又微带忧愁的姑娘脱

---

① 王家伦:《一篇诗化的散文——韦素园〈春雨〉诗的意境》,《名作欣赏》,1998年第5期,第59—61页。

纸而出。少女的"姿"是美的,但单有"姿"美,而无"韵"美,人物的美学价值也是有限的。作者意墨点染出少女的姿容之后,则将聚焦点对准了人物的"韵",放纵笔墨刻画了少女爱情进程中的神情,展现了她的心灵世界。有一日,小弟弟拿着糖果从外面跑进来,说"那边有个学生给我买的这些东西"。那个学生,乃是少女的意中人。他给她的弟弟买东西,分明是在向她传递爱的信息。对此,她心领神会,于是"少女两颊微泛红意了,仿佛更有点热;她的心鹿鹿在跳,一把将小弟弟紧紧搂住"。脸颊泛红,心跳加快,紧紧搂住小弟弟,正是少女获得异性爱时,羞涩、甜蜜、激动不已的心境的自然流露。随着爱的潜滋萌发,少女的思恋和对爱情的憧憬越来越强烈。于是,作者摄取"少女临在街前,注视着远方红光灿烂的暮霞",凝神深思的情态,表达了她的上述心境。但一对青年人纯真的爱,却受到了"异样的衰老的支那古邦"的压抑。在他们约会的时候,"成群的学生在四外做了弓形坐着,围着她和他"。但她没有低头,没有畏缩,而是"面临大海,当着晚风,挺立在海边一动不动"。这傲然独立的身影,透示了少女对爱情的执着追求和坚定信念。在封建势力的压抑下,"他"退却了,"默默地"离她而去。"美丽的时光和美丽的心情截然逝去",她陷入了深沉的苦闷,"静静地,静静地,若有所感似的,和着沙沙的叶声,暗暗地流下泪来"。作者虽没有写少女失恋后的内心活动,但通过若有所感、暗自流泪的神态,我们窥见了她的苦恼、忧伤、怅惘的心境。这种"姿"与"韵"的有机融合,达到了和谐美的境界。不论是"姿",还是"韵",都如诗如画,不仅使读者看到了人物美丽的姿容,而且感触到了人物纯洁的心灵。①

对于恋爱过程,作者不面面俱到,只拣选几个片段,最美的一段是一对少男少女置身在葱茏的山道上,"少女,面临大海,

---

① 王家伦:《一篇诗化的散文——韦素园〈春雨〉诗的意境》,《名作欣赏》,1998年第5期,第59—61页。

当着晚风,挺立在海边不动",心血却"异常的沸腾",面对那"异样的衰老的支那古邦的命运"的压抑,她安静的"挺立"与男孩跟随同学的"默然而退"形成了鲜明的对照,一个少女对爱的勇敢和担当,对世俗眼光的睥睨和从容也跃然纸上。

第二,借物喻人,以形达意。散文创作以情见长,但务求达意。"达意"最好的方法是通过具体可感、鲜明生动的形象体现出来,而不是诉之于抽象的概念。作家有时本意是抒写个人性灵,可他并不直说,而是借着具体的事物言自己的志趣、情操、思想、性格。《蜘蛛的网》是写个人一段爱情痛苦的。情丝是抽象的,但化为具象的蛛丝便鲜明可感了。蛛丝结成的网,那是爱情的网,"蜻蜓"碰上"蜘蛛"的网,非但没有得到幸福,反而被缚住,伤了身,这是痛苦。他悲哀"蜻蜓"的不幸,实际上悲叹的是个人的爱情的不幸。《小猫的拜访》中的小猫是可爱的,它在"我"躺在病床上感到极端孤独、寂寞时,跑到"我"的床上。这个有生命的东西的到来,给"我"以慰藉,"我"喜爱它,也即是热爱生命,可是"我"的病又治不好,终将要死去,这令人感到多么悲哀!《影的辞行》中的"影"是个孤独者的形象。由这篇散文我们自然想起鲁迅的散文诗《影的告别》,鲁迅是通过"影"的形象表现他坚持"与黑暗捣乱"而又感到十分孤单,彷徨于无地而又要前行的复杂思想感情。韦素园借助"影"的形象所表现的思想感情没有鲁迅那样复杂深刻,但在写法上以形达意这一点却是相同的。[①]

第三,韦素园的散文不仅以真情取胜,他还吸收高尔基"美在朴素中"的观点。《窄狭》是回忆过去爱情的文章,以叙述为主,夹以抒情议论,语言朴实简练。当接到女友第一封信时,他将信的内容简单地摘录两段话,重点是"我要请你,为着人生的前途,你也要顾惜到你自己"。作者在此未发议论。紧接着写

---

① 谢昭新:《谈韦素园的散文》,《安庆师范学院学报》,1985年第4期,第45—48页。

收到女友第二封信,除了先前那些话,末尾多加添了一句:"你太爱你的朋友和兄弟!"这时候,"我"感到很惊奇,因为"我"觉得女友的心似乎有点"窄狭","我为朋友兄弟做点事,她好像有点不高兴呢"。女友对"我"的爱是真诚的,但她缺乏宽广的胸怀,这恐怕是"我"和她分离的主要原因。第三次接到她寄来的明信片时,上面只有四个字:"我很失望!"两个人在思想上是有距离的,一个注重事业,一个专注个人的爱情,通篇行文扣住"窄狭"二字,最后又以"窄狭"点题,既表现作者对这次爱情的留恋,又表达了他的进步的正确的爱情观。情感是朴素的,语言也是朴素的。相对而言,《春雨》的文笔似乎讲究一些,但行文自然,不事雕琢。其他诸篇,也都以朴素洗练见长。①

韦素园也涉足诗歌的创作,由于肺病缠身,其诗中充盈着一种时光永逝里对生命无望的留恋,读来令人心痛,如《睡时》和《白色的丁香》两首。《睡时》从"我"在恍惚中向"病神"发出的讯问写起,在只有钟声滴答的静谧的"暗黑"中,"我"试图抓住一点生命的实在,然而抓住的只是一件"不能言语的,御寒的冬衣",人生的徒然之叹于焉而生,确实给人一种无比荒寒的感受。《白色的丁香》以丁香自拟,春来憔悴的丁香的枝头生了"几簇稀疏的嫩叶",只"可惜我今年仍和去年一样",借此传递出花犹如此、人何以堪的落寞,也满蕴凄楚的人生况味。韦素园诗歌语言质朴,少文饰。1928 年未名社被国民党查封,闻讯李霁野等人被捕,韦素园写了一首《忆"黑室"中友人——呈青及霁野》:"我恍惚地来到了一所阴暗的黑室里/这黑室里并没有别的什么/我看见两个友人在破塌上坐起/……我低低地发出询问:你们几时能离开这里?"诗篇语言朴实,不事雕琢,但我们仍能强烈地感受到蕴涵其中的作者的爱憎。《忆亡友愈》是作者为悼念挚友刘愈而作,刘愈是当时中共北京地下党市委负

---

① 谢昭新:《谈韦素园的散文》,《安庆师范学院学报》,1985 年第 4 期,第 45—48 页。

责人。"几年来的经过／我觉得你的为人是太好了／终日里埋头读书、工作／穿着朴素的服装／现着一幅慈祥的面貌。"诗句行文自然、朴素无华,几笔就勾画出了一位优秀共产党员形象。"其(指韦素园——引者)散文创作数量不多,但写景抒情,叙事达意,篇篇均见功力"①。

"七月"派代表诗人牛汀曾说过,"韦素园是我国'五四'以后出现的一位有才华的革命作家"。诚然,韦素园虽然从事的是文学事业,但他为中国革命倾注了满腔热血。目睹红色苏俄的现实,韦素园坚信只有走十月革命的道路才能救中国。他翻译引进的一些苏俄富于战斗激情的诗篇,起到了鼓舞战斗者士气的积极作用。瞿秋白回国后兼管中共宣传工作,韦素园经常去拜访与请教,他十分钦佩瞿秋白勇毅的革命精神。鲁迅与瞿秋白的指导与鼓励,使他更坚定人生的理想与信念,其很多诗文都流露出对革命进程的关切以及坚定的革命必胜的信念。

1928年4月春,刘愈被国民党当局杀害,大家相约瞒着韦素园。但他还是读到了台静农的纪念文章《春夜的幽灵》,悲愤难已。悼诗《忆亡友愈》公开刊登在《未名》半月刊一卷七期(1928年10月1日出版),大胆地称颂惨死于敌人屠刀的亡友"为人是太好了"。在法西斯的刀光剑影中,我们看到的是他的凛然、无畏。在韦素园去世的前两个月,得知霍邱籍共产党人赵赤坪第五次被捕受尽酷刑。他满腔愤懑,一边咯血,一边伏枕写下一首战斗的颂歌——《怀念我的一位亲友——呈坪》。"不过敌人的'黑铁'的高压／终敌不过我们'赤血'的奋起／朋友,等着吧／未来的光明的时代终究是属于我们的"。虽然生命垂危,但他革命的坚定性毫不动摇,直至战斗到生命的最后一刻。可惜韦素园厄于短年,他的创作才能未尽发挥,否则我们会阅读到他更多的优秀诗文。

---

① 谢昭新:《皖籍作家对中国现代文学的贡献》,《安徽师范大学学报》,1998年第2期,第186—195页。

第四节　台静农的文学活动

台静农(1902—1990),其 88 年的风雨人生中,前 44 年生活在大陆,后 44 年在台湾度过。台静农祖上靠经商致富,家境颇为殷实。1918 年夏天,台静农小学毕业后,其父将他送到汉口德华中学读书。"五四"运动爆发后,他与李霁野、韦丛芜合办《新淮潮》杂志,鼓吹新文化。

台静农没有译作,但创作颇丰。他最早见诸报刊的作品是 1922 年 1 月 23 日发表于上海《民国日报》副刊的新诗《宝刀》,诗人要用"宝刀"去斩除那些祸国殃民的恶魔——当时的军阀。之后的《时代的北风》流露期待"我们时代的春的新生"之意,《因为我是爱你》《狱中见落花》等几首情诗清新可读。

台静农早期散文《死者》《人兽观》《铁栅之外》《梦的记言》《病中漫语》等篇都颇耐读。他虽也感叹"生息于这古老的城堡中,一无所有的,除了荒凉和寂寞",但他的文风并不柔弱,批判的锋芒更是未名青年中最锐利的一个。《人兽观》以国人惯于骂人畜生为"发凡",接下来罗列对比中西人类进化的观点,勾勒由兽而人的脉络,目的则是讽刺当时"人而兽者""兽而人者"和"似人似兽"的挂着"人"字招牌的敌视进步的"所谓知识分子",用语峭拔,反讽机智。又如《梦的记言》,开篇便声明,自己的梦里"没有天使,没有爱神,也没有烂熳的光和美艳的云",提醒读者在颓堕的时代美梦

图六　作家台静农(1936 年)

云云不过是脆弱的掩饰。文中所记三梦——"光荣的死"刺破专权者以"国家"或"主义"的名义号召人们"光荣"赴死的把戏;"返于野蛮"质疑国人仁让厚道的"雅量",呼唤可贵的"野蛮";"明天"直指国人以"明天"为借口敷衍今朝的自欺——"针针见血,真是鲁迅的嫡传"!①

1924年,台静农的小说处女作《负伤的鸟》发表于上海的《东方杂志》。该作是"五四"时期婚恋题材的延续,抒写"五四"青年对恋爱自由的追求而不得的哀怨心境。其后的《懊悔》描写姑娘密斯柳以爱国为名替自己寻找理想的伴侣。作品一唱三叹,格调哀切缠绵。这些小说表现青年追求爱情自由过程中的痛苦经历,有着"五四"青年追求个性解放、婚姻自主的反封建精神。由此可见,虽然台静农是在"五四"落潮后走上小说创作道路的,但他仍继续将"五四"精神实质内化到小说创作中,鼓励青年冲决封建罗网,追求个性解放。

1924年,台静农转到北大研究所国学门当研究生,同时在国学门下设的"风俗调查会"任职。同年8月,台静农应《歌谣周刊》主编常惠之请,回到故乡叶集镇收集民歌。历时半年,共收集各类民歌2000余首,包括儿歌、情歌以及其他反映皖西地区社会生活、风俗民情的歌谣。1925年4月5日到5月24日,《歌谣周刊》陆续刊出了情歌113首,产生了很大影响。1971年,台湾娄子匡先生在编辑《民俗丛书》时,将当年发表在《歌谣周刊》上的113首情歌重新影印出来,取名《淮南民歌集》,同时收录了台静农《致淮南民歌的读者》《山歌原始之传说》《从"杵歌"说到歌谣的起源》等文章,由台北东方文化书局印发,在海内外再次产生巨大反响。

台静农在从"兵匪扰攘的乡间"搜集到许许多多美妙的歌谣的同时,也汲取了丰盈的创作营养,拓宽了小说创作的视野。

---

① 马兵:《"荒坡上的歌者":谈未名社的诗歌与散文创作》,http://www.chinawriter.com.cn 2014,3,21。

他把艺术的笔触伸向故乡闭塞的乡间小镇,越出了早期小说写"五四"青年婚恋题材的套路,汇入到了乡土文学创作潮流之中。在韦素园的鼓励下,台静农很起劲地接二连三地写起小说来,并成为20世纪90年代以鲁迅为代表的乡土文学流派中的重要代表。1928年,台静农将发表在《莽原》半月刊上的小说结集为《地之子》出版。台静农小说创作的这一转变,与鲁迅先生的教导和启迪是分不开的。"他深入领悟到鲁迅的人生启蒙主义文学观和精湛的艺术技巧,小说创作也就进入了一个爆发期"。① 小说集《地之子》的发表确立了台静农在现代小说史上的地位,标志了台静农的小说创作走向成熟。

《地之子》共收14篇作品,均发表在《莽原》半月刊上。在这些作品中,作者以故乡叶集镇(小说中的羊镇)为背景,以写实的笔法展现了乡村百姓的悲剧人生命运,对黑暗、人吃人的社会进行了批判,更揭示了旧中国儿女灵魂的愚昧与麻木。在思想内容上,《地之子》秉承《莽原》半月刊办刊目的:"我之以《莽原》起哄,大半也就为了想由此引些新的这一种批评者来,虽在割去敝舌之后,也还有人说话,继续撕去旧社会的假面。"②台静农正是致力于用小说创作来"撕去旧社会的假面"的工作。在皖西北这块闭塞的土地上,地主横行霸道,残酷地欺压农民,断绝了农民们的生路,从而演出了一幕幕令人心悸的悲剧。他们卖儿鬻女,流浪在外,无家可归,悲天噘地。在《蚯蚓们》中,农民与地主的对立关系被描绘在凄楚的画面中。虹霓县遇上了"十年来没有遇见的荒年",天灾加人祸,使稻草村穷人无法生存,于是发生"民变",但很快被地主武装镇压下去。佃户李小向地主求借贷,遭痛骂和威吓,害怕被抓起来送到县衙,于是只得出卖妻儿,孤身一人流落他乡。《负伤者》中的吴大郎"老

---

① 商金林:《以小说参与时代的批评和变革——论台静农的〈地之子〉和〈建塔者〉》,《北京大学学报》,2002年第3期,第62—68页。
② 鲁迅:《鲁迅全集·第十一卷》,人民文学出版社,1981年,第63页。

实得同木头一样",张二爷不仅占了他的妻室,砍伤了他的脚,还把他送到县警署。这位诚朴的乡里人最终被"带了脚镣手铐",押到县里去严办。《红灯》描写寡妇丧子的悲哀,揭示了造成她们母子悲剧的社会原因:土匪头子硬逼得银入伙,驻兵营长又拿得银开刀示众。儿子无辜被杀害,得银母亲遗憾不曾为儿子添置过长衫,想借钱买纸糊衫以慰亡灵,可无法如愿,只得从自家的破墙上捡一块用剩的红纸,做一个小红灯去超度儿子。这种描写充满着悲哀与悲愤,不仅让人同情得银母子的悲惨遭遇,更让人痛恨那迫害善良百姓的社会丑恶势力。

如果说台静农描写农民遭受社会丑恶势力迫害的悲剧,让人感到悲,那么,他描写农民精神状态的愚昧荒蛮,同样让人悲。《天二哥》里的天二哥,是这一带乡村"最能喝酒"的酒徒,"他爹会喝,他爹的爹会喝,这酒瘾是从他娘胎里带下来的老瘾"。越喝越穷,越穷越喝,喝醉酒便跟人打架。这一天他又喝醉了酒,与卖花生的小柿子打架"败北",以为这是耻辱,"生平没有这样丢过人",于是用家传的解酒秘方,到尿池前,"连连舀喝了两大碗清尿",然后再与小柿子较量,天二哥胜了。可第二天一大早便死了,他死于这一带有封建传统色彩的"家传的秘方"(尿中毒)。但他到死也未认识到这一点,死后周围的群众更未认识到这一点,这就使得天二哥愚昧的死亡悲剧更加浓了一层愚昧的色彩。正是这种愚昧的环境产生愚昧的人物,他们愚昧地生活着,又愚昧地死去。这样的人生形式多么阴沉,悲剧色调多么浓郁,而作者对病态农村社会的解剖又多么深刻。台静农在乡土小说中还着意描写与批判看客的无是非心态。这些看客面对是非冲突的场面,要么冷眼相观,要么起哄嘲笑。在《天二哥》中,当天二哥挑逗卖花生的小柿子反遭到小柿子的斥责时,天二哥"用了大力狠狠地在小柿子背上连三连四的捶","有如一棵大黄梨树",压得小柿子"一点都不能动弹"。此时围观的众人开心极了,在麻木的看客的赞赏中,天二哥似乎是凯旋的将军,而小柿子却在众人"冷刻的讥笑"中"含着眼泪"离去了。这不由得令我们想起鲁迅笔下阿Q为满足酒店里那些"鉴赏家"用力一拧小尼姑面颊的一幕。台静农也以冷静客观的笔法,完成了对这愚昧荒蛮的国民劣根性的揭示与批判。

"五四"新文学家不仅要揭示社会的黑暗贫困,更要挖掘民族精神中的劣根性,"灌输正当之学术文艺,改良思想是第一事"①。台静农乡土小说继承"五四"时代精神,沿着鲁迅先生开辟的社会批评和文化批评的创作路子走下去,通过描述"地之子"生活的困难,揭示现实社会的黑暗,并向人们展示了这些贫困者思想的麻木与愚昧,从性格心理层面揭示出国民的劣根性。鲁迅曾在《〈中国新文学大系·小说二集〉序》中给台静农的乡土小说以很高的评价:"在争写着恋爱的悲欢,都会的明暗的那时候,能将乡间的生死,泥土的气息,移在纸上的,也没有更多,更勤于这作者的了。"

台静农的乡土小说,从内容到风格,可以说皆师承鲁迅。其作品中流露的安特列夫式的阴冷、说不清的浓浓乡愁、对国民性的深刻剖析等,都是对鲁迅的乡土小说创作手法的直接继承。

安特列夫是俄国著名的现实主义作家,鲁迅曾翻译多部安特列夫作品,收入《域外小说集》。鲁迅借鉴了安特列夫作品神秘幽深的特点,并在短篇小说创作中运用的惟妙惟肖,如其短篇小说《药》就给人鬼魅阴森的体验之感。作者在创作过程中刻意营造出一种阴森氛围,利用心理描写、环境描写,暗示一种心理上的不自然体验,使读者和作者产生生命体验之上的共鸣,体味到毛骨悚然的恐惧和灰冷。《药》中华大妈和夏四奶奶两个母亲各自在西关之外为自己的儿子上坟的环境描写:"微风早经停息了;枯草支支直立,有如铜丝。一丝发抖的声音,在

---

① 鲁迅:《鲁迅全集·第七卷》,人民文学出版社,1981年,第35页。

空气中愈颤愈细,细到没有,周围便都是死一般静。两人站在枯草丛里,仰面看那乌鸦;那乌鸦也在笔直的树枝间,缩着头,铁铸一般站着。"在这里停息的微风、枯立的草、死静的空气、寒鸦的存在都给人一种幽深静谧的感觉,同时和人物主观心理之上的"冷""不足和空虚""吃了一惊"相呼应,营造出一种极端恐怖的气氛,基调森冷。虽然台静农的小说所描写的小说背景和鲁迅大相径庭,一个是浙东水乡的生老病死,一个是皖西大别山百姓的婚丧嫁娶。但是台静农在小说创作中也不自觉地运用了鲁迅这些创作手法,作品大多笔调冷峻,明显有着安特列夫式阴冷的基调。

如其小说《烛焰》以"冲喜"这种民俗事象为题材,以一个年轻貌美的女子翠姑的婚姻悲剧来抨击封建陋俗。本应喜庆的拜堂仪式上却因为喜烛的熄灭被笼罩上不幸的阴影,一切似乎在暗示着翠姑以后婚姻的走向。首先是象征着吴家少爷的蜡烛被风吹灭,于是拜堂仪式上出现了死寂,然后是深深相信宿命的姑母等人连忙吹灭了象征着翠姑命运的另一根蜡烛。作者运用了一系列的细节描写,将环境中那种死寂没有生机的氛围描写得恰到好处,和安特列夫式阴冷具有异曲同工之妙,营造出一种森然恐怖的气氛。同时,女主人公悲惨的人生命运也无意中笼罩上了这种阴冷的特点。翠姑的命运和那本应该在风中继续摇曳闪烁自我生命光辉的烛焰一样,却被迫地熄灭了,以后她的生命注定是在漫漫长夜般的黑暗中度过。同样,作者在《新坟》中也营造出一种令人窒息的沉闷氛围。这些都是台静农对鲁迅写作中安特列夫式阴冷不自觉的继承和模仿。

所有乡土小说都是与故乡久久告别的游子所写的故乡往事,其题材无论是鞭挞还是追忆,往往都无法绕开那一抹浓得化不开的乡愁。由于描写的是故乡,所以无论主题是如何的深刻,或者说探讨的人性是如何丑恶,最后都不会给人极其厌恶的感受,反而会伴随一种浓浓的忧郁,这种情思应当是知识分子在面对故土进行不自觉的维护。当这种情思被置于 20 世纪初黑暗封建的社会现实中时,就会以曲折的笔触流露出来,成为一种说不清道不明的情感元素,围绕着作者笔下的每个人物。这也可以解释鲁迅乡土小说"哀其不幸,怒其不争"的情感是如何而来的了。正因为对故乡人民饱含热爱的初衷,才使他看见故乡民众愚昧和无知之后在讽刺之余又觉得深深的无奈悲伤。《故乡》塑造了一个乡村小农闰土从少年的天真可爱到不惑之年的愚昧憔悴,着笔之处,除去说不尽的讽刺,更让人咀嚼不尽的是那一丝怅然。闰土所代表的不仅仅是鲁迅要批判的对象,也不仅仅是国民性的缩影,他身上所寄予的还包括鲁迅对于故乡挥之不去的那点眷恋。鲁迅在描绘这个人物形象时,不仅有入木三分的嘲讽,还有温情脉脉的宽容。不论鲁迅在描写故乡现实的时候是多么深刻和警醒,他在面对记忆中美好的故乡的时候,下笔总不能不留有一丝温情。

  台静农在其乡土小说创作中也保留了和鲁迅相似的温情,或许,这种保留是不自觉的,也是无意的。台静农在描述故乡的风土人情的时候,虽然着墨最多的是乡间的愚昧和无知,但也还有他对故乡一草一木的深情。这种情思在小说中四处游走,才使他的乡土小说永远饱含活力并寄予了创作者的情思。相比较鲁迅尖锐的讽刺和批判,台静农小说中的感情色彩更为温和,台静农对于故乡的留恋,主要体现在他对小说人物的感情色彩之上。台静农对自己笔下的寻常百姓,虽然也有着深刻的批判,但是对于身处生存淤泥中久久不能自拔的故乡同胞,他更多的是饱含热泪的同情。在他的笔下,愚昧无知的乡民固然是不自知不自救的典范,但更是被生活无情摧残打压的可怜人,是受到封建政治和官僚主义双重压迫而无法脱身的苦命人。在描写这些人的时候,台静农不自觉地带上了自己的感情色彩,使人物描写更为深入人心,也更容易使读者受到感染,体会到作者对故乡同胞的同情和怜悯。

小说《红灯》中的得银娘，愚昧、封建、迷信，相信鬼神之说。台静农在塑造这个皖西土地之上的母亲形象的时候并不是简单地将她作为批判对象，反而融入了自己对故乡的热爱和同情，刻画了一个伟大的母亲形象，一个在贫穷中不停挣扎的农民形象，使读者对她也从单纯的批判转为了怜悯同情。这是台静农继承了鲁迅乡土小说中的人情味衍生而出的特点，也使他的乡土小说熠熠生辉，永不褪色。

鲁迅是最自觉地致力于将批判国民性作为写作目的的作者，他所发现、揭示的"看客"主义，"精神胜利法"都是对中国国民性最尖锐最直接的批判。在《狂人日记》中，鲁迅就展露了他批判国民性的意识，他利用13篇错杂无序，间有联系的日记，在还原出一个吃人的封建礼教社会的同时，进行了对国民性的批判。《阿Q正传》对国民性的批判则达到了一个高峰。台静农乡土小说同样继承了鲁迅这一鲜明的立场，始终坚持着对国民性的批判。他和鲁迅一样，永远不满足于生活表面的粉饰太平。他深入生活的内里，用突入生活内里的清醒意识，冷眼旁观皖西土地上不停为生活奔波、被苦难拖累的穷苦百姓在精神上不自知的可怜可悲。《天二哥》中的天二哥与鲁迅笔下的阿Q何其相似：同样的欺善怕恶、自大自狂，同样的愚昧无知，而他们身边的环境和人物也同样的冷漠无情。故事的开头描写的是大家围在一起讨论天二哥的猝死化鬼，而后引出天二哥的一系列故事：生病喝酒，与人斗殴，清尿解酒，发病猝死。天二哥就是那时千万农民的缩影，懦弱自卑，盲目自尊自大又自轻自贱，最后在愚昧中悄无声息地死去。天二哥的死亡让他身边的朋友大惊失色，他们一方面在天二哥与小柿子的打斗中扮演着看客的角色，心里冷漠；另一方面在天二哥死后，他们表现出对天二哥不同程度的"殷勤"，他们争着买纸钱生怕壮汉化鬼不放过他们。这些麻木不仁的国民是台静农小说中偏安一隅封建落后的皖西同胞，也是鲁迅先生笔下的"哀其不幸，怒其不争"的乡民。对鲁迅小说国民性批判主题的直接继承使台静农的乡土小说更有深度。

在乡土文学创作中,台静农对鲁迅有很多继承点,同时他也发掘出属于自己的一片天地。台静农的文风沉稳,贴近泥土,饱含感情,他所创作的《地之子》中永远透露着他对于自己故乡的热爱和忠贞。他所继承的是鲁迅乡土文学的优点,而发扬出的则是更具有皖西特色的民俗风情。无论是黑暗还是光明、绝望还是希望,他都用自己的笔触巧妙而又真实地还原了20世纪20年代中国一隅皖西山区的山野天地。其中翻滚着的天地灵气,奠定了他在文坛上最为优秀的乡土小说家的地位,更为后人熟悉历史、了解故土,保留了真实可靠的珍贵资料。

台静农在描写乡土小说的时候所依据的不过是自己多年来在皖西土地上的生活经验,他20岁外出去北京求学,六安是他成长的故乡,他的童年和青年时期都是在皖西的土地上度过的,这一因素赋予了台静农独有的灵气。他在皖西这块神奇的土地上自由自在地成长,他的血肉受到民间风土人情的浸润,他在皖西特有的民俗婚丧嫁娶中形成了自我的小说特质。如果没有前20年的皖西生活,台静农的乡土小说不会如此纯粹和富有魅力。台静农虽然一直隐隐地借鉴和模仿着鲁迅先生的小说创作,但是他在皖西大地上的生活体验给予他独有的文学视界,那就是他笔下独一无二的皖西民俗的还原和描写。

台静农在创作《地之子》中,有意无意地描摹了20世纪20年代皖西农村中一些特别的风俗习惯,尤其是一些残存的封建礼教民俗,比如说《烛焰》中的冲喜行为,《负伤者》中的典妻恶行,《红灯》中的放河灯祈福,《天二哥》中的清尿解毒的传说。如此种种,都是皖西民间常见的风俗,虽然其中很多都代表着愚昧落后的传统和国民性的愚昧无知,但是这些也是皖西人民长久以来形成的对抗苦难和挣扎生存的方式。"民间"这一概念是由陈思和先生最早提出的,他指出在文学世界中保留着一个民间世界,隐隐地和传统文学世界形成一个对抗。民间世界包含民间风俗的婚丧嫁娶,但又不局限于民间风俗,还包含着民间精神对苦难的包容力和永远生生不息的生命力。可以说,民间世界自有他成长的规律和魅力,而现代以来的作家学者一直都在其中找寻力量,试图用自我的文学视界还原那块独特的民间土地。台静农在进行文学创作的时候,就已经将他所熟悉的那片皖西热土融入了他的文学视界,生动地还原了20年代在苦难中生生不息的皖西人民的生存现状。

　　台静农在《地之子》中生动地还原了皖西民间的一系列风俗,这里的婚丧嫁娶被他巧妙地挪到了纸上,从字里行间我们可以感受到这片土地的神奇和芜杂。在这里,有为了生计而不得不典卖妻子默默忍受人们鄙夷的李小和吴大郎。典妻这种行为其实并不只有皖西乡镇存在,只不过在这里的土地上,这种行为显得更为残忍。《蚯蚓们》中李小和妻子因为荒年被迫分离,连孩子也要一起送给别人养活,妻子和丈夫用金钱来了断最后一点温情。当李小的妻子向李小要孩子的生活费,而这生活费恰恰就是她刚刚贩卖自己所得到的卖身钱。作者巧妙地构思了这一细节,在一个点上衍生出多层次的内涵。一方面展示出生存的不易,在那个特殊年代下农村人民在温饱线中挣扎的苦楚;一方面展现出人情冷暖必须依附在温饱的基础之上,所谓的夫妻情感也不过是生存的附属品;最后还点明了国民的麻木和不自知,身处于黑暗的社会成为牺牲品却未曾发觉这一事实的残酷,国民的奴性是如此的根深蒂固。

　　在《红灯》这篇小说中,放河灯这一行为饱含了民间传统中最让人感触的血肉深情。得银娘对自己儿子的深情,借助一盏小小的河灯被无限地放大,一直点燃到人们的心里,直到现在,仍然释放出不朽的民间精神魅力。放河灯属于一种告慰逝去亲人的行为,常在每月的初一和十五进行,皖西自古以来就有这种习俗,用以表示对亲人的悼念和祈福。台静农笔下的这一行为,也是对皖西民间风俗的一种还原。在小说《天二哥》中的清尿解酒是一种民间土方,所谓"民间土方"其实都是和当地的特定风俗紧密相关的。有些民间偏方的存在是合理的,也是有一定历史依据的,在当地的环境和人文影响之下就地取材,是一种充分利用中药的具体表现。但要慎用,因为土方、偏方一般同当地的生活饮食环境是相适应的,并不是放之四海皆准的,从《天二哥》中我们可以窥见的是,皖西人民千百年来因为生存的不易而自我创新出一系列的生存手段,虽然不一定行之有效,却都包含着皖西人民的智慧和勇气。

  台静农在他的小说中展现了一个栩栩如生的皖西民间世界,这是在鲁迅先生的小说中没有出现过的,是台静农的创新和发展,也是他的创作在乡土小说中能占据一席之地的重要因素。毕竟,单纯的模仿是走不出属于自己的文学道路的,只有加入属于自己的新的元素、新的情感,才能够找到特别的东西。

  台静农在小说创作中沿袭了许多鲁迅的风格和特色,然而在叙述手法上他有自己的创新。例如类似题材的小说《阿Q正传》和《天二哥》,台静农的人物设定、环境设定都和鲁迅有异曲同工之妙,但是在此之上他还有属于自己的特色。

  叙述手法的重要性不言而喻,相同的一个故事,叙述手法不同,会出现深刻动人和索然无味两种结果。在叙述描写小说的过程中,台静农将这一理念运用得淋漓尽致。"台静农的乡土小说在叙述方式上确实具有自觉的追求,并且取得了成功。具体来说就是在以全知观点为基本叙述手段的基础上,大量运用旁知观点进行叙事,并且丰富了叙事观点的功能"[①]。而台静农在叙述过程中运用得最为杰出的不单单是全知观点,还有旁知叙述。韦恩·布斯在《小说修辞学》中这样写道:"被使用得

[①] 孟悦:《视角问题与"五四"小说的现代化》,《文学评论》,1985年第5期,第76—89页。

最滥的区别是人称。说出一个故事是以第一人称或第三人称来讲述的,并没有告诉我们什么东西。"但是研究一篇文章的人称还是非常有必要的,叙事角度决定了文章的结构和艺术特征,而巧妙的叙述手法可以为文章锦上添花。

台静农在《天二哥》中一开始运用了第三人称的叙述角度,也就是旁知观点。作者没有直接描写天二哥的死亡,而是通过烂腿老五、汪三秃子、王三和吴六先生等人的叙述来描写天二哥的死,作者本人隐藏在他们身后静静地叙述这个故事。读者的第一感觉是烂腿老五在为天二哥撕纸钱并且絮叨天二哥,而王三正在陈述夜间受到的惊吓,吴六先生是在就天二哥之死发"什么事都是一定的"之类的感慨。借他们之口,作者让读者知道了事情的结果:天二哥已经死亡。然后作者就转换了叙述视角,从旁知观点转化为全知观点叙述天二哥的生平,给读者塑造了一个自大自负的愚昧人物形象。同时作者叙述的天二哥醉打小柿子、喝清尿解酒等等一系列行为都让天二哥的形象更为丰满。而这种在第三人称和第一人称中相互转换的叙述手法也成了台静农的特色之一,在《红灯》《烛焰》中也有不同程度的体现。这是台静农在乡土小说创作中的一大进步:先旁知,后全知,继而旁知观点和全知观点相结合,这成为了台静农小说中不可或缺的叙述模式。叙述视角的转化赋予了小说真实感,也就是华莱士·马丁所说的"直接介入感和期待感",使读者减少了阅读障碍,更容易接受读本。

台静农对养育自己的土地饱含热爱,他用一支笔写自己的故乡,写自己的邻里,写自己身边无数惶惶不可终日不知科学的伙伴。也正因为这种热爱,他才能将熟悉的乡土气息和地方特色融入字里行间,如他所言,他就是"地之子"。他的成功,与鲁迅的影响分不开。"正如许多乡土文学研究者已经指出的,鲁迅不仅是乡土小说的开拓者,而且以《故乡》、《祝福》等思想内容深刻、艺术技巧高度成熟的作品为其他乡土文学作家提供了范本,直接给予其他乡土小说家以多方面的影响"。台静农继承了鲁迅的深邃和幽远,又具有了自己的思想和突破。乡土小说在他的笔下,拥有了更加广阔的天地。

  从20年代后期开始,随着阶级解放意识的逐渐强化,革命文学运动迅速高涨,进步作家纷纷转向革命文学阵营。正是在这样一个社会时势、文学潮流的推动下,台静农的小说创作发生了重要变化。特别是1928年4月,台静农因《文学与革命》事件株连,被军阀拘捕关押50余天。他亲身体验到社会的黑暗和革命者的英勇无畏,出狱后陆续发表了《建塔者》《昨夜》《历史的病轮》《铁窗外》等10篇短篇小说。1930年8月,台静农将这些小说结集为《建塔者》由未名社出版,这是他的第二本小说集。集中小说主题是讴歌以血建塔的革命者对光明的渴求,对革命的忠诚。《建塔者》除少数几篇外,其余主要描写了青年革命者的英勇意志与献身精神,以悲怆而细腻的笔触,演绎了一个个自觉抗争的英雄的悲壮故事。在一定程度上再现了时代的真实面貌,唱出了时代最强音,给人以震撼心灵的精神力量。

  翻开这个短篇小说集,许多革命者的形象便浮现在我们的眼前。在《建塔者》中,当少女玛丽与三位革命青年被押赴刑场时,他们没有悲色与惊怕,怀着献身精神,高唱悲壮的歌曲,义无反顾。"那些武装的人,时时用枪柄来打他们,想塞住他们的嘴,但是终于不能够,歌声依旧缭绕于太空中"。他们就是这样以自己的英勇行为在"我们的塔的基础上,又增加了一份新的力量"。他们不屈的身影,构成了中华民族的悲壮历史中重要的一环,给台静农的革命小说添加了一种崇高而悲壮的精神。《死室的彗星》中,瘦弱女子郁曼乔,面对敌人的严刑逼问,横眉怒向,最终被敌人连砍三刀躺在血泊中。《春夜的幽灵》是以真人真事为原型。当时担任地下党北平市委书记的刘愈,与未名社同人相交甚笃,不幸于1928年春惨遭军阀杀害,作者"沉痛于良友的毁灭",便悲愤地写下了这篇小说,直书其名地悼念亡友。他钦敬地写道:"我确实相信,你是没有死去;你的精神是永远在人间的!"

不可否认,《建塔者》在艺术上尚不及《地之子》。台静农曾在《〈建塔者〉后记》中认识到自己的欠缺:"以精诚的赤血供奉于唯一的信仰,这精神是同殉道者一样的伟大。暴风雨之将来,他们热情地有如海燕一般,作了这暴风雨的先驱。本书所写的人物,多半是这些时代的先知们。然而我的笔深觉贫乏,我未尝触着那艰难地往各各得上十字架的灵魂深处,我的心苦痛着。"在1928年那个血雨腥风的时代,当一些退缩者躲进书斋、研究室,沉湎于自我小天地的时候,台静农却坚定地站在"新旧时代的交叉口上",奋笔疾书,为"时代之光"——"伟大的死者"礼赞。这些作品在艺术上虽有不足,"但它们却是来自别一世界的歌唱,是无产阶级革命文学最坚固的基石"。[1] 鉴于此,鲁迅将《建塔者》与韦丛芜的诗集《君山》、台静农的《地之子》以及鲁迅自己的《朝花夕拾》并提,不无深情地说:"在那个时候,也还算相当可看的作品。"在那个白色恐怖时年代,台静农慎重地选择他文学创作的取材,不是偶然的,而是他自始至终都在担负起知识分子应该肩负的时代的使命,而他多次入狱便是有力的证明。

《建塔者》中的《井》《人彘》《被饥饿燃烧的人们》三篇小说又重回到了作者擅长的乡土题材,写了几个被压迫的农民,但与以前作品相比,却多了阶级分析的眼光。

《井》虽然延续对底层苦难的叙述,但其整体格调却发生了质的变化。确切地说,《井》已经成了台静农经验世界的一个过渡——从乡土经验到革命题材的过渡。《井》讲述了一个农民成长为一个战士的过程:小时候,"他"的父亲因给田主人吴三

---

[1] 商金林:《以小说参与时代的批评和变革——论台静农的〈地之子〉和〈建塔者〉》,《北京大学学报》,2002年第3期,第62—68页。

爷家的花园掘井而被崩塌的土压死在井底,吴三爷为免游魂在花园流连,给了他家一口棺材、三斗米、两串钱,并请道士为"他"父亲超度;"他"为避免走父亲的老路而选择了木匠这门手艺活,却依然不得温饱,反而眼见和身受了无数倍于父亲的痛苦。接着,某年的奇旱使得哥哥家境遇不堪,却又遇田主人逼租,绝境中的"他"哥哥上吊身亡。痛苦之中,"他"开始反思:"为什么世间是这样的不平均?为什么那些人甚至于愚昧白痴,都能够安然享受着人间最繁华最淫逸的生活?"至此,"他"深深觉悟了:"无产者永远地在拨动人类进化的齿轮,而所得的文明,尽被人掠夺以去!这时代,这社会,不是历史的光荣,而是充满了猛蛇的毒涎,无产者的血腥!"[1]最后,"他"参加了革命,做了一名英勇的战士,去创造全人类的新的生活。

　　台静农为小说加上了革命的结局,我们看到了其乡土小说的革命性因素,与前期对底层人民苦难的描述衔接得恰到好处。与此类似,《人彘》和《被饥饿燃烧的人们》两篇小说虽然没有革命的结局,但也以底层民众的绝境收场,引导读者去沉思这一社会问题。[2]

　　1937年七七事变爆发,中国人民开始了艰苦卓绝的抗日战争。8月,台静农南下回故乡避寇。避难于家乡期间,台静农被霍邱县政府聘为当地"人民自卫队政治部副主任"。他痛感国土"瞬息失中原,雄关授人键"(台静农诗句),悲慨愤懑。耳闻目睹了由共产党领导的大别山区抗日游击队英勇抗战的种种事迹,体会到普通民众因不愿做亡国奴而激发出的抗争意识和反抗热情。具有现代思想、伴随五四新文化运动走过来的台静农,其时代使命意识和社会责任感更为突出。1938年春,台静农加入"文协",当年秋携家人辗转抵达四川省江津县白沙

---

[1] 台静农:《台静农代表作》,华夏出版社,2009年,第125页。
[2] 陈宁:《未名社时期台静农的经验世界》,http://www.chinawriter.com.cn 2014,03,21。

镇,寄居至抗战结束。台静农抗战时期的小说创作共有4篇,即《大时代的小故事》《么武》《被侵蚀者》及《电报》。这4篇小说,台静农虽然自谦地说是"抗战中重庆友人编杂志逼出来的"。但实际上故事真实无华,情感诚挚浓烈,是台静农爱国抗日意识的自觉展示。《大时代的小故事》和《么武》是写故乡人民英勇抗日的故事。《大时代的小故事》中写具有封建气息的老叶镇遭遇了现代战争,难民伤兵挤满了街心和住户家。异族侵凌带来的痛苦和残酷的现实,使人们不能再过"安分的辛苦的生活"下去。镇上的年轻小伙子们跟着"山猫子"学习掷"铁棒槌"、射子弹,最终,他们也变成"山猫子"了。他们隐藏在"富金山"开展游击战,为贪婪、凶暴的日本鬼子设下死亡的陷阱,将"留守在皖西大门的鬼子"全部歼灭。作家以抒情笔调展示了战争环境下农民精神状貌的巨大变化:曾经忍耐屈从于悲苦人生的"地之子",终于不再逆来顺受,朴素的生存意识激发了他们的血性,迸出了令入侵者胆寒的力量。

《么武》同样对农民的抗暴意识和抗争力量做了进一步的艺术发掘。么武,一个在抗战中觉醒并奉献了生命的农民英雄,"参加游击队不过三个月,他竟毙了十一个敌人"。台静农把么武的英雄壮举称颂为"人类的至上的智慧与英勇",表达了对民族血性的呼唤和对来自社会底层的农民英雄的歌颂。渴望英雄、呼唤英雄,这是战争造就的普遍社会心理,而歌颂斗争中涌现出来的民族英雄则是在国家危在旦夕的情势下借以凝聚民心、鼓舞民气的时代需求。《么武》的叙事意图,顺应、体现了这一时代需求。

旷日持久的抗战是对民族生存意志的一次巨大考验。期间,既涌现出甘洒热血的民族英雄,也泛出自私卑劣、不顾民族大义的败类和跳梁小丑,批判和消灭黑暗腐败势力与争取战争最后的胜利同样至关重要。因而,揭破现实中的黑暗、抨击种种腐败现象,很快成为大后方作家们的创作趋向。台静农的

《被侵蚀者》《电报》即是体现这种趋向的小说。在民族生死存亡的关头,那些盘踞在权力上层的官僚们,不是大肆搜刮民脂民膏,就是谈论"在重庆的秦淮歌女,谁的声音好,谁的相貌好,谁是某长的旧交",谈得"一个个眼睛都发亮"(《电报》)。这些描绘把抗战后方官场的龌龊黑暗暴露无遗,具有深刻的讽刺意味和警醒作用。

抗战胜利后,台静农因白沙女师迁校问题愤然辞去教职。1946年10月,台静农携家渡海赴台就任台湾大学中文系教授。鉴于环境的险恶,台静农不再写抨击现实的小说而改为从事古典文学研究。台大中文系主任许寿裳因在台湾宣传鲁迅,引起右翼文人的恐慌和怨恨,于1948年2月18日深夜被特务杀死。台静农于当年夏天接任系主任职务,他接任这份被很多人视为不祥的职务,无疑需要一定的勇气。在工作策略上,他不去碰"鲁迅"这根敏感的神经。2012年11月23日,在北京鲁迅博物馆为台静农先生诞辰一百一十周年举办的纪念会上,台静农的学生吕正惠回忆说:"我在台湾大学中文系读书七年,居然不知道台先生会写小说,可见台先生在台湾是多么的压抑!另外,我结婚时快四十岁了,邀请台先生去喝喜酒,他居然一点儿也没有推辞!可见台先生对学生的感情是多么真挚。"台静农的女弟子、淡江大学的施淑教授深情地回忆了她受业于台先生时的点点滴滴,以及台先生对她学业上的影响。正因为台静农赴台后的韬光养晦,不再像在大陆时那样"左"倾,他才能平安主持台大中文系的工作20年,培养出众多的栋梁之才,为台湾第一高等学府的中文系建设和发展打下扎实基础。后来台静农成为古典文学研究方面著名的学者,他对民俗学、书法史和中国百年思想史都有精到的研究。

1988年出版的《龙坡杂文》集是台静农散文成就的代表作,主要收录了台静农赴台执教后到七八十年代的散文小品35篇。散文素材广泛,看似随手拈来,却又斟酌有度,叙述有致,具有出很强的艺术感染力。这些散文或追忆往事、念及老友,或论文谈艺、点评经典,凡此种种,作者无不满怀真情实意,娓娓道来。《辅仁旧事》《记"文物维护会"与"圆台印社"》《有关西山逸士二三事》等属抒发怀旧之情的散文小品。作家以平淡之笔,叙述了二三十年代他在北平生活工作的情况:与同事和谐共处的快乐,由讲师升迁为副教授兼秘书的欣喜,与半农等维护文物的壮举,临河流觞的遐想。①《伤逝》《记波外翁》等则流露悼友伤逝之情。散文《谈酒》名为"谈酒",实则谈的是思乡:"我所喜欢的还是苦老酒,可也不因为它的苦味与黑色,而是喜欢它的乡土风味。"含蓄地表达了作者浓浓的思乡之情。

图七 《龙坡杂文》封面

《龙坡杂文》集中还有一些文章如《〈夜宴图〉与韩熙载》《辽东行》《诗人名士剽劫者——读〈世说新语〉札记》等属于论学说艺之文。这类散文以一种学术性的视野,重在学术性考辨、独到观点的创见上,行文夹叙夹议,严谨而又平实,表现了作者学术研究的造诣。

台静农始终念念不忘自己的乡土,台湾作家聂华苓曾谈到,在台先生的笑声中,似乎有一缕去乡的凄清。1988年她去拜访台静农,问:"台先生,你想回老家看看吗?"他一脸戚然:"走不动了。"两年后,台静农在台湾仙逝。"老去空余渡海心,蹉跎一世更何云。无穷天地无穷感,坐对斜阳看浮云"。台静农生前最后的诗句,令人读之掷笔三叹、感慨万端!

---

① 施军:《人文情怀 学术视野:台静农〈龙坡杂文〉论》,《江苏广播电视大学学报》,2002年第4期,第50—54页。

第五节　李霁野的文学活动

李霁野(1904—1997年),现代著名作家、诗人、翻译家、教育家和鲁迅研究专家。他从事文学活动70余载,曾被列入中文版大型人物辞书《世界名人录》。

图八　作家李霁野

李霁野的家庭,是叶集镇上有200年历史的老户人家,到他这一代已然败落。1919年秋,李霁野考入阜阳省立第三师范学校,在与台静农、韦丛芜合办的《新淮潮》上发表了他的第一篇短文,提倡要老老实实做人,切切实实做事。从阜阳三师愤然退学后的一段时间,他借助于词典攻读高年级的英文课本,优美的外国文学令他无限神往,从此他萌发了以英文为工具从事文学创作的决心。1923年秋,李霁野进入北京崇实中学学习。这是一所教会学校,教学完全用英语,这就使得他的英语水平得到了快速的发展,从而为他后来的文学翻译和英语教学工作打下了坚实的基础。韦素园病住西山后,为了未名社的发展,1927年秋李霁野从燕京大学休学,主持未名社的工作。在他主持未名社社务期间,未名社逐渐蓬勃兴旺起来,出现了鼎盛的局面。李霁野先后在天津市河北区女子师范学院、北平辅仁大学、台湾大学、南开大学任教,他把毕生精力都献给了祖国的文化教育事业。

李霁野在文学创作和文学翻译两个方面成就颇丰。主要作品有《温暖集》《给少男少女》《意大利访问记》等散文集,《乡愁与国瑞》《海河集》等诗歌集。《往星中》《黑假面人》《不幸的一群》《被侮辱与损害的》《简·爱》《虎皮武士》《战争与和平》《四季随笔》和《妙意曲》《我的家庭》《在斯大林格勒战壕中》《难忘的一九一九》《山灵湖》等译著。2004年百花文艺出版社出版了《李霁野文集》,共9卷400多万字。文体有散文、小说、新诗、古典诗词诠释、外国文学翻译、书信等,囊括了李霁野一生的大部分著译成果。书中有63张插页,包括生活照、手迹、书籍封面画、未名社旧址照片,以及译著原作者的肖像与原作插图等。此外,2014年1月上海社会科学院出版社出版了《李霁野文集补遗》(上下卷),以李霁野家属近年发现的遗稿和未刊稿为主,是对9卷本《李霁野文集》的补充。

在李霁野的文学贡献中,翻译占有突出的地位。9卷本《李霁野文集》中就有5卷收录的是译著,《李霁野文集补遗》也以译著为主。李霁野的文学翻译工作开始于1923年春,初到北京,他靠自己那点"半瓶醋"的英文,翻译一点短文投寄给报刊换取点稿费。在未名社期间,他主要翻译了一些俄国和新生的苏联文学作品《往星中》《黑假面人》等。同时也翻译了《上古的人》及赫里克、什朗斯基等人的一些诗歌和小说。1929—1930年,他又翻译了陀思妥耶夫斯基的长篇小说《被侮辱与损害的》。那几年,翻译的稿费是他生活的主要来源,因此这个时期他翻译的作品数量是很可观的。20世纪二三十年代,李霁野主要翻译了几部长篇世界名著,如《简·爱》《我的家庭》和《战争与和平》等等。之后的译作还有《四季随笔》《斯达林格勒》等等,所以可以认为,李霁野的文学翻译工作,在这个时期达到了高峰。新中国成立以后,李霁野由于把主要的精力都放到了教育工作和文学创作中,所以翻译的作品比以前少了许多,主要译作有《难忘的一九一九》《山灵湖》等等。

李霁野一生共翻译出将近500万字的作品,其中像《简·

爱》《被侮辱与损害的》《虎皮武士》《战争与和平》等都是世界文学名著。李霁野所从事的翻译工作主要是英文翻译。他是一位典型的直译派,他一贯主张"直译为主,意译为辅"的翻译原则。这种译法,在当时的历史条件下,可以说是一场翻译方法论上的革命,是我国近代翻译史上的一次重大变革。他的《简·爱》译本曾受到鲁迅、茅盾、胡适等文学大师的肯定和称赞。茅盾先生曾高度评价他运用"直译法"原则翻译的《简·爱》,并专门写了一篇评论,题为《〈简·爱〉的两个译本——对于翻译方法的研究》,充分肯定了李霁野的翻译观。

《简·爱》这部作品是英国文学史上一部有着重要地位的长篇小说,同时也是世界闻名的文学作品。它是19世纪英国杰出的女作家夏洛蒂·勃朗特的代表作。在我国,《简·爱》有多种译本,如李霁野的译本、吴钧的译本、祝庆英的译本、黄源深的译本等等。其中李霁野的译文用词准确、对仗工整,严密周到,有韵律美,形成自己独特的语言风格,赢得了那个时代读者的喜爱。可从以下两个翻译例子窥斑见豹:

例1:A running fire of raillery and jests was proceeding when Sam returned。

译文:玩笑的火光流动着,当沙姆回来的时候。

例2:Here the honest but inflexible servant clapped the door to ,bolted it wihin.

译文:这时这个诚实但却固执的仆人,急忙关起门来,从里面上了闩。①

李霁野的《简·爱》译本不仅忠实于原著、可读性强,还为以后更好译本的出现打下了良好的基础,同时也为近代翻译活动的研究提供了极好的范本,该译本再版了很多次。

李霁野的译著还有一个非常鲜明的特点,那就是力图把自

---

① 郑雪青:《〈简·爱〉不同时代译本的语言风格》,《大连大学学报》,2000年第5期,第108—110页。

己翻译的作品放到作者创作的具体环境中,让读者能够通过一部作品领略到作者的心态和原著的精髓,同时让读者不仅能够读到作品本身,还能够或多或少地了解作者的创作生活。这也是李霁野的译作吸引人之处。在百花文艺出版社出版的9卷本《李霁野文集》中,翻译占了5卷,客观地反映了翻译在李霁野文学生涯中的重要分量。这些翻译作品,不仅让读者尽情遨游于浩瀚的外国文学海洋,而且展示出了译著翻译年代的社会文化氛围。

李霁野在文学创作上主要是写了大量的诗歌和散文。他的散文创作,是从1928年开始的。在80年代编印的《温暖集》中,共有50多篇。百花文艺出版社的9卷本《李霁野文集》,采用大散文的视角,将其讲演录、游记、自传等一起收入,集为《温暖集》《给少男少女》《意大利访问集》《纪念鲁迅先生与未名社》《怀旧集》等,共计约100万字。

李霁野的散文写作有自觉的文体意识。他初识鲁迅时,曾表示自己对英伦随笔(essay)的偏爱,鲁迅亦鼓励他多读英国名家的作品,并在合适的时机付诸实践。1928年,在鲁迅先生的鼓励下,李霁野开始尝试写作随笔散文。

《温暖集》:用生命微光传递人间温暖。其中《三幅遗容》是其最早的创作,初以《生底漫画》为总题,分期在《未名》半月刊上发表。这《三幅遗容》分别记叙了作者已逝的三位亲人,祖母、外祖母和母亲,文笔清新朴素:

> 夏日夜间是最快乐的时候。天空流动着一亢亢的浮云,闪耀着明亮的星星,不远的树上不断地送来蝉声,院中还残留着日间的热燥,孩子们洒水的洒水,预备茶的预备茶,搬椅子的搬椅子,不久老人们便都坐在院中乘凉了。起始是缓缓地谈天,各人都挥着扇子。渐渐孩子们不耐了,就嚷着要老人们说故事。于是没有人声了,连挥扇声也没有了,一个人缓缓说着

故事,老人们也倾听,孩子们更不用说了。

李霁野1923年春天跟随韦素园一同到北京读书,三年未归,直到1926年夏因母亲病重才回家探母。这使他对母亲心怀愧疚长达半个世纪,1936年的《听雁》、80年代初的《春晖忆》,都抒发了李霁野心中的怀念和哀痛。

李霁野曾多次引用过威廉·考帕尔的诗句:"悲苦的已经被时间洗去伤痛,只留下一点余味,而其中又多半是含着甜蜜的了;欢乐的却又渗进了一些淡淡而无刺痛的忧伤,变为比欢乐更为引人的境界了。"他的怀人之作即是如此,不故作哀愁煽情,而求对亲情故交悲欣交集的通达之感。《三幅遗容》避开这类文章多从伤悼入手的老套,深情回顾听祖母讲故事时那夏日夜间的快乐、在外祖母家亲近乡间景物的欢喜和小时伴着母亲做针线活的情境,以温暖的记忆冰释生死相隔的离愁,以馥郁的人间情味安慰渐凉的人生,那萦绕三代人之间的朴实的亲情因此更显绵长,更打动人心。

在《父亲》中,他通过几件小事勾画父亲形象:对小儿纠缠的忍耐,亲手做字丁、做抄书本教孩子认字,无偿替镇上兵丁写家书,在大家庭里忍辱负重……星星点点,尽是人间琐事,却呈现了一位中国传统家庭中好脾气、有责任感、谦和儒雅的父亲形象。李霁野说:"在对事对人上最使我受影响的,只有父亲一人。从我记事以来,我觉得没有人比父亲再慈蔼,再诚恳,再牺牲自己,再宽容别人的了。我自愧不能有约翰·布朗(Dr John Brown)那样动人的笔,像他给约翰·卡恩思(John Cairns)写信似的,写出父亲的生活来,我所能写出的,只是几件我永世不能忘记,而且每一念及就心底里涌出欢欣感谢之情的小事。"①

---

① 杨联芬,刘伟:《生命的微光 人间的智慧:谈李霁野的散文》,《中国现代文学研究丛刊》,2005年第2期,第179—193页。

李霁野早期的散文作品如《归途杂记》《美丽的甲虫》《乐观主义》《反表现主义》等多从生活即景入手,试图在漫谈中把话题引向开阔,有一点英伦随笔的影子,但囿于高耸的"自我"之墙,所以气相不大,态度也偏于急切。到了30年代,随着阅历的增长和经由翻译积累磨炼的艺术感受力的成熟,李霁野的散文也变得潇洒而富有情致,如《生活的曙暮光》《蟋蟀》等篇什,均从容不迫,既富有知识密度又无掉书袋的匠气,在娓娓的叙谈中间杂着蕴藉隽永的乡愁,确是情理兼备的好文字。

在李霁野回忆师友的散文中,写得最好的,是有关鲁迅和韦素园的。韦素园是李霁野的同乡、挚友,"宏才远志"却不幸"厄于短年",去世时年仅30岁。《忆素园》写于1936年,从两人童年嬉戏、少年读书开始,一路写下来。童年时代的韦素园,"不像一般孩子似的爱嬉笑,也总是沉默的时候居多","在别人谈笑时他总爱咬着指甲,静坐在一角向人凝视"。生性安静和屡遭不幸(疾病、兄弟死亡等),导致了韦素园沉默的个性。关于这一点,鲁迅在《忆韦素园君》中也谈到过:"笑影少原是未名社同人的一种特色,不过素园显得最分明,一下子就能够令人感得"。相对于鲁迅对韦素园不乏敏锐但失之笼统的描写,李霁野的散文,则有更多生活细节的展现。最有趣的是韦素园醉酒之后与同伴在街上打泥巴仗的情形:"在对方早无人影的时候,素园还一边摸抓泥土,一边迷迷糊糊地说:'不行,打到底!'几个人好不容易才把他送回家里去。"从安庆到北京,李霁野一直与韦素园一起,两人互相鼓励,学外语、译书、与鲁迅交往、办杂志、出书……其间的坎坷、艰辛、快乐,在李霁野的笔下均得到生动的再现,这些作品也成为研究未名社的珍贵材料:

> 钱一凑齐,我们就将《出了象牙之塔》付印,于9月间出版;1926年1月我们出版了《莽原》半月刊。那时候校对,发卖,扎包,邮寄,都是我们自己动手,我们感觉样样事都是愉快的工作。除了离开北京的短

期之外,看守大本营,埋头做烦苦工作的,多半都是素园一人。有几个时期的账目也是由他管,自然他不是专门的能手,我也不是,因此有些可笑、可悲的结果。我们常常要掏并不宽裕的腰包,补足算不齐全的数目。有次素园给我看他所记的账,我不禁笑起来了。他在出入对比的结数下加了一大段注脚,说明一枚铜板的差误的来由。这样不归路数的账,供给了我们长期的笑料。笑后,素园常庄重地说:"总之我要使它无错。"

1924年冬天的一个下午,李霁野被一位朋友领着,来到北京西城偏僻的一角,第一次拜访鲁迅。"一叩门,便被让进去,因为来访是事先约定的。不大的四合院里种着几棵小小的树,一点声音没有,静寂得有如古寺。上边居中的一间房分成两段,我们走进靠里的一间小屋。一位留着短短的胡须,上身穿着灰色毛线衣,裤脚扎着腿带的人从书桌跟前站起来。不用介绍,从额角和那炯炯有光的眼,我便知道这就是我所景仰的鲁迅先生了"。由于译书和办未名社,李霁野与鲁迅成了忘年交。他一生所写的散文,有相当一部分都是关于鲁迅的。

写于1936年11月11日的《忆鲁迅先生》,在所有记叙鲁迅的文章中,独具特色。这篇文章有几处写到鲁迅吸烟:一处是1924年作者拿着译稿第一次拜访鲁迅,坐在他狭小的卧室兼书房。时值隆冬,"鲁迅先生是不断吸烟的,所以这间小屋里早就充满了浓馥的烟了。看出我是怕烟的,他便笑着说,这不免太受委屈,随即要去打开窗子"。另一处是1929年鲁迅由上海回北平省亲,去西山看望已经病入膏肓的韦素园:

> 记得1929年5月先生回北京时,一见便问我们怎样去看素园,过两天我们便一同到很远的他养病的地方去。在畅谈了几点钟之后,素园才想起几次让请先生吸烟,他都摇头说不吸了,是为避免使病室里有烟味,不是真的戒绝;再三说了对自己无碍,先生才走

出病室,站得远远地急忙吸完了一支纸烟。

李霁野写道:"这是小事,是的;然而小事里正可以见体贴。"寥寥数语,鲁迅的真诚及李霁野对他的尊敬,尽在不言中。《忆鲁迅先生》记叙作者与鲁迅交往的点点滴滴,鲁迅为扶持青年作家所做的一切,如校改译稿、审读文章、商量出书、筹办刊物,以及因劳累过度而吐血,等等。由于都是作者亲历的生活细节,因此尽管语言平淡,情感却浓得化不开。《忆鲁迅先生》是李霁野创作的第一篇纪念鲁迅的文章,此后的大半个世纪,他陆续写下有关鲁迅的文章多达数十篇。①

散文集《给少男少女》是用爱的哲学敞亮青春的心扉,集中表现了李霁野先生对人生现实问题的深刻感悟。抗日战争后期,李霁野曾在四川白沙女子师范学院任教,期间多次被学生邀去演讲。李霁野有一个习惯,就是演讲之前,只写出简单的纲要。后来,他凭借记忆整理了其中六次演讲,分别题为《读书与生活》《桃花源与牛角湾》《至上的艺术——爱》《试谈人生》《"严父慈母"的新估价》《漫谈食睡哲学,希腊悲剧,包公案,性别及其他》,于1946年1月编成《给少男少女》一书,1949年1月由文化生活出版社出版。这本集子主要是根据青年学生的年龄特点、学习生活与思想水平量体裁衣创作的,体现了李霁野对青年学生的关爱。

旧中国的青年学生受儒家封建思想的影响很深,一直存在"万般皆下品,唯有读书高"的旧思想。针对这种现象,李霁野在《读书与生活》中旁征博引地告诫青年学生读书应有正确的态度,让他们懂得了在读书的同时还要扩大与充实自己的生活经验。同时他还告诫青年学生:"读书不是要应付考试,不是要敷衍外来的要求,却是要满足自己内心的需要,充实自己的生

---

① 杨联芬,刘伟:《生命的微光人间的智慧:谈李霁野的散文》,《中国现代文学研究丛刊》,2005年第2期,第179—193页。

活","读书必须是自己的有机的一部分,必须和自己的生活经验熔为一炉。"针对旧中国青年学生把学习和生活相脱离的现状,他阐明了读书与生活的辩证关系:"现实生活的经验越丰富,读书的欣赏和理解力也就越深广,也就越能领略书中的真味","光读书而无生活,只尝得到间接的经验,和吃嚼过的饭差不多;光生活而不读书,却势必空虚,狭小。"他在演讲中用具体的事例说明读书可以增加生活的经验,生活经验也可以反过来提升读书的理解和鉴赏能力。他这些独到的认识,让生活在旧中国漫漫暗夜中的青年学生们寻到一盏明灯,指引他们前进,在当时引起了很大的反响。

  青年大学生,随着生理、心理的发育成长,男女之间产生感情是很正常的事情。因此,作为教师的李霁野,既要引导学生明确学习目的,树立正确的读书态度与方法,也要引导他们如何正确处理爱情中遇到的问题。在题为《至上的艺术——爱》的演讲中,他首先运用实例讲了爱情在西方生活和文学中所占的重要地位,以及西方近代思想家对于爱情所持的科学态度。同时李霁野指出,在对待两性关系上"我们的态度是要了解这些情形,正视事实,不是要苛责,要裁判。同情的了解和指导才是我们应做的事"。"我们应该将爱情看作一种艺术"。在针对两性之爱的各种烦恼上,李霁野也向年轻的女大学生提出了自己的宝贵建议。文中还有一点特别值得关注,即作者提出要重视计划生育:"为母亲的健康,为孩子的教养,孩子的数目都有加以限制的必要,尤其在现今的中国。"这尤其体现了李霁野的远见卓识。

  李霁野在演讲中,不是板着脸一一说教,而是用诙谐幽默的语言,让学生们在深受启迪之余又常莞尔一笑。李霁野也谈到了青年人结婚以后如何巩固夫妻之间爱情的问题。首先,他指出"结婚不是爱情的终结,却是爱情的延续"。其次,他指出结婚后该如何巩固爱情的方法,他认为"两个人的充分适应,不是一件容易的事,而且往往要好几年的时间。所以精心的培养,在结婚后和结婚前一样的重要。只有保持着情人的态度,继续对爱的艺术精求,才可以使爱情持久,一生在蜜月中度过"。李霁野对于爱情和婚姻的见解,深受学生们的欢迎,也对学生们以后的生活起到了积极的作用。即使在今天,仍具有借鉴意义。

在《试谈人生》中,李霁野开诚布公道:"我们既然来到人间,也就是登了舞台,我们就要演一出好戏;我们既然入了梦境,我们就要做一场好梦。"孔子说"未知生,焉知死",李霁野却反其意而用之,说"未知死,焉知生",将生命的意义与死亡的永恒恐惧联系起来,阐述的却是一种直面人生、重视现时的人生态度。他说:"地上是我们的乐园,天国让不好好活在人间的人去享受。"青年们常怀着"玫瑰色的梦"和"天鹅绒的悲哀",故此,他提醒青年"避开现实,只坐在天鹅绒上的人,是经不起一针的怯弱者","我们要想建起地上的乐园,必须拿有高,有广,有深的生活做基石"。李霁野赞赏将人生比作古希腊火炬竞走的态度,欣赏兰多的《生与死》,主张一种积极有为而又从容面对死亡的人生态度——"我们从黑暗中来,一闪就回到黑暗中去。我们的责任是从以前的人接过火炬,再将它传给后来者。使火炬不熄灭,或更进一步增加它的光,便是人生的意义和价值"。

散文集《给少男少女》都是从实际出发,畅谈一些生活上所常见的问题,并不刻意求深,融进了作者的个人的人生经验和感悟,并广泛吸取了古今中外的人文主义精神,因而健全通达,亲切风趣,读来津津有味,令人怡然忘倦。

李霁野散文作品的突出特点是英伦随笔滋养下的知性写作。作为翻译家,李霁野对西方文化和文学的接纳,主要是通过文本阅读实现的。广博深厚的西方文学给予了他丰富的营养,磨炼了他的思想和情操,也影响了他的散文创作。就散文创作而言,李霁野可能受英伦随笔的影响更大。李霁野的散文,在笔调上追求从容与亲切,在内容上则往往追求知性的表达,这些都使我们联想到兰姆、吉辛以及罗素的风致。《温暖集》中的散文,有一些以自由联想为特征的篇什,充满语言与智慧之美。《生活的曙暮光(Twilight)》,情景相生,语言凝练优美:"有时我在这积雪里漫步徘徊,脚下轧轧地响着清脆的雪声,仿佛是静死中的一种音乐,听起来很清爽,很新鲜,同时又很亲密,就像是同游的伴侣一样。望着远方村里的炊烟,容易想起故乡的景物,偶然有几声鸡叫,心里就觉得再愉快不过了。"《蟋蟀》一文,由蟋蟀神秘而凄凉的声音,写到儿时小伙伴的斗蟋蟀游戏;由英国作家霍姆斯(Oliver W. Holmes)的随笔,写到诗人密尔顿的诗歌;由蟋蟀这一小动物,引出不同的人、事和生活经验,所抒发的是作者心灵中难以抹去的乡愁。李霁野的散文,充满了大量的"互文性"文字——把古今中外的文学、知识,与自己的体验巧妙地糅于一体,使文章充满智慧和情趣。他的很多散文,或在开头,或在文中,穿插了大量的英文诗文。譬如在《给少男少女》中,外国作家、哲人的名言隽语随处可见。李霁野对外国诗文的引用,不是掉书袋,而是借西方先贤的智慧,表达自己的体会。《木瓜》写作者一位"毫无用处"的表兄,就以《马太福音》中的语句开头——"请看田野里的百合花,它们怎样生长;它们既不劳作,也不纺织",暗示所写人物的处境。作者这位表兄,"他的篱笆常常破碎;牛不是走迷路,便是走进白菜地去了;他田地里的野草,准比别处生长得迅速;总在他要有户外工作的时候,雨就偏偏下起来了……"这位"尴尬"的表兄,却是一位善良人,夏天他给"我"送来清香的木瓜,冬天则折几枝腊梅插在"我"房间。作者感怀着这位已经离世的表兄,笔下的文字,幽默中含着沉重。写这样一个人物,李霁野说:"有人笑我偷抄华盛顿·欧文(Washington Irving)的文章了吗?其实我觉得还没有抄够!我的这位表兄有些特点使我常想到瑞普·凡·文克尔(Rip Van Winkle)——那位令人愉快的,不朽的人物!"这样的自嘲,也点出了李霁野文学影响的来源。①

知性散文表达的是经过反省和玩味、获得理解和深化的人生经验与生命体验。散文集《给少男少女》为青年学子指点人生迷津,风趣通达。"《给少男少女》诸篇则接近蒙田的风度……李霁野先生也是一个蒙田式的新型人文主义者,他的这些文章的谈话风格不是孤芳自赏的抒情独语,而是一个洞察人情却不世故的智者与读者推心置腹的交流"。②

在西方文学影响下对人生的哲理思索,使李霁野的散文在平凡中平添一种隽永和深沉。亲切的语气、真挚的情感、与读者的平等关系,这形成了他散文的富于"知性"而又娓娓动人的自然真诚的风格。亲情、友谊、知识、经验、生与死、爱与美等等,人生的瞬间、琐屑的小事,都可以成为他散文创作的对象。他"珍惜这些生活的鳞爪","有意或无意地咀嚼"和"品尝",以一颗拳拳之心,向读者奉献他对人生的爱与思索。

在中国现代散文史上,李霁野的散文也许称不上大家,但却是极富个性的一家。他的散文,真实地呈现了一个现代知识分子真诚、善良而富于自由思想的心灵。

在李霁野的文学创作中,最早写的文学体裁是诗歌。李霁野自幼爱好古典诗词,对自然风景也尤为热爱,常常诗兴大发,故而很多时候李霁野都喜欢以诗来言志,以诗来抒情。李霁野对旧体诗始终情有独钟,他常常以旧体诗来表达幽深复杂的情怀。他说:"1921年一个夏夜,我突然醒来,就当时我的所感写了一首五言古诗。我那时读书并不多,也不大懂作法,只求读起来顺口就是了。"1921年,17岁的李霁野开始写旧体诗。抗

---

① 杨联芬,刘伟:《生命的微光 人间的智慧:谈李霁野的散文》,《中国现代文学研究丛刊》,2005年第2期,第179—193页。
② 解志熙:《"严肃的工作":〈李霁野文集〉阅读札记》,《鲁迅研究月刊》,2005年第1期,第53—61页。

战期间,李霁野只身逃离北平之后,偶然将一时的感想写成格律诗,用以慰藉痛失国土、远离亲人的孤苦心灵。1944年初,李霁野到四川白沙女子师范学院任教,之后的两年,是他诗歌、翻译创作逐渐走向成熟的重要阶段,教诗、读诗、译诗、写诗,成了他这一时期生

图九 《李霁野文集》
9卷本 2004年版

活中的主要内容。李霁野的旧体诗有很多是写给他的不在身边的妻子的。李霁野夫妻俩的感情一直很好,在抗日战争时期,夫妻分居两地,他每周都会写一两页信给妻子,写到情深意切之时还常赋上自己的佳作。像"往时小别倍增怜,数载离分苦不堪"这样的诗句,都承载着李霁野深刻的人生体验和对妻子深深的思念之情。"怜君二载倍尝辛,独处吾乡无故人。一夕三惊心数地,思远扶幼忆双亲"。这首诗作于他们离别两周年之际。这些诗作在维护他们的夫妻感情生活方面,起了重要的润滑剂的作用。他的夫人刘文贞后来在回忆文章《伉俪生活五十年》中说,这些诗对促进他俩的夫妻感情起了重要的作用。"诗说出了我想说而说不出来的话,也描绘了我体会而体会不够明确的感情"[①]。因此在抗战的几年间,他们夫妻的感情一直是有增无减。在特殊的时代,诗歌在李霁野夫妻日常生活的表情达意上起到很重要的作用。抗战胜利后他辗转回乡探亲,一路上又写下一批记游绝句。

1948年,李霁野把自己所写的旧体诗加以整理,集为《乡愁集》,共154首。以描述他个人在抗战期间的艰苦遭际为主要内容,充满悲愤和感时伤怀之情。有些篇什抨击了国民党的腐败政治,也有如《毛主席到渝和谈》一首:"一柱擎天破寇倭,

---

① 刘文贞:《李霁野纪念集》,上海文艺出版社,2004年,第301页。

身临虎穴化干戈。从容谈笑评今古,万户争传咏雪歌。"表达了他对毛主席的无限崇敬。1961年,李霁野把新中国成立后所写的旧体诗集为《国瑞集》,主要收1951—1971年所作,共150首。《国瑞集》主要是描绘新中国成立后祖国的新面貌,视野开阔,感情激越。新中国成立以后,李霁野的足迹遍布半个中国,所到之处,即兴成咏,写景抒情,浑然一体。收录在文集和文集补遗中的诗集共有5集,即《乡愁集》《露集》《国瑞集》《卿云集》《琴与剑》,共收诗400多首;还有两部叙事长诗,即《海河岸上人家》(1108行)、《史湾赵平》(764行)。《海河岸上人家》描写工人子弟王大虎在朝鲜战场上勇敢、无畏的表现,树起一块礼赞英雄的碑石。《史湾赵平》写"一位英勇战士的业绩",这位战士就是前文提到的赵赤坪,"史湾赵平"实际就是"叶集赵赤坪"。

  李霁野的5部诗集。前4部为格律诗,《琴与剑》收录的是新诗。旧体诗的写作曾给李霁野带来过灾难。"文革"一爆发,他就被南开大学的当权派抓了出来,并被抄家,罪证是他的一本没有发行的旧诗集。他的诗成了反党的铁证。"素交相携访乡贤,果腹糟糠衣带宽。国事日非言路绝,相期枯坐只谈禅"。这首诗是在重庆写的,抒发了李霁野对蒋管区的不满和愤慨之情,却被说成是污蔑现实。他于1945年8月在四川白沙写的诗中有"不卜何时能渡峡,心思先伴月明归"的句子,有要渡过山峡早回故乡的意思,却被曲解为梦想渡过海峡投奔蒋介石,并以此诬陷他是蒋介石派过来的特务。李霁野温文尔雅的个性,但骨子里还有着着铮铮傲骨,他贴出上万字的小字报给予批驳,为此遭到刑讯折磨。甚至曾因此被扫地出门,一个人住在外号叫"西伯利亚"的小屋内。"青春永逝豪情在,时届严冬爱玉梅。烈火燎原焚恶莠,坚贞傲骨定难摧"。旧体诗写作成为他在苦难中的精神支柱。李霁野的旧体诗与他的卷帙浩繁的9卷文集相比,数量虽然有限,但它却像镶嵌在银河中的星辰,散发诱人的珠玑的光芒。这珠玑般的光芒使李霁野所走过的文学之路更加辉煌。

　　李霁野不仅写诗,也译诗。深厚的汉语和英文造诣,独到的文化素养和审美情趣,使他的译诗别具风采,达到了很高的艺术境界。

　　李霁野的文学活动,还有一个非常重要的方面,那就是他在鲁迅研究上所取得的成果。李霁野青年时结识鲁迅先生,此后他便一直怀着深深的鲁迅情结,在鲁迅生前经常与他互通书信、在鲁迅逝世后帮助照料鲁迅在北京的家、参加纪念鲁迅先生的活动。鲁迅逝世后不久,李霁野就写出了《纪念鲁迅先生》《鲁迅先生与未名社》《鲁迅先生的精神》等很多鲁迅研究专著、论文,成为了鲁迅研究的专家。这些研究成果不仅构成了李霁野文学创作的一个重要组成部分,也为鲁迅研究提供了珍贵的史料。

　　注:本节所引李霁野的译著作品均出自《李霁野文集》,百花文艺出版社,2004年版。

第六节　韦丛芜的文学活动

　　韦丛芜(1905-1978),原名韦崇武,又名韦立人、韦若愚,是"未名四杰"中年龄最小的一位。五四运动时期开始接受新思想,追求民主政治。1923年秋,韦丛芜应三哥韦素园之邀,来到北京崇实中学读书。第二年,大哥韦凤章病逝,两兄弟的经济来源因此断绝,年仅19岁的韦丛芜试图以笔谋生,尝试翻译俄国著名作家陀思妥耶夫斯基的传世之作《穷人》。也就在此时,韦丛芜等人开始了与仰慕已久的鲁迅先生的交往。

　　在未名社诸人中,以韦丛芜的诗艺最高,他著有诗集《君山》和《冰块》。他也是最敢袒露情怀的人,作品不遮不掩,有一股热力。《冰块》卷首引了《我踟蹰,踟蹰,有如幽魂》中的两句作为题词:"消不了的是生的苦闷/治不好的是世纪的病。"这两句应是韦丛芜对自己诗歌创作的心境和情绪的概括。他开始写作时正赶上五四落潮,大时代的幻灭情绪和他对青春的幽怨融汇在一起,让他的创作成了"生于离乱时代的一个孤寂的灵魂的自白"。其诗风凄婉,意象绮丽,介于浪漫主义和现代主

图十 作家韦丛芜

义之间,又时时夹缠晚唐式的古典感伤主义的遗绪。《君山》作为《未名新集》丛书的第一部诗集于 1927 年印行,为中国现代叙事诗的发展增添了新的光彩。

《君山》长 40 节、600 多行,与朱自清的《毁灭》、冯至的《吹箫人》《蚕马》、朱湘的《王娇》等相呼应,构成中国新诗早期阶段的长诗阵营。韦丛芜写作《君山》与自己的一段感情经历相关。1922 年秋,韦丛芜考入湖南岳阳湖滨大学附中二年级,1923 年春放寒假时,在火车上邂逅了岳阳城内某教会女中的两姐妹,彼此情意相投。这便是诗中所写爱情的本事。君山是一个盛产爱情故事的地方,诗中所写"我"与"山女""白云"姐妹的恋情,让人想到舜与娥皇、女英二妃的凄艳传说。长诗创作于 1923 年 2 月至 1925 年 7 月,这段时间正好是新诗审美探索的一个关键期,小诗、湖畔诗社、新月诗派和象征诗派都有不错的实践。《君山》体现的是一种综合之美,其谱写爱情的缠绵相思和恋爱心理的大胆、质直,和湖畔诗人的爱的纯粹相似;其对格律、音韵、诗行排列的讲究,与新月诸人有不谋而合之处;其意象的运用、诗思连缀的方式,又有些象征主义的风味,显现出诗人不凡的艺术天性和对诗坛动向的关注。鲁迅先生看后,认为

这首诗同作者的年岁一样,是"青"色的,决定在《未名新集》丛书中出版。鲁迅还特请著名画家林风眠为之设计了封面,又请著名画家司徒乔为诗集创作了 10 幅精美的插图。《君山》出版后,成为当时最畅销的诗集之一,鲁迅先生称之为"是相当可看的作品"。

《君山》诗有两点显现出诗人特别的匠心:其一,感情的"放"与诗行的"收"兼顾,始终把全诗拢在一种饱满的张力中。鲁迅所评价的"和作者的年岁一样,是'青'色的",其实点出了这首诗青春写作的特质,情感不加节制,易把纤细的情绪放大,如诗中自言的"不能制止心潮的泛滥"。为了平衡这种过热的情思,诗人的办法是用一种相对较短的诗行,将泛滥的感情凝定在婉转、排列相对整饬的短诗行中,像把洪流导入河道。其二,有节奏变化的复沓手法的大量运用,营造出一咏三叹的韵致。如第一节中将"夜幕中卧着一座荒凉的野站/月台上耸着三个黑黑的人影/冷风在衰草上飕飕作响/飘飘地摆着台上人的衣裙"四句反复,但反复中或有字词的增减,或有顺序地调整,既避免一味重复的冗余,又很好地烘托出初次相见的气氛。又如最后几节,从"我披着松荫默坐"到"柳荫下坐着我独自一人",再到"月光下我独在林边伫立",几个场景的过渡像电影的溶镜头一般,勾勒出失恋的诗人徘徊难遣的惆怅。①《君山》语言带有新诗初创时期的特点,但它摆脱了当时主潮诗歌明显欧化的倾向,相当中国化,是现代叙事长诗中不可多得之佳作。沈从文在《我们怎样读新诗》中这样肯定《君山》在形式技巧上的表现:"韦丛芜的《君山》写故事诗明白婉约,清丽动人且为中国最长之述事抒情诗。"②确实,这首爱情叙事长诗,记录了作者炙热的青春恋情与青涩的伤感,有着浓郁的抒情况味。

---

① 马兵:《"荒坡上的歌者":谈未名社的诗歌与散文创作》,http://www.chinawriter.com.cn 2014,3,21.
② 沈从文:《我们怎样读新诗》,《现代学生》,1930 年 10 月创刊号。

《君山》充分展示了五四之后的青年人渴望摆脱礼教束缚、勇敢追求自由恋爱的内心需求,把握住了那个时代的精神脉搏,凸显了五四之后青年群体的精神状态。其惆怅迷惘的基调也折射了五四高潮过后青年人梦醒了无路可走、歧路彷徨的社会现实——与郁达夫的小说有着共同的感伤精神谱系,深受当时青年的欢迎。皖西地域文化是韦丛芜人生成长和文学创作的基础,他被皖西北楚文化的浪漫主义精神深深地浸染,使《君山》具有浪漫虚幻的美学特征。诗歌通篇采用清新通俗的语言,通过优美的意境,烘托出为爱情所陶醉、为爱所痴迷的青春情感。有时也采用直抒胸臆的抒情方法,任心中积郁的思念与痛苦自由流淌,但没有丝毫的矫揉造作之感,完全是自然呈现,显露出一派素朴的自然风貌,和"专心致志写情诗"的湖畔诗派具有相似的诗风,但比他们更缠绵、更低回,也更加感人。从整体上看,《君山》已明显地摆脱了主流诗歌欧化的痕迹,能运用优美的意象,营造出具有中国风味的抒情氛围,很好地实现了中国诗歌从现代到传统的回归。《君山》还在古典的抒情氛围中蕴涵了现代哲学角度的思考,即使是借用外来意象如"蛇""古堡""箭"等也都化用得不露痕迹,使得《君山》在传统与现代之间保持了一种张力。《君山》的创作实绩标志着新诗在新文学史上的"开始成熟阶段"。"在韦丛芜创作《君山》之际,正是小诗流行的时候,拿那些相形见绌的小诗来比较一下,《君山》就更显得非同寻常。很少有谁具备韦丛芜这样经营长诗的大手笔,并且能把这么长的诗写得如此精致、情韵皆美,这在那时确实是罕见的。我们可以真切地感受到作者对新诗艺术形式所抱持的那份真挚及创新冲动,以及在音韵形式、节奏格律、语言的精雕细琢等纯形式意味等方面所作出的精心努力"。韦丛芜的《君山》改变了当时对于西方现代诗歌一边倒的取向,通过融合实现了现代诗歌的传统回归与折返,改写了五四诗歌文化面目模糊不清的混杂局面,理应在诗歌史上大书特书。①

相比于《君山》,诗集《冰块》收录诸诗对人生的思索更深邃,然而在情调上却更阴郁和晦暗。这个诗集中有不少《野草》式的精警意象,如"绿绿的灼火""爱的毒蛇""荒坡"上的"歌者""野冢"中的"骨骼""荒原"上燃烧的"孤魂""病房"里遥闪的"黑影"等,甚至构思方式也是《野草》式的自我诘问和自我审视的。如《诗人的心》中的"他""在生之挣扎里更痛感着生之悲凄,他踯躅于人间,却永为人间摒弃"。这里的"彷徨于无地"之感与《影的告别》何其相似! 又如《绿绿的灼火》一首,在"空虚""死寂""漆黑"里死着的"我",在心里面居然又燃起"绿绿的灼火",这不甘于死灭和萎靡的生命之火提醒"我"曾拥有的"力量""热情""幻梦""青春"和"雄心"。诗中的"死"与"火"像鲁迅的《死火》一样,也昭示着一种生存的悖论情境。不同的是,在鲁迅那里,"死火"始终有着勇毅的担承,而在韦丛芜笔下,心底烧灼的火最终还是归于寂灭。② 与《野草》相比,《冰块》的表达显得更浅露直白,有较多新文学初期常见的感伤气息。在格式上,《冰块》不同于《君山》中四句一节的较为整饬的形式,多采用惠特曼式的自由体,显然带着对当时诗坛上盛行的新格律诗体的不满。韦丛芜还有一组散文诗《我和我的魂》,1925 年发表于《莽原》周刊,借助"我"与自己"灵魂"的对话来隐喻威权之下的几种人性,构思也很奇诡。

这样一个著名的诗人后来竟默默地淡出文学史的视野,其中缘由让人颇生感慨。韦丛芜此后的文学活动主要是文学翻译,与他坎坷的人生命运相伴始终。

1931 年 9 月,随着未名社的解体,韦丛芜经李霁野介绍到

---

① 张堂会:《大志未酬含恨死,等身译著亦千秋!——简论被遮蔽的皖北现代作家韦丛芜》,《阜阳师范学院学报》,2009 年第 5 期,第 6—10 页。

② 马兵:《"荒坡上的歌者":谈未名社的诗歌与散文创作》,http://www.chinawriter.com.cn 2014,3,21。

天津市河北区女子师范学院任教，在教学之余翻译了《英国主要戏剧家》，并修改了前译的《撒谎记》。但此时国是日非，华北之大，已安不下他的一张讲桌了。11月8日，天津日军组织汉奸便衣队千余人，自日租界冲入华界，并借口其排长被流弹击伤而向华界开炮，搞得华北各大院校停课，师生逃散。面对日益深重的国难，韦丛芜虽卧病在床（肺结核病），但仍思考救亡图存之道。恰在此时，梁漱溟、晏

图十一 《韦丛芜选集》封面

阳初、卢作孚等一批社会学者提倡"乡村建设"，号召知识分子到农村去，组织教育农民合作救国。

在三位探索者"乡村建设"的理论影响下，韦丛芜认为，要挽救中国的命运，必须振兴经济；要振兴经济，就要抓住乡村建设这重要一环。而要达到此目的，必须有一套新的经济制度，为国内各党派各阶级所接受，这种合作才能坚持，才能有效地应付强敌。他初步形成自己理论构想——以农村为基地的抗日救国设想。

为了使自己的设想尽快实现，他毅然辞去了大学教授的职务，中断了文学生涯，1933年1月与时任国民党天津市党部委员的同学邵华同去南京求见陈果夫、陈立夫，谈全国合作化设想，得到"二陈"的赏识。① 4月，"二陈"安排他编制实施方案，很快韦丛芜便将全国合作化设想编成《合作同盟》小册子，印了6000册，并向鲁迅先生奉上一本请教。鲁迅看后，致信台静农，谈了前文所引的一番看法。6月，韦丛芜回家乡霍邱县考

---

① 史挥戈：《韦丛芜"合作同盟"问题辨析：从新发现的两件韦丛芜的史料说起》，《山东师范大学学报》，2000年第4期，第27—30页。

察城西湖、城东湖,一周后撰写了《开发霍邱县东西两湖实验农村合作化计划书》。1934年12月,由陈立夫介绍,后又经山东乡村建设研究院院长梁仲华、北京大学教授徐旭生、安徽大学农学院院长冯紫岗推荐,韦丛芜被任命为霍邱县代理县长。接任后,韦丛芜怀着"书生投笔试经济,只为御侮寻妙方"的决心,发动群众修闸涸湖,以实现自己的理想。

可是韦丛芜的一系列做法,得罪了当地的土豪劣绅。地方上的贪官污吏和土豪劣绅沆瀣一气,将罪恶的魔爪伸向了韦丛芜。1937年1月,恶霸豪绅重金收买兵痞王于清,要他杀害韦丛芜。王于清深夜潜入县衙大院,看到县长竟是个年轻的白面书生,半夜还在油灯下读书,于是他的内心就不安起来。韦县长为民办事他也有所耳闻,而且这两年湖田丰收,贫苦百姓的日子有了改善,在这样的人身上下毒手,岂不是罪过?出于良心的发现,王于清向韦丛芜作了"坦白交代",后被韦丛芜的母亲认作义子。不肯善罢甘休的地方恶势力又串通一批土豪劣绅,以"霍邱旅省同乡会"的名义向安徽省政府主席递交了一份近4000言的控诉状——《呈控霍邱县长韦立人祸霍原呈》,对韦丛芜进行恶毒的攻击和陷害。省政府迫于官绅的压力受理了此案。1937年2月安徽省政府以"渎职罪"撤去了他的县长之职,并将他逮捕关押,直至抗战全面爆发他才走出国民党政府的牢门。

20世纪末,韦丛芜的侄子、新华社高级记者韦顺在《苦涩的念忆》中力证"九·一八事变爆发……这时,有一在美国哥伦比亚大学任教的王锡礼,通过沈从文邀请丛芜去美国讲授中国现代文学,丛芜也做了一些准备打算去。但是转念一想,现在国难当头,这样做不过是避难罢了,于国家何益?便毅然舍弃。这时一些国中知名教授都在号召深入农村,深深打动了丛芜"。诚然,韦丛芜从五四起就一直追求真理,倾向革命,反抗旧势力。在未名社解散之后,面对日本帝国主义的疯狂侵略,他和当时多数知识分子一样,在民族危亡之际积极寻找救治中国的良药。在他代理霍邱县长期间,地方官绅想方设法欲除之而后快,曾游说安徽省民政厅下令把韦丛芜从霍邱调往临泉县任县长,韦丛芜坚决不从。他说:"我是一介书生,从未想过当官,我不去那里当县长,就留在这里开发两湖。"历史工作者高璐女士在《安徽史学》1993 年第 1 期上发表的学术论文《韦丛芜和霍邱的乡村建设运动》也曾谈道:"他的试验救不了国,但确实表明他具有改造农村,争取民族自救的愿望。"

在霍邱的这五年时间,韦丛芜还做了掩护进步青年、暗地保护共产党员等事。我们知道,早在 1928 年秋,韦丛芜和韦素园便把霍邱一批受到当地反动势力追查迫害的共产党人以未名社工作人员的身份掩护下来。

由此可见,韦丛芜由一个进步的青年作家走上实业救国的改良主义道路,其全部动机都是为了振兴农村经济,改变中国贫穷落后的面貌,以抗击日本帝国主义的侵略,具有强烈的民族责任感和"天下兴亡,匹夫有责"的报国之心,并不是鲁迅先生所误解的"神驰宦海"。

20 世纪二三十年代,被誉为"乡建三杰"的梁漱溟、晏阳初、卢作孚在我国掀起一场规模大、时间长、涉及面广的乡村建设运动。古圣人说得好:"内圣方能外王。""乡村建设,实非建设乡村,而意在整个中国社会之建设"。① 在他们看来,中国发展经济的道路不能走发展工商业的道路,而必须走乡村建设的道路,即"必走乡村建设之路者,所谓必走振兴农业以引发工业之路,换言之,即必从复兴农村入手"。② 优秀的社会改革家首先要做到理论的充实、实践的考证。为了实现改造农村的设想,梁漱溟放弃了优裕的大城市生活,举家迁到贫穷落后、生活艰苦的山东西部邹平县乡村落户,开展了全面的文化教育、政

---

① 梁漱溟:《梁漱溟全集·第二卷》,山东人民出版社,1989 年,第 161 页。
② 李凌已:《梁漱溟学术文化随笔》,青年出版社,1996 年,第 96 页。

权建设、地方治安保卫和经济发展合一的乡村建设实验。随后,全国出现了数百个乡村建设团体机构和一大批乡村建设杰出领导者,韦丛芜在霍邱所做的实验即是其中之一。50年代后期,韦丛芜在《读〈鲁迅日记〉和〈鲁迅书简〉》一文中回忆了自己乡村建设运动理想的形成:

"九·一八"事变以来,给了我很大的刺激,我翻阅了若干社会经济的书,并留心报刊上一般的爱国言论和主张……最后想到一切问题全看日本侵略能不能制止,至少是能不能作有效的抵抗,如果不能,那就一切全归于尽了。于是我就在病床上集中思想来考虑救国问题……我想出全国合作化的经济政策。不仅全国土地合作化,各行各业合作化,就是一切国营企业与其它国有资产也一律加入合作组织做中,成立一个统一的中国合作社股份有限公司,在这个合作社里,全国成年男女都是社员和股东……这种"公产私财"的经济组织,我在当时认为是实行民生主义的具体办法,也就是过渡到社会主义的具体办法,同时也是抗日的经济力量和政治力量的源泉。

据当地老人回忆,韦丛芜的改革举措深得民心,贫苦老百姓都夸他是清官。当时,他从三个方面制订计划,逐步实施自己的乡村建设实验:一是办训练班,培训合作人员;二是健全保甲制度,整顿社会秩序;三是开发霍邱东西两湖,开发两湖是他实验农村合作化的主要内容。这是两个内陆湖,水来成湖,水去成滩,两湖四周几十万亩湖田被豪绅占去,并美其名曰"官荒"。韦丛芜通过考察,筹集资金在城西四百丈修建万户闸一座,在任家沟口修建万民闸一座,用以防洪排涝,以确保湖地种植安全。这也是当时淮河中游两个最现代化的大型水利工程。接着发动群众收回了被土豪劣绅长期霸占的湖田,"韦县长斗恶霸李五猴子"的故事至今还流传在霍邱民间。作为一名年轻的爱国诗人,韦丛芜在探求救国之路的历程中,忘我地投身于乡村建设运动,自觉承担起改造落后中国面貌的任务,他采取的具体方式和乡村建设运动的拳拳爱国之心可嘉,为老百姓办实事的勇气可钦。

国难当头,韦丛芜怀着一腔爱国热情,投身到乡村建设运动中。他身体力行,夜以继日,呕心沥血,确实在社会治安、群众教育、人民生活的改善等方面都收到了一定的成效,他曾面对改革的成果赋诗述怀,即《述怀》四首:

(一)

甘冒不韪试经纶,何怨求仁竟得仁。
堪叹神州将沉没,两湖烟景待斯人。

(二)

牛刀小试惊海内,咄咄称怪何为谁。
龙潭虎穴只身闯,哪管他人说是非。

(三)

万顷波光变稻黄,西风卷浪送清香。
书生投笔试经济,只为御侮寻妙方。

(四)

稻逐水长傲水乡,一片金黄十里光。
但遣新策结新果,万家欢跃任收藏。

韦丛芜在乡村建设所取得的成就让我们看到了知识分子参与乡村建设的重要性。韦丛芜的乡村建设运动理想与实践,是他作为一名爱国知识分子用属于自己的方式来寻求救国之路而苦苦探索的思想结晶,对于我们今天的农村建设仍具有借鉴和启示意义。如今的新农村建设,在某种意义上可以说是20世纪二三十年代乡村建设运动思考与实践的延续与继承。在改革开放30年后的今天,我们以一种更加开放、更加务实的态度去对待它、研究它,既是对乡村建设先行者的一种告慰,也是探究韦丛芜弃文从政的一个客观角度。

从实践的检验和历史的考验来分析,1933—1937年韦丛芜在霍邱推行的乡村改革,目的是明确的,措施是具体的,成效也是有的。但韦丛芜为此付出的代价却过于沉重,韦丛芜因改革举措触犯了地方官绅的利益而横遭诬陷进了国民党的牢狱。然而,悲剧还在后头。

1955年,"肃反"运动开始,时任上海新文艺出版社英文编辑的韦丛芜先生,被当地公安机关拘留审查历史问题。1956年2月被押解回霍邱县公安局继续审查。在半年多的时间里,公安机关和当地政府放手发动群众,深入检举揭发,结果非但没有揭发出韦丛芜的什么罪行,反而挖出了他为民造福的一大堆功绩,特别是暗地保护共产党人的事迹,令人震惊。后无罪释放重返上海新文艺出版社工作。1957年韦丛芜翻译出版了苏联短篇小说集《友好的微笑》,1958年翻译出版美国作家德莱塞的长篇小说《巨人》。正当韦丛芜想加劲从事译作时,他又再度被捕,未经审讯就进了监狱,关了一年零四个月。1960年1月13日,由上海市中级人民法院以"历史反革命罪"判三年有期徒刑监外执行,当即释放,并令其移家杭州劳动改造。从此,他失去了安身立命的工作。

迁居杭州的韦丛芜,住在西湖边两间破木板房里。一家老小靠扫马路、摆地摊和亲戚的一点接济来维持基本生活。他给有关部门写过几十封申诉信,全都杳无音讯。就在这样艰难的困境中,韦丛芜还经常到省立图书馆借读大量名著,作了几十本毛边纸笔记,并继续翻译陀思妥耶夫斯基的《魂灵》《孤女》《地下室笔记》《白夜》《叔叔的梦》《诚实的贼》等作品。从20世纪20年代到60年代,韦丛芜花了近半个世纪时间终在垂暮之年将500多万字的陀思妥耶夫斯基的全集全部译完,完成了鲁迅先生所期待的这一浩大的翻译工程。至此,他共翻译中长篇小说和文集57部,总计1000多万字。已出版的,包括俄国作家陀思妥耶夫斯基的《巨人》《罪与罚》《女房东》《西伯利亚的囚徒》《死人之家》《卡拉玛卓夫兄弟》等 200 多万字；现代苏联文学作品《收获》《妮索》《库页岛的早晨》《百万富翁》等 20 多部；美国作家杰克·伦敦的《热爱生命》、德莱塞的长篇小说《巨人》等；英国作家葛斯的《近代英国文学史》等；法国作家贝罗的童话集《睡美人》等。韦丛芜也因此成为我国具有世界影响的著名翻译家。

1978 年 10 月，全国第四次文代会的召开，在他心中燃起了一丝希望的火花。11 月底，浙江省政协决定替这位有着特殊经历的老人安排工作，介绍他到杭州丝绸学院教授英语，韦丛芜枯木逢春，欣然从命，不料因心脏病突发，于当年 12 月 19 日溘然长逝，留下了近千万字的著作及翻译作品，也留下他的惆怅和遗憾。

韦丛芜为自己生命中 5 年的弃文从政付出了极其沉重的代价，身处逆境 20 多年，失去了很多宝贵的创作、翻译时间。1980 年 1 月 31 日，上海市中级人民法院经过认真复查后，重新做出判决，撤销原错判，宣布韦丛芜无罪。然为时晚矣，韦丛芜的作品再也无缘"归来的歌"。历史让韦丛芜跌了个大跟头，也和韦丛芜开了个苦涩的大玩笑。

第三章　徐贵祥研究

徐贵祥,当代皖西籍著名军旅作家,中国作家协会副主席,第十三届全国政协委员,中国作家协会第七、八届全委会委员,享受政府特殊津贴。著有中篇小说《决战》《弹道无痕》,长篇小说《仰角》《明天战争》《历史的天空》《八月桂花遍地开》《高地》《特务连》《四面八方》《马上天下》等,先后获第七、九、十届中国人民解放军文艺奖,第四、八、十届全国"五个一工程"奖,第六届茅盾文学奖。

如果说战争年代需要军事文学,那么处在和平年代的当下更需要军事文学,以提醒世人反省战争,居安思危。军事文学发展到今天不但没有式微,反而有不断壮大的趋势,并且读者关注军事文学的热度丝毫未减。21世纪初,以徐贵祥的《历史的天空》、都梁的《亮剑》、朱苏进的《炮群》等军旅作家的作品为代表,掀起了中国军事文学第三阶段的创作繁荣,他们在当前世界总体和平、局部动荡的生活环境中,凭借其作品强烈的震撼力吸引了广大读者,尤其是和影视剧及其他现代传媒的"联姻"下,更是成为人们关注的热点,取得了突出的成绩,并引领新时期军事文学向着新的高度继续前行。

图一　作家 徐贵祥

徐贵祥曾说:"20世纪的两次世界大战和中国的战争经历,对于21世纪的作家来说,仍然是一座丰富的文学矿源。"他是这么说的,也是这么做的。

第一节　徐贵祥生平

一、徐贵祥:从顽皮少年到战斗英雄

(一)童年

成功的作家,心中总有一块属于自己的土地。故乡,往往就是这样的一个地方,它是作家的心灵属地,情感的寄托处。徐贵祥1959年12月出生于安徽霍邱姚李镇的一个基层干部家庭。父亲徐彦选是当地口碑极好的公社干部,母亲胡馥声是镇上公私合营商店的营业员。

在徐贵祥很小的时候,母亲用硬纸板教他认字,上面写着"天、地、日、月、人、树、花、田"等等,母亲的教学法很是灵活,每教一个字,徐贵祥就能认识很多字。比如,她先让徐贵祥认"一",然后认"十",依次是"木""寸""又""权""对",等他最后认得了"树",事实上已经认识了8个字,而且对每个字的含义都有了很深的印象。徐贵祥后来回忆说,母亲的教学法,至今对他还有影响。

徐贵祥上小学的时候,正赶上"文革"开始,那时候虽说课堂教学比较混乱,但是他却"因祸得福",读了很多书。当时很多书都被造反派当作"资产阶级毒草"收缴存在父亲的工作单位,因此,徐贵祥便有了便利机会去偷书,偷回来就和姐姐抢着看,有时候为了争夺一本书,姐弟俩打得不可开交,甚至为抢书两人还在房前屋后打起了"游击战""运动战"。徐贵祥曾说这

是他走上文学道路的重要原因。当时他读的书有陈登科的《风雷》、江流的《破晓记》，还有《安徽文学》杂志和活页《中华文选》，基本上都是"文革"前出版的。直到现在，徐贵祥对那时候的《安徽文学》还历历在目。他深情地回忆说，那时的《安徽文学》杂志好像是24开本的，"安徽文学"四个字非常漂亮，介于魏草之间，风格独特，采用凹凸工艺印刷，就像钢印那样压出来。现在回想起来，仍觉得不可思议。在20世纪60年代，条件还是很艰苦的，那时候温饱问题尚不能很好地解决，却能把一个文学杂志办得这样精美，这样考究，说明在安徽人的心目中，文学是一件多么神圣的事情！

（二）走进军营

如果说童年、少年时期幸运的文学阅读经历激发了徐贵祥对文学的兴趣，那么，真正使他产生创作激情的还是在他的青年时代。

20世纪70年代末，高考失利后的徐贵祥，面临两种选择：要么在农村当个民办教师，要么到部队参军去。无疑，后者对他更有吸引力。作为家里唯一的男孩，父母对于徐贵祥的参军还是有很多不舍，无奈儿子意志坚决，就这样徐贵祥雄赳赳气昂昂地踏上了军列。没想到，这一走就走出了一片大天地，走出了一个战斗英雄，走出了一个军旅作家。

皖西历来就是一个英雄辈出的地方，在革命战争年代，皖西是鄂豫皖苏区的重要组成部分，是红军的故乡、将军的摇篮。生于斯长于斯的徐贵祥受到故乡红色文化的浸润和育植，也被激发了英雄壮志和顽强毅力。1978年年底，19岁的徐贵祥来到中原的一个军营。

没曾想，刚入伍不久的徐贵祥就被拉到了对越自卫反击战的战场上，这个没有任何实战经验的新兵和两个老兵翻山越岭在山路上奔袭，负重行军，跋山涉水，脚板磨出了血泡，就是为了能够赶在弹尽粮绝之前给阵地上的部队送去干粮。作为新兵参战,徐贵祥首战立功,空军某部记者为此写了一篇名为《铁鞋踏破千重山》的专访,刊登在《解放军文艺》1979年第5期上。作品的结尾这样写道:"战斗开始了,隆隆的炮声划破了夜空,大地在战栗,徐贵祥却在这震天动地的炮声中睡着了。这个瓦西里一样坚强可爱的新战士,我们的好兄弟小徐同志,经过了战斗的洗礼,在完成了艰苦任务之后,他睡得是那样的香甜……"

在前线滚动的炮声和闷热的空气里,徐贵祥一连把这篇特写看了三遍。自己的名字终于被印成梦寐以求的铅字,而且是出现在一个火线送饭的战斗故事里,这感觉新鲜而奇特。这"突如其来"的荣誉,让20岁的徐贵祥有些不知所措,一连几天他都沉浸在激动和喜悦当中。

后来徐贵祥得知,写这篇专访的作者是到前线深入了解生活的济南军区作家刘田增。刘田增在采写这篇特写的时候并没有想过,他的这篇战地纪实作品会对一个人产生多大的影响,更不会想到,他会引导一个人走向文学的高地。新兵徐贵祥难免激动,难免心潮起伏,他自己都被自己感动了,不禁问自己:我有那么勇敢吗?我有那么可爱吗?就在那个瞬间,他的脑子里迸发出这样的一个念头:我为什么就不可以拿起笔来呢?我为什么不可以也写写自己或写写别人呢?

(三)怀揣文学梦的青年军官

20世纪80年代初,在军营里,一米八的个头,加上悟性很高,训练刻苦,徐贵祥的军事素质十分过硬,被上级领导作为干部苗子重点培养,推荐去军区陆军学校炮兵教导大队学习,并由此跨入军官行列。如果照此下去,徐贵祥的军旅生涯将是另一番景象。

可在徐贵祥的心里还有另一个梦想时刻激励着他,那就是当作家。自从被报道为像"瓦西里一样坚强可爱的新战士"后,徐贵祥的文学创作激情就被调动了起来。加上在教导大队的情感体验让徐贵祥文思泉涌,酝酿出了他的处女作《相识在清晨》,并经过修改刊登在《飞天》杂志第 7 期《新芽》栏目,这进一步激发了徐贵祥想当作家的热情并成为他前进的动力。

最初,徐贵祥的创作之路是从写新闻报道开始的,且写得颇为得心应手,一个月之内在《解放军报》《广西日报》和军区报纸上发表了十几篇通讯,一下子吸引了师、团两级宣传部门的注意,很快被调进了团报道组,后来到业余文学创作组,再到后来被调到师政治部当干事,在文学创作的道路上,他一步步向业余作家靠近。

任何成功的背后都有艰辛的付出,徐贵祥也不例外。在文学创作初期,他也是屡受挫折。很多时候文稿一封封投递出去,又一封封被退了回来。后来,单位出了一个战斗英雄,组织上把徐贵祥调到军部去,让他写报告文学,那段日子,徐贵祥做梦都在想下一个情节怎么写。一年后,书出来了,出版社给他打电话让他去领书,可当徐贵祥兴冲冲地翻看后却发现,自己千辛万苦采写的报告文学竟没有被录用!心里的委屈让徐贵祥这个堂堂男儿流泪了。后来连队指导员鼓励他说:"书我看了,他们写的都还没有你写得好呢,你还是回连队来吧,连队的兄弟需要你。"指导员的话让徐贵祥心里感到安慰了许多,但并未浇灭徐贵祥心里文学创作的梦想。

转折出现在 20 世纪 80 年代的中期,这时候部队抽调一批干部到西南边境参加轮战,有过一次战斗经历的徐贵祥意识到这是个体验生活的极好机会,这和他的文学梦也是紧密相连的。虽说发表了处女作,但这对于徐贵祥来说远远不够,他的文学梦想才刚刚展开腾飞的翅膀,他主动找领导争取任务,带着一种豪迈的英雄气概上战场,果然,这一次为时一年的战斗生活给了徐贵祥极大的回报。从此徐贵祥的创作之路"大路朝天,鲜花盛开"。

出发前他给父母打了电话,豪言壮语,表示自己作为一个政工干部,有参战经验,应该身先士卒……为此徐贵祥后来常常自责不已,作为家里唯一的儿子,两次参加战争,给父母增添了无尽的担忧和恐慌。可当时的徐贵祥没想这么多,他只想着让战火和炮弹涤荡自己的身心,作为一名炮兵军官,他曾受过系统的炮兵参谋业务训练,他要在战场上一展身手。

边境线上山高林密,一次战斗中,侦查大队派徐贵祥带领一名排级台长、三名报务员和一部电台,到一个叫茨坪坝的山头,协调友军炮火支援,并构建临时炮兵指挥所,徐贵祥被任命为该指挥所副连级最高长官。那次战斗共发射了190多发炮弹,这是足以使一个中等城市陷入火海的量。炮弹从山顶掠过,刺破云层降落下来,带着尖锐刺耳的呼啸声。此时的徐贵祥内心激情澎湃,好男儿就应该到疆场冲杀,真正的男人是诞生在炮火和硝烟中的!那一刻,徐贵祥找到了属于军人的神圣感和使命感。

战斗和巡逻的间隙,在终年见不到阳光的小木屋里,摩挲着满是老茧的粗糙的刚刚握过枪炮的双手,徐贵祥再次铺开稿纸……战争与文明、战争与和平、战争中的人类情感等各样的思考如雨后的阳光直入心田,照亮了徐贵祥一度混沌

图二 2008年7月1日徐贵祥在青川县抗震救灾演出会上捐赠20万元资助灾后发展教育

迷惘的精神世界,使他如顿悟一般,陡然间心地明澈。趴在低矮昏暗的窗前,徐贵祥全身心投入写作。每次动笔前,他的神情如宗教信徒般虔诚庄重。战地上没有稿纸,他总是把一张复写纸夹到白色的纸张中间,用圆珠笔和尺子认真地打着横竖的格子,再在每一页的右下角标明"20×20=400"。屋外的炮火声在徐贵祥的耳边回荡,激发了他心灵深处无限

的创作激情和欲望。这期间,徐贵祥发表了中篇小说处女作《征服》(1985年10月刊登在《小说林》杂志上)。一年之中,就是在这样的战争环境下,徐贵祥写出了《留在界碑前的背影》《征服》《大路朝天》《走出密林》等6部中篇小说和若干短篇小说,相继发表在《小说林》《清明》《飞天》杂志上。此时的徐贵祥已经小有名气了。

二、走向文学创作的大路

有了这些积淀,1989年7月,徐贵祥以文化考试总分第一的成绩考入了解放军艺术学院文学系(现更名为国防大学军事文化学院)。后来徐贵祥才知道,他所在的集团军政治部首长其实并不想放他走,他们认为徐贵祥可以成为一个带兵的好材料,而不是文字匠人,他们认为徐贵祥写小说"可惜了"。

(一)军艺生活点滴

刚进入解放军艺术学院文学系的课堂,对于侦察连长出身、刚从战场回来的徐贵祥来说,非常不适应,学校的生活和基层连队的生活差别很大。作为班长,他经常组织大家打扫卫生、检查内务,大家对他的做法很不理解。他的中篇小说《大路朝天》就是军艺生活的真实写照。在那些各大军区的文艺骨干和文学人才眼里,来自野战军的徐贵祥身上有股"匪气"。连队有出过作家吗?面对这样的质疑,他以实际行动证明了自己。他在一周之内连写了三个短篇,《错误颜色》《某个夏夜的话题》《胆量历程》,分别发表在《作家》《作品》和《解放军文艺》上'令同'窗刮目相看。随后,他的中篇小说《潇洒行军》获《昆仑》优秀作品奖。快毕业的那一年,徐贵祥连续发表了四部中篇小说,喜欢喝酒的他,呼朋唤友,从稿费中提取吃喝费用,招待大家,不亦乐乎。回想起当年的军艺,系主任张学恒、教员朱向前、黄献国、张志忠、刘毅然……102室的室友王久辛、赵琪、曹慧民……这些人都让徐贵祥念念不忘。

(二)"北漂"的日子

军艺快毕业时,正是 20 世纪 90 年代初,当时的文坛波诡云谲,徐贵祥再次面临着人生的重大选择:要么顺应潮流,要么坚持初衷。徐贵祥选择了后者,为了离心中的梦想更近一步,他留在了北京。一个人的一生中总躲不过这样的时刻,处境艰难、前路渺茫,唯有坚持信念勇往直前。无数个夜晚,他常常一个人默默地一口接一口地拼命抽烟,在翻腾的烟雾里,他的眼前常幻化出自己当年新兵宿舍里的那团炉火,那团暖暖的炉火舔舐着新兵宿舍里的黑暗和潮湿,也融化了新兵们心中的寒意。炉火里,隐约还会出现老班长亲切而熟悉的面庞,以及战友们或明或暗的身影。徐贵祥的眼眶一次次湿润了。在这些漫漫长夜里,徐贵祥创作了他的中篇小说《弹道无痕》。这部反映和平时期炮兵生活的小说,获得当年的《解放军文艺》优秀作品奖后,又被八一电影制片厂拍摄成同名电影,获第四届"五个一工程奖"。徐贵祥的创作生涯自此风生水起,如火如荼。

(三)厚积薄发

长篇小说《历史的天空》问世之时,徐贵祥已经坐在解放军出版社总编室主任的位置上了。就像是"天将降大任于斯人,必先苦其心志劳其筋骨"一样,这部徐贵祥的扛鼎之作也曾经历了坎坷的投稿之路。幸运的是徐贵祥碰到了慧眼识珠的伯乐——人民文学出版社副总编辑高贤均。高贤均一生编过很多小说,其中有三部小说曾获茅盾文学奖:《白鹿原》《历史的天空》《尘埃落定》。《历史的天空》这部作品在送到人民文学出版社之前,曾被两个出版社退了稿。徐贵祥已经想放弃投稿了。结果就在纠结的时候,他见到了人民文学出版社《当代》杂志的编辑,提到了这部稿子,编辑说愿意拿回去看。几经辗转这部小说到了副总编高贤均手里。高贤均在一周后直接给徐贵祥打电话说要跟他面谈。人民文学出版社副总编直接找他面谈,这让徐贵祥受宠若惊,因为当时他还是一个没什么名气的业余作家。后来他回忆到高贤均办公室的情景:高贤均高度评价这部书稿,他当着几个编辑和徐贵祥的面,"激情澎湃、神采飞扬,一会儿站起来,一会儿坐下去,双手舞动着讲了一个多小时"。关于稿子里涉及的国共关系的敏感话题,就是前面说到有些人拿不准、有些出版社因此而退稿的那些内容,高贤均提出了一些修改意见。徐贵祥觉得高贤均提的都是些非常巧妙的处理方法,操作起来一点不困难,当即表示完全接受。高贤均还十分肯定地对徐贵祥说,你就照我这个方法改,改完以后我给你做两个预测:第一,这本书可以获得"五个一工程奖";第二,这本书参加茅盾文学奖评奖很有竞争力。

后来的事实证明了高贤均的先见之明。这本书出版后一共获得了四个大奖:解放军文艺奖、"五个一工程奖"、茅盾文学奖、人民文学奖。当《历史的天空》参加"人民文学奖"评奖的时候,高贤均已是肺癌晚期,但他作为评委,坚持从医院赶来开会,上台讲了20分钟话,专门介绍《历史的天空》。徐贵祥每每提到这件事都会潸然泪下。后来人民文学出版社的编辑就跟他说,你要想报答高贤均,今后有好稿子你就都交给人民文学出版社吧。

这部被评论界称为"还历史以表情与体温,还历史以个性和灼热"的作品,被改编成同名电视剧后引起各大电视台的争相热播,也为徐贵祥赢得了第六届茅盾文学奖这样的至高荣誉打下了良好的群众基础。徐贵祥很欣赏小说中的主人公梁大牙,因为这个人物身上有着和他一样的伤痛、瑕玷、刚硬、狡黠和顽强。正如徐贵祥在一本书的扉页中这样写着:没有谁能击倒我们,除非我们自己;没有谁能拯救我们,只有我们自己。

第二节　徐贵祥战争题材小说

作为军旅作家,徐贵祥以战争题材小说创作见长,这也是他最为熟悉和热爱的领域。在本节中我们将列举其几部最有代表性的作品来分析他的创作特点。

一、《历史的天空》

《历史的天空》是徐贵祥第一部反映战争题材的长篇小说。著名评论家雷达这样说:"这部小说的创新性主要表现在处理历史与人的关系上……

图三　《历史的天空》剧照

这部小说试图从一个新的角度阐释人在战争和政治中的命运、人与历史的冲突,不但写出'历史的人',还要写出'人的历史'。"纵观整部小说,可以看出,作者力图从新的角度诠释战争、权力、政治与人性的关系,把人性、欲望、命运同战争生活的交融放在表现的焦点上,让战争背景成为人性的舞台和人心的炼狱,让战争的天幕上,绽放出人性的光彩。

在表现中国民族革命战争和塑造中国军人形象方面,《历史的天空》具有一定的开拓性和创新性。《历史的天空》以其强烈的视觉冲击力,以其个性峥嵘的主人公和环绕着主要人物的各式各样性格奇特的人物组成的群像,以其既熟悉又陌生的叙述情景,以其大跨度的时空容量和出众的艺术概括力,触发了我们对历史和人性的深层次沉思,带给我们强烈的心灵震撼和审美愉悦。茅盾文学奖评委之一的评论家朱向前为该书写下的获奖评语是:"作品凝重雄浑,充满了战争文学的阳刚正气和崇高风范。故事跌宕起伏,包蕴了聪颖的战争艺术和兵家智慧。"

(一)《历史的天空》内容简介

主人公梁大牙本是安徽一个小镇米店的伙计,日军侵略中国,梁大牙带着伙伴们杀了几个日军逃了出来。他们弄不清打日本鬼子是该投奔国民党还是共产党。梁大牙和他的伙伴只有一个想法:打走日本鬼子吃饱饭。他本打算去国民党军队弄个"团长、司令干干",可半路走错了方向,找到了共产党的军队。而本来要投共产党的米店老板儿子陈墨涵却碰上了国民党军队。自此两人走向了不同的道路。梁大牙在战场上英勇杀敌、足智多谋,在战斗中屡打胜仗。但他又经常暴露出草莽英雄的特点:粗野、刚愎自用、个人英雄主义。他谈不上有明确的政治信仰,也没有明确的革命目标,他只是按中国农民军人的性情行事、做人。他讲哥们儿义气,重视友情、亲情。游击队领导杨庭辉看出这个莽汉的人性亮点:有正义感、不怕死、重情重义。他说:"我们共产党石头都能炼成钢,未必改造不了一个梁大牙。"杨庭辉力排众议,在关键时刻重用梁大牙,在梁大牙遭受危难面临生死存亡时,援救他、帮助他并给他更大的发展空间。就这样,梁大牙在复杂的人际关系中,在残酷的战争中,从一个米店伙计向文武兼备的军事指挥员转变。抗战结束后,梁大牙与他的搭档和对手们又参加了解放战争、抗美援朝战争,而后又经历了"文化大革命",梁必达(梁大牙)的人格不断得到提升,从革命队伍的最底层最终修炼成为我军一名具有高政治觉悟和斗争艺术的高级将领。

(二)《历史的天空》作品分析

徐贵祥在这部小说的创作谈中这样写道:"写《历史的天空》时,我是拿着家乡地图对照着写的,笔下的人物,也带着鲜明的地域特色。在我的家乡(六安),那片积贫积弱的土地上总能诞生出一些不屈不挠的英雄人物。小说中的梁大牙就是这样。"

1. 人物形象的成功塑造

一部小说最先得到读者认可的肯定是其中的人物，而一部好的小说中的人物形象必定是血肉丰满、栩栩如生的。《历史的天空》在人物形象的塑造方面无疑是非常成功的。作品通过通俗个性的语言、真实动人的情感描写、曲折的人物成长，塑造了梁大牙、张普景、朱预道、陈墨涵等一大批生动的人物形象。

第一，语言通俗风趣。《历史的天空》在语言上突破以往革命题材小说中教条的语言模式，小说中有许多生动活泼、通俗简练的俗语、俚语、方言词汇，这些俚语来自于老百姓的日常生活，是老百姓智慧和语言艺术的结晶，轻松活泼、朗朗上口，带有浓重的生活色彩。巧妙地运用这些生活话语不仅丰富了小说语言，还丰富了人物性格。如小说开始梁大牙怒吼："放你娘的屁！你给老子快跑，跑到了老河湾再拾掇你"，"贱妮子你快点，要是让日本鬼子撵上来，你系生铁腰带也白搭。"像这样戏谑的语言文本中比比皆是，正是这种粗野的话语才更符合当时环境下农村青年的口吻和实际。

《历史的天空》中的"英雄"梁大牙是个"另类"的抗日将领。他是从蓝桥埠走出来的米店伙计，无父无母，只因有颗异常巨大的虎牙得名，他顶着盖碗头，大字不识几个，有限的知识是从说书中听来的，还常常搞得颠三倒四，如用"兔子不吃窝边草"来形容娶不到媳妇的窘境。又如"天涯何处无香草"把"芳草"说成"香草"。平时说成语也是似是而非说不周全，"老子""狗日的"脏话满嘴乱飞。

梁大牙不同于受过良好教育和革命思想熏陶的陈墨涵，也不像陈墨涵那样有明确而远大的革命目标，他参军的目的很单纯，就是为了"糊口"，因此即便投到了曾被他救过一命的共产党人杨庭辉司令的部队并得到盛情挽留，在狼吞虎咽地喝了两大盆面鱼儿后仍执意投奔兵强马壮、粮饷充足的国民党部队，直到貌美如花的女八路东方闻音的出现才使他萌生留下来"先干干看"的念头,这给读者一个强烈的悬念:这样一个似乎是"贪财""好色""匪气十足"的无赖,是如何走上革命道路的?

带着这个疑问,我们看到了一个在战场上运筹帷幄、敢打敢拼的硬汉形象,他在政治和现实生活中又带着幼稚、盲从、狡黠的农民本性,这样一个"另类英雄"在以往的革命小说中我们鲜有接触。

此后,在解放战争、抗美援朝和拨乱反正时期,梁大牙都为我们逐渐呈现出一个从"改邪归正"到"大智如愚"再到"智勇双全"不断成长的人物形象。英雄不是完美的,尤其是在他的成长初期,英雄也不是"高大全"的,他们也有这样那样的毛病。就像梁大牙一样,曾经只为吃饱肚子、娶个漂亮女八路而参加革命。后来在新时期被重新任命后面对新的形势却冷静地提出辞职,那场戏,完成了对梁大牙这一个性鲜明的军人形象从农民到我军高级将领的成功塑造。都说时势造英雄,但过去很少描写到位,梁大牙的出现使全无瑕疵的革命者形象不见了,成为从生活中走出的活生生的人。小说中也曾多次写到了梁大牙用通俗易懂的语言表述的战术理论:"往后作战,一要坑鬼子,二要蒙鬼子,三要哄鬼子,四要骗鬼子。一句话,就是要设圈套给鬼子钻。还要会用地势,山沟子能挡鬼子,河坎子也能挡鬼子,树林子里面还能跟他弄点迷魂阵。咱可以跟他真打,也可以跟他假打,可以把他弄到西边打,也可以把他撵到东边打,怎么痛快咱就怎么打。打得过他咱狠狠地打,打不过他咱就溜之乎也。说到底,就是要多出点子,不能光靠挥大刀片子。"

"什么是灵活性?眼观六路耳听八方,进攻的时候留有后路,打得赢就打,打不赢就跑。跑的时候也别光撒丫子,还得瞅瞅有没有时机使他个绊子打他一家伙。总的说来一句话,见风使舵就是灵活性。"

从以上的话语中，我们不难看到在多年的战争生活里，这个当年对革命战争一无所知的梁大牙已经成长为无畏的、智慧的指挥员。他自己揣摩的游击战术和毛泽东同志的十六字方针——"敌进我退，敌驻我扰，敌疲我打，敌退我追"有着异曲同工之妙。

而在小说的最后这段对话却又体现了另一番意味。梁必达（梁大牙）淡淡一笑说："我是今天……哦，现在已经算是昨天了，昨天才宣布任职，今天就提出辞职，显然是天方夜谭。可是，我又分明感到了紧迫，也许，在司令员的位置上我还要盘踞年把两年，怎么办？就这么死皮赖脸而又毫无建树地等待下台？那不又耽误了几年？不能等。我们的战争眼下是没有发生，然而国际间的战斗天天都有，我们不能熟视无睹，战争离我们并不遥远，如果我们不认识到这一点，战争就会离我们更近。我在这里代表我个人提议，你这个副参谋长要紧急行动起来。我犯个自由主义，你新的任职命令很快就要下来了，D军区的高科技学习就由你来主持，我的三把火就从你这里烧起，从明天起，你就给我思考这个问题，下个礼拜，要成立一个班子，叫响高科技战争准备的口号，同时给总部写报告，我们D军区要向科技建军的方向努力，部队砸锅卖铁也要先把计算机自动化建立起来。兵器装备我们无能为力，但是立足于现有条件，在通讯、情报、交通、补给等指挥和保障系统方面，还是可以有所作为的。有了这第一步，我们也好给后面上来的同志交个好班。"

从语言上的变化我们可以看出梁大牙从一个满嘴"狗日的""老子"带着匪气的乡间流氓无产者成长为一名具有高政治觉悟和超前眼光的高级将领。如果我们把主人公前后的言语对照起来，从这个视角即可看出人物的成长过程和性格发展轨迹。

第二，情感真挚细腻。《历史的天空》另一个突破和创新在于,在反映各种错综复杂的矛盾和斗争的同时,进行细腻的情感描写,让情感发展成为英雄人物人格发展史和故事情节发展的一条重要辅线。这其中爱情成为了刻画人物性格的重要内容。在英雄人物的性格中,除了铮铮铁骨和智勇双全外,还具有温柔细腻的情感,还原了英雄人物的生活真实。

人的爱情是一种积极的力量,这种力量可以冲破人与人之间的高墙并使人与人结合。正确的爱可以产生正面的作用,可以使人克服孤寂和隔绝感,但同时又可以使人保持对自己的忠诚,保持自己的完整性和本来的面貌。正是在这个意义上,爱成为人性中最靠近神、最接近神性的部分。从《历史的天空》中,我们不难看出爱情对人的影响,当爱情与信念一致时,无疑会对一个人的成长起着巨大的推动作用。

在《历史的天空》中,爱情描写是小说文本叙述的重要组成部分,梁大牙与东方闻音、高秋江与莫干山的爱情,被演绎得轰轰烈烈,凄美悲壮。作者更是大胆地将爱情置于能把梁大牙由一个流氓无产者改造为一个革命者的高度,这或许有点夸大爱情的力量,却给人一种真实感。

梁大牙当初加入八路军的动机是不纯的,他只是想"能够娶个城里来的女八路做老婆",看到东方闻音后,他的人生自此发生了改变,一步步走向革命,走向完美。虽然最初是出于一种生命本能,但是,为了接近心目中的"女神",梁大牙在近乎霸道的追求中,开始不断地摒弃自身的种种恶习,不断地改正自身的种种缺点。他拜东方闻音为师苦学文化,在训练队伍时不再放任自流,虚心地向窦玉泉请教军事技巧和训练方法。东方闻音的纯净、善良、信任不断给梁大牙以鼓励和帮助,她在接触中也慢慢地萌生了对梁大牙的好感和情意。在爱情的推动下,梁大牙逐渐成长为一名成熟的高级将领。

第三,人物个性鲜明。主人公梁大牙无疑是小说里塑造得最成功的人物形象,除此以外,张普景是作者塑造的另一个独特的人物形象。张普景为人正派,原则性强,但有些固执,凡事重证据,不讲情理,工作缺乏灵活性。他时刻警惕梁大牙的"非革命行为",并与之开展坚决的斗争。虽然他对梁大牙的看法和态度有一定的偏差,但他光明磊落,遇事从不退缩。新中国成立以后,他一直做梁大牙的搭档,时时刻刻监督着梁大牙的一举一动,一旦发现梁大牙有错误,就毫不留情地进行批评。可以这么说,张普景永不妥协的斗争促进了梁大牙政治素质的提升和成熟。正如梁大牙所言:"没有张普景几十年如一日揪我的辫子,那就不知道要犯多少错误。""文革"中,面对造反派头子江古碑的百般利诱和严刑批斗,张普景坚持原则,拒作陷害梁必达、王兰田的伪证,最终被迫害致疯而死。这个人物形象是部队政工干部中的一张全新的面孔,一改以往以说教式口吻出现的政工干部形象。

作品中还有一些人物形象也很出彩,窦玉泉富有斗争经验、有军事指挥才能、工作勤恳、忍辱负重、稳健理性、做人做事讲究章法,但他又机巧善变、明哲保身、对人缺乏真诚、对个人处境和利益的精干算计;朱预道作战勇敢、坦率真挚,在战争和党的教育下,逐渐从一个没有头脑的小伙计,只求衣食之饱的小生产者成长为一个懂得战争并具备一定的革命理论知识和相当的党性的高级干部,但他做事鲁莽、冲动,感性大于理性,原则让位于利益,没有太多政治头脑,生性胆怯怕事,缺乏独立思考,有较强的机会性。这些正面人物人性中的崇高与卑微、光明与阴暗、积极与消极势均力敌,使人感到高度真实与生动,还原了人物的原色与独特。

而对国民党人物刘汉英、莫干山、陈默涵、石云彪、高秋江的塑造也是这样,甚至在人物性格构成中产生了反其道而行之的有趣现象。刘汉英英武果决、深谋远虑、文雅尊贵,苦撑危局,对国民党忠诚,同时又手段残忍,阴险毒辣;石云彪精悍干练、治军有方,满怀抗日激情、具有强烈的责任感,有过人的胆识、坚强的意志却难逃悲剧命运；莫干山彪悍英武、忠诚执着、忠于爱情；陈默翰儒雅深沉、胸有韬略、忍辱负重、顾全大局、敢于直言；高秋江妩媚飒爽、果决干练、敢爱敢恨。这些"反面"人物所表现出来的人性复杂性，和正面人物一起构成了《历史的天空》独特的人物群谱，相得益彰。

作者在塑造这些人物形象时，尽管不可避免地站在特定意识形态的立场，但他还是以人的立场，真实而有深度地表现了处于历史活动中的人物特殊品质，将阶级性与人性充分结合起来，既避免了简单化，也对新时期革命题材小说人物塑造进行了突破与创新。

第四，叙事传奇跌宕。好的作品一定是让人爱不释手的，这其中趣味性和生动性必不可少，而徐贵祥对叙事的拿捏让人叹服。《历史的天空》虽然继承了早期革命战争题材小说创作中常用的英雄传奇叙事，注重对革命英雄的传奇经历进行刻画。如对梁大牙装扮成商人住进逍遥楼，歼灭汉奸"特勤队"和把拉开引线的手榴弹绑在日军的狼狗身上，炸死众多日军的描写，就带有浓厚的传奇色彩。但可贵的是徐贵祥既没有简单地给人物形象贴上阶级和党派的标签，也没有草率地给主人公冠以完美的英雄称号，而是运用新的历史观、艺术观，弱化文学的政治色彩，紧扣社会历史情境，将人的独特个性与社会共性和谐地统一，充分考虑人物的日常性、现实性，深入挖掘人性内涵，抓住战争和政治中各种关系的激烈碰撞及微妙变化来塑造人物形象。既表现了人的社会属性，也深刻地观照了人的生命意识和本能等自然属性。

2. 小说情节设置的多样性

好的小说离不开好的情节，一部小说人物形象塑造得再完美也需要有情节来作为载体。《历史的天空》在情节设置上也是颇具特色的，故事情节没有像其他革命题材小说那样以战场为主，而是以"革命斗争"为主，党派之间、党内之间的斗争，以及多个历史事件留下的悬疑及探秘等,这些情节的设置使小说的可读性、趣味性更强。

党内斗争曾经是革命历史题材创作的禁区。而《历史的天空》一书将党内斗争的描写从背景移到前台,展示了斗争的长期性、复杂性,以及两面性。这也正是《历史的天空》一书最大的看点之一,作品用文学的形式集中展示了战争年代党的高层内部的激烈斗争,将20世纪90年代以来零星披露于历史、传记等题材的党内斗争故事化,围绕人的使用、根据地建设的思路、统战政策等问题充分描绘出党内斗争的白热化、残酷性、复杂性以及两面性。这在当代文学作品中较为鲜见。

例如,在是否提拔梁大牙为陈埠县抗日游击大队大队长的问题上,形成了以凹凸山游击支队司令员杨庭辉和支队政治委员王兰田为一方,以江淮军区委派干部窦玉泉、江古碑、张普景为另一方的尖锐斗争。在革命者的标准、培养方式,根据地建设的方向,革命队伍的成长等诸多问题上发生了激烈冲突。围绕马列主义的传播方式即用利益启发革命性还是用理论建立信仰,根据地是采用轰轰烈烈的暴力革命方式还是有重点有策略的斗争,革命者的形成是在斗争中学会马列主义还是先培养成真正的马克思主义者再参加革命,在这些问题上既有李文彬、江古碑的极"左"一套,也有张普景的教条和原则性,更有杨庭辉、王兰田的实事求是,作品的令人深思之处在于写出了这种斗争的复杂性和曲折性。这样,作品就揭示了历史活动的规律性:任何活动都是由人组成,是由具体的人去操作,它不能按照哪一个阶级的意志完全发展,历史发展的必然结果是各种因素的合力。可以说《历史的天空》是第一次用文艺的形式表现了党内斗争严酷性、复杂性与多面性。

作品还表现了这场斗争的漫长性和连续性。"文革"的爆发又使历史的旧账重提,江古碑与梁必达几十年的恩怨纠缠于政治斗争的旋涡,《历史的天空》把党内斗争历史化、个人化、复杂性、多面性、长期性饶有意味地展示出来了,从而避免了简单化与单线条。

3.《历史的天空》对当代军旅文学的影响

《历史的天空》是徐贵祥的代表作,也是当代军旅文学不可多得的优秀作品。小说写得灵动鲜活。与其说《历史的天空》是战争小说,不如说它是以战争为背景描写梁必达等人一生的斗争和斗争的一生的小说。由一个草莽英雄转变为坚定的革命者,梁必达经历了长期曲折的过程,这是小说最为精彩的部分,也是它超出同类题材小说的地方。

近年来,军旅文学作品层出不穷,如《亮剑》《烈火金刚》《军歌嘹亮》等。这些作品都各有千秋,在新时期军旅文学的舞台上大放异彩。相比较而言,《历史的天空》不仅探索了人生,返归于历史,触摸到了人性深处,而且表现了红色浪漫,突出了生命的实质,重视了人的特殊性与普遍性,多角度呈现人性的复杂性,打破了固有的价值评判标准,将历史的迷雾与真相、人性的多面性与简单性、革命的残酷与浪漫,以及人生的庸常与戏剧有机结合在一起。在人物形象的塑造、故事情节的设置、艺术手法的运用等多方面既有对先前军旅文学的继承,也有发展和创新。代表了当代军旅文学在新时期的发展方向,即向人性化发展,还原历史的真实和温度。

克罗齐曾说过:"一切历史都是当代史。"徐贵祥将自己对战争、历史、人性的思考贯穿于《历史的天空》之中。这篇小说极力避免主流军事文学从主观意志出发,把人物变成阶级群体的符号的特点,而是尽量还原历史,淡化陈规范式,塑造全新的英雄形象,高扬新的英雄主义,刻画出军人灵魂中复杂的人性内容,触及人物的内心深处,其尖锐、深刻程度,为以往军事文学所少见。同时徐贵祥敢于打破条条框框、敢于冲破写作禁区,塑造出个性丰满、有血有肉、颇有新意的军人形象,这是他对中国当代军事文学创作的巨大贡献。

二、《八月桂花遍地开》

2004年底到2005年初,徐贵祥在半年之内推出两部长篇小说《明天战争》和《八月桂花遍地开》,出版之后,立即引起各方关注,尤其是《八月桂花遍地开》,作品以事代人,全景式地刻画了一群命运奇特的抗日英雄。评论家崔道怡称:"在我看来,这部弥漫着桂花香气的新作,比其获奖华章(《历史的天空》),是一本更好看、更独特、更贵重、更出色的著作,一部书写抗日战争题材,旨在塑造民族性格的长篇小说。"

图四 《八月桂花遍地开》封面

(一)《八月桂花遍地开》内容简介

抗战初期,国民党军队苏鲁皖战区作战部少将副部长沈轩辕临危受命,赴江淮重镇陆安州任行政公署专员兼警备司令,配合主力部队组织防御。沈轩辕提出的唯一条件就是释放他的原副官、因"通共"嫌疑遭关押的方索瓦。

日军石原次郎中将授予联队长松冈大佐陆安州驻屯军司令一职,其职责是在占领陆安州之后,长期驻扎,征集军粮。与此同时,新四军豫南干训班教官彭伊枫也接到军部密令进入陆安州,到霍英山的游击支队担任政委,直接接受"老头子"的指挥。

大战在即,曾在"剿共"中失踪多年的方家二少爷方索瓦也意外出现在故乡桃花坞。方索瓦忍辱负重,在桃花坞拉起了第二支汉奸武装(这支武装其实是后来同松冈决战的重要力量),配合沈轩辕的斗争。

国军少将沈轩辕(代号"老头子")运筹帷幄化装成"古井

坊"大少爷夏侯舒城,经商回乡、组织人们搬家逃难,被松冈强行扣留,并指定为汉奸市长。

同彭伊枫一同来到天荼山的电台队长王凌霄,早年就是从陆安州云舒庄园由沈轩辕带领参加红军的,两人相互爱慕。后来保卫局因王凌霄的误会和"告密",逮捕并"处决"了沈轩辕和他的助手乔乔。此后王凌霄深受情感折磨。王凌霄根据种种迹象判断,沈轩辕当年没有死,现在在陆安州酝酿对敌大战风暴的人,就是沈轩辕。

夏侯舒城(沈轩辕)和方索瓦多次向松冈献计,清洗"皇协军"宫临济部队内所谓的抗日分子,其实是挑动汉奸斗汉奸,导致汉奸队伍怨声载道。不久方索瓦又将宫部团以上军官眷属当成人质"保护"起来,更受松冈信任,却让陆安州包括部分伪军军官在内的中国人切齿痛恨。他们不了解方索瓦的良苦用心和战略意图,欲置方于死地而后快。

在"红军将领沈轩辕之墓"和"抗日将领沈轩辕之墓"墓地,沈轩辕(夏侯舒城)向彭伊枫等人揭开了自己的身世之谜和身份之谜。在方蕴初的墓地,方索瓦也向自己的妹妹和部下说明这一年来为什么不择手段地当汉奸,这一切都是沈轩辕的战略部署。

叶挺军长和李长官联署命令,任命沈轩辕为陆安州抗日前敌总指挥。正面战场的抗日斗争风起云涌。

王凌霄终于同沈轩辕重逢,心有灵犀的配合让敌人防不胜防。在沈轩辕的统一指挥下,国共联手,陆安州数十万民众参战,"皇协军"突然倒戈,形成对日寇围猎场面。战斗一昼夜,新四军支队司令霍英山、国军副旅长祝道可等两千余人壮烈殉国,松冈大佐被方索瓦活捉。

十三年后,江淮省人民政府省长沈轩辕在陆安州专员彭伊枫和政协主席唐春秋的陪同下重返故地,但见苍松翠柏墓碑林立,不禁感慨万分。

(二)《八月桂花遍地开》作品分析

徐贵祥 2005 年出版的《八月桂花遍地开》是其第二部反映抗日战争题材的长篇小说,这也是作家本人感觉"最有分量的一部小说"。在这部小说里作家将创作主旨提升到铸造国格和民族性格的高度,第一次提出了抗战中中国人的"第一身份"概念,结构宏大,立意深远。透过两军对垒、兵戎相见的历史硝烟,审视两个民族、两个国家在政治、经济、军事、文化、历史上的差异,使作品充溢着丰厚的文化底蕴和深邃的哲理思辨,读之难以释卷。

在《八月桂花遍地开》这部小说里,我们看到的是作家娴熟的写作技巧和深厚的思想积淀。

1. 小说人物出神入化,群像丰满生动

《八月桂花遍地开》中的人物形象个个鲜明生动,尤其是正反人物的对比,不再沿袭以前的简单化、脸谱化做法,而是写出了人性的复杂和深刻。用作者自己的话就是"写好自己,写好敌人,写好真实的状态"。

主人公沈轩辕是一个足智多谋的新四军高级将领,1938 年为配合武汉保卫战,他以国民党苏鲁皖战区少将身份赴陆安州任行政公署专员兼警备司令,组织对敌防御,还未到任,陆安州就陷入了日军的控制,他便伪装成儒商的身份赢得日军松岗大佐的信任,当上了陆安州汉奸政权的市长。在这个"伪市长"的运筹帷幄下,读者看到了一系列精彩绝伦的"卧底"好戏。

这部小说人物塑造最为出彩的地方还在于成功地塑造了一批反面形象。驻屯军司令松岗大佐,并非一个我们司空见惯的头脑简单、四肢发达的恶魔形象,而是一个精通中国文化的"中国通",还披着一副伪善的"绅士"面具,喜好结交一些有民族自尊心的中国人,鄙视那些摇尾乞怜的汉奸。见走狗学鬼子腔调,他训斥汉奸宫临济:"好好说中国话!"为了站稳脚跟笼络民心,他要表演"王道乐土",他得限制日寇兽行。但实际上,他的凶残本性根深蒂固。他暗中盼咐,一旦驻屯任务解除,就解除禁令:"杀谁都行,只要是中国人,统统无所谓!"

为搜寻隐蔽抗日武装,日寇下士官干部候补荒原冈木,秘密深入天棻山丛林,这是一头皇化思想融入血液、军国主义渗透骨髓的人皮禽兽,他肆意奸杀中国民女,而当那民女眼中流露出惊恐绝望的眼神时,却唤起"只想喝一碗热汤"的二等兵岩下的尚未完全泯灭的人性,岩下杀死了荒原冈木,这是一场下意识的人与兽的搏斗,这让我们既看到了人性复归的希望,也找到了至今仍制约着一个民族不肯认罪的根源。这也提醒我们:松岗、荒原之流虽死,但他们本性残暴,依然存在着复活的可能。

在徐贵祥笔下,汉奸宫临济及其手下一批汉奸,也被刻画得活灵活现。他们中大多数还是人,虽附逆成为汉奸,但并未完全丧失人性和民族性,因而,广泛的统一战线具有一定的基础,沈轩辕就是把所有中国人都团结起来才能历经艰难获得抗日战争的最终胜利。

另外,作品中,作家还注重对人物性格的特点和命运的咏叹。游击司令霍英山,起先不接受政委的安排,不学习文化,最后却成为与敌同归于尽的英雄;国军团长唐春秋,对共产党游击队由埋怨到折服,最终和消极抗日的国民党上级决裂,听命于沈轩辕;伪"皇协军"团长常相知,精明能干,为拉伪军反水立下汗马功劳;"铁杆汉奸"方索瓦,忍辱负重,卧底历险,他营建的桃花坞,打着"王道乐土"的旗号,实为地下党的抗日大本营……这一系列人物的塑造,使整部小说生动有趣,又起伏跌宕,险象环生。

2.小说主题气势恢宏,故事情节引人入胜

小说以典雅、流畅、史诗般的语言,描绘了各种军事力量在广阔的风云变幻、云谲波诡的抗日背景下,围绕着日军要把陆安州建成日军"后方"的粮草基地,抗日力量则千方百计破坏日军的计划,粉碎日军的阴谋,展开你死我活的争夺战,最后以抗日力量的全胜、日军整体覆灭而告终。

《八月桂花遍地开》本是20世纪20年代末流行在大别山的一首欢庆苏维埃政权建立的民歌,徐贵祥作为大别山区的皖西霍邱人,对此耳熟能详。他用这首歌作为小说的题目,显然取用了它的深邃内涵。遍地开满的桂花默默长在山野或平川,随风摇曳,看似逆来顺受,但他们的根却扎在土壤深层汲取和积攒力量,一旦开放,便会以迷人的香味让人迷醉。那星星点点成团簇拥的黄色小花,犹如江淮大地上的万千民众,生生不息,成燎原之势。

徐贵祥认为,中国的抗日战争是第二次世界大战国际反法西斯斗争的重要组成部分,战场之大、耗时之长、损失之惨重、战争之惨烈,都是其他国家无法比拟的。战争结束后,苏联、美、英、法等国家都创作出了大量的战争作品,从人类的高度和人性的角度揭露和反思战争,关注人类命运。这些作品引起了全球的共鸣,震撼了人类的心灵,如《这里的黎明静悄悄》《第二十二条军规》《兄弟连》《静静的顿河》《西线无战事》《凯旋门》《战争风云》等。我国相关主题的文学作品虽然不少,却有不少脸谱化、概念化的毛病,过于突出宣传和教化的功能,冲淡了情感和命运的力量,对于战争的反思局限在有限的层次,因此作品只能在一定时期和一定区域流传,放在国际战争文学的大背景下,就稍显单薄。

在《八月桂花遍地开》里,我们不仅看到了精彩的故事,还从中了解到了历史,了解了我们的今天和明天。我们能充分感受到作者是用心血来书写,精心揣摩人物内心,以感同身受的艺术创造来描写这段历史,因此笔下的人物都是真实的人物,写出的历史都是真实的历史,尽管敌寇凶残狡猾,但是只要"把拳头攥起来",我们就是梦醒的雄狮。"把拳头攥起来"就是民族的呐喊,就像国歌中唱到的那样:"我们万众一心,冒着敌人的炮火前进!"这悲壮雄伟的旋律,激励着所有中国人不忘历史,牢记教训!在日本军国主义势力日渐抬头的今天,这对身处和平时期的来说中国人民和世界人民都是一种不忘历史的提醒。

徐贵祥在《八月桂花遍地开》的创作感想中这样写道:"这部小说写的是一段中国人刻骨铭心的历史,你可以理解为'中国记忆'。这里的'记忆'并不单纯是往事。更重要的是,通过已成为往事的故事,通过已成为过去时的人物,从那些的确可以称之为惊天地、泣鬼神的博弈场面中,显微蛰伏在我们中国人血液中的、骨骼中的民族自尊和自信,复苏我们的民族自豪感和自强不息的魂魄。找到中国人的感觉,找到我们曾经有过的足以傲视群雄的威严。把话说大一点,我希望我的读者从中看出浇铸我们民族坚强性格的希望之光,找到我们在未来战争中立于不败之地的精神依据。"

三、《马上天下》

《马上天下》2010年1月由人民文学出版社出版,徐贵祥再次在历史风云变幻中,为大家展现了战术专家陈秋石和战斗英雄陈三川父子,在战争年代不同的战争观念、坎坷的情感命运,小说结构紧凑,叙事跌宕起伏,作品中既有传统叙事的传奇性又有高雅文学的庄重和深邃。有评论认为《马上天下》"构成了一部刚柔要济、张弛兼容、气势磅礴的革命史诗"。[1]

(一)《马上天下》内容简介

20世纪20年代末,乡绅陈本茂为儿子陈秋石选亲,女方蔡菊花,形象欠佳且没有文化,陈秋石坚决反抗。陈家只好另选,但两房美妻都是短命,一个难产去世,另一个暴病而亡。陈家无奈,只好接受蔡菊花。幼儿满月之际,陈秋石苦闷徘徊,恰

---

[1] 王晓梦:《〈马上天下〉与新革命历史题材小说》,《解放军艺术学院学报》,2010年第4期,第79—81页。

巧同学赵子明前来,鼓动他回校排戏。岂料在排练场上,共产党地下组织突然宣布成立大别山地方武装,陈秋石被迫前往黄埔分校学习战争知识、技术,由最初的三心二意,到逐渐

图五 《马上天下》剧照

适应,并且因战术天赋受到教官杨邑器重,还得到地下党女学员袁春梅的爱慕,春风得意。

蔡菊花娘俩流落大别山南麓东河口,被当地公立小学校长郑秉杰收留,在豆腐坊帮工,大人改名黄寒梅,幼子改名陈三川。

在川陕根据地的孔雀岭战斗中,陈秋石担任连长,创造了以少胜多的奇迹,受到徐向前总指挥的表扬,提升为团长,后来到抗大任教,因一句大实话惹祸撤职,又回到部队降职为连长。在红军时期,陈秋石反复担任过三次团长,四次连长。

抗战爆发,东河口成立抗日武装,郑秉杰担任游击队长,黄寒梅也参加地下工作。陈三川成为一名小游击队员,迅速成长。

漳河峪战斗中,陈秋石自作主张,将战场南移十二里,但敌人在他料定的时间内并未出现,使战场形势急转直下,绝望之际,突闻枪声,敌人虽然"迟到"了三个小时,最终还是进了陈秋石的包围圈,战斗化险为夷。陈秋石再次因用兵如神受到旅长成城的高度赞扬,被提升为团参谋长。

不久陈秋石与袁春梅和赵子明重逢,在得知袁春梅已婚后,陈秋石旧病复发。陈秋石出院后,成城冒险让他指挥苍南战斗,再次大胜。成城已有意让战报记者梁楚韵接近陈秋石。梁楚韵在采访苍南战斗中,意外地发现陈秋石从战利品中选了一匹丑陋的马("老山羊"),她没想到这匹马在后来的战斗中,精灵如神。

抗战进入决战阶段,太行山派出干部团,南下支援淮上支队,陈秋石任支队副司令。恰在此时,国民党借题发挥,大肆宣扬淮上支队(陈三川)破坏抗日,枪杀友军,舆论一片哗然。为平息事态,支队同意公审,令郑秉杰将在押的陈三川送到支队部杜家老楼,上演了一出精彩的好戏,关键时刻袁春梅揭开陈三川的衣襟,伤痕累累,袁春梅细数陈三川杀敌功绩、沿途乞讨前来受审的经历,博得一片同情,国民党政府的法庭只得免除陈三川死刑,但必须撤职。

陈三川归队后给陈秋石当马夫。陈秋石对陈三川虽有赏识,并且总会产生莫名的亲情般好感,但在发现陈三川暗中打马,并且感觉陈三川有暴戾之气后,决定留他在身边严加管束,悉心调教。

战争间隙,陈秋石得知家中变故,数次托人打听妻儿下落,始终杳无音信。之后袁春梅几次向陈秋石表达爱情,陈秋石表示,除非确认妻儿不在人世,否则无心成家。

抗战胜利,国军争夺军事要地,派兵进驻西黄集,杨邑按兵不动,给陈秋石争取了时间。陈秋石制造了"蚂蟥瘟"的假象,使国军望而却步。国共和谈时,陈秋石任"军调小组"新四军首席代表,宴会上,陈秋石驾驭了会场,宣布了自己的身份,会场一片惊呼,三百多名工商人士、记者、军官和文化名流,排队给这位声震大别山的战神敬酒。执行小组共方记者梁楚韵激动不已,后悔在太行山没有及时表达对陈秋石的爱慕。

谈判破裂后,执行小组回到杜家老楼。梁楚韵得知陈秋石被隔离,神情激愤,在河边忧伤散步,突然发现"老山羊","老山羊"对梁楚韵表示亲近,梁楚韵似有所悟,跨上"老山羊",连夜赶到南岳书院,把背包往陈秋石床上一放说,我来陪你隔离!

陈秋石对梁楚韵表示,妻儿下落不明,不再谈婚论嫁。

部队虽然胜利,但国军调兵遣将,敌众我寡,粮食奇缺,被困在大别山。陈秋石接到突围北上的命令,愁眉不展。陈三川建议以他的"铁锤支队"为诱饵,从东路穿插。陈秋石此时异常想念自己的儿子。

荟河战役,陈秋石对华野成城兵团赋予的任务表示迟疑,经再三勘察,决定采取借兵两天,虎驱羊群,迫敌提前进攻的战术,派遣陈三川带领的"铁锤支队"水上迂回,袭击杨邑后方。陈三川偷袭后陷入重围。消息传来,陈秋石悲愤交加。

战斗结束后,陈秋石旧病复发。住院期间,待陈三川伤势见好,二人探讨荟河战役得失,陈秋石原谅了陈三川。一次护士送来红枣稀饭,陈三川饭后舔碗的动作引起陈秋石注意,并据此判断,陈三川就是自己的儿子。

渡江战役中,指挥所被冷炮击中,陈秋石负伤,被转移到上饶医院,袁春梅带领已经升任副师长的陈三川和梁楚韵前去看望,给二人讲了陈三川父亲的故事,陈三川大为震惊,到了医院才知道他的父亲原来就是陈秋石。陈秋石交代梁楚韵,三川文化不高,你要多帮他。梁楚韵明白陈秋石意思,含泪点头。

陈秋石伤好后,回到了淮上州,挂名为军分区副司令员。袁春梅同陈秋石结婚后转业,二人隐居乡间,享受田园生活。

(二)《马上天下》作品分析

1.情节曲折,人物出彩

有评论认为《马上天下》直逼军事文学的核心部位,以独特的见解和精彩的叙述,表达战争文学的终极目标。

就故事本身而言,《马上天下》具有很强的可读性,小说开篇生趣——"十六岁以前,陈秋石一度认为自己是贾宝玉或者梁山伯,顶不济也是西厢里的那个张秀才。那时候在他的眼里,隐贤集差不多就是古都遗址,而他的那个陈家圩子,同大观园应该有差不多的光景。"谁能想到,就是这么一个好高骛远、喜欢幻想、浪漫又有点幼稚的乡村少年,会成为一代叱咤风云的战术专家呢?随后他阴差阳错地去黄埔军校学习,其工于心算的战术潜质深得教官杨邑的赏识。此后在抗日战争、解放战争中陈秋石出奇制胜,屡建奇功,被称为"战术之神"。被陈秋石抛弃的丑妻蔡菊花和幼儿陈三川,流落他乡,也先后参加了抗日战争,陈三川在战斗中逐步成长为一名死打硬拼的战斗英雄。20年后父子相认,然而他们的战争态度和人生价值观念已是千差万别。小说语言暗藏机锋,伏笔层层叠叠,悬念含而不露,情节一波三折,可见作者的小说叙事技巧已经到了炉火纯青的地步。

小说最精彩的当属男主人公陈秋石打的几次漂亮仗:孔雀岭战斗中以少胜多,漳河峪战斗中设伏将敌人引入包围圈,苍南战斗中再次以战术大胜,荟河战役中的"虎驱羊群"、铅山战役中的"围三阕一"等等,正因为这么多次以少胜多、以弱胜强,以最小代价取得最大胜利的战争,让陈秋石成为了"战术之神",其中穿插的"诈死"、制造"蚂蟥疫"假象,公堂对簿,唇枪舌剑,更是将战争小说写得惊心动魄,回肠荡气。

战争在徐贵祥的笔下,不再是血腥和暴力的,而是充满了趣味,带着美学和艺术性。战争成了人生一个大舞台,各色人等在这个特殊的舞台上竞相表演,熠熠生辉,既好看又好玩,也让人不禁掩卷深思。在《马上天下》中,我们看到作家用艺术的笔触为我们书写战争,用战争来检验人的灵魂,人的情感、智慧、意志、道德、人格和欲望。

正如作家所言:"或许,战争是人类的一项永恒的活动,在现实中它是争夺和屠戮,而在遥远的过去和同样遥远的未来,它可能是一种艺术的娱乐活动。这种娱乐活动比起其他任何形式的娱乐,更能唤起人们的激情。""在所有的征服中,人征服人是最大的征服""战争是一种客观存在,而不是偶然的存在""高度文明世界里的战争,可能就是科学技术的竞赛,而不再以杀戮和掠夺为目的了。"

2.作家对战争哲学的思索

在小说中,作家对战争的理解不同于我们通常的理解,比如打打杀杀,或是以最大程度消灭敌人来衡量战果的多少,他要打得有水准,有品位,有格调。与此前作者的另外几部作品诸如《历史的天空》《高地》相比,《马上天下》不仅从草莽英雄的书写中脱颖而出,甚至超越了战争技术、战术层面的探究,进入哲学的境界。

陈秋石这个人物同我们经常在各类文艺作品里见到的那些士兵、战将、英雄、胜利者截然不同。在红军时期,仗还没打,他就开始琢磨撤退路线,结果被政委赵子明用手枪抵住了脑袋。陈秋石辩解说,他不是逃跑,而是要考虑退路。乍一看,他的理由有些荒唐,属于强词夺理。然而后来的事实是,他胜利了,就是凭借先看好退路再进攻,从而以少胜多出奇制胜,一举取得孔雀岭战斗的胜利。胜利者是不应该受到指责的,所以他步步升迁。在漳河峪战斗中,他"独断专行",擅自改变战场,承受了巨大的精神压力。好在他并没有失算,敌人迟到了三个小时后还是按照他的愿望进入他预设的战场,这一仗,更是令他声名大振。此后,苍南之战以弱胜强、荟河之战"虎驱羊群"、铅山之战"围三阙一"等等,他一步一步走向一个战术专家的辉煌顶峰,按照这条路走下去,他应该是共和国当之无愧的开国将军。

老子曰:"兵者不详之器,非君子之器,不得已而用之,恬淡为上,胜而不美,而美之者,是乐杀人。"大意是兵器这个不祥的东西,不是君子所使用的东西,万不得已而使用它,最好淡然处之,胜利了也不要自鸣得意,如果以为了不起,那就是喜欢杀人。不知道战术专家陈秋石或者作家徐贵祥是否借用了《道德经》的这层意义,但是无论是军事家还是作家,生活在华夏这块千年古战场遗址上,一定会受到古代战争哲学的熏染,因为人类良知和民族文化的精髓总是一脉相承的。

陈秋石身上充满儒雅气质、仁爱之心,虽善战却不嗜战,用他自己的话就是"我就是因为不想打仗,才学会了打仗","三流的指挥员被敌人消灭,二流的指挥员消灭敌人,一流的指挥员既不消灭敌人,更不消灭自己"。战争不仅是消灭敌人,更要保护自己,即使是不得已才进行的战争也要把伤亡减少到最低程度。

在这部小说中,作家将自己的战争理想、战争哲学、战争艺术集中在小说人物,尤其是核心人物陈秋石身上。我们不能否认,人,毕竟是血肉动物,即便是一个战神、一个战术专家、一个战争艺术家,他也不是战争机器。陈秋石作为一个从知识分子中历练出来的将领,在长期的战争实践中,他的战争思考是区别于草莽英雄的,"我就是因为不想打仗,才学会了打仗",这样的思想基础,也就决定了他在此后战争中的理性选择。在小说中我们可以看到徐贵祥带着人道主义情怀为我们叙述惨烈的战争,在这样的叙述下,战争也有了温度,而不再是冷冰冰的,敌对双方个体的士兵不再是符号,而是一个个鲜活的生命,从生命的意义上讲,双方士兵的情感和命运并无多大的区别,在陈秋石的思维中都是受到尊重乃至敬畏的。正所谓"上善若水""以奇用兵""善战者,不怒;善胜敌者,不与",战争更应注重智慧和谋略,而不是穷兵黩武,打打杀杀。在战争的环境中,个人名利要"知其白,守其辱",才能"为天下谷"。因此在小说中,出现了两个截然不同的人物形象,陈秋石和其子陈三川。父子二人有着截然不同的战争观,陈三川少年英雄,属于好战型,自幼勇猛彪悍,初生牛犊不怕虎,天生带有戾气,在战斗中能以一当十,英勇无畏,敢打敢拼。徐贵祥在这里有意安排这样两个个性相向的人物作对比,意在说明战争有很多种形式,取得战争的胜利也有很多种方式,仁者见仁智者见智,但从人性的角度对比,优劣不言自明。人是战争中最宝贵的东西,哪怕牺牲部分胜利的果实,也要保全力量,留得青山在不愁没柴烧。但陈秋石的想法在实际中常常碰壁,甚至被误解为投降主义、右倾机会主义。这也导致陈秋石的个人政治生涯几起几落,曲高和寡,英雄孤寂。也许正是这种对现实的不妥协,成就了陈秋石,如果我们站在历史的角度来看,这样的英雄人物更具有亲和力和时代性,他兼具传统与现代的特性,既懂得战术,又懂得人性,"名与身孰亲?身与货孰重?"老子在两千多年前就得出的结论,陈秋石在两千多年后加以实践。①

3. 战争批判

在《马上天下》中,作家为我们带来了一个新的思考,那就是对战争的性质和特征的拷问,战争是绝对的暴力的?还是政治的策略的?小说中的陈秋石父子就是这两种不同战争观的持有者。父亲陈秋石似乎代表的是一种古典的"战略方针",儿子陈三川更倾向于现代的克劳塞维茨式的绝对战争观。故事中两种不同观点的碰撞和交锋,引领读者深入战争的深层内核,我们怎么看待战争?我们如何去对待敌人?如何去取得最大的胜利?战争的终极关怀是什么?是消灭敌人还是保存自己?

中国是个兵法大国,自古以来就讲究用兵策略,孙子的"全国为上,破国次之;全军为上,破军次之;全旅为上,破旅次之;全卒为上,破卒次之;全伍为上,破伍次之"。由此孙子得出结论:"不战而屈人之兵,善之善者也。"在《马上天下》中,主人公陈秋石倾向的就是这样一种古典的,带着优雅风度的用兵策略。在他眼里,战争不是凭一时之勇,而是要深思熟虑,想要赢得战争的胜利更主要的是依赖智谋,"是理智的运用谋划与准备,是多种战略原则的艺术性运用"。②

在《马上天下》中,徐贵祥用一种承继与批判的态度为我们呈现了战争的两种状态,古典的和现代的。至于谁优谁劣作家

---

① 张丽萍、方友根:《〈马上天下〉:古典与现代战争观的碰撞与融合》,《皖西学院学报》,2011年第3期,第33—36页。
② 张丽萍、方友根:《〈马上天下〉:古典与现代战争观的碰撞和融合》,《皖西学院学报》,2011年第3期,第33—36页。

没有直接为我们做出判断,但从中我们还是能看出作家的倾向。有人说,战争无非是政治通过另一种手段的延续。在《马上天下》中我们看到的战争并不是单纯的拼杀和消灭敌人。在现实中,战争达不到理想中的绝对胜利,只有相对的胜利。在战争中,也不可能让对方彻底臣服或彻底将对方摧毁,作家为我们展现了现代战争的可行方案,战争的胜利可以是多种多样的:可以是最大可能地消灭摧毁敌人,如陈三川等人在抗日战争时期的打法;也可以是最大可能地保存自己,有限度地消灭敌人的打法;还可以通过谈判达成和平,以最小代价取得一定的胜利,这种观点的代表人物为陈秋石。

在现代战争中,我们抛弃了冷兵器时代面对面的厮杀和血腥都发生了改变。战争中存在的偶然与必然、理智与情感、军事与政治、绝对与相对、暴力与和平……这些问题在小说中作家并没有给出明确的答案,但却能引导我们进行深刻的思考。我们不能完全依赖于古典温和的"不战而屈人之兵",同时也不可能在战争中单凭勇猛就能取得绝对的胜利,理想的战争应该是从属于现代性政治目的的,应该是智计谋勇的有机结合。作家在小说中提出的是对古典和现代战争观的哲学批判。

在这个信息化和知识化的时代,军旅文学也面临着新的机遇。读者越来越多元化的阅读需求,以及身处和平时期人们对战争和英雄的向往和期待,就更需要军旅题材小说英雄人物能出现更多崭新的面孔,他们身上要能承载爱国主义、理想主义、英雄主义精神,要具有时代精神和人格力量,更要有丰富的人性内涵和文化意蕴,《马上天下》或许正是这种探索下的成功尝试。

第三节　徐贵祥中短篇小说

波兰著名的哲学家和美学家罗曼·英加登在她的著作《论文学作品》中提出：一部文学作品的"产生可能是以作者很明确的体验为条件的。作品总的构建和它各种属性的形成也可能有赖于其作者的心理属性和才能，决定于他思想的类型和智慧。在这种情况下，作品也可能或明显或不明显地带有作者个性的痕迹"。

这就是说，文学作品作为一种意识行为的产物，无疑和作者的个人经历、生活体验、思想意识、创作个性及才能有着密切的关联，而这一切都会或隐或显，直接或者曲折地反映在他的作品中。因此研究一个作家的作品就不得不全面地考量他的不同类型的作品，对于徐贵祥的研究也是如此，为此，我们对徐贵祥早期创作的中短篇小说加以分析，以期能更为全面地了解作家的发展轨迹和成长历程。

《弹道无痕》和中短篇小说集《天下》可以说是徐贵祥早期作品的代表。其中，《天下》共收录了9部中短篇小说。从古战争题材《决战》《天下》和时代背景模糊的《错误颜色》，再到和平时期描写军营生活的《弹道无痕》，进而到反映70年代边境局部战争的《胆量历程》，更有徐贵祥很少涉及的非军事题材短篇小说《大路朝天》《年根》《那片月光》等，带着作家早期的个人经历和情感，这些作品都有着不可阻挡的视角震撼力和情感冲击力，真挚婉转，回味悠长。中篇小说《潇洒行军》，获《昆仑》1991至1992年优秀作品奖；中篇小说《弹道无痕》获《解放军文艺》1991至1992年优秀作品奖，据此改编的同名电影（八一电影制片厂摄制）获"五个一工程"奖、中国政府电影华表奖。中篇小说《决战》获第七届中国人民解放军文艺奖。

一、《决战》

《决战》是一部有着形而上思考的作品,它展示了战争的一种至上境界,即"上战不战""不战而屈人之兵"。为了达到这个目的,两个征战一生,既为对手同时也是知己的将军共同献身,成为更高境界的英雄。小说主人公巩羽是南蓼的将领,有勇有谋,他和对手司马卓惺惺相惜,来来往往打了十几年的仗,互有胜负。在琶卢坡之战被司马卓打败后,巩羽独居深山,反思自省,他认识到战争的残酷无情,更领悟到自然的本性乃是和谐宁静,应尽力避免杀戮和纷争。当他再重回两军阵前,巩羽弃二十万大军不用,独自率领一千名年过而立的老军卒,携鼓乐筑弦与敌对阵,跟对方统帅司马卓口头拆解阵法,以"口诛"代替刀剑和流血。同为优秀将领的司马卓理解巩羽的战争理念并与之产生共鸣。他们既是最好的对手,也是真正的知音,基于对战争相近的反思和领悟,经过口头上对战阵的布列与拆解,双方的矛盾圆满化解,由敌转友,一起应对共同的敌人——战争。

虽然小说最终的结局是悲剧:巩羽和司马卓为了践行他们的战争理念,双双牺牲,但更具悲剧意味的是他们对战争的理念没人能理解,这从巩羽的儿子巩云飞、中师伯约的诸多表现可见一斑。巩羽进行的是一场他一个人对所有人的"决战",巩羽和司马卓一死,再无人能懂和奉行"上战不战"的理念。从人类绵延不断的战争史来看足以证明这一点。如此,巩羽和司马卓的牺牲既是遥远的绝唱,也成为亘古的忧伤。

对于作家来说,徐贵祥当然不会天真地相信巩羽的战争策略能够让战争止息,世人能永享太平。但作家所要表达的用意在于展示一种理想,树立一种目标,让人心向往之,并在这一过程中,触及战争的核心和本质,就小说而言,作家的这一目的达到了。

二、《天下》

《天下》取材于一个古老的传说,却更像是一则寓言,揭示了战争的本质起源,战为利往是战争这个巨大轮子最强大的驱动力,战争的合理性和魅力便由此显露。通过公子亟和商贾谷邢先生的命运,作者推演的结果是触目惊心的,战争仿佛是挂满人性之树上的累累果实,触手可及却又凶险无比,让人欲罢不能。

《天下》写的是一个为了争夺天下而运筹谋划、纷争残杀的故事。征服了天下就征服了一切,就拥有了一切,这无疑是人的征服欲和占有欲的最大满足。人真正的名字叫作"欲望",人类能够生生不息,在于人的无止境的欲求,而不同个体和群体之间的欲求难免发生冲突,争夺就随之而来,这种争夺发展到一定规模,上升到一定级别,就成为战争。小说里众人争夺的天下,不过是人类欲望的巅峰,是人所欲求之物的一个隐喻。它要说明的是,只要有欲望,就会有纠纷,就可能引发战争。《天下》的结尾,所有参与角逐天下的人都死掉了,但是自有后来人接替他们,继续争夺,重演相似的一幕。和平只是战争的间歇,战争才是人世的常态。

《天下》和《决战》都以寓言化的方式切近战争的本体,探讨战争的起源,追问止战的策略,追寻战争的至高境界,如果说前者的创作基点在于经验和记忆,后者则更侧重于虚构和想象。两部中篇写的都是上古时代的战争,若要强行归类,似乎可以划入"历史战争题材小说"。两部小说的历史背景都十分模糊,这是作者主观想象中虚拟的历史,更多地被精神化、情绪化和象征化,他的目的不在于重现历史,而是要探讨问题和展示一种理想的境界。

三、《寻找那片月光》

《寻找那片月光》是徐贵祥短篇小说中别树一帜的一篇。这篇以"东方意识流"手法写成的小说,更多地表现出作者的"文人气",颇有一唱三叹的意味。主人公"他"在离开战场几年后回到故乡,在一个午后来到林中散步,回忆起少年时美好的初恋和恋人意外死亡给他留下的淡淡忧伤,回忆了"鹅黄色西装裙"对他的并不踏实的爱恋和爱恋的结束,回忆了现在的妻子、曾为他缝合伤口的白衣少女对他的理解、柔情和爱意。经历了战火硝烟和初恋情人的逝去,"他"更加怀念过去的生活和遥远的初恋,这也从一个侧面透露出"他"对当下生活的不适应,而小说叙述过程中体现出来的舒缓低回的调子,也暗合了他因受伤而内敛、外刚内柔的内心世界。被战争磨炼成铁的汉子,在离开战场以后,苦苦寻找精神和情感的出路。在小说的结尾,"他加快脚步,走向那片灯火闪烁的地方",新的生活已然向他展开双臂。这样的艺术处理,超越了单纯表现战争对人的伤害和摧残,着力突出人性的美好和人在战争面前的尊严,以及追求的一种不断向上和超越的力量,这一特点,在徐贵祥后来的长篇小说创作中不断得到体现。

四、《大路朝天》

《大路朝天》是徐贵祥1990年发表在《清明》杂志上的一个中篇,小说讲述的是刚从战场上回来的"我"来到京城一所高校文学系从不适应到渐渐适应的过程,这个过程既痛苦也是蜕变。"'我'的胶鞋底还沾着西南羊肠小径的泥泞,因此,踏进文学系富丽堂皇的教室,看着肮脏的鞋印在华美的新疆地毯上拼凑出玄秘的抽象作品,便有一种异样的亢奋和说不清滋味的快活"。"我"开始无法适应校园里这种循规蹈矩的生活,"我"怀念茨竹坝战友的呼噜声,"我"怀念死去的战友、"我"部队的指导员和那些鲜活的战友……而对于此时高校里那些无病呻吟的"诗人"和他们的诗作,"我"嗤之以鼻。"我"的做派(蹲在凳子上吃饭、正规的军事化出操、杀气十足的处事风格等等)遭到周遭人的不理解,也一度让"我"虽身处繁华的大多市却找不到归属感,幸好遇到了兰灵——音乐系的上届学员,曾去前线慰问演出和"我"彼此心灵相通,有共同话语。在这个适应的过程中,这个体贴聪慧的姑娘给了"我"温暖和勇气,让"我"慢慢地适应了新的生活,同时找到了文学的感觉,一篇篇文学作品相继问世。

这篇小说,从某种程度上来说是徐贵祥个人的一段心路历程。他从前线回来后,很长一段时间无法适应正常人的生活,而恰恰是这个过程,让他对战争、对人性、对生活都有了常人所没有的感悟和反思,战争让人的心灵受到伤害,战争让人的思维充满野性和血腥,可战争又是无法避免的存在,这让徐贵祥很痛苦。

小说没有深度展开,只是在文中向我们展示了一个经历过战争、指挥过战争的军官,对战争的审视和回眸,带着阳刚和血性,虽有些生涩,却是那么真实和鲜活。所以徐贵祥后来再回头看自己早期的这些作品说,"回过头来看有些幼稚,但当时的那种热血和激情是现在所无法表达的"。

徐贵祥在《我为什么要写战争小说》中回忆自己1984年7月第二次上战场的经历:"在那样一种特殊的环境里浸泡久了,我的情感和人生信念都在不知不觉中发生了变化。就是在那段日子里,我得出一个结论:战争,这个驱使人类上演无数悲喜剧的魔杖,同时也是一柄打开文学宝藏的钥匙。如果说文学果真是人学的话,那么,实际上它就是人际关系的学问,而在战场上,在生死攸关之际,人与人之间的关系无论是复杂还是透明,都可以说走向了极致:崇高和猥琐、智慧和愚钝、坚强和脆弱、真诚和虚伪、善良和邪恶、无私和自私、希望和绝望,往往只是一刹那就暴露无遗。解剖人的灵魂,战场就是最好的试验场。而战争文学,往往就是关于人的灵魂解剖的实验报告。"①也许就是从那时起,徐贵祥就坚定地走上了军事文学创作的康庄大道。

第四节　徐贵祥反映和平时期的军事题材小说

徐贵祥擅长的是对于战争题材小说的正面强攻。但对于一个作家来说,和平时期是对当下的关注。用徐贵祥的话来说,和平时期也是对战争的准备。因此,在徐贵祥的长篇小说中,反映和平时期军营生活的作品《仰角》《明天战争》我们就不得不加以关注。

在这里我们有必要回顾一下作家在创作这些作品时所处的现实环境。20 世纪 90 年代,中国军事文学创作呈现出醒目的"两类阵营":"农家军歌"和"大院文学"。"农家军歌"又称"军营新写实",其深受当时"新写实主义"创作思潮的影响。"新写实主义"是新时期以来继"伤痕文学""寻根文学"之后,在中国文坛乃至中国社会产生广泛影响的又一文学浪潮。它以小人物、小事件、小视角为切入点,以平和、冷静、低调甚至冷漠的叙述,成功颠覆过去人们习惯了的"高、大、全"式的主流叙事模式,而成为一种新的流行风尚。"军营新写实"的主要创作对象是基层部队中占大多数的农民军人,他们来自农村,来自土地,来自生活在底层的普通大众,他们的梦想就是走进军营,穿上军装,成为军官。与此相对的"大院文学"的创作主体则是一

---

① 徐贵祥:《我为什么要写战争小说》,《中国图书评论》,2001 年第 2 期,第 12—13 页。

些部队干部子弟,他们从小生活在军营,有着与生俱来的优越感。与农民军人相比,他们对部队、对文学抱有更多的期待。他们的作品中多数人物身上体现的是"职业军人"的一些特质:热爱部队,时刻高扬军人的神圣职责和历史使命,特别是对现代战争环境下国家安全问题的探索和追问。在这两类阵营的较量中,我们似乎看到了第三类,那就是徐贵祥介于两者之间的创作。徐贵祥笔下的军人形象既不是"大院文学"中"标准得像正面照"的军人形象,也不是"农家军歌"中的农民军人形象,他笔下的军人来自农村,身上带着农民固有的优点和缺点,但他们的品质和素质在军营中得到了锻炼和提升。他们不一定是英雄,也不一定会成为英雄,也可能只是生活中的小人物、军营里的小角色,还可能是寻常价值体系下的失意者,但他们身上却散发着英雄主义的光环。从他的小说人物中,我们看到作家的写作目标:试图站在农民军人的立场,实现作为职业军人的理想,打造出一种新的英雄主义风范。[①]

一、《仰角》

(一)内容简介

20世纪80年代,一群非常优秀,原本已被确定为提干人选的炮兵战士,突然面临人生的重大转折,中国人民解放军实行干部制度改革,终止了我军自成立以来延续了数十年的士兵提干的选拔制度,改革后的部队基层干部必须来自院校。他们清晰地听到了梦想破碎的声音,但就在他们绝望时,命运再次把梦想的碎片重新拾起。原来,W军区副司令箫天英提出成立一个预提干部速成培训中队的建议。此举"挽救"了那些在实践中摸爬滚打练就一身本领的优秀战士,给他们的人生亮起了一盏希望的灯,同时也给部队保留了一批可贵的业务栋梁。

[①] 唐韵:《一个人的高地——评长篇小说〈仰角〉兼论九十年代军事文学创作生态》,《解放军艺术学院学报》,2006年第4期,第46—50页。

这些军事素质一流的炮兵,在这个预提干班又一次亮相,从全军区范围内,几千名尖子士兵中挑选出的"精英中的精英",走进了这一支名额仅63人的特殊队伍。他们变了,仿佛被打通脉络一样,身上那些土气、小家子气、浊气酸气一扫而光,他们开始讲究言谈举止、讲究知识深度、讲究训练效率,甚至讲究大局。

教员祝敬亚提出了一个"45°人格论":如果把一个人走向社会作为坐标原点,横坐标作为人的才干,纵坐标作为人的品格,德才相当,相辅相成,呈45°上升,乃为最佳人生弹道弧线。由纵坐标和横坐标构成的面积最大,也就是对社会的贡献最大。小说名也由此而来。

这一群人中,最终有人如愿提干,也有人没能如愿。这些没能如愿的人中有的中途崩溃,如患精神分裂症的马程度;有的只差一步之遥,比如蔡德罕——一位始终以军官生活和工作方式为标准的炮兵技术能手,却在最后关头因为一个小数点无意点错而被淘汰,没能迈入军官的行列。而多数人都从中获得了应对挫折的力量,所以后来常双群因视力原因不得不离开部队时,他的表现也成熟了许多。

教导员祝敬亚在一次野外寻找治疗学员眼疾的三头蛇时不幸中毒身亡。故事在学员蔡德罕深夜独自坐在祝教员墓前充满困惑和希望的遐想中结束。

(二)和平时期也是战争的一种存在形式

早在1999年,徐贵祥结合自己对部队建设长期的观察和思考,创作了长篇小说《仰角》。在这部小说里,他把和平时期波澜不惊的军营生活,描绘得风生水起。作者凭借自己对和平时期军队生活的细致观察和了解,塑造了一系列生动的军人群体。如具备草莽英雄特质、在抓部队训练时表现出精、刁、细、刻而被尊称为"萧天狼"的师长肖天英;稳重成熟、韬光养晦的参谋韩阡陌;教学上的炮兵专家、理论上的民间哲学家和生活中的糊涂虫教员祝敬亚;才华横溢、素质过硬的炮兵谭文滔;其貌不扬但军事技术过硬的训练标兵常双群;还有缺点多多的炮兵马程度等等,这些人物的性格特征迥异,奋斗目标不一,但他们在一次次人格历练和灵魂搏斗中共同展示了当代军人的神圣使命和综合素养。

在《仰角》中,徐贵祥这样写道:"战争一天也没有离开我们,只不过它以一种隐蔽的方式暗中进行的罢了。"这也是徐贵祥的战争观,他认为即便在和平时期,军人所做的一切也都是在为战争做准备,并且这种准备状态本身就是战争的一种存在形式。

《仰角》为我们提供了一个和平时期英雄主义的书写范例,这种书写比以前经典的英雄主义文本,有着更潜沉的视角和平民化的叙述脉络。于是,我们在小说中看到了许多不完美的英雄,不完美的结局——包括爱情。也许这就是生活的真实面貌,在小说的结尾,当战争终于爆发,小说开头第一个出场的蔡德罕站在教员祝敬亚的墓前,慨然质询他的那些已经当上了师长旅长参谋长,已经是大校上校中校的战友们:你们准备好了吗?你们敢打吗?

身兼军人和作家双重身份,徐贵祥对军队建设的长远思考和对军人内涵的深入阐发既是自觉也是责任和担当,从某种意义上说,徐贵祥军事文学的写作历程,就是他思考和阐发这些问题的过程。而所有这些思考和阐发,在《仰角》这样一部大容量的长篇小说中得到了最集中的表达。

徐贵祥在《我为什么要写战争小说》中这样写道:"(《仰角》)这部小说虽然是以和平时期军营生活为背景的,但它实际上是一部关于战争文化的小说。它所表达的战争观是,对于军人来说,没有和平,只有战争,和平只是在势均力敌的对峙中出现的僵持阶段,也是战争发展过程中的一个阶段,仍然是战争的组成部分。战争永远是军人事业的旗帜""《仰角》可以看成是我对战争文化和战争文学、战争人物和战争文学形象、战争思想和战争艺术、战争人格和战争行为进行探索挖掘、消化、升华的一次实践。"

可以说在徐贵祥的文学创作中,战争一直是他所钟爱的。正如他自己所说的那样:"我不知道我算不算一个纯粹的'战争小说作家',也不在乎是还是不是,重要的是,我觉得在这个领域里我是得心应手的并且是愉快的,那么,我当然还得按照我的思路往前走,不管前面等待我的是什么,我这一辈子,总得做点自己喜欢做的事吧。"

二、《明天战争》

(一)内容简介

20世纪70年代中后期,历史上战功显赫、号称"金刚团"的266团,因几个落后战士冒"金刚"之名违反群众纪律,引发出一场军民联欢会,团教导队预提干部范辰光、岑立昊、刘英博和翟志耘在联欢会上以高超的军事技术赢得群众的称赞。时值南方边境局势紧张,266团随时领命出征。提干任命宣布了,岑立昊、刘英博被任命为排长。范辰光、翟志耘未能提干,范辰光作为"重点人"留守后方,后历经挫折,最终被任命为指导员,从此命运出现转折。翟志耘复员回家,结婚生子。"四大金刚"各自走向了不同的人生之路。进入21世纪,为了适应世界军事格局和现代战争,22集团军准备成立一个以数字化为主体的特种混成旅,指定岑立昊担任旅长,岑立昊直言不讳地向K首长反映了我军现代化建设中的许多现实问题,提出了四条建议。后岑立昊被破格提升为集团军参谋长兼高科技训练基地司令员和政委,在信息战中屡获奇功,达到"不战而屈人之兵的目的",令外国名将赞不绝口。

(二)体现军人对国家和民族的忧患意识

作为作家,徐贵祥时刻将自己立于一个军队作家的高度,以特殊的责任感和使命感体现出对国家和民族的忧患意识。在《明天战争》中,徐贵祥将艺术的视角伸向高科技战争以及我们这支军队如何面对高科技战争等重大问题的思考上,不但昭示了作家个人文学创作道路上的一个新阶段,也为整个军事文学创作展开了一个新局面。

《明天战争》的着眼点是"明天的战争",就战争的样式来说,它超越了传统意义上的两军对垒,以及传统军事文学中常见的流血和死亡、英雄与崇高等主题,而是致力于表现一场全新的数字化战争,这种战争即使在科学技术高度发达的今天,也是颇具前沿性甚至科幻性的,以至于在阅读过程中读者常会有疑问:这样的战争真是现实中的高科技战争还是作者的科学幻想?

读完整部小说,我们细细分析,不难发现,如果我们沉溺于作品中所写的战争的虚实以及具有科幻色彩的战争样式中,那便走进了作者所设下的阅读陷阱。"明天战争",本身就是给我们提供了无限的想象空间。在"明天战争"中,作家思考的是当前我国军队和军人的素质问题在作品中,远与近、虚与实,理想与现实相互矛盾,又有机统一。在岑立昊这个人物身上,凝聚了作者对于一个军人的全部理想,也体现了作者对于"英雄"的全新诠释和定位。在岑立昊身上,似乎有着理想军人应具备的全部精神特质,他具有天生的尚武气质和磊落的天性,渴望辉煌但更在乎走向辉煌的过程和手段,这与和他一起成长但显然不在一个精神层面的范英博形成鲜明的对比,这样的性格也决定了他命运的坎坷,但作者在小说中向我们展示的是最终岑立昊走向了事业和人生的辉煌,这不仅是为了简单昭示理想的胜利,还是作家通过4个年轻人近20年的成长经历表现我们这支军队迈向现代化进程中所必然要面临的艰难历程以及历史发展的必然方向。

从这个意义上来讲,徐贵祥的长篇小说《明天战争》尤为值得我们重视,因为它是作者20年来从未间断过地对我们这个国家如何应对"明天战争"思考后的呕心沥血之作。作家在小说中第一次振聋发聩地直面指出:"明天战争的形态将不同于以往我们经历的任何战争,我们不能再指望所谓的人海战术取胜,它是专业化非常强的依赖于高科技高素质的军事行动。"《明天战争》中岑立昊一再强调,应该树立以战争和战争准备为军队"唯一"任务的理念,厉兵秣马,一切为了战争。和平军营表面上看似平静,实际上却波涛汹涌,战争的阴霾始终笼罩着军营的宁静,所以无论是和平时期还是战争时期,军旅文学的核心仍然是战争,并且始终是战争。

《明天战争》迥异于传统意义上的战争描写,他以新鲜的时代气息倒逼我们反思,在世界军事日益变革的今天,高科技仪器以最先进的状态和现代军事紧密关联,各种战术层出不穷,中国军队将以何种姿态迎接战争,将在怎样的平台上起跳是我们一直在关注和持续解决的问题,从这个意义上说,相对于《仰角》来说,《明天战争》多了一些启示性的意味。

第五节　徐贵祥散文

散文是指与诗歌、小说、戏剧并行的一种文学体裁。但凡优秀的作家,写出的散文往往更能反映他的真实内心,也更具有生活情趣和审美意趣。

2013年1月由人民文学出版社出版的《向右看齐》收集了徐贵祥近年来的一些散文,其中包括《老街沧桑》《我的红花裲》《大山深处的老兵》《读书三观》《找不到我要感恩的那个人》《好的》等优秀作品。让读者在小说之余更能深切地感受到作家的生活和情感。

散文中回忆家乡的文字最能打动读者,故乡是作家心灵的圣地。对于20岁就离家的徐贵祥来说,家乡永远是心中的一盏明灯。那里有熟悉的乡音,有外婆晨起的炊烟,有街头巷尾的嬉闹,有儿时的玩伴,有青涩少年的懵懂情怀,有熟悉的老街和家乡的月亮……

《老街沧桑》,记述了徐贵祥的出生地安徽六安洪集的老街,"F"型的街道,整齐的青色石板……

"许多年过去了,我已经遗忘了很多东西,而唯独对于老街的一草一木乃至门板和青石路面记忆犹新。现在我似乎有点明白了,其实,老街是不是城市、或者说是否曾经是城市并不重要,重要的是老街提供的那一份独特的感觉,那混合着叫卖声、读书声、铁匠铺里的淬火声、篾匠铺里的裂竹声、胶底布鞋踏在青石街面上的橐橐声,还有刚出炉的烧饼的香味,热豆腐的气息……这一切都似乎在显示,老街的日子是喧闹的,清贫而火热。老街的上空永远飘扬着浓郁的生活气息,飘扬着人的气息。"

"城市算得了什么?城市遍地都是,而且越来越多,大同小异,但是我心中的老街只有一个,尽管在三十年后面目全非,但是三十年前的老街在我的心中是不死的,那绿荫婆娑、人气旺盛的古色古香的记忆,那宽阔的河面和清澈的溪流,那如梦似幻无限缥缈的月光,正是我心灵的家园啊!"①

老街是故乡的一个缩影,除了老街,故乡的人文地理也滋养着徐贵祥。

童年时代的徐贵祥常常随着父亲工作的流动,在六安洪集和姚李之间穿行。对这两个地方,徐贵祥都视为故乡。徐贵祥曾自豪地说,姚李这块地方,是一方历史文化云蒸霞蔚的土地。如果以此为中心,以30公里为半径,可以囊括许多名人轶事。

---

① 徐贵祥:《老街沧桑》,《人民日报海外版》,2005年11月8日第7版。

西边是叶集,20世纪30年代鲁迅先生创办了未名文学社,6名成员中,就有叶集的台静农、韦丛芜、韦素园、李霁野4人;往西北方向,马店镇是原红四方面军的参谋长李特的故乡;往东南方向,有中共早期领导人之一王明的故乡;西南方的白大畈是著名作家蒋光慈的故乡……

家乡的大别山、淮河水,是徐贵祥作品中挥之不去的两个地理文化背景。无论是《历史的天空》《八月桂花遍地开》,还是《高地》《仰角》《特务连》,但凡小说题材,事是虚构事,人是安徽的人。《历史的天空》《八月桂花遍地开》都是以江淮抗战为背景。他的作品从人物性格,到语言风格,那不经意中流露的方言,倾泻的情感,都深深地打上了皖西文化的烙印。

徐贵祥喜欢读书、写作、喝酒、下棋。对于写作和读书,既是职业也是爱好,而对于酒,既是情趣也是需要。关于酒文化,徐贵祥还有一句精妙论述:"桌上一壶老酒,桌边一群老友,桌下一只老狗。"这是他对人生闲趣的生动概括,在他的友人中也广为流传。关于酒文化他还有专门的论述:"酒是泉水之浓缩而不是泉水,酒是粮食之精华而不是粮食。所以酒的功效不是生理上的,而是心理上的。酒的妙处,更在于一个'情'字。喝酒的重要前提是,人必须是好人,酒必须是好酒。如果是好天气,天时地利人和美酒,那就是天上人间之饮了。酒不醉人人自醉,即便醉了,也是身心放松,大智若愚……什么都没有,只有一个醉字,何其美妙啊!"和徐贵祥相识相交,一壶好酒,几位好友,微醺中就能见到他露出几分真性情,露出几分真感受,把酒对月,缅怀往昔,畅谈人生,有点狂,有点癫。他曾说:"离开家乡30多年了,家乡的月光、老街经过岁月的滋养,在我脑海中竟多了几分诗意,我时时向往着能回到家乡,过上那种'桌上一瓶老酒,桌边几个老友,桌下一条老狗'的悠闲生活。"

关于读书,徐贵祥在《我的读书三观》中这样认为,第一,要谨慎读书、吝啬买书,百里挑一甚至千里挑一。"我们就是要让那些不负责任肆意兜售精神垃圾的书商们破产,让那些滥竽充数的低劣的写书人喝西北风去"。第二,读大于书。徐贵祥认为,对于一般读者而言,读书往往就是读出一种感觉,一种境界,一种体验。尤其是对于艺术工作者而言,更多的时候,书仅仅是一把钥匙,重要的是要打开你自己心智的大门。"知识如燃料,要烧出你自己智慧的热量,要把自己的大脑变成发动机而不是储藏室"。第三,读书有缘。徐贵祥认为,什么人读什么书,往往也是造化所致。有些名人名著,哪怕全世界都叫好,但不一定适合你读,你读来读去隔靴搔痒,那就索性不去读它,不要跟风,不要人云亦云。经常见到这样的人,对于正在流行的某一部新的著作,他自己看不出所以然,却又不想暴露无知,跟在别人后面傻乎乎地拍手叫好。他认为"这是很可悲的。相反,有些书名不见经传,甚至不被人看得起,那又有什么关系?只要它适合你读,让你醍醐灌顶茅塞顿开,让你眼前阳光明媚鲜花盛开,那可能就是你的书缘来了。每个读书人一生至少有一本自己的天书"。

徐贵祥说,现在的教育已经把孩子们的心灵空间占满,他们没有做梦的时间,没有阅读的时间,"他们完全成了'斗士',我们的孩子,很多人已经不会像孩子那样欢笑了,甚至不会淘气了,连撒娇期都缩短了许多"。而他却从读书中受益颇多。"我后来确实又读了不少书,有些还很受益,但是早年读的那些童话,对我的启蒙和影响是地久天长的,也是不可取代的。当我感到饥饿和寒冷的时候,我就会擦一根火柴,我看到的不仅是那香喷喷的烤鹅,我还会在那微弱的光焰里看见我亲爱的祖母和姥姥"。

第六节　徐贵祥小说创作思想及其影响

　　徐贵祥是21世纪战争文学的领军人物之一,被誉为正面强攻战争文学的"重型坦克",他对战争的书写具有十分重要的理论和现实意义。徐贵祥本人独特的两次参战经历、长期的军旅生涯,以及工作后在出版社接触到的《中国人民解放军百战将星丛书》的大量资料,这些都为他的战争小说创作提供了宝贵的资源。更为重要的是,徐贵祥对战争的思考和追问,在他的小说中蕴涵了丰富的战争思想,主要体现为反对不义之战,人是战争的决定力量,和平只是战争的间隙,战略战术是战争的取胜法宝,"不战而屈人之兵"是战争的最高境界。

　　徐贵祥运用多种艺术策略来书写战争,对战争本体做审美观照,对人物形象和叙事手法做大跨度创新,同时又对大团圆、英雄相惜、英雄美女、传奇故事等传统叙事模式灵活借鉴,使其作品既具有可读性、趣味性,更具有艺术性、思想性。

一、正面强攻战争文学的重型坦克

　　徐贵祥的人生经历为他积累了书写战争的丰富资源,两次参战的独特经验使他对战争有了更为直观、真实、切身的感受。在他的小说中,战争中的人性更为生动具体,也更为真实可靠。如果说1978年的第一次参战是徐贵祥初生牛犊不怕虎,稀里糊涂地就立了一个三等功,立功后,他成了别人眼中的英雄,自己也有了英雄的感觉;那么第二次参战,则是徐贵祥主动请缨,此时的他拥有热血青年的英雄气概,也有了丰富的内心世界:当英雄,但不当烈士;可以负伤,但不能牺牲。作为一名年轻的军官,徐贵祥在战场上很多方面都得了极大的锻炼和提升,并积累了丰富的实战经验,他指挥了一次漂亮的战斗,近200发炮弹,按照他的意志成功地摧毁预定目标,干得非常漂亮!这一次,他在云南潮湿的山峦间度过了一年零八个月的时间,期间目睹了战友的流血牺牲,自己也受了伤。还因为通信的中断,一度和家人失去联系,被误认为"光荣"了。期间的种种,让徐贵祥一辈子都难以忘怀。1985年8月,当军列即将离开云南曲靖时,不知从哪里传来了《妈妈的吻》这首歌:"在那遥远的小山村,小呀小山村,我那亲爱的妈妈,已白发鬓鬓……"此刻,这个经历了炮火洗礼的年轻军官泪流满面,他想到了亲人,想到了家乡……

也正是这两次实战经验让徐贵祥开始琢磨战争,也让他爱上了书写战争。徐贵祥不是一个穷兵黩武之人,他钟情于战争书写,但并不热爱战争。只有从枪林弹雨中走过来的人,才能真切地感受战争的残酷,才能更贴切地理解战争,才能更彻底地领悟出战争对人的生理和心理的戕害,才能更深刻地看出人性的善恶美丑,感受和平的珍贵。

也正是在第二次执行边境任务的间隙,徐贵祥躲在阴暗潮湿的营房里,相继写出了《大路朝天》《走出密林》《潇洒行军》《弹道无痕》这几篇中短篇小说,也正是在这一时期,徐贵祥的第一部中篇小说《征服》发表了。此后,他的创作热情更为高涨,陆续发表了十几部中篇小说,并顺利考上解放军艺术学院文学系,他的文学创作也从感性上升为理性,从量变走向了质变。《潇洒行军》获得第七届中国人民解放军文艺奖,《弹道无痕》获得1991—1992解放军文艺优秀作品奖,据其改编的同名电影获得第二届中宣部"五个一工程奖"、中国政府电影华表奖,也让徐贵祥开始在军旅文学的队伍中占据了一席之地。

1994年,徐贵祥在解放军出版社工作,参加了"百战将星"丛书的策划和撰写工作,期间采访了秦基伟、杨国夫等许多元老级的将军,还有很多从战争年代走过来的人,翻阅了大量第一手的战史、军史,了解了大量鲜为人知的战争故事和战争细节。1999年徐贵祥的第一个长篇小说《仰角》问世,随后的十年是徐贵祥厚积薄发的关键时期,相继创作完成了《历史的天空》《明天的战争》《八月桂花遍地开》《高地》《特务连》《四面八方》《马上天下》等作品。徐贵祥一下子被大家熟知和热议,其作品多从正面描写战争,气势磅礴,凌厉豪放,"军味"很多,加上其"正统"的军人身份,因此评论界给他"正面强攻战争文学的重型坦克"这一极具军事气息的称号。

二、对战争的审美关照

在徐贵祥的小说中,蕴涵了丰富的战争思想,从早期的反映古代战争思想的《天下》《决战》到后来的《八月桂花遍地开》《马上天下》,一以贯之的是徐贵祥所追求的战争最高境界。他认为人是战争的决定力量,战略战术是战争的取胜之道,不战而屈人之兵才是战争的最高境界。

尤其是在《马上天下》这部作品中,作家对战争的理解不同于我们通常的打打杀杀,以最大程度消灭敌人来衡量战果的多少,而是要打得有艺术、有水准、有品位、有格调。与此前作者的另外几部作品诸如《历史的天空》《高地》相比,《马上天下》不仅从草莽英雄的书写中脱颖而出,甚至超越了战争技术、战术层面的探究,进入了艺术的境界。在此我们又不由得联想到老子在《道德经》第三十一章提到的,"兵者不详之器,非君子之器,不得已而用之,恬淡为上,胜而不美,而美之者,是乐杀人"。

对于擅长战争题材的徐贵祥来说,曾为我们塑造了很多个性鲜明的军人形象,像《历史的天空》里的梁大牙,《八月桂花遍地开》里的沈轩辕,《仰角》中的萧天英,他们都是硬汉形象。而《马上天下》中的陈秋石则是另一番景象,出身于乡村小镇较为富裕的家庭,自身又受过新式教育,陈秋石作为一个从知识分子中历练出来的将领,在长期的战争实践中,他的战争思考是区别于草莽英雄的,"我就是因为不想打仗,才学会了打仗",这样的思想基础,决定了他在此后战争中的理性选择。人是战争中最宝贵的东西,哪怕牺牲部分胜利的果实,也要保全力量。如果我们站在历史的角度来看,这样的英雄人物更具有亲和力和时代性,他兼具传统与现代的特性,既懂得战术,又懂得人性。

战争是人类社会发展过程中的一种必然的状态,在这种状态下,民族的性格和人的本性能得到淋漓尽致的体现,要想获得战争艺术表达的最佳效果,就要善于抓住这种性格或者是本性,深层次挖掘一个民族的性格成因与发展轨迹,才能使文学作品产生巨大的力量。世界上的很多伟大的作品无不如此,例如托尔斯泰的《战争与和平》、狄更斯的《双城记》等等,徐贵祥的《八月桂花遍地开》也是如此。正如作者所言:"我更希望你能从这部作品中了解我们的历史,了解我们的民族;了解我们的敌人,了解我们自己;了解在抗日战争中作战双方的状态,了解在战争背后两个民族的较量。写历史题材不是为了讲个历史故事,而是为现实服务。写战争,是为了没有战争;写历史,是为了折射今天和明天。"

作者带着这个愿望写作,也通过作品达到了这一目的,作品的艺术性和思想性也因此显得厚重和磅礴。从作品中我们找到了蕴涵在我们血液里、骨髓里的民族自尊心和自信心,激发了我们的民族自豪感与自强不息的民族精神。

汤因比曾强调:"人类文明的历史归根到底是人性的历史。"人性是构成文明的基础,这既表现在人的创造力使文明成长,也表现在由人性所决定的社会组织形式。迄今为止地球上所有地域、民族和国家的人类活动,无论其表现怎样丰富多彩万象纷呈,其演变怎样繁杂多样——或发展、或停滞、或断裂与延续、或倒退和灭亡,诸如此类,都是人性在特定的环境条件下表演和创造的结果。也正是从人性的角度,徐贵祥为我们展现了不同时期、不同人物在战争中的表现,也是对人性的真实剖析。

三、职业军人的忧患意识

战争是人类永恒的话题,据美国和瑞士等多个国家统计,从公元前3200年到公元1964年,世界上共发生了14513次战争,期间只有329年是和平的。

纵观徐贵祥的战争小说,我们不难发现,作家通过对古代战争的深入思考,对现代战争的多元探索,表达出对未来战争的强烈忧患。

《天下》《决战》是徐贵祥创作于20世纪90年代末的两部中篇。这两个中篇具有十分丰富的思辨色彩,并蕴涵着鲜明的战争文化意蕴,小说的宗旨不在于回归历史,再现一段历史战争风云,也不是为了还原历史真实,而是在虚构的历史叙事中,叩问传统战争观念,深思战争文化的哲学意味。从《天下》《决战》开始,到后来的《高地》《明天战争》《马上天下》,徐贵祥从未停止对战争的审视和反思。徐贵祥的战争观也在他的小说人物身上得以呈现。

英国哲学家、历史学家科林伍德在他的《历史的观念》中提出:"一切历史都是思想史。"只有在现实的意义上研究过去,历史才有意义。过去的历史不是已死的、完全外在的,而是活生生的、可以切身体验的,当然这活生生的过去本身是无意识的存在,只有通过历史的思想,它才具有意识,通过历史知识所获得的这种自我意识,使人能够知晓他所处的历史进程并扩大他对自己现实处境的了解。

传统革命历史观影响力的弱化与新历史观的影响,使得徐贵祥重新审视现代革命历史战争,小说创作呈现多元探索的倾向。

徐贵祥的小说《历史的天空》《八月桂花遍地开》《马上天

下》都是战争题材,这几部小说都从不同方面体现了作家的战争观。尤其是在《八月桂花遍地开》中,作家试图贴近历史真实,站在人类的、人性的高度,以民族性格和民族文化为视点去比较和阐释抗日战争,从而得出这场战争是两个民族的民族性格和民族文化间的较量。徐贵祥在这部小说的卷首语中写道:"没有谁能击倒我们,除了我们自己;没有谁能拯救我们,除了我们自己。"

在《虚实之间——中日两国甲午战争中的精神对决》一文中,徐贵祥认为战争中胜负的决定因素是人而不是武器,是人的战斗精神,包括人的战争观念、国防意识、指挥能力、献身意识、军队管理、战斗技能等,而这一切,都与文化有关。对于战争而言,学习敌人的长处尤其重要。今天我们反思一场沉重失败的战争,不是为了抒发悲伤,不是舔伤口,而是为了振兴,为了强大,为了不再重演历史的悲剧。在徐贵祥的作品中,我们充分感受到了这一点,还原历史,反思历史,惊醒世人,展望未来。

四、对历史叙事的重塑和革新

从徐贵祥的小说叙事风格中,我们能明显感受到他在不断尝试突破与革新。注重对革命历史本质和历史必然规律的揭示,是新中国成立初期革命历史战争小说的一个最为突出的审美特征。在革命历史观的统摄下,在传统的战争文化规范下的审美模式局限下,当代革命历史战争小说的书写受到较多拘囿。对此,徐贵祥大胆做出了革新,重新解构了革命历史战争,从而揭示历史真相,透视历史的必然性和偶然性。

这可以从人物的塑造上找到佐证。受革命历史观的阶级价值论的支配,以前的革命历史战争小说,在表现革命者投身于革命的动机上,都会形成一种规范的模式,要么出身于受压迫阶层,要么受革命家庭熏陶,要么受革命引路人的引领。这种表现模式也体现了革命历史的必然性,但这种模式在徐贵祥的小说中被有意规避了。

《历史的天空》中梁大牙加入革命队伍的原因是因为走了一夜山路,又累又饿,打算稍作休息顺便骗顿饭吃,刚好看到两个年轻的女八路冲他灿烂一笑,脑子一热,加入了游击队。这种投身于革命的偶然性,替代了过去出于阶级对立的革命必然性。类似的例子在《马上天下》中也有体现,陈秋石参加革命是被同学"裹挟"稀里糊涂参加革命的,在这个过程中还有过犹豫与彷徨。

受主流意识形态的约束与规范,以往的革命历史战争小说中,革命者的形象都是高大上的,接近完美,他们身上闪耀着神圣的光辉。徐贵祥的革命历史战争小说对此也进行了颠覆,在他的小说中,革命者恢复了"人"的本性,他们的喜怒哀乐、爱恨情仇、勇敢与懦弱、崇高与卑下、淳朴与狡黠、粗犷与细腻一一呈现。《历史的天空》中梁大牙身上出身乡野的匪气和粗犷的作风,和他在战场中的英勇与智谋,以及对东方闻音的柔情与呵护形成反差,但正因为如此才更能全方位地展现人的本性,体现人在战争中的成长与洗礼。同时还有自诩是"纯粹的"布尔什维克的李文彬、江古碑、张普景等人,他们都各有各的特点,呈现出多面性,层次分明,其中江古碑是假公济私,为了个人的私利打着伪善的旗帜;李文彬是公报私仇,借着"纯洁运动"清除异己;而张普景则是单纯地不满于梁大牙的缺点,他和前两者的卑鄙阴险是截然不同的。在这部小说中,革命者内部斗争也是暗潮汹涌,危机四伏。徐贵祥通过小说第一次正视客观复杂的历史现实,正面书写党内矛盾斗争,表现出内部斗争的阴暗面,对革命历史小说的叙事进行了重新梳理。

也正是因为徐贵祥第一次正面书写鲜为人知的或者是之前不能或不愿暴露的党内矛盾斗争,以及带着匪气与狡黠的我党高级将领形象,使得小说两次遭遇退稿。同时也正是因为这些领域的突破与革新,深化了革命历史题材小说蕴涵的丰富内涵,使其成为后来获得茅盾文学奖的一个重要因素。

从茅盾文学奖对《历史的天空》的评语中我们也可以窥见一斑:《历史的天空》始终将目光聚集于个体的人在战争与政治的多重纠葛和激烈碰撞中的复杂境遇和传奇经历,在种种历史的偶然背后,显示出了历史的必然,曲折地演绎了主人公从一介草莽到高级将领的性格变化和心理变化,从而用鲜活强悍的性格和人格的光芒照亮了苍茫深邃的历史的天空,丰富了当代战争文学的人物画廊。

第四章　其他皖西籍作家研究

　　前面各章节论及了一大批优秀的皖西籍作家的丰硕成就，他们长期从事文学创作与研究活动，名声大噪，影响深远。除此之外，还有一批皖西籍现当代作家，他们曾怀抱远大志向离开了皖西这片红色热土，奔走四方，或投身于革命教育事业，或潜心著书立说，他们的足迹遍布大江南北，以不同的创作面孔在文坛上展露光芒，为中国现当代文化事业做出过巨大而卓越的贡献。从某种角度考察这批作家所走过的文学路径，我们会发现，它其实就是共和国数代作家的创作历程的缩影、"简写本"。本章编者特选取其中五位最具代表性的皖西籍作家略做介绍。

第一节　中国现代文学研究学科奠基者李何林

　　李何林(1904—1988)，原名竹年，学名李延寿，李何林是他闻名于世的笔名。六安霍邱城关人。现代著名学者、作家、中国现代文学研究学科奠基者、"开鲁迅研究先河的人"，历任天津师院、中法大学、华中大学、北京师大及南开大学教授、中文系主任，北京师范大学中国现代文学博士研究生导师。曾任国家教育部秘书长，1976年后任鲁迅博物馆馆长和鲁迅研究室主任,全国第四、五届人大代表,中国鲁迅研究学会副会长,全国文联第四届委员,中国作家协会第三届理事、顾问,中国民主同盟中央委员。李何林先生一生著书立说,成果显著,主要著作有:《鲁迅论》《近二十年中国文艺思潮论》《中国新文学史研究》《关于中国现代文学》《鲁迅的生平和杂文》,主编的书籍有《鲁迅手稿全集》《鲁迅年谱》《鲁迅研究资料》等。

图一　李何林　照片转自皖西学院官网皖西文化展

为了方便读者朋友更加清晰的认识了解李何林,我们将其生平经历划分为以下几个重要阶段:

(一)学生时代

李何林于1904年1月在霍邱城关一个贫民家庭出生,因为家境贫寒,李何林靠一位老师的资助才顺利读完小学和师范,并以优异的成绩于1924年考上南京国立东南大学农学院。1926年秋,为了早日实现革命救国的理想,李何林放弃了在农学院继续学习,毅然决定投笔从戎,报考了中央军事政治学校武汉分校,并于当年参加了国民革命军。值得一提的是,当时主持口试的是著名革命文学家沈雁冰先生。李何林考取后被分配到武昌南湖学兵团的《学兵日报》做编辑。由于具有出色的理论水平和工作能力受到了上级领导的高度赞许,他很快就被调到十一军25师政治部宣传科工作。1927年7月,他经25师政治部主任李硕勋等人介绍光荣地加入了中国共产党,随即参加了震惊中外的"八一"南昌起义,成为一名信仰坚定的革命战士。

(二)鲁迅研究时期

南昌起义之后,李何林回到故乡霍邱,和王冶秋等人组建了霍邱县地下共产党组织,同时担任霍邱县高等小学校长一职,李何林一边教学,一边秘密发展党员。1928年7月,霍邱县地下党根据上级指示举行"文字暴动",贴标语撒传单,全城震惊。身份暴露之后,李何林一路北上避居北平。在北平,他联系了亲如手足的好友李霁野。不久,曾一起参加霍邱"文字暴动"的王青士、王冶秋兄弟二人也来到北平。当时,李霁野和韦素园、台静农、韦丛芜、曹靖华在鲁迅的组织和扶持下成立了未名社,找到未名社就是投入了鲁迅的世界。正是在此时,一个新的领域引起了李何林的注意——"五四"以来的文学论战。他开始潜心搜集和研究"革命文学"论战的资料,辛勤地剪贴抄录,分类编排,终于在1929年出版了《中国文艺论战》。这是我国第一部关于中国现代文艺思想论战的史料集,是一部和鲁迅有关的书,作者署名李何林。从此,他终生使用这个笔名。这本书的出版使他备受鼓舞,他开始全面研究鲁迅,广泛深入地收集这方面的书刊文章。30岁时,李何林在河北省立女子师范学院任教,编著《鲁迅论》一书。虽然李何林没见过鲁迅,鲁迅却记得这本书,曾几次提起。

在抗日战争全面爆发的艰难岁月里,李何林凭着一腔对文学研究的热忱与执着,于1939年完成《近二十年中国文艺思潮论》。李何林在这部著作中高度赞誉"鲁迅是中国文艺界的唯一导师"。"1939年7月编成后,他还邀父亲、台静农一起'小小地庆祝了一番'。为了突出鲁迅、瞿秋白在那20年(1917—1937)中国文艺思潮史上的地位,他决意将他们两人的照片印在扉页上,却找不到瞿秋白的照片,他只好托父亲面见周恩来时,请他协助向瞿秋白的夫人杨之华借用一张瞿秋白的遗照。果然不久之后,杨之华便托人将她珍藏多年的一张遗照从延安带到重庆。李何林收到照片后,将它与鲁迅的照片并列置于正文之前,注明'现代中国两大文艺思想家'。尽管瞿秋白像下标注的是'宋阳先生',但书《序》中却指明本书中的'何凝''易嘉''宋阳''史铁儿'都是他(瞿秋白)的笔名,读者看了《序》与正文都会明白'宋阳'就是瞿秋白。在当时反动当局'溶共、限共、反共'政策已在西南各地广泛实施的情况下,这样旗帜鲜明的作品,哪家出版社敢于承印出版呢?父亲立刻想到邹韬奋先生和他持掌的'生活书店'。他说:'我把书稿带去交给韬奋先生试试。'邹韬奋先生接到书稿后,同章靳以先生仔细过目后,一致认为这是一部难得的好书,应立即出版。但考虑到在重庆难以通过'审查',便设法将书稿带到上海,很快便出了第一版,印刷、纸张、装订和铜版像都相当精致。出版不久果然被反动当局查禁,但全国各地用粗糙的土纸印刷的翻印本,却在读者中悄悄流传……"①

(三)与闻一多并肩作战

李何林奔波于各地教书,用鲁迅的书做课本,广受学生欢迎。"皖南事变"之后,1942年7月,李何林来到昆明,这里也是黑云压城,但他没有停止同黑暗势力的斗争,出任了文协昆明分会总务部主任。1944年春,闻一多和光未然介绍他加入中国民主同盟。同年9月,李何林收到享誉文坛的大作家老舍的一封信,老舍希望文协昆明分会能够响应总会号召展开募捐活动,救济贫病作家。李何林办事认真,开展了紧张有效的募捐活动。当时闻一多虽然贵为教授,一家人却难以度日,当李何林接收到闻一多的捐款时,极为感动。闻一多豪放、爽朗的性格与兼济天下的义举使李何林对其一见如故。西南联大、云南大学等校常举办各种集会,李何林与闻一多等人经常冒着生命危险演讲。特别是闻一多先生,有时疾言厉色,有时声泪俱下,他曾高呼:"真正力量在人民""现在只有一条路,革命!"在

---

① 彭龄、章谊:《忆父亲与邹韬奋先生及三联书店》,《文艺报》,2012年8月15日第5版。

鲁迅逝世八周年纪念会上,他说:"鲁迅对,我们错了……别人说我和政治活动的人来往,是的,我就要和他们来往。"李何林曾深情地回忆闻一多,"他那目光炯炯、五绺长髯的严肃可敬的英姿,他那简劲有力带有情感的语言,表现了令人信服的内容,鼓舞了千万名群众行动起来!"①

抗战胜利后,在国民党统治下充满白色恐怖。1946年7月11日,著名民主人士李公朴被特务暗杀。15日李何林与闻一多出席李公朴追悼会,闻一多发表了最后一次讲演:"……我们不怕死,我们有牺牲的精神!我们随时向李先生一样,前脚跨出大门,后脚就不准备再跨进大门!"当天下午闻一多被枪杀,李何林夫妇也被列入黑名单。他回忆说:"有人建议我也进领事馆暂避,我没有进去……我两次冒了危险到美国领事馆和民盟同志们联系,冒着被特务跟踪和逮捕的危险。我一直把闻李二烈士的善后工作办完才离开昆明。"后来他到了南京,见到了周恩来。周恩来请李何林夫妇出席"南京各界李闻追悼会筹备会议"。他在会上面对国民党代表,用无可辩驳的事实揭露特务暗杀李、闻迫害民主人士的罪行。会议之后,周恩来与李何林夫妇谈话时热烈握手。

(四)出任鲁迅博物馆首任馆长

宣传研究鲁迅是李何林重要的生活支柱。在烽火岁月中,他坚持操守,保持人格独立,胸襟磊落,坚持正义、诲人不倦,深得世人敬仰。"文革"期间,他虽然受到了冲击,但仍然利用一切可能去潜心研究鲁迅著作。1973年《鲁迅〈野草〉注解》"内部发行",两年后公开发行。这是李何林先生具有特殊意义和学术价值的著作。1975年,鲁迅之子周海婴给毛泽东主席写信,毛主席对《关于成立鲁迅研究机构》的来信作了批示:"我赞

---

① 李何林:《六安新闻网》,《六安名人馆》,《文化名人》,http://www.luaninfo.com/Item/504141.aspx。

成周海婴同志的意见。请将周信印发政治局,并讨论一次,作出决定,立即执行。"随后,在邓小平主持的政治局会议上批准了国家文物局对李何林的任命。1976年2月27日,他成为鲁迅博物馆首任馆长兼鲁迅研究室主任,创办我国第一所鲁迅研究机构。在任期间,李何林领导和主编了《鲁迅手稿全集》《鲁迅年谱》《鲁迅研究资料》《鲁迅研究动态》,还组织编撰了《鲁迅大词典》,设立了《鲁迅日记》注释组,扩建了鲁迅博物馆,革新了《鲁迅生平展览》。所有这一切,为研究鲁迅提供了丰富的历史事实。这期间,李何林还兼任北京师范大学中文系教授、博士生导师,为我国培养了第一批中国现代文学和鲁迅研究的博士,也为北京师范大学中文学科的发展做出了不可磨灭的贡献。

(五)主要成就与影响

李何林先生以严谨、务实的治学态度坚持以辩证唯物主义和历史唯物主义观点研究鲁迅,讲解鲁迅作品,阐释鲁迅思想,是鲁迅精神最杰出的传播者与研究者,具有开先河的意义。《鲁迅的精神及杂文》《〈野草〉注释》《〈阿Q正传〉论析》《〈狂人日记〉讲解》早已成为千百万鲁迅爱好者及研究者的案头必备书。李何林先生本人集学者与战士于一身,他是现代文化界鲁迅精神最强有力的捍卫者与传承者。他是学者也兼具革命斗士、教授、作者等身份,桃李满天下,但他从来不是学院式的、象牙之塔内的学者,他的一生始终关注外面的世界,他的研究工作和教学工作始终和文艺界的思想斗争、现实的艺术实践相结合。他以思想家的敏锐眼光和学术胆识,把20世纪的文艺论战视为中国现代文学的重要组成部分,以其独有的形态,反映了"五四"以来中国社会各时期的特质,从而影响着、推动着社会政治和其他文化。基于这一观点和倾向,"先生的编纂填补了新文学研究某一方面的空白,也奠定了先生作为文学史家的地位"①。

陈鸣树追忆道:"先生是鲁迅热情的阐扬者,在先生身上,复活了鲁迅的精神。"②他的为人与文章有鲁迅风格,一贯观点鲜明,颇受学术界尊敬。

第二节 新中国文物事业的奠基人王冶秋

图二 照片转自皖西学院官网皖西文化展

王冶秋(1909—1987),又名野秋。安徽六安霍邱城关人。现代社会活动家、学者、作家,新中国文物事业的奠基者。新中

---

① 李岫:《崇高的学术品格和人格:写在李何林先生诞辰一百周年暨〈李何林全集〉出版之际》,《北京日报》,2004年4月4日。
② 陈鸣树:《风范永存 教泽广被——追念敬爱的李何林导师》,《鲁迅研究月刊》,1989年第1期。

国成立前长期从事党的军政情报工作。新中国成立后,先后任文化部文物局副局长、局长,国家文物局局长。主要文学著作有《民元前的鲁迅先生》《青城山上》《大地新游》《狱中琐记及其他》《琉璃厂史话》《王冶秋选集》等。

　　1923年夏,14岁的王冶秋随胞兄王青士(著名革命烈士)离开家乡霍邱县来到北京求学,在北京东城贡院附近安顿下来。1924年结识韦素园,之后又相继结识了台静农、曹靖华等。1925年韦素园在沙滩红楼对面的新开路五号租了一间小南房,8月,一个在鲁迅扶掖下的文学社团未名社正式诞生,而这间阴湿的小南屋就成为未名社最初的"社址"。这年冬天,未名社的牌子尚未挂出,鲁迅译的《出了象牙之塔》却已经出版。此时王冶秋时常来韦素园的住处,帮忙打理未名社事务。而未名社的期刊《莽原》在鲁迅的主持下成为当时青年最喜爱的刊物之一。此间,韦素园和台静农去西城区阜成门内西三条21号鲁迅住处请教时,王冶秋也常结伴同去。鲁迅先生谈到《莽原》的办刊宗旨"批评社会、批评文明"以及写文章要"率性而言,平心立论,忠于现实,望彼将来",这一席话使王冶秋终生受益,也为他开启了新文学殿堂之门。从此,除了继续从事革命活动外,王冶秋就专注于新文学的学习与研究。1931年初在《育德月刊》上发表了《新文学小史》,1936年5月完成颇受鲁迅先生期许、但最终未及出版的《鲁迅先生序跋集》,1942年王冶秋的《民元前的鲁迅先生》在重庆出版发行,而在此之前发表在重庆《抗战文艺》上的《〈阿Q正传〉读书随笔》,现在被人们赞誉为阅读经典作品的范文。1946年末当他以第十一战区司令长官部少将参议身份,回到北平从事党的军事情报工作时,仍积极宣传鲁迅作品和精神。1947年春,王冶秋应北师大等北平的五所大学之邀,做关于以鲁迅为代表的新文学运动的演讲,之后在《知识与生活》上发表了《五四时代的鲁迅先生》。他还与刘清扬、徐盈、吴煜恒等人一道巧妙地把西三条鲁迅故居

（现扩展为北京鲁迅博物馆）保护下来。作为业余作家，王冶秋还写了小说《青城山上》、专著《琉璃厂史话》等。

新中国成立后，王冶秋历任文化部文物局副局长、局长，国家文物局局长、顾问。是中国共产党十一大代表，第三至五届全国人大代表，第四、五届全国人大常委。中华人民共和国文物博物馆事业的主要开拓者和奠基人之一。20世纪60年代任文化部文物局局长，主持研究和选定了第一批全国重点文物保护单位，筹建中国历史博物馆和中国革命博物馆，创办文物出版社，注重文物博物馆研究和人才培养，为建立新中国文物保护工作完整的科学体系，奠定了坚实基础。

王冶秋始终过着平民的生活，20世纪50年代，冬天在煤球炉上坐壶开水沏茶，早上最爱吃的是稀饭、油饼和咸菜，最爱去的地方是琉璃厂书市，还喜欢逛德胜门和什刹海小市，有时候骑车去那些野窑坑钓鱼……北京是他生活的福地，是他情感寄托的港湾。1987年10月王冶秋逝世后，他的一部分骨灰从司马台长城的望京楼上撒向这块他深爱的土地，永远安息在这里。

"王冶秋同志是新中国文物、博物事业卓越的开拓者"。在灾难深重的旧中国时期，因为战争等原因许多重要文物频遭破坏损毁，而国民党当局对此也不闻不问，未进行积极拯救和保护。新中国成立后，王冶秋作为国家文物局局长，在周恩来总理等国家领导人的大力支持下，陆续制定了一系列文物保护修复的政策法令。在王冶秋的组织带领下，国家文物局曾多次到全国各地走访调查，并对遭破坏损毁文物作及时妥善处理。①

特别是在20世纪70年代的北京城市建设中，古建筑与文物遗址的保护同施工单位发生冲突的事时有发生，每当发生这样的情况，王冶秋第一时间就向当时的市委书记吴德报告，如大葆台西汉墓遗址发掘工地就是在即将被推土机推平的情况

---

① 王劲：《沉痛悼念王冶秋同志》，《江汉考古》，1988年第1期。

下保护下来的;又如建国门外古观象台在修地铁拆城墙时,面临或拆除或迁移的命运,也是王冶秋先得到吴德的支持制止拆迁行动,后在周总理支持下保留了观象台,地铁线绕行。原全国政协主席李瑞环在中央主管文化、文物工作期间,曾多次评论过王冶秋的功绩。他说:"保护文物是关系到全民族的大事,既要坚定不移,又要有远见卓识。过去搞城市建设,对王冶秋这也要保,那也要保,这也不能动,那也不能动的做法感到不理解,很反感。现在看来,多亏有个王冶秋。没有他当时的强硬态度,今天北京城里的文物古迹早就被拆毁得差不多了。"①周总理也说过,王冶秋同志把文物当作自己的生命一样。

王冶秋最著名的文学代表作品是《琉璃厂史话》,最初于1963年由三联书店出版,三联书店当时是人民出版社的副牌。《琉璃厂史话》是一本两万多字的普及读物,薄薄的小册子,文笔流畅,引人入胜。概述了琉璃厂两三百年的风云流变,从中可窥见读书人和书铺老板钩心斗角、相互借重又相互算计的矛盾互动史,此书出版后,大受欢迎。书中的内容也经常被人征引。比如书里讲朝鲜人柳得恭在琉璃厂买书的情况,就常常被论述中朝文化交流史的文章用作重要史实,颇有影响。

关于《琉璃厂史话》出版的缘起,王冶秋在《后记》里讲得非常明白:"一九六一年我曾经写了《北京琉璃厂史话杂缀》,在《文物》月刊发表。……以后总想有机会增补,又感到难以入手。这次有个好条件敢于提笔的,就是前年故去的通学斋孙殿起老先生的《琉璃厂小志》即将由北京出版社印行了。……我在一九六一年写那篇稿子以后,看到这部书稿,可是没有接洽好印行的地方,所以不敢掠美。这次出书有日,我就可以放心采用了。……书名虽然叫作《琉璃厂史话》,其实,不过是史话的编缀而已。"②作者从手边大量前人编纂的资料里披沙拣金,

---

① 王可:《王冶秋传》,文物出版社,2007年,第202页。
② 王冶秋:《琉璃厂史话》,三联书店,1979年,第63—64页。

剪裁出一部通俗易读的小书。尤其要考虑到,历来动笔写琉璃厂掌故的都是整日在其间摸爬滚打的藏家或店家,而王冶秋承认自己"不熟悉琉璃厂"。也就是说,《琉璃厂史话》是由一个"外行"写就的。当然,不熟悉不等于没兴趣。王可所著的《王冶秋传》里说:"冶秋喜欢逛琉璃厂和小市……当他在小市或厂甸看到可能有收藏价值的东西时,便让卖主第二天送到局里文物处,经鉴定后决定是否收购。"①从《琉璃厂史话》的字里行间,我们也可以处处感受到作者对琉璃厂街市,对旧书行,对从业人员的热情和关注。尽管有热情,但不亲自掏腰包下手,王冶秋对版本知识,对其中的交易门道、价格涨跌就不可能熟悉。王冶秋的身份是国家文博干部,是文化部文物管理局局长,他必须在避免"化公为私,近水楼台先得月"方面给下属做出表率。那么对琉璃厂的"不熟悉",就正是出自于王冶秋的自我约束。他曾对史树青说过:"你要在博物馆工作,就不要当收藏家。"他自己说到做到。以至于在"文革"初期,造反派抄家的时候,在他家里没有发现任何一件文物。

(图片来自孔夫子旧书网)

王冶秋(左)陪同美国总统尼克松参观(照片来自央视网)

图三

---

① 王可:《王冶秋传》,文物出版社,2007年,第18页。

第三节　中国现当代江苏文学领军人物艾煊

艾煊(1922—2001),原名光道。安徽舒城桃溪镇人。1922年12月22日出生,2001年8月10日在南京病逝。毕业于抗日中学。1939年春,在国统区救亡团体中工作,1940年参加新四军,同年加入中国共产党。曾任文工团指导员,抗日军政大学八分校队长、教员、指导员,新四军《抗敌报》及《先锋报》记者、编辑,华东野战军前线新华社分、支社编辑主任、采访主任、特派记者,曾在涟水、鲁南、莱芜、孟良崮、莱阳、淮海、渡江、上海等战役中进行火线采访报道,《新华日报》编委、特派记者、副刊主编,中共江苏省委文艺处长,江苏省文联副主席、秘书长,江苏省作家协会主席、党组书记。

艾煊自1943年开始创作和发表作品,笔耕不辍,先后有多部文学作品问世,如中长篇小说《战斗在长江三角洲》《秋收以后》《大江风雷》《山雨欲来》《乡关何处》《散发弄扁舟》《清浊界》《郯鄂外史》《太极之野》《苍颉之过》,散文集《碧螺春汛》《太湖漫游》《雨花棋》《艾煊散文选》、《金陵·秣陵》(后改名《金陵梦华录》),散文套书《烟水江南绿》(包括《人之初》《茶之余》《海之潮》《绿醉天涯》《醒时的梦》《海内存知己》6部),电影文学剧本《风雨下钟山》(已拍摄发行)等。

主要成就与影响

艾煊先生在世纪之交,奉献出一部散文力作《祖先的慧光》,为读者提供了一个全新的文本,那是他对绵长而又浑厚的中国历史所提出的一种文化的思考。在他的这些散文中,体现了文化、历史以及散文语言的亲和力,体现着一种大文化的穿透。在《始祖祭》中,艾煊先生写道:"人类有文字记载的历史不过几千年。是从始猿开始后的万分之一的时间。路漫漫兮,若再过四五千万年,人类演进的面貌又将如何?这是连科幻小说也难以想象的题材了。"历史,被称为唯一的科学,也是所有文学作品永恒的母题。艾煊先生笔下的历史,却展现着一种穿越时空的活力,他提纯着历史中的散文美学,同时又在散文美学中注入深邃的历史精神。

他的散文既不是游山玩水之作,也不故作模山范水之笔,他是"见山是山,见水是水",别有一番大境界,这是艾煊先生的大山水,大般若。《灵洞》中通过人类与酒的渊源关系,写出了最原始的人类自由意志和生命的根性。透过《汉字之祖》中折射着的文字的辉光,我们看到了一脉相承的大文化无所不在的伟力,这种对历史"打破沙锅"的追寻,体现着模本神化的浪漫和"天人合一"的理趣。

诚如艾煊先生谈他自己的散文创作时所言:我写散文没太注意地域因素,更多注重的是中国的传统文化。上古文化虽无文字记载,现已被考古发掘所证明,不仅发现了古代文化,同时也发现了古代的哲学思想,中国文化的根在秦汉,在黄河中游,这是我们所能够接触到、看到的。我们有责任对历史作出回答,因此我写的散文不是游山玩水之作。

艾煊先生散文中的史家笔墨又是一副诗家笔墨,从《游临淄》《中国第一任烹饪大师》中,我们读到了蕴藉在妙趣横生中严峻的思考。高屋建瓴的《嘶马悲风》,对历史、战争与人的命运的揭示,深沉而旷远。《祁连古道》的思考是冷峻而肃穆的,这种冷峻和肃穆,表现在作为主体的人的退场,而另一个主体——自然,则在辽远的人文背景中凸显。《辉煌的六朝灯火》,洗尽金粉,勘落繁华,写出了一个风采独具的美学时代。

艾煊先生散文的思考,充满了机智,而他的许多篇什,你必须用机智才能去领悟、去感受。不妨读读这样的句子:"中国的国情不同。中国的皇帝,太平年月,既爱江山又爱美人。一旦面临亡国之灾,那就只爱皇帝的权位和享受,而将亡国的罪责归咎于美人了。唐玄宗李隆基不惜犯逆伦罪来爱儿媳杨玉环,此时,正统的伦理道德,全从陛下的眼中消失了。但当他的皇帝权力受到安禄山威胁时,竟绝情绝爱地将杨玉环娇嫩的颈脖,吊到路边的大树上。如此推论下来,希特勒的灭亡,是否也应该归咎于演员爱娃?但爱娃并未蒙受此委屈。这就是中国和西洋国情不同的地方。"(《胭脂井》)连同他的幽默、他的旷达、他的放逸、他的即兴式的追思,也全是诗意的拓展与深化。在这里,艾煊先生注意的不是一连串个人命运的追问,不是道德的评判,而是体现着另一种价值的解体。

如果说艾煊的遭遇及《碧螺春汛》的写作,表现了他坦荡、淡定的人品,儒雅、耿介的性格,那么,长篇小说《大江风雷》长达10年的漫长创作及出版历程,则展现了艾煊过人的文学才华及对文学坚守的文品。

艾煊很少沉湎于对往日磨难的回忆,却不乏对极"左"思潮的深沉反思。翻阅8卷文集,似乎唯见《梦魇》一文叙述过当年的情景。其中叙及从《红缨枪》到《大江风雷》的漫长创作、出版历程。此书起笔于1954年,完稿于1957年春天。其间艾煊曾一度放弃工作,躲到苏州修改《红缨枪》。那年夏天,某些人正在紧锣密鼓批判艾煊之时,全国唯一一本刊发长篇的杂志《收获》的负责人章靳以和魏金枝联名写信给艾煊,表示要发表《红缨枪》修改稿,并征得了当时江苏宣传部部长和文教书记的同意。可是挚爱文学的艾煊生怕小说受自己不良处境牵连,拒绝发表,以至于这部奠定艾煊在江苏文学中60年地位的长篇小说,到1965年才得以在人民文学出版社出版。可见,艾煊对文学的执着精神是多么深沉博大,亦显出艾煊正直耿介近乎固执的个性风采。

徐兆淮曾评价艾煊:"近30年来,江苏实为全国文学重镇,而艾煊无疑曾经是江苏文学的领军人物。"①

图四　作品《美在太湖》《秋收之收》封面

第四节　中国报告文学作家的一面旗帜张锲

图五　为傅天虹《三百部中英诗集》写的推荐信

---

① 徐兆淮:《忆江苏文学领军人物艾煊》,《中国江苏网—新华日报》,2012年3月8日,第B07版。

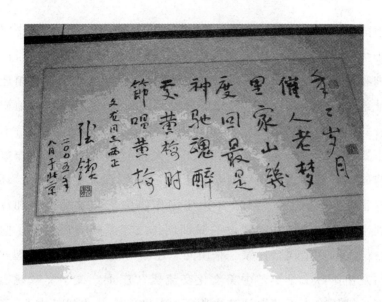

图六　张锲书法

张锲(1933—2014)原名张书宝,曾用名张奇,汉族,安徽寿县人。1933年农历三月十七出生于安徽寿县李山乡一个乡村教师家庭。1944年以优异成绩考入寿县中学。1946年起开始发表作品。1948年在淮海战役的炮声中参加工作。曾负责编辑《蚌埠报》文艺副刊。1955年,以同等学力考上厦门大学中文系,但1957年被错划为右派,未能上完大学。1957至1978年,他喂过猪,种过菜,扛过粮包,拉过粪车,当过兽医。1978年平反后,先后被选举为安徽省蚌埠市文学艺术界联合会副主席、主席,安徽省文学艺术界联合会副主席等。1984年调入北京任中国作家协会书记处书记,分管作家福利、服务方面的工作。在他的多方奔走、积极努力下,在众多新老作家的大力支持下,由万里担任名誉会长、巴金担任会长的中华文学基金会于1986年6月正式成立,他在其中任常务副会长兼总干事。1994年年底,张锲被推举为中国作家协会书记处常务书记。现兼任中国报告文学学会会长、炎黄文化研究会常务副会长,他还是全国政协第八、九届委员会委员。

张锲是出色的文学组织工作者和领导者。1984年他调入中国作协担任领导工作后,主动与广大作家们交朋友,为作家排忧解难。先后与数十位作家通信,热情评价他们的新作,提携和扶植了一批青年作家。他四处奔走,为中国现代文学馆迁址重建和中国作协新办公楼的建设献计献策,尽心尽力。他积极筹建的中华文学基金会于1986年6月14日在各方支持下正式成立。该基金会先后资助了一大批有困难的作家和作家遗属。张锲同志又先后创办了北京文采阁、深圳创作之家、《环球企业家》杂志等。1990年由中国作协中华文学基金会和深圳市文联在深圳共同建设的深圳创作之家新楼先后接待了数百位大陆和港澳台作家。张锲同志还参与筹划和创设了"理解与友谊国际文学奖""中美文化交流奖""庄重文文学奖""姚雪垠长篇历史小说奖",评选出版了《21世纪文学之星丛书》。20多年来,"理解与友谊国际文学奖"先后奖励了多位外国文化名人。"庄重文文学奖"等先后评奖表彰了200多位文学才俊。张锲同志还倡导建造了中华名人雕塑纪念园,现已成为北京一处重要文化景观和中小学思想道德教育基地。他积极致力于基金会事业在我国的发展,推动成立基金会联席会议,大力探索基金会规范运作、持续发展的模式。

此外,张锲还是著名的社会公益事业——"育才图书室"工程的主要发起人之一。他看到我国不少地区的孩子买不起学习用具和课外书籍,就与季羡林等55位作家共同发起为贫困地区孩子筹建"育才图书室"的项目。他不顾自己年迈体弱,多次亲临贫困地区,为孩子们送去电脑和图书等学习用品。10年来,"育才图书室"已在全国100多个县市,建立了1600余所中小学校图书室,捐赠电脑1355台、图书406万册、书架7791套,受益学生1000余万人,产生了巨大的社会效益。2004年6月1日,时任国务院总理温家宝等中央领导同志为"育才图书室"工程批示或题词,对这一社会公益活动给予充分肯定。

张锲的作品多以讴歌改革、塑造新人为主,格调高昂、气势雄放,善于营造一种充满朝气、发人深省、催人奋发的时代氛围,在给读者强烈的审美享受的同时,又能带来深刻的思想启迪。张锲是我国粉碎"四人帮"以后特别活跃的作家之一,写过诗,写过戏剧和电影,也写过小说、散文和报告文学等。一生先后共创作发表了200余万字的作品,出版了如《改革者》《新潮集》《寻找星球的结合点》《张锲散文选》《张锲报告文学选》《张锲海外游记》《为了头上这片灿烂的星空》《生命进行曲》《张锲散文》等著作。其中曾荣获"《当代》文学奖"的长篇小说《改革者》、曾获"全国优秀报告文学奖"的长篇报告文学《热流》以及长诗《生命进行曲》均引起过社会的广泛关注,著名长篇报告文学《在地球的那一边》获《十月》文学奖、剧本《金水桥畔》获1979年北京市优秀创作奖,被视为呼唤改革讴歌时代荡气回肠的长篇散文《在陈嘉庚先生墓前的沉思》《魂兮,归来》《剪不断的中国结》都获得过全国性大奖。

张锲的作品注重反应改革开放中涌现的新生事物和先进人物,讴歌社会主义现代化建设成就,在文学界有较大影响。例如,创作于1981年的长篇报告文学《热流》,记录下1978年后中国大地跳动的改革脉搏,热情歌颂了一大批立志改革的领导干部,在全国产生了较大影响。还有他的长篇小说《改革者》是较早反映我国城市经济改革的文学作品,具有一定深度,当时在国内引起较大反响。

张锲对时代、对生活、对生命及对生命中经历过的一切,都怀着深沉的爱和珍惜。他的报告文学、散文、诗歌、小说、话剧等作品,坚持与时代同行,与人民同心,贴近生活,贴近群众,充满着豪情、激情、热情与温情。他的政治抒情长诗《生命进行曲》在《光明日报》上发表后,团中央发文向全国青少年推荐,并被制作成配乐朗诵带,出版单行本。话剧《祖国之恋》和根据小说《改革者》改编的电影《最后的选择》上演后,受到普遍好评。

张锲是中国报告文学作家的一面旗帜,改革开放初期张锲写了一篇反映河南在拨乱反正、新旧交替的历史时期的社会现状和人民精神风貌的报告文学《热流》。改革开放这是一个前所未有的历史阶段,这种行进性与探索性的文学创作也是崭新的课题。张锲满怀激情,全身心地投入这个不小的挑战,据说,有不少章节他是一边流泪一边写出来的。《热流》开创了改革开放改革文学的先河,后来获得了第一届全国优秀报告文学奖。"情生方命笔,苦吟始成篇"。敢于直面现实矛盾,又坚持理想信念,是张锲长期坚持的创作基调。所以张锲的报告文学总是展现出饱满的政治热情,强烈的社会责任感和使命感以及对人性、对社会的深刻体会。张锲是这个时代的歌颂者,文学作为一种意识形态必然要对现实、社会有所反映。"文章合为时而著,歌诗合为事而作"。张锲和苏叔阳共同创作的剧本《金水桥畔》紧跟政治主题,零距离反映了1976年群众自发悼念周总理的"四五"天安门事件,揭露了四人帮的罪行,在那个年代使对周恩来总理有着深厚感情和对四人帮有着刻骨仇恨的人们,产生了强烈的共鸣。

有人说,张锲是充满激情的追梦人,他的写作历程长达65年。在这65年漫漫长路中,他始终秉持着崇高的人生信仰和对生活的无限热爱,用真情创作。他与人民同心,与时代同步的创作态度,对党的文学艺术事业不懈追求的创作精神,对当今的文学创作者具有重要的借鉴意义和现实意义。[①]

---

① 蔡其华:《在"追梦者的歌吟——张锲文学创作65年"研讨会上的发言》,2014年6月。

附录:一篇评论文章(摘自《光明日报》2012年1月19日第13版 作者:周迅)

张锲:情生方命笔 苦吟始成篇
出生在百花盛开的春天

1933年4月11日,张锲出生在安徽寿县瓦埠镇一个偏僻的村庄。

孩提时,张锲就对诗词歌赋十分入迷。五六岁时,张锲入读私塾。他聪明好学,记忆力强。张锲家里有很多藏书,他从书中领略了唐诗、宋词、元曲、明清小说的精妙。日积月累,他打下了文学艺术的坚实基础。他们家的一位长辈,常拍着他的肩膀对人夸耀说:"此吾家千里驹也!"

1948年3月,淮海战役开始了。张锲刚满十五岁,正在读初中二年级。他满怀激情投笔从戎,在地方部队独立团当一名文工队员。他的父母也调到了合肥从事革命工作。

在战场上,张锲目睹了战友们冲锋陷阵的一幕幕。硝烟散去,战士们打扫着战场,他打着竹板和腰鼓,表演自己创作的赞词,为战士们喝彩。

淮海战役结束后,张锲走进了华东大学皖北分校学习。经过短暂的培训,他的学养得以逐渐丰厚起来。

1952年,张锲调到《蚌埠报》任文艺副刊组长。这是他与文学结缘的契机。

成长在荆棘丛生的夏天

为实现求学的理想,张锲曾在1955年7月以同等学力报考厦门大学中文系。然而,就在他接到厦门大学录取通知书的那天,厄运却降临到他头上,一夜间他被打成了"胡风分子"。

在反胡风运动中,张锲被关押、审查了七个月之久。他与"胡风集团"没有丝毫瓜葛,却"莫须有"地付出了沉重的代价。他被剥夺了上大学的机会,也失去了人身自由。

屋漏又遭连夜雨。"胡风分子"的大帽子,已经压得张锲喘不过气来，而在 1957 年"反右"斗争中，他又被错误地划成"右派分子"。这真是雪上加霜啊！

后来在复查改正时，才发现张锲的档案里只有一份他所在单位划他为"右派分子"的报批材料，并没有上级的批复。就是这么一份莫名的政治判决书，使他饱尝了当"右派"的痛苦滋味。从此，他被下放到新马桥农场劳动改造。分配他的任务，是每天从蚌埠市拉一车粪到三十公里外的新马桥农场，返回时还要再带一车菜。

"胡风分子"和"右派分子"的名分，再加上被大粪熏得一身臭味，一些不明真相的人对张锲避而远之。此时，他蒙受了心灵的创伤，饱尝了人生的残酷与荒谬，经历了政治的残酷与荒谬。为了"避嫌"，张锲干脆搬进机关后面一间废弃的厕所里。他在两个坏了的马桶间搭上一块木板当床，墙上挂一个用墨水瓶做成的煤油灯，就这样"安家落户"了。

每天早晨，张锲拉着粪车出发了；夜幕降临，他拉着一车菜归来。除了拉粪车之外，他还得下田种菜、放猪、当兽医、扛一百多公斤的粮袋子等。然而，他每天吃的有时候竟然只有二两胡萝卜，外加二两芋头丁煮的汤。

拉粪车走在路上，张锲眼睛总是盯着路两边长着的野菜，还有人们扔在地上的烂菜帮子……后来，他总算找到了一种能够大量得到的代食品，那就是农场让他们从酒厂拉来喂猪的酒糟。这种酒糟，猪也不喜欢吃。因为吃了以后胃里火烧火燎，很容易便秘。然而，他没有吃的，只好偷偷地吃它充饥。

蚌埠报社的领导看到张锲饿得连站的力气都没有，生怕出了人命，于是"开恩"让他去合肥他妈妈那里住几天。一进门，他第一句话就是："妈，我很饿……"

至于精神上的饥饿，则靠书籍来填饱。有个好心同志曾经从蚌埠报社的图书室给张锲弄来一些中外文学名著，他如获至宝。这些中外文学名著是他逆境中最大的安慰。

1962年春,那是一个开始好转的政治季节。安徽省文联和省作协在黄山召开"黄山诗会"。张锲虽然被错误地打成了"右派分子",因为他活跃在安徽诗坛,举办单位以人才难得为由,特别邀请他参加诗会。1963年,安徽省文联和省作协组织了一个诗歌采访团,张锲得以参加。他们先后去泾县的云岭、茂林,"皖南事变"所在地,屯溪、祁门茶区等地。白天到群众家访问,晚上聊天、说笑。每逢月明之夜,他们便到大石桥上漫步,一首接一首唱歌。张锲唱得不错,他藏了一肚子民歌小调,唱起来声音柔和,还带些滑音。

坎坷和磨难,没有把张锲这个铮铮铁汉的意志销蚀掉。在诗歌王国,他的生活充满了传奇色彩。他创作的诗歌,陆续在报刊上发表。

奋斗在北风呼啸的冬天

党的十一届三中全会召开以后,张锲身上的大黑锅终于被彻底掀掉了,"右派"问题彻底改正。他调任蚌埠市文联主席。

已过不惑之年,张锲重新焕发了青春活力。他白天黑夜都被行政事务缠身,眼睛一睁忙到熄灯,想学点、写点东西,都是在大家休息之后。

1980年,张锲调到安徽省文联工作。张锲的创作激情,好像壅塞已久的泉水那样,喷涌而出。他完成了第一部长篇小说《改革者》,由人民文学出版社出版,并荣获"《当代》文学奖"。

同时,张锲没有放弃戏剧创作。在中央实验话剧院党委书记兰光和她的丈夫、全国剧协负责人赵寻的支持下,他被借调到中央实验话剧院,完成了多幕话剧《祖国之恋》的初稿,并且在《当代》杂志以头条发表。

1980年秋天,北京人民艺术剧院著名演员于是之,还有胡宗温等同志,来到张锲在中央实验话剧院的住处,代表北京人艺要把他作为外请作家借去修改《祖国之恋》。他喜出望外。

在那个火红年代,张锲对祖国和个人的前途充满信心。他认为经过磨难,总算赶上了一个好时代,于是一心一意搞创作,报效祖国和人民。

张锲还到珠江电影制片厂完成了《改革者》的三集电视剧的改编。他创作的电影剧本《最后的选择》,由上海电影制片厂拍摄,在全国放映。

1984年,张锲当选为安徽省文联副主席。紧接着,他当选为中国作协第四次全国代表大会代表,并在会上被选为理事。会议闭幕后,他被调任中国作协书记处书记。

当时,改革开放还处于起步阶段,中国作协的经济状况还比较窘迫。怀着对老作家们的敬仰之情,张锲经常上门拜访他们,结果却让他心里很沉重。他发现很多老作家生活非常清苦,有的不但生前经济拮据,死后丧葬费和遗属的安置也很成问题。

在当时的条件下,如果没有钱,要想为作家办实事、做好事,谈何容易啊!张锲积极筹办中华文学基金会,开始四处奔走。

党和政府非常关心支持中华文学基金会的筹建。全国人大常委会委员长万里出面担任中华文学基金会的名誉会长,巴金担任会长,唐克、陈荒煤、冯牧、唐达成任副会长,张锲任常务副会长兼总干事,做具体工作。

为筹建中华文学基金会的事,他先后同霍英东恳谈十多次,终于有了共同语言。霍英东一共捐了五百万元港币,作为基金会的启动资金。

回京后,张锲又通过梁湘请来马万祺。马万祺解决了中华文学基金会办公用房和一批办公用品,还捐献了办公用车。

1986年6月14日,中华文学基金会成立了。为了让中华文学基金会增强"造血"功能,张锲又开始创办北京文采阁、中国文采音像公司、中国文采实业总公司、深圳创作之家等。他奔走在各个"衙门口",一共盖了二百七十多个公章,才办成审批手续。每个公章都代表一个政府部门。盖章的时候,如果动之以情、晓之以理,赔笑脸、说好话还办不成,张锲就得拿他所珍藏的名家书画去"攻关"。中华文学基金会发展起来了,他也将百来幅珍藏送得一干二净。

经过张锲的努力,香港庄士集团出资创办了鼓励青年作家的"庄重文文学奖"。

许多文学界前辈从生病到住院,从病危到进八宝山,张锲自始至终地参与。十几年里,他先后送走了夏衍、冯牧、陈荒煤、艾青、冰心、曹禺……于是,他想为现当代已故名人们建一座陵园。

选址是一件大事,也是一件很难的事情。张锲抱病踏遍了北京周围的一座又一座山。最后,他在八达岭的长城脚下选中了理想的墓址。

墓址选好了,张锲又马不停蹄地筹集经费,请雕塑家们为确定的文化名人们雕像,找人撰写碑文、刻碑。经过两三年的努力,中华文化名人雕塑纪念园终于落成。茅盾、冰心、夏衍、徐悲鸿、田汉等文学艺术大师长眠于斯。纪念园也成为北京的重要文化景观和中小学生思想道德教育基地。

针对我国有学龄儿童两亿多人,其中有近一亿的父母因为生活困难,送不起孩子上学,买不起学习用具和课外书籍的状况,张锲萌发了为贫困地区的孩子建"育才图书室"的想法,得到了同仁的支持。在两三天时间里,张锲连续打了上百个电话,联系到王蒙、铁凝、陈建功、邓友梅、高洪波、张贤亮、陈祖芬等五十多位作家,他们二话不说,积极响应。

2004年6月1日,国务院总理温家宝亲笔为"育才图书室"复信,对这一活动予以充分肯定。

很快,育才图书室收到了来自臧克家夫人郑曼女士的第一笔捐款。接着,巴金捐出两万元,张锲捐出五千元和六百册图书。捐款作家还有铁凝、高洪波、陈忠实、刘震云、裘山山、杨黎光、朱向前等。之后,一笔笔捐款汇来,一座座育才图书室如雨后春笋般建立。

收获在硕果累累的秋天

让中国诗坛感佩的是,年过花甲的张锲仍然诗情不减,又以昂扬的激情,创作了长篇政治抒情诗《生命进行曲——致同时代的青年朋友》,1997年11月19日,在《光明日报》整版发表。

张锲创作的长诗《我的祖国,我的母亲河》,2004年4月15日在《人民日报》整版发表。

20世纪80年代,成了张锲文学创作的"井喷"期。他认为,要改变我国文学艺术界套话、假话、大话、空话连篇,必须运用报告文学。

《热流》是张锲在1980年受《当代》编辑部约请,写的一篇反映河南在拨乱反正、新旧交接的历史时期的社会状况和人民精神风貌的报告文学。

为了写好这篇报告文学,张锲在河南住了一个多月,跑了大半个河南省,记了几十万字的采访笔记。采访中共河南省委原书记乔明甫时,乔明甫讲到自己参加革命四十几年,有四分之三的时间都是在监狱里度过的。他坐过日本人的监狱、国民党的监狱,也坐过我们自己的监狱,最难过的,还是在我们自己的监狱里。因为心里实在委屈得不行,说着说着,乔明甫就失声哭了起来。

乔明甫的言行,深深打动了张锲。他也想起了自己的遭遇,想起了他所熟悉的许多老前辈的遭遇……他们俩哭成了一团,泪水把他们的心灵融合在一起。那次采访像这样的事情,他经历了不少。采访对象的人生际遇和精神追求,在他的心灵上产生了强烈的共鸣。所以,他后来写作长篇报告文学《热流》,简直有着克制不住的冲动,不少章节,他都是一边流着眼泪,一边写出来的。这篇报告文学发表后影响很大,获得第一届全国优秀报告文学奖。

情生方命笔,苦吟始成篇。这是张锲写作报告文学的体会。

在青年时期,张锲就产生过当一名小说家的愿望。20世纪70年代末和80年代初,张锲第一个短篇小说《比一百还要多的故事》,第一个中篇小说《摇车铃铛响》,第一个长篇小说《改革者》,正式发表。此时此刻,他在小说创作上喜获丰收。

然而,当张锲在小说创作方面越来越起劲的时候,组织上调他担任中国作家协会领导,他投入到中国作协和中华文学基金会繁琐的事务之中。他忙到了席不暇暖、食不甘味的地步,许多早就想好了的题目、人物、故事情节等,都被迫丢于脑后。

随着时间的流逝,张锲逐渐进入了人生的纯金之年。那些留下了深刻记忆的往事,又一次敲打着他记忆的闸门,唤起他创作的欲望。《爱情奏鸣曲》之一至十,小说的原型基本上都是以真人真事为基础。2007年8月,张锲小说选《爱情奏鸣曲及其他》由昆仑出版社出版。

张锲走上全国文坛领导岗位后,积极和广大作家交朋友,并为他们排忧解难。他为广大作家做实事、办好事,成为人们奔走相告的佳话。

第三届茅盾文学奖得主、陕西省作家路遥英年早逝,留下了一个年仅十二岁的孤女路远。路远的母亲是北京的一位知识青年,回城后还没有安顿下来。从小就受到父母百般疼爱的路远,成了漂泊无依的孤女。张锲知道这种情况后,心中从此就装下了路远。在路远刚被接到北京的时候,他却因为操劳过度,突发心肌梗死住进了医院。

经过一夜的抢救,到了天亮,在危重病人监护室外等候了一夜的妻子鲁景超,才被允许进病房探视。张锲拉着鲁景超的手,嘴角抽搐着,仿佛有千言万语要嘱托。鲁景超等了半天,刚从生死关头抢救过来的张锲,说出的竟是这样一番话:"小鲁,有一件事我怎么也放不下……不把路远这孩子安排好,路遥的在天之灵就不得安息。现在是路远最需要温暖的时候,求你答应我一件事,在路远还没找到住处之前,先把这孩子接到咱家住一段时间,好吗?"鲁景超一边替张锲擦去脸上的泪水,一边默默地点头。在场的护士都感动得哭了。

"老骥伏枥,志在千里;烈士暮年,壮心不已。"曹操著名的诗句,不也正可以作为张锲的心情写照吗?

第五节　柳冬妩的打工诗歌创作和打工文学研究

柳冬妩,男,1973年生,本名刘定富,霍邱洪集人,现居广州。现任东莞文学艺术院副院长,兼任东莞市文艺评论家协会主席、东莞市青年诗歌学会会长、东莞打工文学创作培训中心主任、《南飞燕》常务副主编、东莞理工学院客座教授。系中国作家协会会员、广东省第二届重点文学创作扶持选题签约作家、广东文学院第三届创作签约作家。曾独立完成国家社科项目、广东省社科规划项目、广东省重点文学创作项目等多种项目。在《读书》《天涯》《文艺争鸣》《南方文坛》《当代文坛》《小说评论》《文艺理论与批评》《文艺报》《文学报》等报刊发表文学评论100多万字,被《新华文摘》《新华文摘精华本》《〈读书〉三十年精粹(1979—2009)》《中国学术年鉴》《北大年选》《新世纪文学研究》《散文选刊》《作品与争鸣》等选刊、选本转载50多万字。出版打工文学研究专著三部:《从乡村到城市的精神胎记——中国"打工诗歌"研究》《内部的叙述》《打工文学的整体观察》。在《诗刊》《诗歌报月刊》《星星诗刊》《诗潮》《散文诗》《北京文学》《延河》等刊发表诗歌300多首,出版《梦中的鸟巢》

等诗集三部。荣获中国文联文艺评论奖、全国鲲鹏文学奖、广东省青年文学奖、广东省大沙田诗歌奖等奖项。

柳冬妩对于诗歌有一种源于生命本能的爱好。读小学的时候他便尝试写诗。到了初中,对诗歌的喜爱上升为对诗歌理论的研读,艾略特的著名诗论《传统与个人才能》因此进入他的视野。柳冬妩后来由写诗进而进行诗歌研究,似乎由这里可以找到一些渊源。上高中后,柳冬妩狂爱尼采和海子,以致学习偏科,最终高考落榜。对那时的柳冬妩来说,诗歌就是他的一切。他不仅订

图七 柳冬妩

阅了《诗歌报》,还曾两次到《诗歌报》编辑部"朝圣"。没有钱住旅店,便"借宿"在安徽省文联的楼顶。

高考落榜后,柳冬妩曾寄希望于进部队搞文艺创作。1992年,柳冬妩南下东莞打工,但只在那儿待了一个多月就赶回家乡,希望应征入伍,实现自己的梦想。可惜的是,他的身体素质未达到部队的要求,希望落空。1993年,柳冬妩再次告别亲人,踏上南去的火车。一路上,饱受磨难。途中错下火车,坐汽车又被"卖猪仔"。到达东莞时正值大雨倾盆,饥寒交迫的柳冬妩幸遇老乡,才终于安顿下来。在东莞,柳冬妩做过无业游民、修路小工、搬运工、玩具厂和绣花厂杂工。条件艰苦,工资微薄。南下路途的艰辛,打工生活的单调苦闷,使柳冬妩对生活和生命有了更多的感触和感悟。他需要一个使情感和思想得以宣泄的出口,于是写作成了他工作之外一件极其重要的事情。每天,哪怕是加班到凌晨一两点才回来,他也要躲在被子里用电筒照着坚持写作。1994年,在高中毕业两年之后,他的诗歌终于登上《诗歌报》月刊。此后,他的作品先后在《广州文艺》《大鹏湾》《惠州文学》《记者》等刊物上发表。同时,他也进

入了《镇报》当编辑,后在东莞市文联的《珠江潮》杂志社工作,还参与主办东莞市科委的《东莞科技》杂志。1995年,柳冬妩的组诗《我在广东打工》等打工题材的诗歌在中国诗坛的重要刊物《诗刊》上发表,引起了诗坛的广泛关注。从1995年开始,柳冬妩逐步开始从诗歌写作转向诗歌评论,而后,他又逐步把自己的评论范围由诗歌扩展至散文和小说。

一、柳冬妩的"打工诗歌"创作

柳冬妩的"打工诗歌"几乎与他的打工生活互为印证。他的组诗《我在广东打工》(《诗刊》,1995年第5期),被评论界誉为"打工文学在中国文坛初露头角的一个重要标志"。

柳冬妩的可贵之处在于以亲历者的身份如实地记录了打工一族的生存状态、生命形态与心路历程。从他的诗歌中,我们可以看到,打工一族的生存境遇。一群保留农村户口的城市浪子,作为都市里的"农民",他们将自己"嫁接在南方的枝干上"(《嫁接》),从此,"梦想的碎片与异乡的风糅和在一起"(《正月的开始或结局》),"在别人的城市各就各位"(《盲流》),在异乡的暗夜里寻找燿火,在城市的丛林里寻找道路。

在《棒槌》一诗里,柳冬妩描写了离别亲人外出打工时的情景:"最后一次槌打我的衣服/水面旋出一个又一个涟漪/波光粼粼里/传来无穷无尽的温存细语/千叮咛万嘱咐之后/最后一滴水慢镜头掉下来/我看见晃了又晃的枯枝/飘落水底/我走了/母亲以最大的视角/把目光的网撒向远方/也捞不到我的身影/日后空荡荡的岁月里/棒槌将用更多的时间沉默不语。"

作为社会底层的打工者,柳冬妩经历着各种打工的生活,也观察着其他打工同伴的生活,感受着和他们一样的心理。他从底层视角出发,描述打工生活的艰辛和打工者所遭受的不公平待遇,以锐利的诗性语言表达出切身的痛楚感受,展现自我的心灵历程。

"不像在家乡／双脚伸进泥里／便可构成水稻的根系／这里的泥是水泥／在水泥的某些部位／钢筋含而不露／像某件事物的核心／我们试着一头扎进去／没人理会我们的疼痛与哭泣。"(《我们这些根》)

打工者始终处在一种"临时状态"中,他们永远都处于工厂的边缘、社会的边缘,永远都是一种临时工。简单刻板的身份,造就了打工者艰辛的生活,给他们带来了非常大的苦难。

"临时是一种状态一种过程／网罗着所有的生命／只是打工的我们／更为突出和具体。"(《临时工》)

"三个月／拉开的仅仅是序幕／试用期只有开始／没有结束／从一个日子抵达另一个日子／像从一棵树抵达另一棵树／在钢筋水泥的丛林里／打工的人不敢一叶障目／要认真地过好每一分钟／每一天都是一张考卷／每一分钟都是考卷的一道题目／打工的所有岁月／其实都叫试用。"(《试用》)

打工者是一群漂泊在城市与乡村之间的浪子,他们与城市的关系是一种"在"而"不属于"的关系,城市永远是别人的城市,他们只能"生活在别处",却无法"诗意地栖居",始终难以得到真正的安宁和幸福的归宿。作为打工生活的参与者和见证人,柳冬妩能够遵从生活现实与个人感受,力求呈现现实世界给打工者肉体与精神上造成的双重摧残。

"命运的鞋／把我拖来拖去／每一天都是漫长的过程／从一个槽／跳向另一槽／不断地重复着别人和自己……／自己必须成为自己的槽／无论在何时何地／都要不断地向里面加入／阳光、水和美好的事情／只有这样／力量的源泉才不会干涸／打工的岁月才能让人回味无尽。"(《跳槽》)

这是带着自省和自嘲的生命书写,"命运的鞋"带着茫然,也带着对"美好事情"的憧憬,一起奔走在"钢筋水泥的丛林里"。

不过,柳冬妩的诗歌虽然展示了打工者艰难困窘的生存状态,但同时也表达了打工者承担生存的重担,追求生命尊严的意愿。打工者拥有的财富就是坚强地承担着生活给予其的一切重担,并且一直以坚强的姿态面对。

"临时/毕竟也是生命的一种存在/岁月的一种馈赠/世事如液/经过一番振荡后/沉淀出一种晶莹的东西/以光的姿势/深入生活的所有领域/青春有了宽度与厚度/我们开始成熟与自立。"(《临时工》)

著名评论家韩传喜指出,柳冬妩的诗歌语言"远离华丽和浮躁,追求素朴和平实,书写真实的生存体验和生命感悟,在这样一个充满了喧哗与骚动的伪浪漫主义时代,这种诗歌无疑体现的是诗歌良心的省悟,传达着诗人的社会良知、承担意识和人性的悲悯与关怀,这是极其难能可贵的,我们的时代需要这样的良心"。

柳冬妩的诗歌有很多动物意象,这一点从诗歌的题目中就展现出来,如:《一头猪的遗嘱》《命运是条被炒的鱼》《午夜的狗》《鸟往高处飞》《候鸟》《一条狗拴在摩托车上》等。诗人在动物身上发现了很多和自己相似的品质。众多打工者在城市中的生活,就如动物在人类社会中的存在一样:众多、渺小、被无视、甚至被鄙视,而柳冬妩的诗歌正是记录了打工者如动物般卑微的生活。

柳冬妩的诗歌意象是丰饶的,除了动物之外,"风筝""烛""井""柳""松""流星""厂证""工卡""卡钟""方便面"等,在诗人笔下也组成了一个庞大的意象群,成为诗人青春心灵真切坦露的重要载体,共同建构起诗人的生命流水线和情感心灵史。如:"经历漫长的找工之后/一枚厂证/成了临时的家与掩体/在压了膜的世界里/看着外面很精彩/自己却透不过一口气"(《厂证》)。

在柳冬妩笔下,一张小小的厂证意义却非凡,它不仅仅是一张纸,更是打工者生活的保证、身份的象征。有了这张卡,他们才有了能够温饱的保障,这张卡涵盖了他们艰辛打工生活的历程;有了这张卡,虽然让他们有了暂时的容身之处,但却付出了漫长的时间和巨大的生命代价,只有这样他们才能够在城市中生存下去。这些在其他人看来毫无价值的意象,却极具意义地代表了打工诗人的内心和打工者的生存状态。

柳冬妩以其真挚的情感,抒写着打工人生的篇章,用心去感受打工生活的艰辛,用客观、独立的心态去面对所面临的一切困难,用掷地有声的诗篇去呈现对城市文明的批判、对乡村文明的怀念与反思,用冷峻的眼光去审视打工诗歌的发展,展现他对世俗的反思与反抗,以及对生活的审视和思考。

二、柳冬妩的"打工诗歌"批评

与"打工诗歌"创作相比,柳冬妩的"打工诗歌"批评真正奠定了他"打工诗歌"理论阐释者的地位,也因此受到了学术界更多的关注。从1995年写下第一篇"打工诗歌"评论《打工诗:一种生存的证明》,到2006年出版全国第一本"打工诗歌"理论研究专著《从乡村到城市的精神胎记——中国"打工诗歌"研究》,作为"打工诗歌"的亲历者,柳冬妩真诚而果敢地肯定了"打工诗歌"的价值及其延伸意义。

正如徐敬亚评述的那样:"无论从社会学的意义上,还是诗歌评论的角度,柳冬妩都可以称作一位勇士。正是他,以亲历者的身份,简括而强烈地向人们展示了中国'打工诗人'的庞大群体,并严正地指出了其背后令人忧虑的社会异化背景。"诗人杨克也曾经指出:"也可以说是广东最优秀的青年批评家之一柳冬妩为打工诗歌大批量立论,打工诗歌这个名词一时间风靡神州。"

柳冬妩的评论对打工诗歌的发展确实具有一种坐标作用及前瞻性意义,他力图对"打工诗歌"给出一个新生艺术范畴的基本框架和边界,试图确立一种可供评价的规范体系。

2009年,柳冬妩独立主持的"打工文学"研究课题先后被列为国家社科基金项目、广东省社科规划项目和广东省重点文学创作项目。2010年,柳冬妩出版了专著《内部的叙述》,进一步研究"打工诗歌"与"打工散文"。2012年柳冬妩70多万字的专著《打工文学的整体观察》由花城出版社出版。作为全国首部打工文学研究专著,《打工文学的整体观察》是一部关于当代打工文学研究的全面开拓之作,其对打工文学研究的纵向开掘及横向研究具有突破性意义。

(一)《从乡村到城市的精神胎记——中国"打工诗歌"研究》

《从乡村到城市的精神胎记——中国"打工诗歌"研究》一书收录了《打工:一个沧桑的词》《故乡:哪一枚坠落的是乡愁》《写作:鸟类永远不知道鱼类的心情》等15篇文章,共18万字,囊括了柳冬妩关于"打工诗歌"研究的大多数成果。在这本专著中,作者的笔端触及"打工诗歌"的多方面话题,从各个角度,多种层面分析了与之相关的诸多社会的、诗歌的问题。

其一,作者对"打工诗歌"出现的社会背景、时代特征,"打工诗人"的生存环境,出身背景表示了极大的关注,并作了全面而翔实的描写。柳冬妩曾提出了这样的看法:"'打工诗歌'不仅是一种诗歌现象,也是一种社会现象。"

其二,柳冬妩对"打工诗歌"的创作主题与特色进行了总结,并对代表性诗人的作品进行了详细的文本解读,概括出他们的创作特色及贡献价值。在作者的分析中,可以看出他将"打工诗歌"最常见的主题概括为离开农村身处城市的"打工者"的乡愁与进城后的各种生活状态与情感经历。这两大主题中又蕴涵着多种小的主题。在柳冬妩看来,"乡愁主题几乎贯穿了所有'打工诗人'的写作历程"。

对"打工诗歌"目前的创作情况,柳冬妩也指出了它的优点与缺点。在他看来,"'打工诗歌'具有了特有的过渡性、多元性、复杂性以及多变性、未完成性。但谁也挡不住它们里面迸发出来的血性的光芒,那是一个个有血有肉的人的诗歌,那是劣质的生活场景和悲苦的命运所生发的情感细节和心灵的呐喊"。

其三,柳冬妩对"打工诗歌"所涉及的问题以及所引发的种种争议进行了梳理、总结与评价。如关于"打工诗歌"的现实意义与艺术性之争,以及"打工诗歌"面临的困境等。

其四,肯定了"打工诗歌"的价值与意义。作者在多篇文章中探讨"打工诗歌"的出现在时代、文学史等多个角度的意义。他在《自序》中指出:"'打工诗歌'的书写关涉中国现代性语境中最广大的个体生命的诸般复杂因素,记载了数以亿计的乡下人向城市进军的历史足印,具有鲜明的转型时代特征。'打工诗歌'的创作无可置疑地成为这个时代重要的诗歌经验的一部分。"在《生长在夹缝中的"打工诗歌"》中,作者从诗歌生成的角度总结了"打工诗歌"的重要意义:"'打工诗歌'恢复了诗歌原有的初始性、独特性和纯粹性,并把这种新鲜的感觉直接带入行文之中。'打工诗歌'像新生儿一样丑陋却令人疼爱,其本身就包含着我们这个急剧变化的时代信息,给古老的汉语诗歌写作带来生气,使写作再度成为可能。"他认为"打工诗人"的贡献在于:"'打工诗人'是一群没有受'诗歌'污染的写作者,他们将诗歌还原为一种原生态的生动,浮露出打工族最本真的生命体验。他们将诗的触角切入人类生命的底层,将那些来自生命深处的焦虑、痛苦和欢娱坦诚地传达给读者,使诗歌具有了一种生命的感染力。"

(二)《打工文学的整体观察》

《打工文学的整体观察》是全国首部打工文学研究专著,是国家社科基金项目和广东省社科规划项目、广东省重点文学创作项目的最终成果。全书共分 5 卷,74 万字。书中的很多章节,曾作为独立文章,分别在《读书》《天涯》《文艺争鸣》《南方文坛》等报刊发表过,部分文章被《新华文摘》《新华文摘精华本》《〈读书〉三十年精粹(1979—2009)》《书摘》等选刊、选本所转载。

《打工文学的整体观察》关注了一大批无名的"打工作家",并力图发现一切有意义的"打工文学"。全书对"打工文学"进行了系统梳理和深入分析。研究内容丰赡、开阔,既有

图八 《打工文学的整体观察》封面

对打工文学代表性作家作品的阐释,也有对传统作家及其经典作品的论述;既有对国内文学作品、文学现象、文学思潮的研究,也有对国外有关打工文学背景的比较;既有关于现实主义写作的若干质疑,也有对打工文学创作与底层写作等问题的理性回应,较为全面地反映了近年来打工文学的总体面貌及其特征,成为考察当下中国打工文学最权威的重要著述。

首先,它定义了一种文学类型——"打工文学"。柳冬妩说,"打工文学"的类型问题不仅是一个名称的问题,它的类型特性主要是由它所参与其中的精神方式和审美方式所决定的。所以,对"打工文学"进行分类,不仅关乎题材,也关乎文体和形式差异。无论是把"打工文学"视为是所有作家以打工生活为题材写作的作品,还是仅仅把它理解为是打工作家所写的打工生活题材的作品,柳冬妩都注意到了"作者与文本之间的复杂关系"。柳冬妩的细致研究,为"打工文学"的存在提供了学术实证,并从不同层面分析了这一文学类型的共性和个性。它实现了文学研究与文化研究的有效结合。

其次,为了做好文学研究与文化研究的结合,柳冬妩做了文学、史学、哲学、社会学等多个方面理论资源的准备,既运用

解释学、形式主义、结构主义等方法来分析作品,也参照新马克思主义、女性主义、存在主义、后现代主义等一系列理论,来阐明一种文学现象背后的社会学和精神学意义。这种整体性批评视角的贯穿,实现了文学研究和文化研究之间的良好互动,拓展了文学批评的视野。而且,强调文化研究意义的同时,柳冬妩并不鄙薄"打工文学"的美学价值,相反,他一直强调,"打工文学"首先是文学,而不是别的。

柳冬妩把少数者的文学,阐释成了与多数人有关的文学;把沉默者的声音加以理论升华,使之成了众人都听得见的声音。这种站在弱者、少数者、沉默者一边的研究姿态,使《打工文学的整体观察》一书有着文学原生态的品质,也有着真正的理论原创性。

柳冬妩对"打工文学"的所有分析均建立在文本细读基础之上,他通过对打工文学代表性文本的跟踪性阅读和个案分析,在历时性的考察中对打工文学的创作个性、群体优势及其演变态势进行共时性的反思与梳理,力求寻找当下打工文学发展的大致脉络,揭示打工文学的文化身份、发展脉络、价值取向和文本探索的现代意义。

从打工诗歌创作到打工诗歌评论再到打工文学的整体性研究,柳冬妩的文学批评中被烙上了"从乡村到城市的精神胎记"。柳冬妩的"打工文学"评论对中国农村、农民工和城市化、工业化、现代性等重大社会问题进行了深刻的追问,打开数以亿计的打工者从乡村到城市身份转换的复杂情感和记忆,为我们把握中国城乡劳动者的复杂思想状况和现实境遇,提供了一条别样的认知路径。

第五章 皖西本土作家研究

第一节 马德俊的文学创作

马德俊,男,生于1957年2月,汉族,安徽省六安市人。1978—1982年在安徽师范大学中文系读书,毕业后回到家乡工作至今。现任六安市委宣传部副部长、市文联党组书记、市政协常委,为安徽省文联委员、中国作家协会会员。马德俊长期在宣传、新闻、外宣战线工作,在本职工作中,他逐步加深了对六安社会、经济、历史、文化等全方位的了解,多年来在工作之余,从事鄂豫皖苏区革命斗争史研究,先后出版《许继慎传》(获1999年安徽省"五个一工程奖")、《蒋光慈传》(获2005年安徽省省政府文学奖)、《血战大别山》《六安精神读本》《壮歌大别山》《蔡申熙传》等6本专著。并发表各类党史文学作品70余万字,在中央、省、市新闻媒体发表新闻作品10余万字,300余篇。

六安位于安徽西部,俗称皖西,是一块红色的土地,山川秀丽,人杰地灵,英雄辈出,灿若群星。20世纪至今的100多年间,皖西人民为了民族的独立和解放,为了国家的繁荣富强和人民的共同富裕,同全国人民一道进行了艰苦卓绝的探索和斗争,参与了三次重大的历史性变化。第一次是孙中山领导的辛亥革命,推翻了中国几千年封建专制制度,打开了中国进步的闸门。第二次是以毛泽东为代表的中国共产党人领导中国人民,经过北伐战争、土地革命、抗日战争和解放战争,使中国走上了社会主义的发展道路。第三次是以邓小平为核心的党的第二代领导集体,领导了改革开放事业,成功地走出一条具有中国特色的社会主义道路。

皖西革命史是中国革命史、中共党史的重要组成部分。马德俊出生在大别山,他的祖籍地和成长地都是红军时期著名的苏区。青少年时期,他辗转于六安城关、徐集、丁集、独山、东西两河口、郝家集、龙门冲、苏家埠一带,这一带也都是当年赫赫有名的皖西老苏区。马德俊从小就听老人们说"民国十八年共产党闹红"的故事,红色基因浸润在他的血液里,耳濡目染,在内心深处形成了一团挥之不去的红色情结。后来马德俊在六安范围内工作至今,对皖西苏区有了进一步的了解。老区的土地养育了他,老区的精神滋养了他,他下决心奉献老区、奉献故乡。马德俊的创作,关注的都是大别山老区的红色历史。他的作品全是发生在大别山中的人和事,写大别山的文章多、写淮河的文章多、写红军的文章多。他曾经在一张名片上印过这样几句话:一个热爱大别山的人,一个热爱淮河的人,一个追寻红军足迹的人。所以马德俊被有的媒体称为"红四方面军战史专家",被安徽文学界定位为"大别山红色作家"。

一、马德俊的人物传记

(一)《许继慎传》

1987年,马德俊在《淮河》发表《不落的将星》,概括介绍了许继慎艰难英勇的一生。为了更全面深入地还原历史,经过多年调研、采访,马德俊着手撰写长篇人物文学传记《许继慎传》,从1993年4月开始在安徽日报文学副刊连载。1998年,《许继慎传》由安徽人民出版社出版。1999年,该书获安徽省精神文明建设"五个一工程奖"。此书客观详实地记录了许继慎戎马倥偬的传奇一生,全面、真实地再现了许继慎运筹帷幄、决胜千里的将军本色,坚持真理、正道直行的坚贞浩气。

图一　马德俊

许继慎,1901年生于安徽省六安县。幼年时在本村读私塾,1920年到安庆,考入省立第一甲种工业学校。不久,转入安徽省立第一师范。1921年4月,加入中国社会主义青年团。1924年5月,经党组织推荐,许继慎考入黄埔军校第一期。在军校期间,他刻苦学习军事,阅读进步书刊,同年转入中国共产党。在黄埔军校学习和工作时期,他积极参加以共产党员和共青团员为骨干的"青年军人联合会",同国民党右派进行坚决斗争。

1926年许继慎调入叶挺独立团,参加了北伐战争攻打平江、汀泗桥、贺胜桥等著名战役,多次负伤。汪精卫武汉国民政府叛变后,曾以独立师师长的职位作诱饵,妄图策动许继慎叛党,被他断然拒绝。大革命失败后,他在安徽、上海等地从事党的秘密工作。

1930年春,党中央派许继慎前往鄂豫皖苏区,任中国工农红军第一军军长,领导整编鄂东北、豫东南、皖西三块根据地红军,实现了鄂豫皖红军的统一领导和指挥。在许继慎等指挥下,红一军攻克多个乡镇,队伍由组建时的2300多人很快发展到5000多人,有力地推动了鄂豫皖根据地的巩固和扩大。1931年1月,红一军和红十五军合编为中国工农红军第四军。许继慎先后任红四军第11师、12师师长,他率部采取迂回包围、穿插分割等战术,取得孝感双桥镇大捷,获鄂豫皖红军首次全歼国民党军一个师的胜利,粉碎了国民党军对鄂豫皖苏区的第一次"围剿"。

因为坚决反对张国焘提出的远离苏区、冒险进攻的错误军事行动方针,1931年11月许继慎在"肃反"中被诬陷最终被杀害于河南光山新集,年仅30岁。1945年,党的"七大"为许继慎平反昭雪,恢复了他的党籍,追认为革命烈士;1955年,党中央又做出《恢复许继慎同志的党籍、名誉的决议案》;1989年11月29日,许继慎被中央军委确认为36位中国无产阶级军事家之一。

(二)《蒋光慈传》

蒋光慈(1901—1931),原名蒋如恒,又名蒋光赤,自号侠生。生于安徽霍邱(现金寨),是无产阶级革命文学的先驱。他在"五四"时期参加芜湖地区学生运动。民国十年(1921)赴苏联莫斯科东方大学学习。次年加入中国共产党,回国后从事文学活动,曾任上海大学教授。民国十六年与阿英、孟超等人组建"太阳社",编辑

图二 《蒋光慈传》

《太阳月刊》《时代文艺》《新流》《拓荒者》等文学杂志,宣传革命文学。著有诗集《新梦》《哀中国》,小说《少年飘泊者》《野祭》《冲出重围的月亮》等。蒋光慈于1931年8月31日不幸病逝后,在他生前形成的"蒋光慈热"也一直没有消退,直到五六十年代初,中国现代文学史家和文学评论工作者还用鸿篇巨制来谈论蒋光慈的生平和他的创作。

早在1983年,马德俊就在《映山红》上发表文章《光慈同志,我们永远怀念你》,回顾了蒋光慈光辉而又短暂的一生,表达了对革命先烈的敬仰之情。1984年,他又在《报告文学》上发表《到蒋光慈故乡去》,文中写道"我很想编一本蒋光慈的传记,让人们知道我的同乡曾在中华民族自由解放史上,'溅了心血的痕迹'"。2001年,马德俊的《蒋光慈传》由安徽人民出版社出版。书中生动鲜活地描写了蒋光慈的革命人生及心路历

程,带有独特的地域文化色彩。该书曾在安徽人民广播电台文学节目连播,2004年获安徽省政府文学奖。其后,马德俊还写过多篇有关蒋光慈的文章,从不同角度向世人展现这位革命者和文学家的风采和成就。如2000年发表于《名人传记》的《蒋光慈与宋若瑜的生死恋》,2001年刊登在《党史纵览》上的《蒋光慈写在中国革命文学史上的十五个第一》等。

(三)《蔡申熙传》

军事家蔡申熙是中央军委确定的36位中国无产阶级军事家之一,马德俊以饱满的热情,持续多年投入《蔡申熙传》极为壮丽的历史研究。早在撰写《许继慎传》时,他就已经留意收集蔡申熙的有关资料。作者意在从历史的云烟深处、寒凝大地的中国革命岁月之中,展示这位英年早逝的中国工农红军高级指挥员的业绩,让人们看到这位无产阶级军事家光彩照人的英姿,也让人们全面了解鄂豫皖苏区的红色历史。2013年,《蔡申熙传》由中共党史出版社出版。

图三 《蔡申熙传》

《蔡申熙传》共十五章,主要包括:《醴陵少年》《投身黄埔》《初战广东》《光荣北伐》《南昌烽火》《夜半枪声连角起》《中共江西省军委书记》《中央军委参谋部参谋》《长江局军事部部长》《北上大别山》《战将》《军中智囊》《驰骋在鄂豫皖东线反"围剿"战场上》《中流砥柱》《热血铸忠魂》。作者以富有感情色彩与生活深度的热忱,叙述了一个湘东少年的苦难生活、黄埔从戎的觉醒与快乐、北伐攻坚的淋漓酣畅、地下工作的惊险刺激、红军岁月的壮丽辉煌、将星陨落的苦情悲歌。带领读者走进蔡申熙将军故乡的山山水水,走进南昌起义、广州起义的风云岁月,走进中共中央军委和中央军委长江局的决策风云,走进鄂豫皖红四方面军反"围剿"战争那英雄的氛围。

这本书是一位军事家的编年史。通过蔡申熙的道路,可以看到20世纪救国救民的先进的中国共产党人如何把个人与民族、家庭与国家的悲壮命运,历史地糅为一体,也可以看到中国革命斗争艰难曲折的发展历史。作者以其对党史和红四方面军战史的长期思考与提炼,集大量前所未见的史料,把蔡申熙作为军事家的历程和红四方面军征战历程再度拉到人们的眼前,让人无比虔敬地谛听历史曾经经过的激流与轰鸣。这不但是对过往英烈的呼唤,而且还使之成为重要党史军史人物的特写与某个阶段历史内涵的放大,让人们通过对蔡申熙等中国共产党人探索奋斗历史的再理解、再认识,进一步看清其不可替代的当代性意义。

这本书既有对革命过程中共产党人受无情考验与历练的照直书写,也为我们讲述了大量鲜为人知的细节。如仙人洞战斗场景,黄才畈中央分局和红25军军部的位置,阳新、大冶组建红15军的历程,蔡申熙率领红25军在皖西北苏区进行第四次反"围剿"的战场,蔡申熙将军的埋骨之地等。作者还以忠实于历史的科学态度,广泛收集地方文史,走访蔡申熙将军故乡以及工作和战斗过的地方,走访战场和知情人士,发现了很多军史、战史上没有的材料。如过去有的研究材料说蔡申熙北伐时是随张发奎的第四军北伐武昌城的,作者通过蔡申熙家人的回忆记录,特别是蔡申熙胞弟,一位在台湾的国民党军人,曾听他哥哥讲述的回忆,可以确认蔡申熙是随蒋介石嫡系第一军参加北伐而且是一直打到上海的,这可是一个重大的发现。

作者的表述流畅而中肯,属于一种深明究里的探寻与阐述。马德俊认为,党史人物和事件的作品,一定要写实。但为了增强可读性,在尊史写实的基础上,要增强表达的艺术,增强可读性。书中既有深刻的思辨也有具体生动的对话和环境、心理描写,使蔡申熙的革命历史与中国革命历史、鄂豫皖苏区与全国各苏区历史呈现出更大的关联性与丰富性,体会到中国红军文化精神、地域文化特色,给人以一种新奇的人文感受。这本书成为为数不多的蔡申熙革命历史的形象画卷,为我们复活了一位英年早逝军事家悲壮而又辉煌的历程。具有深刻的历史内涵和审美意味,是对人民革命历史和现代性主题的重述和再现。

二、马德俊的纪实文学及其他作品

(一)《血战大别山》

2011年,安徽文艺出版社出版的《血战大别山》,是一部全面反映红四方面军悲壮征程的长篇纪实文学,是纪念建党90周年原创长篇小说系列之一。大别山脉绵亘数百里,历来是兵家征战、中原屯兵之地。中国工农红军自诞生之日起就在"围剿"与反"围剿"经历中发展壮大。在大别山区,红军将士忠勇奋战,他们在反"围剿"的战斗中所表现的英雄主义和自我

图四 《血战大别山》

牺牲精神,惊天地、泣鬼神,谱写了一部撼人心魄的革命史诗。

红四方面军的第四次反"围剿"斗争,规模宏大、争论激烈、战局复杂,可以说既是一首战争悲歌,也是一部壮美史诗。红军将士用鲜血写下了这部血染泪浸的掀不动的历史,使得苏区每一个红军将士都有了传奇性的魅力,都有着令人难忘的命运故事。作者力图全景式复活红四方面军征战的悲歌壮程,特别是再现那个烽火年代的历史细节及他们成长壮大的艰辛历程。

中国人民解放军总政治部审读书稿后,给予了较高评价。

作者在写作这本书时,首先具有一种开阔的视野,不是就大别山写大别山,而是透过当时国际国内形势、全国各苏区战场形势、国共两党战略决策来把握这场战争。读者从这本书中可以看到中苏、苏共与中共、共产国际与中共、中共中央与中共鄂豫皖中央分局错综复杂的指导与反指导的缩影,看到中日、中欧与中美等力量在大别山的比拼较量和政治风云。

其次,作者在总体把握红四方面军第四次反"围剿"失败的历史渊源和主客观条件时,尽可能多的挖掘"历史缝隙"中的真实。通过翔实的资料和细致的描述,让读者看到一些真实而复杂的历史细节:比如,在对张国焘血腥"肃反"进行否定的同时,也写出了鄂豫皖苏区是在张国焘等人执政时期达到极盛的;既指出了张国焘执行极"左"路线使红四方面军第四次反"围剿"失败,也还原了他一锤定音,转移苏区,保存了红军实力的事实;长期以来被认为是正确路线代表的沈泽民,在"左"倾错误上并不亚于张国焘;第四次反"围剿"失利既有张国焘等人屡出错招,指挥失误,也是敌人兵力强大所致;红四方面军将士一面要面对强敌,一面还要面对内部残酷的"肃反"……总之,在这场革命队伍内部还有争执、怀疑、排斥、杀戮的背景下,红四方面军经历了一场腥风血雨的战火,谱写了一曲令人悲叹的壮歌。

再次,作者注重纪实文学作品的文学性。根据历史文件和回忆录对一些特定历史场景和重要历史人物来进行虚构,努力向人性的层面去挖掘,努力向人物的心灵去探究。如以虚实相间的笔墨,描写了鄂豫皖苏区几场高层会议上双方唇枪舌剑的对白场景,生动地展现出作者对于历史本体的思索、探究。又如在作品中,作者尽可能拓展作品的人物细节和审美视野,刻画了徐向前、李先念、陈赓、马宝山等等栩栩如生的红军将士形象,生动地描绘并还原了红军的军事策略、战场规模等等,突显了一种苍凉悲壮的历史氛围。这些对于红四方面军军史的研究也都有着一定的意义。

总之,马德俊肩负历史责任,直面历史本相,通过一种既带有刚性又含有感性的文字,以叙述、描写和析理为一体的笔法,超越鄂豫皖这段特别年代的枯燥史实层面,用沉重的思索和灵动的文字再现了这场"围剿"与反"围剿"战争的严酷性和复杂性,既是对鄂豫皖党史研究的突破和补充,又是对红四方面军战史的还原和挖掘。作品有着直击现场的力量,富有强烈的震撼力,启人深思。

这部作品从开始搜集资料到正式出版,历时20余年。20多年间,马德俊利用工作的闲暇,在查阅大量资料的同时,更注重现场考察。夏店、燕子河、黄才畈军事会议现场,冯寿二、七里坪、新集、仙人洞等战场,江淮分水岭飞旗山古道,皖西红二十五军战场……无不留下了作者进行实地考察的足迹。作者通过对隐蔽的"历史"细节和"历史"缝隙进行挖掘,力图使这部书所展现的历史越来越感性和丰满。在写作中他既有着对"正史"的突破和补充,又有着对"历史"客观性、复杂性和丰富性的"还原"与挖掘,力争使其成为包蕴巨大历史、现实和情感内涵的作品。作品还未出版,其中的有关章节就被《名人传记》和《党史纵览》等刊物选载。2012年,该书荣获安徽省精神文明建设"五个一工程奖"。

(二)《六安精神读本》

2011年,安徽人民出版社还出版了马德俊的《六安精神读本》。马德俊以宽阔的视野、理性的思考、精辟的分析和生动朴实的语言,再现了皖西新民主主义革命30年及新中国成立后60年革命历程。这是一部给人以启迪、教诲和鼓舞的教材和读物。

六安是一块英雄的土地。1921年中国共产党成立后,皖西就有人加入党组织。1923年冬,安徽第一个农村党支部中共寿县小甸集特支成立。1929年相继爆发了商南立夏节起义和六霍起义,组建了红32师、红33师,奠定了红四方面军的基础。抗日战争时期,六安成为安徽省国共两党抗日活动中心和指挥中心,六安军民为夺取抗日战争的全面胜利做出了不可磨灭的贡献。解放战争时期,皖西大地成为中原突围和刘邓大军挺进大别山的重要战场,解放大军渡江作战的前进基地和渡江后的巩固后方。从五四运动、中国共产党成立到新中国诞生,六安30年红旗不倒,30万儿女英勇献身。从中涌现出一批功勋卓著的六安籍指挥员,其中就有108位开国将军,金寨县和原六安县两大将军县。这是六安人民的光荣和骄傲。以"牺牲、奉献、创新、争先"为主要特征的六安精神,不但丰富了中国共产党人的精神宝库,也成为六安人民取之不尽、用之不竭的宝贵精神财富。六安精神与井冈山精神、长征精神、延安精神、红岩精神、西柏坡精神一起,熔铸成党的宝贵精神财富。

马德俊努力用现代的观念和方法去观照、挖掘六安精神的意蕴,诠释六安的革命精神,让皖西革命和六安精神潜隐的沉睡的精髓转化为外显的鲜活的状态,目的是让人们了解伟大的皖西革命和六安精神,让更多的皖西人和读者了解、热爱自己的家园,认识脚下这片土地。他力图打通文史哲,以接近于一种大散文、大政论、大纪实的风格,把六安精神蕴涵着的思想观念、文化意味和精神品质挖掘出来,更好地发挥皖西革命史在涵育心性、陶冶情操、美化感情、培育健全人格和公民道德等方面的作用,从而获得本土文化自觉。通过文化价值确认获得自尊,增强全面建设小康六安的信心。

作者不仅从历史、文化、地理三个方面阐述六安精神的历史渊源,强调六安精神是在中华民族精神基础上孕育的,留有中华民族精神鲜明的印迹。还说清了六安精神孕育、发展、形成过程,说清她的内涵、特征,展示六安人民在红军革命时期和社会主义建设时期政治、经济、文化、教育等方面巨大的建设成就,特别是展示30年红旗不倒、30万儿女为国捐躯的牺牲奉献的悲壮征程,让人们全方位了解、认知六安精神。同时,作者还强调了六安精神和其他革命精神的关系。她虽然没有井冈山精神在我国革命精神体系中的奠基作用,没有延安精神、西柏坡精神的大气磅礴,和这些精神也没有形成"源"与"流"的关系,但她是一条汹涌澎湃的支流,流入中国革命精神体系的大河,并丰富了这一体系。它是一条枝壮叶茂的树枝,由于这条树枝的繁茂,才有中国革命精神这棵大树的枝繁叶茂。六安精神为中国共产党人的革命优良传统增添了光辉与灿烂。

这是一本以史立论的书,作者学习运用了市内外党史工作者的研究成果,同时也把一些自己的研究成果放进去,写出自己对历史的看法。如分析六安精神的原创性和本土性时,作者写了一节"先驱者群像",赞美那些筚路蓝缕以启山林的开拓者。当时皖西共产党员是由一群最有文化、最有才气的先驱者组成,大多受过良好的教育,有的出身豪门,有的喝过洋墨水,也纷纷投身革命,说明了无产阶级事业的强大感召力,也反映了共产党作为先进生产力代表的伟大力量,展现了这批先驱者为创建新世界的蓬勃朝气和牺牲奉献精神。再如"皖西妇女的革命行为分析"这一章节,可以说是第一次运用马克思列宁主义和中国共产党妇女解放理论分析皖西妇女的革命历程。不过,虽然以史立论,但作者没有把她写成历史的平铺直叙。历史读物也要写出特色。作者的表达风格,是既有历史的厚重,又有理论的思考,又兼具文学的温情。

(三)其他作品

马德俊还创作了大量的报告文学、散文和诗歌等,共计80余万字,分别发表在《人民日报》《光明日报》《文艺报》《报告文学》《人物》《安徽文学》《安徽日报》《名人传记》《党史纵览》《中国水利》等报纸杂志上。其中有不少篇目被其他丛书收录,如散文《到蒋光慈故乡去》,1984年6月刊于北京《报告文学》,

1999年收于《安徽文学50年》丛书散文卷中;长篇报告文学《寿春围困》,获安徽省抗洪救灾优秀文学作品奖,收于1991年中国文联出版公司出版的《1991安徽抗洪纪实》书中,该书获全国纪实文学奖,并被改编为连环画报;散文《周恩来临终茶思》获人民日报建党80周年文学征文二等奖;散文《一支军歌与奥运会》获2012年度中国散文年会奖二等奖等。

2012年,马德俊将个人的散文和报告文学作品汇集成书,题名为《壮歌大别山》,由安徽文艺出版社出版。马德俊极度认同"文章合为时而著",这本集子就是典型的例证。书中的篇章记录的全是发生在大别山中的人和事,是对所在的地区和共和国一道走过的改革开放历程的记录,也反映了作者一路走来的人生轨迹,是典型的大情感。

附:
百城赋之119——《六安赋》
(原载于光明日报2010年3月22日4版)

作者简介:鄢化志,1949年生于安徽怀远,1982年毕业于安徽师范大学中文系,现为中国诗经学会、屈原学会会员,安徽宿州学院教授;马德俊,六安市委宣传部副部长。

乾坤正气,赋形尘寰;皋陶理民,六国乃甸。寿春曰鄝,名随都迁;汉武雄略,置国六安。壮哉六安,皖西雄关。襟表淮江,屏障东南。地控鄂豫皖冲要,耸立大别山北端。四方枢纽,江淮三角黄金地,空陆相济;纵横扬子汉水间。

文明六安,邈矣绵长。岗、墩石器,人文发祥。偃皋陶辅弼舜禹,制礼司刑,位列上古四圣;孙叔敖开凿芍陂,纳川灌田,功侔漳郑都江①。商尊周鼎,痕留六舒方国;郢爱鄂节,物语寿春

---

① 芍陂:春秋时楚相孙叔敖(寿县人)主持修建,又称安丰塘,与都江堰、漳河渠、郑国渠并称为我国古代四大水利工程。

堂皇。双墩汉墓,证六安国光璀璨;九江名郡,彰秦汉功业辉煌。八公山淮王论道,牢笼天地传《鸿烈》①,融汇先秦诸子;东淝水草木皆兵,遏制胡马定南北,传脉华夏典章。淠滨古渡,邀客行同仙侣;"双塔"摩青,阅尽尘世沧桑。

郁乎六安,钟灵毓秀,礼乐教化,《尚书》作歈②。文翁兴教,化育蜀中风雅;桓谭新论,鞭辟符谶力遒③。顾曲周郎,雄姿英发,羽扇纶巾破樯橹;新罗太子,东土习经,大华云峰坐石修。王临川芍陂赋诗卷,苏东坡望塔吟寿州。李龙眠绘事,方驾顾陆吴生;吕本中诗图,细数江西源流。喻家兄弟,精研疗马,仁术推恩驽骥;孙氏家鼐,状元帝师,创办京师兰畴④。方振武、孙立人奋躯报国抗倭寇;蒋光慈、韦素园革命文化献春秋。

光荣六安,将军摇篮。立夏惊雷,旌旗遥应井冈山;六霍起义,十万工农赴国难。苏区根据地,连接鄂豫皖。《八月桂花》,传唱遍天下,好儿女长征离家园;卅万英杰,鬼神泣壮烈,铁血史凝铸将军县⑤。许继慎、周维炯战功赫赫,雄韬未展英声远;舒传贤、曹溥泉业绩昭昭,赍志憾恨留世间;情报三杰有胡底,允文允武朱蕴山。粉碎"围剿",徐向前运筹决胜苏家埠;抗日

---

① 《鸿烈》:即西汉淮南王刘安召集门客撰写的哲学著作《淮南子》,又名《淮南鸿烈》,全面融汇了先秦儒、墨、法诸家思想。
② 《尚书》作歈:《尚书·虞书》中的《皋陶谟》,记录了皋陶向禹阐述的礼乐教化的理论规范。
③ 文翁、桓谭:文翁为西汉舒城人,任蜀地郡守时重教育,倡教化,开汉代教育新风。桓谭为东汉思想家,曾出任六安郡丞。所撰《新论》对当时流行的图谶、符命等迷信思潮做了有力批驳。
④ 喻家兄弟:指明代六安马医喻仁(字本元)、喻杰(字本亨)。兄弟合著有《图纂元亨疗马经》六卷、《图像水、黄牛经合并大全》二卷,附《驼经》一卷。书被录入《四库全书总目提要》,全书被收入《四库存目丛书》。孙氏家鼐:清代名相,状元。曾主持创办京师大学堂(北京大学前身)。
⑤ 《八月桂花》:指以六安民歌曲调创作的著名革命历史歌曲《八月桂花遍地开》。将军县:全国9个将军县,六安有2,即原六安县(今裕安区,将军32人)和金寨县(将军58人)。全六安市籍将军达108名,其中上将1名,中将11名。

救国,董必武谟定命总动员。"四支队"驱倭斩虏,脱手斩得小楼兰;皮定均中原逐鹿,全旅突围美名传。刘邓大军,千里跃进大别山;黎明决战,卅万军民下江南。雄鸡一唱天下白,毛周邓驻跸六安屡巡视;快马加鞭未下鞍,洪学智功拜上将两授衔;皋城儿女多壮志,一脉相承红六安。

秀焉六安,地美景妍。绿水丹崖,佛子岭建新中国第一坝;七河过境,淠史杭安澜弥患兴豫皖。水库灼波,六颗明珠缀玉带;山峦披绣,千座险峰列锦帆。天堂、铜锣寨,云峰变幻,松石奇险;原始密林海,植物王国,地质公园。安丰塘举世同称赞,万佛湖省城后花园。小南岳汉武敕封,副衡其位;横排头人间仙境,丰收之源。八公山升天鸡犬留仙迹,昭庆寺大唐天子曾谒禅。寿春古都,山水名城名人传海外,"别后难相忘"①;独山旧址,壕墙高圩高垒红旗展,人民揽政权。合肥六霍金岳至安庆,红色旅游线路推精品;金寨霍山陵园纪念馆,革命传统景观列经典。渴望读书,"大眼睛姑娘"照片成标志②;倾囊兴教,南溪镇希望工程首发源。京剧铿锵,红歌嘹亮;茶歌绕梁,庐剧悠然。寿州锣鼓撼人心魄,皖西民歌韵邈情绵。

庶兮六安,风物淳善。民性厚朴,诚信礼贤。季布诺贵逾百金,洪武谕恩报玉泉。霍山琼浆,汉武帝悦命迎驾酒;寿县美食,宋太祖幸逢救驾餐。八公山豆腐,源出仙家长生术;西汤池温泉,名随戴氏游记传。地表众物汇珍,地下群矿聚涵。农林牧渔源远,工矿商贸新篇。山藏金银钼砂,林布桐桂椿楠;土生干果菌药,水育鱼蟹鲵鼋。软黄金、千金草,褒誉霍山石斛;金寨霍山竹海,部颁挂牌竹园。水电之乡,丝绸之府;白鹅王国,茶药渊涵。地灵人杰,江淮富庶地;物华天宝,史称"金六安"!

---

① "别后难相忘":语出《乐府诗集》卷49《清商曲辞·寿阳乐》:"可怜八公山,在寿阳,别后莫相忘。"

② 大眼睛姑娘:指全国第一所希望小学——金寨县南溪镇希望小学学生苏明娟。她渴望读书的照片被选作全国希望工程的形象标志。

美哉六安,竞焕新颜。农村改革开放,敢为天下之先①。一心两轴三带四区布格局,西进南升东拓北展开新篇。中心城规模品位呈美奂,新旧渠碧荫清流畅游观。绿色园林城市,生态宜居家园。一岛两路,滨水新区;胶坝蓄水,城西成湖。城乡统筹规划,基础设施开端。钢铁电力、机械钢构,助鸟巢添彩奥运;粮棉饮食、医药化工,领企业半壁江山。水、火电站、蓄能电站,璀璨明珠电源;工业园区、高新技术,拓展开发源泉。商贾如潮,物尽四时之美;超市比肩,货囊四海之鲜。实施"四大工程",资源富市、农业大市,创沿江城市带,奋斗创新贡献;践行六大战略,旅游新市,经济强市,构省会经济圈,后发优势壮观。

汉有民谣:六地安康始平安。往昔峥嵘岁月,回肠荡气;今朝崛起征程,搏击正酣。红色热土,锦绣明天!

第二节 胡传永的文学创作

胡传永,女,1953年出生,安徽六安人。现为文学杂志《淠河》执行副主编,六安市作家协会副主席兼秘书长,安徽省作家协会会员,中国报告文学协会会员。

截至目前,胡传永已经发表散文、随笔、报告文学及小说等作品数百篇,文字数百万。作品多刊登于《北京文学》《散文百家》《美文》和《清明》等省内外报纸杂志。出版发行的作品集有《沉重的乡土》《行走天路》等。多篇散文入选河南大学中文系阅读课本;30余篇散文曾获省级以上年度作品奖,散文《伤痛红绒花》被选进季羡林主编的《百年美文》。数篇报告文学被百花文艺等出版社选进《中国报告文学年选》,报告文学《血泪打

---

① 农村改革开放,敢为天下之先:1978年,当时六安的山南、官亭与和县三十铺等地群众自发搞起了包产到户,成为全国农村改革发源地之一。

工妹》曾获《北京文学》第二届文学奖中的"读者最喜欢的一篇报告文学"奖。2013年胡传永与上海盛星文化传播有限公司合作,独立编剧34集电视连续剧《幸福相依》,该剧由刘佩琦自导自演,刘亚津、刘敏涛、斯琴高娃、姜超等联袂主演。

图五　胡传永

2014年在联合创作的情景剧《社区卫生的事儿》中,胡传永担任该剧的总策划及总编剧。即将出版发行的书稿有:报告文学集《血泪打工妹》,散文集《梦醒时分》,随笔集《我的异类朋友们》,长篇报告文学《童谣》和纪实小说《弱族》。长篇小说《淠水谣》也已出版。

胡传永的父亲是一位不事稼穑的私塾先生,当年冲着到农村能分田分地,举家从椿树镇下放到龙穴山下。1953年,胡传永就出生在这个号称老六安八大景之一的"龙穴夕照"所在地。龙穴山贫瘠荒凉,物质生活极其匮乏,但龙穴山有着深厚的乡土文化积淀,龙穴山人几乎个个会唱童谣。那一首首美妙动听的童谣用它独特的方式滋润着孩子们干渴的心田,在他们成长的年轮上打上了时代的生

图六　《淠水谣》

活烙印,也为胡传永以后的文学创作预备了一份厚重的民俗文化的积淀。

1961年秋,刚结束三年的饥馑之灾,识字不多的母亲便把胡传永送进了西皋小学,她坚信知识能改变命运。也就是在这一年,胡传永的父亲与姐夫作为右派,一个劳改,一个坐牢。从

此,艰难岁月里胡传永只能与母亲和姐姐们相依为命。父亲在家庭生活中的长期缺席导致父爱的缺失,成为胡传永心底一处永远无法抹平的伤痛。

小学阶段,胡传永就表现出对文学异乎寻常的兴趣,她如饥似渴地阅读能找到的所有读物:父亲旧有的收藏、姐姐们的老课本、语文老师书箱里的大部头……从小学到高中,胡传永在忘我的阅读中实现着自我的成长和丰富。

1977年,胡传永从六安师专(现皖西学院)美术系毕业,在一所农村中学任语文及美术老师。1982年调至六安县统计局工作,任综合科长。工作后的胡传永仍保持着对阅读的痴迷和对文学的爱好。不仅大量购书、订阅文学刊物,还尝试着用笔记录自己的生活,书写乡土情怀。处女作《甜甜的槐树林》在《安徽文学》发表后,《合肥晚报》甚至为她开辟了专栏。《大时代文学》也推出了《胡传永散文小辑》。胡传永这一时期的散文创作主要源于乡土情结,她用本色的乡土语言去写乡下人寻常的生活、鲜活的生命、独特的操守……著名作家诗人刘祖慈对此评论道:"读胡传永的散文,就像是腊月天里进山,吃了一顿杀猪饭,有大快朵颐之感……"他甚至依此论断:"散文界阴盛阳衰……"在创作散文的同时胡传永也尝试了小小说的写作。

1992年,胡传永从统计局调到文联工作,任文联部主任并负责《映山红》和《淠河》文学杂志编辑工作。2000年,胡传永的第一本散文集《沉重的乡土》出版。《沉重的乡土》出版后,受到了著名学者、文学评论家刘思谦的高评。其中的《伤痛红绒花》《儿子长大了》和《这一生相厮守……》等三篇作品被收进河南大学、首都师范大学等高校中文系阅读课本。《伤痛红绒花》被国学大师季羡林先生收入中国现当代文学巨献《百年美文》中。

其后,胡传永开始调整创作方向,将目光投向社会的最底层。先后创作了报告文学《走近打工妹》《篱下沧桑》《陪读,可怜天下父母心》《中国有条河》等数十篇文学作品,多部作品被各大网站及全国十多家报刊转载、连载,多次获得省级甚至全国大奖。

2005年,胡传永的爱人王政去世。怀着巨大的伤痛,胡传永用四个多月的时间完成了25万字的长篇散文《行走天路》的写作,详尽地叙写了他们的成长经历、相知相恋和生死别离。此文后由华夏出版社出版。

2010年,胡传永用复调式的写法完成了18万字的长篇纪实小说《童谣》。2011年,《童谣》以纪实小说的方式发表在《江南》杂志第一期上。2012年,胡传永用半年时间完成了近40万字的剧本《幸福相依》的编写。2016年,胡传永创作的长篇小说《淠河谣》出版。胡传永说:"我会在上帝的眷顾里写有良心有气节的文字,贴近生命去写,贴近灵魂去写,贴近生活去写,这是我的写作底线……我是为写作而来到这个世上的人……"

一、沉重的乡土——胡传永的散文创作

胡传永生在农村、长在农村,直到70年代初考取六安师专(现皖西学院)以后才走出乡土,在城市谋职谋生。农村是她度过了童年、少年时代的地方,也是她执笔为文后频频回首、割不断理还乱的生存空间。乡土的沉重对胡传永来说乃是一种刻骨铭心的生命的疼痛和伤逝,也是一种说不清道不明的难以割舍的情怀。在胡传永的心里,乡村不是作为城市的对立面存在的,而是她寻找理想的精神家园的驿站。胡传永从女性生存和人文心理的角度为我们写出了20世纪后半期一个真实的农村。

(一)寻找精神的家园:对乡村苦难经历的正视与反思

《茅屋情结》《沉重的乡土》《山那边的世界》和《寻找家园》是胡传永对自己的乡土情结的逐渐深入的诠释。《茅屋情结》从如旺叔拆掉了母亲亲手垒下并在里面生下了她的两间茅屋

起笔,写出这两间茅屋是母亲和她在一个荒唐的年代里艰难生活的见证。"许许多多个庄稼人被活生生地饿死在自己的土地上,母亲背着刚刚会自己吃饭的我满田埂挖野菜剥树皮扯草根,我和母亲九死一生。"在一个暴风雨的日子里,母亲搭梯子爬上屋顶,想用家什压住草脊,一松手便被风卷了起来,母亲用整个身体压住屋顶才保住了这个已不能为她们遮风挡雨的茅屋。被风吹雨淋得四肢僵硬、脸色铁青趴在屋顶的母亲的身影,"是嵌在灵魂深处绝非生命本身能容受的一种痛苦和恐惧"。她的"茅屋情结"也就是她"无法把这个用整个身体压住屋顶的母亲从脑海里淡去或抹掉"的情结。如今母亲已经离去,她已无法知道母亲对如旺叔拆去这两间茅屋的态度:"如旺拆掉了我丢不开放不下的两间茅草房,是不是他于冥冥之中受了母亲的点化呢?母亲是希望她的女儿能走出茅屋轻松地活出一些作为来的。然而,我怕是又要悖逆母亲的期望了,我无法做到空手上路,心里总是沉甸甸的,卸不去卸不去……"

这种矛盾心理到了《沉重的乡土》中,是对母亲对土地的依恋之情的尽可能全面的理解。她把这种理解诠释为"土地的魔力和磁性",以为是这种"不可思议亦不可抗拒的土地的魔力和磁性","攫住了我母亲和大姐的美丽的灵魂"。可是同样不可思议的是,母亲对于我们走出土地的发奋和努力,却又一直持支持态度,她"支持我们下死劲地读书,她宁愿自己苦死累死,也要让女儿们尽可能地得到深造"。母亲以支持女儿走出乡土的态度来完成她对乡土的反叛,或者说,她让女儿代替她完成这种反叛,而自己则宁愿皈依于土地的魔力和磁性,宁愿终身栖息在土地上。胡传永写出了母亲无可选择的选择和无处可退的退守。表达了对母亲的理解,也凸显出自己渴望走出乡土却又盼望皈依乡土返身自然的矛盾心理。

《山那边的世界》则进一步以"山那边""山这边"为意象诠释了愿望与现实之间永不满足的徘徊心境:"总是向往山那边

的世界,让现实与愿望间始终隔座山。没过来时,想过来,过来了,又想过去……"她追问道,如果说"过去的走出是一种进取,现在的走出是一种什么呢？退缩？还是回归"？"眼下我到底算作山哪边的人呢"？胡传永的追问已经开始超越城市、乡村、山那边、山这边的空间界限而归于一种意象、一种境界追求了。在《寻找家园》这篇短文里,她终于明白了自己真正渴求的"并非那块普通意义上的三间茅屋二分园地的宁静",明白这不过是"一种表象上的超脱,一种自欺式的掩隐",无法安放一颗"不甘木化不愿沉沦的灵魂"。她要寻找的是一座"精神家园"。胡传永终于以自己苦难的乡村生活经验的回望为起点走出了城市和乡村、理想和现实二律背反的思维怪圈,汇集到了超越空间阻隔的寻找精神家园的人类精神之旅。

(二)书写乡村妇女的性别经验:对生命疼痛与伤逝感的正视与反思

胡传永最擅长抒写农村妇女的命运体验和生活感受,她的忧患意识,严格来说是一种女性忧患意识,她是在关心自己作为女孩的命运的前提之下,带着深切的自我伤痛和自我安慰的感情和感动,自自然然地关心土地和土地上人们的命运。《女儿谣》《祭》《大姐的家》《伤痛红绒花》《希望父亲早些走开》《这一生相厮守,白了的是头,碎了的是心》等是几篇书写乡村妇女性别经验的短文代表作。《女儿谣》以两首让人流泪和让人心碎的儿歌写了两个乡村童养媳苦难的一生,"他们是流在受了几千年封建统治的女儿家血管里的一份永远的伤痛"。《祭》写二姐的死;《大姐的家》写劳苦了一辈子却一辈子没有一个真正属于自己的家的大姐死后,由外甥设计了一个农家居室的灵楼祭奠在大姐的灵前,算是大姐在另一个世界上的家。《伤痛红绒花》《希望父亲早些走开》《这一生相厮守,白了的是头,碎了的是心》这三篇则是由父亲母亲无爱的婚姻生活所唤起的性别经验的艰难觉醒,也是90年代女性散文中难得的从性别角度写母女、父女、夫妻关系的血泪文章。

《伤痛红绒花》是写女人性别认同的艰难。一朵好看的红绒花意味着对女人性别的接受和认同,可这接受和认同绝不仅仅是性别本身的因素所能决定的,而是加上了过多的人为的社会文化因素。胡传永以个人家庭生活经历,以母亲和姐妹的婚姻生活遭遇来写女性是一个容易受伤害的性别,写女孩子性别认同的艰难。"我"带着一个与生俱来的有悖于全家人期望的"又是个丫头"的性别来到世上,"我不想做个女孩"。在度过了十多年剃光头、着男装、爬墙上树、模仿男孩子的懵懂岁月之后,"我"终于明白性别是无可回避的。"我"向母亲要一朵好看的红绒花,表示认可了自己的女性身份,可就在母亲买来红绒花之前的一个夜晚,"我"听到了大自己17岁的已出嫁的大姐向母亲哭诉的"一个很可怕的男人欺侮女人的真实故事",也听到了母亲向大姐诉说的父亲和母亲夫妻感情的真实一面。这同时砸过来的姐姐和母亲性别经历的真实,是一个刚刚开始性别认同的女孩子所难以承受的,"我"感到"这是一个阴森森的夜晚,可恶的男人们和无用的女人们将本来就浊着的天地一下子泼成漆黑"。"我"被这沉重的黑暗猛地砸进无底的深渊,飞升的灵魂即刻间裂成了血气的碎片,感到了做女人的屈辱和绝望。第二天"我"找了块白布紧紧裹住自己正在发育的胸部,心中充满了对男人的怨恨。就在这时,母亲用攒下来的鸡蛋和蔬菜换来了美丽的红绒花。在一种不可理喻、也不可名状的复杂心理的驱使下,"我一扬手扔了那花,扔在门前的鸡群里,鸡们咯咯地叫着跑开了"。"我"又走过去用脚踏了那花,一边踩踏一边放声大哭。"母亲惊呆了"。"母亲背朝着我无力地依在门柜上。母亲的后脊背襟纳满了补丁,母亲的后背影苍老无比"。"伤痛红绒花"也就是伤痛女人这个性别,伤痛这个与生俱来的性别在这个世界上所受到的伤害,伤痛自己和自己的亲人们面对这个性别时那难以接受又难以拒绝的两难困境。

《希望父亲早些走开》写家庭生活中父爱的缺席,写父爱的缺失对一个女孩子精神成长的无可弥补的缺憾。这是一个真实的中国家庭父爱缺席的故事,一个真实的中国家庭形同陌路的夫妻关系、父女关系"淡如水"的故事,也是鲁迅所说的"几乎无事的悲剧"。"在我童年生活里,父亲只是一个每到过年了就要回家分吃我们年食,年食吃完了就没有了踪影的人"。"在父亲回来的日子里,我最大的愿望就是让父亲早些走开"。"小时候,希望父亲早些走开。父亲真的是早早地走了,在我缺少父爱的情感世界里,这仍然是一方生命天空的坍塌。"这三段层层递进的叙述话语,奠定了全篇的情感基调和淡漠而又充满了内在紧张的家庭人际关系。这种内在的紧张关系,终于由一个少不更事的女孩子一句故意把"他"字咬得很重的"他怎么还不走"给挑明了。于是我们听不到厨房里母亲的炒菜声了,我们听到了父亲的咳嗽声。这两种声音一隐一显,就把一种表面淡漠而内在紧张的氛围给烘托出来了。在这篇1000来字的日常家庭生活场景的短文里,胡传永很善于捕捉声音和动作的细节与作者的内心话语相互作用,烘托出一种尴尬的、淡漠的但又不是无所驻心的紧张的家庭生活氛围,一种无可奈何的看不到出路的家庭人际关系的僵持。正常的夫妻感情、父女感情因丈夫和父亲的缺席而冰冻了,看不见足以融化他们的阳光。这里起决定作用的人物是父亲。父亲是一个家庭与社会的双重悲剧角色。在家庭角色里他放弃了为夫为父的责任,既不"主内"也不"主外",把家庭生活和抚育子女成长的重担推给妻子一个人承担,妻子牢牢地坚守在"主内"的位置上,含辛茹苦靠卖蔬菜、鸡蛋供女儿们上学,还得准备一桌丰盛的年食供他空着手回来分享。可他在家庭以外的社会上也是一个弱者,一个被权力关系排斥在外,"历次运动都要受左派冲击"的人。文中写到后来父亲在女儿的独特方式提醒下意识到自己为父的责任而开始给女儿点钱或隔三岔五往家寄点钱,写到父亲身患重病之后办了一大堆年货回家过年,这个家庭终于过了第一个也是最后一个团圆年。女儿开始意识到自己的五官长相酷似父亲,开始留意父亲的头发已经苍白,背也有点驼了……她"第一次感到了父亲非常可怜,有了想喊一声爸爸的欲望和冲动,但锈了十六年的口怎么也启不开了,这种想喊又开不了口的痛苦一直困扰着我,直到高中毕业",直到父亲去世追着他的灵车才喊出了第一声迟了二十年的"爸爸"。

《这一生相厮守,白了的是头,碎了的是心》是以父亲母亲无爱婚姻的悲剧来解构"白头偕老"这个成语,解构婚姻的恒久性。作者描述了父母虽同在一个屋檐下、同睡一张床却彼此形同陌路的婚姻生活,揭示了无爱婚姻对人性和爱欲的无声的虐杀,极具穿透力。作者站在父母合葬的坟前,想到母亲临终时既不情愿又不得不表示愿意与父亲合葬时的表情和哭声,不禁害怕人死了还有灵。因为倘若如此,"父母又得相厮守",这是怎样的无奈和折磨,令人无限悲凉和辛酸。这是人自己加之于自己的"性别的隔膜"与"两世的牺牲",婚姻这个人类自身创造出来的两性生存方式,成为凌驾于人类自身幸福之上的冷冰冰的"绝对理念"。作者追问:"我常为自己出生的不幸发问苍天:那没有爱情的婚姻是不是一种罪孽?"胡传永隔着自己的婚姻体验,对母亲这一代的不幸婚姻的体验发出叩问,探究着爱情与婚姻之间复杂微妙的关系。

二、强烈的忧患和悲悯——胡传永的报告文学和小说创作

(一)胡传永的报告文学:对社会底层弱势群体的关注与同情

胡传永对故乡和童年频频回首的同时,并没有忽略对现实的关注。她逐渐地把目光从乡土、童年、乡邻、亲人那儿转移过来,投向更广阔的社会,投向社会的底层。她利用假期走向农村,走进工厂,奔赴外地,不断拓展观察视野,扩大社会接触范

围,采访生活在最底层的弱势群体,先后创作了《走近打工妹》《篱下沧桑》《陪读,可怜天下父母心》和《中国有条河》等报告文学作品。这些作品承载着作者对社会底层弱势群体的关注与同情,充满了强烈的忧患意识和悲悯的人文情怀。

时任《北京文学》杂志社社长兼主编杨晓升曾极力推荐报告文学《走近打工妹》,并摘选4万字作为头条发在2003年第4期的《北京文学》上。作品发表之后,被国内外数十家报纸杂志及选刊转载,上了"大内参"。当时的中央领导人李长春看后批注,要各级政府重视三农问题,央视《新闻调查》栏目来安徽实地调查采访,做了一期专题节目。这篇报告文学也被评为第二届《北京文学》"最受读者欢迎的报告文学"奖。

"敬畏生命,热爱自然,关注底层",是胡传永的生命信条。胡传永的目光始终关注着自己的乡土,看到皖西人民的母亲河——淠河,遭受严重的污染和破坏性的开采,她率领以作家为主的一群有识之士,开展了"抢救母亲河"的活动,从老淠河的源头走起,直走到她的入淮口。之后,胡传永创作了报告文学《中国有条河》,获国际环保组织"福特基金会"资助的北京绿色行动征文优秀作品奖。"抢救母亲河"活动引起了当地政府的高度重视,政府随后出台了治理老淠河的方案并立即实施,污染与破坏得到了有效的遏制。

胡传永还把笔触伸向高考学生的陪读家长这一特殊人群,《陪读,可怜天下父母心》也再次把高考和中国的教育制度推到社会的聚光灯下。作者在文中写着"陪读的广泛性和深入性,可以用这样一个俗词来形容,叫作'史无前例'。它带给人的震惊和困惑,尴尬和无奈,几乎要超过我们能够去冷静思考的极限"。高考挤压、扭曲着人情人性,陪读成了没有硝烟的战场。面对触目惊心的现实,作者不禁大声呼吁:"中国民众的心理承受力再也经不住那高考大棒的重重的没有人性的弹拨了!在这场已经看出胜负的战场上,胜与败都不是国家和民族的常事!

救救我们的孩子,也救救我们的民族!

S—O—S!!"

(二)长篇纪实小说《童谣》:以个人化的经历还原历史真实

《童谣》是一部展示特殊时代历史真实面貌的全景式作品,具有历史与文学的双重价值。最初,《童谣》是以长篇纪实散文的形式在胡传永的博客上连载,得到了广泛的赞誉。2011年,《童谣》作为纪实小说在《江南》杂志上发表。

《童谣》描写的是新中国成立初期在安徽皖西龙穴山下,一个叫"史仓"的小村庄发生的故事。作者试图以个人化的经历还原一段真实的历史,把人民公社体制下的"大跃进""共产风""浮夸风""反右斗争"等历史大事件,以童谣连缀故事和复调叙事的笔法,糅进生活现实与社会现实,把一段特殊历史时期人生岁月的真实图景,如歌如诉地展现在读者的眼前。作者不仅写出生活的饥饿,也将笔触深入人的灵魂,写出了人心灵的饥饿,写出了善与恶、美与丑在饥饿熬炼之下展现出的各自特有的形象。同时,作者把每个人的命运与国家的命运联系在一起,切实地描述了众多社会底层的人们和一个民族所走过的艰辛、严酷的人生岁月。

《童谣》既为那段悲惨的饥饿历史做了生动真实的诠释,又创立了一种独具艺术特色的长篇纪实文本。作者以纪实的口吻讲述故事,以童年的玩伴和爷爷、奶奶、叔叔、婶婶们的"在场",去还原一个时代的历史真实本貌,为那段历史作证。这种强烈的"在场感"凸显了叙述内容的客观性和真实性。

三、胡传永作品的艺术特色

(一)鲜明的民俗色彩

童谣,是民俗学范畴的口头文学。童谣里糅进了许多象征和隐喻的内容,不但能对故事起到烘托、反衬作用,而且有些暗含讽刺批判的童谣语句,可以直接捅到生活和社会现实的骨头上,反映一个时代的政治、经济关系和社会意识。胡传永从小受到民歌熏陶,又一直生活在民歌一般的乡村现实里面,深得民歌艺术真谛,她的作品中少有流行元素的影响,却处处流露出民歌的节奏韵律。她的散文和小说中都穿插着大量的童谣、迎新谣、女儿谣、棉歌、牛歌、秧歌……不仅丰富了作品的思想内涵,同时也给作品的表现形式注入了摄影、绘画和音乐效果:

"新娘子,陈娘子,屁股挂个铃铛子。走一走,摇一摇,一下跌成两瓣瓢……"(《摇不落的青果》)

"照照新娘子头好——乌云盖倒;照照新娘子的腰好——骑马带刀;照照新娘子的脚好——三寸尖椒……"(《摇篮曲》)

"小青树,结青果,我去摘,它逗我……"(《拾荒》)

"荞麦面白如雪,做出粑粑黑似铁,为不得人,待不得客,烧锅奶奶颈子咽……"(《荞麦开花紫浪色》)

《童谣》这部小说用朴素、自然、温润、黏性的生活本身的语言连缀一曲曲歌谣来结构故事,正是那一段段温馨、哀伤的故事连缀的一曲曲欢快、温润、凄美的童谣,产生了一种强烈的情感反差和审美视觉冲击力,也呈现出文字意绪的流动美。作者笔下文字的温度、语句的美善、贞洁的情感、忧郁的情调,给这部作品添增了丝绸般的文字质感。那一曲曲填满视觉和听觉感知的童谣,呈现一种特有的神韵,超越了对生活和生命状态主观色彩上的言说。

大姐胡传荣刚出生尚未满月的孩子远景饿死后被送上路那节,穿插一段童谣:"打烂碗,开紫花/孩儿打小没了家/亲娘老子你不该/不该生下我/送我上了望台……"

如果说这首童谣是在死亡的阵痛里,对人的生存困境和社会命运的呐喊。那么,小谷子的那首《伤心歌》,该是对违背社会发展逻辑的社会现实的讨伐与控诉。

小谷子的两个哥哥都去淮河堤上了,不知道他们为什么只

281

把这样一个小的弟弟丢在家里,一人在家的小谷子,先还外出找些野菜野草吃,后来就不想出去了,一天到晚站在自家的门口对着天井院上的天空反复地唱着:"可怜了,伤心了/种棵萝卜糠心了/栽棵荞麦没根了/打只麻雀成精了。"每天从早到晚都能听到小谷子有气无力的"可怜了,伤心了"的唱,直至后来那声音突然消失了。

读到此,那蚀人心骨的饥饿和生命的脆弱,让人内心搅动,哽咽酸恻。小说中的一曲曲童谣,不但逼真地映照了生活现实和历史的真实图景,而且给生活和社会现实涂抹上一层强烈、尖锐的反讽色彩:"秃子秃,盖瓦屋/麻子麻,上麻架/瓦屋高,闪了秃子腰/麻架矮,跌了麻子大袋袋……"这首童谣中的"秃子"和"麻子"闪腰与跌脑袋,是刮"五风"那年代,军事管制时期,百姓对带"长"字的社队干部形象的绝妙的"恭维",也是对"瞎指挥"和动辄对群众扣饭、打骂、处罚、逼供、动刑等过火行为发出的强烈反抗的声音。

(二)对民俗世相的描绘和方言土语的运用

胡传永不仅从民间文学的纯真、朴素里吸收了极有生命力的语言,如棉歌、牛歌、秧歌等等,用这些丰富活泼的语言引领人们打开记忆之门,回到童年的月光下,重新经历一次往事的甜蜜与苦痛。她还直接从乡民们的生活语言中汲取生命力,用原生态的方言俗语描摹民俗世相,传达乡情民意,散发着浓郁的乡土气息。

"端阳粽子中秋饼,媳妇都朝娘家请"。接已出嫁的女儿回娘家过端午是皖西一带的风俗。所以《端阳节》里五月初三的早上,当娘的叫儿子:"接三不接四,接四惹人气。趁凉快,去接你姐回吧。"初五那一天,白毛奶奶在发髻上卡几片嫩艾叶,中年妇女戴栀子花,姑娘媳妇们则在发际间插两朵石榴花。初五那一天,家家门头挂艾球,门旁靠的香蒲草、艾叶,门后烧一盆苍术根,梁上吊一挂大盘香。至于那一天的吃食,花样多还有深意。比如炸鬼腿,表达对奸贼的痛恨;包粽子,则表示对忠臣的追思。《端阳节》写出了皖西人过节的热闹隆重,体现了鲜明的地域色彩。

农历"三月三"和"七月半"俗称"鬼节"。头年"七月半"放出的鬼魂要在来年的"三月三"如数收回。传说办事的阴差常常要误捉几个回地府。于是《三月三》里就写了庄稼人在三月三要吃刺头蒿粑粑,目的是为了巴魂。还要记着在睡前,把床前的鞋头朝里扣过来。这一天不能吃鸡爪子……种种禁忌无不昭示着皖西乡民对天地鬼神的敬畏,对生命的珍惜和对生活的热爱。

烧秋、祭灶、洗年,看花树的带花姑,土腔土调的倒七戏,管黄猫叫"老干爷"……乡村生活多姿多彩,充满了人间的烟火和尘世的温暖,还有着难以参透的神秘气息。

胡传永有着强烈的乡土情结,文中俯拾皆是的乡村土语洋溢着泥土的芳香,带来了亲人的气息、家的味道。既叙写着普通凡俗的生活和人情世态,也表达了作者对渐行渐远的故土家园的依恋和追思。

"一个二个劲头十八万"(《石将军》)

"四姐高低不干"(《老干爷》)

"我有办法了,一讲出来,都叫照。"(《绊马扣》)

其他如"扎大堆起哄""费事"、东西"金贵"、小麦长得"旺相"、走得"跟斗流星"、对上了"卯窍"……

(三)善于描写具体可感的画面

胡传永在大学学的是美术,家学方面也有绘画的底子,所以写起散文来比较注意文字的色彩和画面感,语言的感情内蕴厚重沉稳,行文起伏灵动。胡传永的散文注意思想与审美的协调,一般不做抽象空洞的思考,而是从具体感性的画面中升华出思想,使思想有所附丽。类似于《坐四方》中乡下亲戚家订婚仪式的坐席习俗和《大道上,生命在行走》中伏在坟前的跪拜方阵,都能让作者想到人生代代相承的岁月年轮,想到只有去路的逝者如斯的如水流年,想到生与死和生命之河的生生不息。《灰灰菜》与《后话》都是写 60 年代初那场大饥荒,也是写作者自己饥饿的童年的。《灰灰菜》从儿时与小伙伴在一个已经渺无人迹的村子里挖到了灰灰菜起笔,只用了几百字便写出了一个村庄的消失,一个被饥饿吞噬了全村人生命的村庄从此不存在了。

《感受荒凉》则是一幅用文字绘出的"荒凉"写意画。她以一匹眉心处有朵白菱花的枣红色骏马在残阳如血的初冬的原野上飞奔和后来被缰绳铁柱捆绑在马槽边这样两种生命状态的描绘入手,从大自然的荒凉中分解出"心的荒凉"这样一种无影无踪无以言传的生命的状态,还原为一幅有形有踪的可以言传的画面,使不可见的成为可见:

> 成了囚徒的它,眉心处的白菱花暗出了尘土的颜色。白菱下一对失神的眼睛半闭不闭地搭蒙着。马蝇飞来,扎肉便咬,兼作赶蝇用的尾巴和耳朵竟然动也不动一下。

"白菱花暗出了尘土的颜色",是色彩的层次,比说"蒙上了灰尘"多了一层色彩的明暗对比和变化中的动感。"白菱下一对失神的眼睛半闭不闭地搭蒙着",则是以"白菱花"的有神反衬"失神的眼睛",透视出马的内心的绝望和万念俱灰。而对马蝇的叮咬,连兼作驱蝇功能的尾巴和耳朵也一动不动,说明马的生命活力被阉割殆尽。这是一幅令人揪心和酸楚的画面,作者把它命名为"心头的荒凉","而心头上的荒凉则是一种无奈,一种绝望,一种真正意义上的荒凉"。这匹曾在大自然的荒凉地里坦坦荡荡地活过、威武过、豪放过的马,"如今心里正遭受着生命荒凉的腌渍!它的躯体失去了自由,精神受到桎梏,灵魂也快死了"。

(四)注重细节和心理的刻画

胡传永善于观察生活,文笔细腻生动。《端阳节》里翘首盼望娘家弟弟的苇花,"眼巴巴"地朝大路"瞟"的眼睛;《喜期》里刚做了婆婆的云英,夜深人静揽镜自照时流下的眼泪;《松菇》中相依为命的那对母子的寻觅……作者以浅淡从容的文字拨动着读者的心弦,字字句句中透露着沁人心脾的人情人性美。这一点在《童谣》这部作品中有更突出的表现。

《童谣》这部作品的很多地方体现出文字意绪的流动之美和细节的真切之美:

> 那天我有点发烧,萎在母亲身边不肯走开,就在母亲哄我去跟孩子们玩玩的时候,不知是由于发烧引起不适让我的耳朵出了问题,还是母亲压低嗓门撵我走开的话语给了我特殊的感受,或者就是冥冥之中注定了其他特殊的原因,突然间,整个会场在我的意识抑或是感觉里,一下子闷了下来,没有了一点声息,我像掉进了一个没有出口的真空之中。所有的响动都被冻住了,定格了,周遭静得出奇。我从内心里生出一份害怕来,从那黑压压的数不清的人头上面,看到了一大片黑色的阴影,一种说不清是什么东西但非常令我恐惧的阴影,它像一个巨大的翅膀,黑色的无形的翅膀,将天地打包,我被包在了最中间。就像幼儿时在史家绣楼躲避毛人水鬼时一样,我被憋屈得几乎不能正常呼吸。

作者笔下,把一个场合、一种社会氛围和一个时代的阴影,凝缩在一个会场上,反映在一个孩子的直感意识中,描绘得那么生动、具象、真切,仿如松树上的一片针叶掉下来都能扎进人的心里。而会场外边孩子们追逐嬉戏的叫声、笑声,和大人们还不知道将要发生什么大事时的嗡嗡聊天声,又反衬了会场内开会前风雨欲来时那令人窒息的静。而这种像铅块一样压在人们心头上的静所形成的抑郁浓重的氛围,与其说是一个五岁儿童的感知所感受到的,还不如说是这种氛围扩散、传染到她幼小心灵的响壁中去的。

"母亲和大姐的脚步声,开始是从我心里头响起的,是随着风儿的响声在我的心里有了感觉的,风儿的声响里,了无痕迹地有了间断,像是流水漫过青苔,很轻,很弱,而后才通过耳朵听出来——双脚踏在草田埂上,一下又一下,闷闷的,没有节奏,嚓啦、嚓啦啦、嚓啦……拖不动的腿啊,劳累了一天的脚啊……"

作者写夜里"我"等母亲和大姐收工回来的脚步声,是分几个层次去描述的。先是从"我"心里头响起的,那脚步的响声很轻,很弱,从生理到体力都处于弱势的两个女性,在吃不饱肚子的情形下,还要受制于当时的强制命令去生产工地昼夜苦战,把那个时代的强权与人的生存状态的残酷性,通过两个女人收工回来时"很轻,很弱"的脚步声显现出来;而后才通过耳朵听出来,母亲和大姐的脚步声"在草田埂上——到了村口了——过了皂角树——就要到院门口了",作者用母亲和大姐走回家来的"闷闷的,没有节奏""拖拖拉拉,磕磕绊绊,踉踉跄跄"和"越来越重,也越来越慢"的脚步声,真切地描述了那片土地上的农民和一个家庭在那个特殊时代环境下的沉轭负重与悲苦辛酸。而这层意旨的表达是借助一个儿童为等母亲带饭回来给她吃的心灵意绪的流淌,文字和画面的流动既氤氲着一种凄伤、阴郁的氛围,也给小说文本呈现一种诗质和音乐化效果,富有一种艺术表现上的复合之美。而作品的氛围和情调,是一种非常内在的东西,它与题材和作家个人的风格相关。作者在等母亲和大姐收工走回来这一细节中,把艺术描写的触须更多地伸向人物的心灵感应,收聚在"脚步声"这一主观审美焦点上。

胡传永的写作因为亲近深厚的土地而充盈。她写出的不是干涩苍白的文字,而是记忆、苦痛和欢悦。她就像荒原里的播种者,带着泥土的清新和脉动,也带着泥土的枯涩和疼痛,继续着生命的行走,走向她精神的家园。

第三节 张子雨的文学创作

张子雨,1963年生,安徽霍邱县人,1982年毕业于六安师范专科学校(现皖西学院)数学系,现为安徽霍达律师事务所执业律师。2003年加入安徽省作协,2007年加入中国作协。张子雨是由本省刊物《清明》《安徽文学》及安徽文艺出版社扶植起来的一名本土作家。

张子雨的文学创作开始于20世纪80年代,当时主要写的是散文和短篇小说。后来,因为结了婚有了孩子,得好好挣钱养家,停笔好些年。直到2001年,生存的压力得到缓解,张子雨才开始以"子雨"的笔名,业余搞起了创作。久

图七 张子雨近照

置的"笔"竟然还没有钝,挥舞起来依然得心应手。同年,张子雨第一部中篇小说《校西那片桃林》,刊载于《安徽文学》第七期。之后,张子雨笔耕不辍,十几年来,创作成果丰硕,迄今已发表作品200多万字。作品多见于《清明》《安徽文学》《北京文学》、《小说月报》(原创版)、《作品》《解放军文艺》。作品《贵妃醉酒》等被《中篇小说选刊》选载。

2004年出版小说集《打死我也不信爱情》,2008年8月出版长篇小说《黑白布局》,2009年元月出版《旧城》。其中小说集《打死我也不信爱情》入选"21世纪文学之星"2004年卷,并获"安徽社科文艺奖(文学类)"二等奖。《旧城》列入"农家书

屋"政府采购目录,六安市首届"五个一工程奖"。

2008年,张子雨创作了中篇小说《树上停着一只什么鸟》,这部作品以侦探小说形式架构,从精明商人杨槐树的视角入手,通过杨槐树为争取到一家破产企业拍卖权所设计的种种圈套以及事件前后认识上的变化,侧面衬托出了一位刚直不阿、秉公办事的基层干部"梅林"的正面形象,这篇作品弘扬了主旋律,又不落俗套。2011年,张子雨凭借这部小说,夺得"安徽省首届小说对抗赛"金奖。

2013年,张子雨创作了小说《桃花渡》,这是一部红色题材的中篇小说,是张子雨小说涉足不多的题材。写的是抗日战争时期淠河岸边一个叫桃花集的地方,一个摆渡女人的故事。这个以安徽大别山下的淠河两岸为背景的故事,展现了一幅具有明显地域特色的风景画和风情画,唯美而淳朴。张子雨这部小说,获得"安徽省第二届小说对抗赛"铜奖。

从事小说创作十几年,张子雨先后有多部小说被改编为电影或电视剧:小说《补丁》改编成电视电影《说声对不起》(何冰主演),小说《纪录在案》改编为《警花燕子》(汤唯主演,导演张菁),小说《何天的故事》改编为《爱情手铐》,小说《幸福是个谎言》改编为电影《雨花朵朵》(李襄主演,导演方刚亮),小说《打死我也不信爱情》改编为《不敢说爱你》(林申主演,导演方军亮)。长篇小说《黑白布局》,也被中国文采公司购买电视剧改编权,正在改编中。还有一部中篇小说《爱情会在不远处等我》,也改编成电视剧,不久将开机。

张子雨擅长新都市题材小说,他的小说不乏流行的时尚元素,更有鲜明的时代色彩,与现实生活贴得很近。张子雨的小说不以诡异的传奇、大起大落的故事为噱头,更不靠"暴力与性"吸引眼球。他

图八 张子雨作品

叙写的是日常生活的常态，关注日常生活的细节，从细小处挖掘人性，展示生活中非常细腻的、恒定的、美的东西。张子雨把人性中"善"的一面解开，展示给大家。他说："善良，善行，与贫富无关，与高低贵贱无关，与能力和回报无关。我想每个人本性中都有善良和柔弱的一面，即使是杀人犯。我就曾经看过一个杀人犯看他女儿时那眼神中流露出来的东西，那绝不是他杀人时的眼神。"(《生活，感动了我〈创作谈〉》)"浮躁的社会更容易把人性中恶的一面，极度自我的一面放大。很多人眼光向上，再向上，他们看到的只是华丽的生活，奢侈的物件。他们在践踏着良知，尘封了善良……"所以张子雨希望他的小说起到一个小小的作用：把人的眼光引向下，再向下。当人们眼光向下的时候，就会发现一些默默生活的小人物们。他们走在生活的边缘，像夏夜里的萤火虫，闪耀着某种光辉。

张子雨是一个讲故事的高手，他的小说总是能引人入胜，张子雨的叙事具有个性化的风格，语言干净、沉稳、极具个性。所以，张子雨的小说好看。虽然张子雨上大学学的是数学，工作以后从事的法律工作，但他对文字有着天生的敏感和爱好，社会的浮躁，人群的冷漠，还有现代人身上莫名的戾气，都没有改变他对文字的喜爱，他沉溺于文字带来的愉悦，并从文字中得到心的安宁。

除了小说以外，张子雨另有散文、随笔若干，发表于《新安晚报》《安徽日报》《皖西日报》等，其中有两篇入选"皖西文学六十年"散文卷。

一、张子雨主要作品分析

(一)《树上停着一只什么鸟》

创作于 2008 年，是张子雨小说中的优秀作品。这是一部以侦探小说形式架构的作品，张子雨从精明商人杨槐树的视角入手，通过他为争取到一家破产企业拍卖权所设计的种种圈套以及事件前后认识上的变化,侧面衬托出了一位刚直不阿、秉公办事的基层干部"梅林"的正面形象,既弘扬了主旋律的基调,又不落俗套。

1. 标题的由来

这篇小说的篇名颇有"禅意",张子雨说,"有次我去天津看正在念书的孩子,他就读的那所大学里有一条路,两旁都是参天古树,每到倦鸟归林的时候,树上叽叽喳喳的非常热闹。我突然产生了一个联想——世界就是一棵树,我们都是树上的鸟儿,至于到底每个人是只什么鸟,答案只有自己知道"。《树上停着一只什么鸟》,把这个忽然迸发出来的灵感进行了更加深入的解读。

图九 《安徽省首届小说对抗赛获奖作品集》封面照

2. 情节的设置

《树上停着一只什么鸟》情节的设置环环相扣,滴水不漏。小拍卖公司经理杨槐树被自己的女友兼副手米兰甩了,因米兰找到了可以投靠的"巨人",他失意之下给自己买了个"窝","窝"前面有一棵和自己名字一样的槐树,槐树上停着一只不知名的鸟。杨槐树的公司没了米兰,陷入困顿,一筹莫展之际,突然收到一个叫"鹏弟"的误发短信,告知市轻纺局纺织厂待拍卖的消息。杨槐树尽管疑惑,但不愿错过"翻身"的机会,于是根据短信提示,步步为营,与市轻纺局局长梅林结识,并借助两块精美的菊花石,取得梅林的信任。在梅林去省城汇报时,杨槐树巧设机关,装作与梅林异地"邂逅",打动梅林,获得纺织厂资产拍卖权。杨槐树成功地掘到"第一桶金",当他重金酬谢梅林时,梅林退回菊花石,并主动揭"盖子",说了自己将计就计和

"利用"杨槐树保全国家资产之策,杨槐树震动了。当得知因自己与梅林见面被人拍照导致梅林婚姻变故时,杨槐树苦苦跟踪,确认"鹏弟"即是梅林的老公——房地产开发商,而他包的二奶正是米兰。为达到离婚目的,梅林的老公化名"鹏弟"诱导杨槐树与梅林接近,并偷拍下照片,以此要挟梅林离婚。杨将自己知道的真相寄给米兰,米兰"体面地"离开了"巨人",而追求人格独立的梅林却主动提出离婚。小说的结尾,杨槐树最终收获了温柔、勤劳的苏红的爱,树上那只鸟,成为一只爱情鸟。

3. 小说的主题

《树上停着一只什么鸟》小说集中描摹了商业大潮中小城镇经济社会与人的发生、发展与裂变的过程,"机遇、竞争、冒险和背叛贯穿其中"(作家季宇语),在官场、商场、情场的复杂混战中揭露人的生存本相与道德困境。"作者结构了一个精妙的故事,并赋予惯常的职场规则以人性色彩。作品背后隐藏的小城镇心态典型而普遍。如果不由社会学角度切入,这种心态勾带出的生活经验使我们亲近甚至感动"。(语出获奖颁奖词)

改革开放特别是市场经济体制确立以来,社会快速发展带来了人们生活方式、价值观念的变化,也孕育了以商品经济的产物——金钱和欲望为主体的现代都市意识。在都市的灯红酒绿里,传统文化基础逐渐丧失,生态失衡,道德失范,人们逐渐失去了地理和精神意义上的家园,亦即作品中反复出现的意象——"树",古老的枝繁叶茂、生机勃勃的"洋槐树"。因而,驻守这棵树上的鸟儿就具有了它的象征意味,它无处不在的清澈鸣叫仿佛是对人性美好的至诚呼唤。

4. 小说的写法

《树上停着一只什么鸟》采用侦探小说的写法,从头到尾编织了一个个致命的"圈套",上半部"结套",下半部"解套",情节严丝合缝,故事悬念重重,人物扑朔迷离。这种写法也许得益于作者长期从事的律师工作,思维缜密,形成证据链,不疏忽每一个环节,这种"圈套"叙事给读者以逻辑推理上的阅读快感。

作品中对主人公生存窘境、纺织厂周遭及下岗群众生活的描写随处可见,是细致的原生态世相刻画,彰显了作者对底层生活的深情凝视和悲悯关注。评论家王达敏说:"商场如同战场,人人既是捕获他人的'猎手',又是被他人捕获的'猎物',互相算计,互相设陷。商场又如同一棵树,上面停着各种各样的'鸟':'好鸟'守德,'坏鸟'败德,大多数人介于二者之间。作者追问道德、探索人性,境界开阔,其中蕴涵着生活的辩证法。"张子雨在创作谈中认为"小赢靠智,大赢靠德"。在他看来,杨槐树、米兰靠智,梅林、苏红靠德。他从心底喜欢梅林,因为她守住了自己的底线。这个底线对于百姓来说是社会和谐线,对于官员来说则是生命道德线。

(二)《桃花渡》

创作于2013年,讲述的是抗战结束前夕发生在一个皖西大地上的一个小故事。抗战时期是中国历史上一个比较特殊的时期。这个时代,面对入侵者,人们的斗争艰苦卓绝,创造了人类战争史上的奇观,谱写了气壮山河的英雄史诗。抗日战争是中国历史上最可歌可泣的战争。全民抗战,从前线的正规军到后方的老百姓,从成年人到少先队儿童团,从少数名人志士的爱国精神到全民抗战的爱国热忱,汇成陷敌于灭顶之灾的汪洋大海。《桃花渡》中女主人公荷,就是一个普通民众的典型,作者通过战争后方几个小人物身上发生的故事,来表现这场战争的艰苦卓绝和劳苦大众的不可或缺的支持。

1.关于场面

《桃花渡》给读者展现的是一幅具有大别山地域特色的风景画和风情画:一条河,一艘船,一个女人,一条狗,一座山神庙,一间披厦子,还有来来往往过路的人……这里很美,只是生活在这里的人顾不得欣赏这种美。这里民风淳朴,人心向善。摆渡不收钱,还免费提供清热败火的半枝莲茶。一只笆斗放在门前,随意一点什么,钱也好,物也好,扔一点进去,算是路资。这个层面,很有沈从文《边城》的味道。

从局部来看,画面感也非常强:"荷看着西子消失在雨里。大黄狗在抖身上的水,鸡在圈里,鸭子在雨地里正欢。"这很适合拍电影,镜头感在字里行间,不用改编就能直接上镜了。小说中这样的场景随处可见。

图十　张子雨在淮河边

有摆渡的人,就有来来往往的客,就会遇见东南西北的人。小西来了,怪老头来了,带着瑶瑶的男人来了,两个女人来了……桃花渡的悲喜人生上演了。

2. 关于结构

《桃花渡》情节有两条线:一条明线,一条暗线。

明线是女主人公荷的经历。暗线是西子等人从事的革命活动。明线上,生活平平静静,荷生活着、等待着、善良着,她明净的眼睛瞧不到安静河面之下的波涛汹涌。而在这条明线的背后,是革命者勇敢、执着、艰苦的斗争活动。这些都是在荷的眼皮子底下进行的,虽然荷浑然不觉,但是读者心知肚明。暗线上有硝烟、有伤情、有牺牲。西子的受伤,那个同盟会员的死,两个女革命的牺牲,杀探子,打敌人等很多情节,写得含蓄而逼真。这种表现方式很适合暗地里的革命活动,适用于隐秘的对敌斗争。形式与内容的结合绵密无隙。

隐显集这个名字,也许含有"若隐若现"的意思:距离桃花集又近又远。近,说的是距离只有几十里;远,说的是在隐显集上发生的一切都在荷的视线以外,隐显集上的打仗,看不见却可以听到声音。革命虽然大规模地发动了群众,但是毕竟会有一些懵懂不知情的不含恶意的百姓,革命与荷这样的群众若即若离。

3. 关于人性

明暗线双线交织的架构,带着读者一步一步走向情节深处,成功塑造了几个主次人物的形象。比如谷西子,比如流浪的怪老头,比如荷的男人。

荷是善良而忠贞的。她不知道谁是八路谁是探子,谁是好人谁是坏人,在她看来都是"一条条命",是命都该好好活着。她以良善之心对待身边每一个人,她不仅给西子弄吃的,也给那个怪怪的流浪老头送,她把一个素不相识的女娃子留在身边,悉心呵护。那个男人被"黑乎乎的家伙抵住了",被带走,转身之际对荷的深深一揖,就被荷当作深深的托付。她不管这个男人是什么身份,她不管这瑶瑶有什么来路,她愿意护住这"花骨朵一样的生命"。这是人性中最美的东西,小说发掘这种美,歌颂这种美。她可以为了瑶瑶跪下求医生施救,她愿意来生做牛做马报答,只有当误以为那两个女人对瑶瑶不利的时候,才表现出严厉,一巴掌打掉红芋糖,咋呼瑶瑶回屋。她的爱,完全凭着一种天性。

荷的忠贞是她甘愿一个人苦苦守着渡船,就是不离开,因为男人是在这被带走的,她走了,男人回来就找不到她了。没有见着男人的尸首,她相信男人一定还活着,活着就一定会回来。忠贞不渝地等待,比桃花渡的流水幸运,她终于等到了回头的人。在丈夫的怀里她第一次夜里没有醒。她感到了幸福,而这种幸福,是万千劳动妇女对生活的最朴素理想。

4. 关于结局

荷和丈夫的死,开始是没有预料到的,但随着情节发展的走向,让这一结局成为必然。

荷得知丈夫要拿西子和瑶瑶去换大洋,"自己托付一生的男人,为了钱可以要人的命,可以不要良心",这让她真的接受不了,但是她也左右不了男人。她所能够想到的办法就是把男人带走,到很远很远的地方去,过自己想要的生活,而让西子和瑶瑶免于伤害。

她只有趁丈夫醉酒的时候,把他捆住,扛到船上,带着包袱,点开小船,随流而下,在黑夜里远远逝去。她没有预料到的是"一个浪过来了",被捆着的丈夫还没有来得及给解开,就翻船落水,她死死地托住丈夫,不弃不离,最后双双沉到淠河深处。

这是个令人心酸的结局。而随着荷生命的下沉,她的人性,她的光辉,还有她的形象却在读者的心中更高地浮起,撞击着人们的心壁。

荷,不是革命的参与者,但红色政权的旗帜上飘荡着她的美丽。她用自己的死,托起了革命者的生。正是因为有几万万荷一样的大众善良的本性和朴素的爱憎,才有这红色政权的最后胜利。

歌颂人性,歌颂人民,歌颂朴素的美德,是张子雨《桃花渡》想要表达的主题之一。以谷西子为代表的革命英雄毫无疑问是可敬的,但是像荷这样淳朴的人民,他(她)们是托起英雄的底座,他(她)们所代表的精神也是感天动地的。

二、张子雨小说的艺术特色

(一)叙事的快感

中国的小说注重叙事有着悠久的传统,在 20 世纪 80 年代更是掀起了一次叙事革命,名噪一时的先锋派作家曾经异常重视小说怎样写,当时这些作家的先锋文本操作一方面给他们自己带来了叙事的快感,同时也为长期以来阅读期待屡屡受挫的中国读者带来了阅读上的快感,但那时的先锋派作家,因为太过于注重怎么写,而完全放逐了写什么,最终导致先锋小说形式主义的虚无。

张子雨小说同样注重怎么写,不同的是,他的叙事技巧是有着明确的意义指向和实实在在的生活内容的,形式与内容有着很好的结合,快感体验之后有着对生活的沉思。以张子雨2010年创作的小说《玫瑰·玫瑰》为例。《玫瑰·玫瑰》文本操作中迷宫般的叙事和叙事圈套,在马原、格非等人的先锋小说中也屡见不鲜,但张子雨的小说,却能让读者感受到了一种源自小说的叙事所带来的快感。

一部小说的写作成功与否关键靠写作者叙事的能力,这种叙事的能力在具体的作品中既体现为叙事的力量,也体现为叙事的快感。所谓叙事的力量,主要指叙事本身给读者带来的一种诉诸精神的震撼和心灵的激荡,而叙事的快感则是一种叙事上的愉悦体验和畅快淋漓的心理感觉。

图十一 张子雨在工作中

小说《玫瑰·玫瑰》叙事的快感首先在于讲述了一个情节跌宕起伏的故事,小说开篇仅一句话,就让"猜谜"从此开始:"我'认识'那个女子以后,我的生活就被搞乱了。"随着叙事的推进,我们被带进越来越幽深的迷宫,这个女子的确存在,但"我"真的不认识她,她只是一个个符号,一束束玫瑰花。叙事进行到这里就应该沿着玫瑰花和女子继续下去,但张子雨没有做这样的常规处理,而是对她们"弃之不顾",交代"我"的生活现状以及为老总接待"小三"去了。在读者期待的弦被拉满之后,到了小说的第二章节,叙事才适时地重新回到那个符号化的女子和玫瑰花上,正是这个符号化的女子和那一束束神秘的玫瑰花,让"我"平静的生活顿起波澜,"我"与妻子沈蓝之间的诚信受到了挑战,本来还算和谐温暖的家庭面临解体,而导致这些的罪魁祸首却无从查起,鲜花店、老总的原"小三"西兰、同事慧茗、沈蓝的网友"夜雨寄北",共同组成了一个个待解的谜团,"我"似乎被推到了绝境,无所适从也无能为力。当读者完全被迷雾笼罩,被叙事控制得喘不过气来的时候,故事情节急转,西兰告诉了"我"关于玫瑰花的真相,原来这一切都是按计划进行的一项测验,作为被测对象的"我"和沈蓝,无意中很好地完成了答卷。

其次在于他以现代的眼光、宽容的心态、细腻的情感、精致的语言,将他的故事讲述得唯美而深刻。小说《玫瑰·玫瑰》中富含时代性元素,网络用语"JS"(奸商)、婚前的"无照驾驶"等,这些现代词汇离读者是如此之近,让读者倍感亲切。

小说对婚姻爱情的表述更是精彩纷呈,"男人撒谎有百分之八十是善意的""男人好比洋葱,要想看见洋葱的心就需要一层层去剥,在剥的同时你会不断地流泪,剥到最后才知道原来洋葱是没有心的"等等,这里面充满了作家的机智、幽默,对生活世界的细致观察,以及对叙事本身的自信和从容。

这些小说在艺术上的成功,不仅仅在于写什么,还在于怎么写。同样一个故事,可以写得好看好懂,耐读耐品,也可以写得晦涩难懂,不堪卒读,所以叙事能力是何其重要。

(二)生命风骨的呈现

张子雨小说的主题,往往有着求真向善爱美的指向,这一点在他诸多作品中体现得都很明显。

张子雨的小说大多是现代题材,背景围绕着以钱为核心的商品社会展开,而主人公则多为这个社会的中坚——年轻人。现代社会的生存和搏命,成为年轻人复杂而曲尽难致的人生过程。那里希望与失望共生,快乐与痛苦并存,志得意满中混杂着踌躇犹疑,意味着千差万别的肉体与心灵的煎熬,意味着各种各样的曲折及代价。比如写于 2001 年的小说《补丁》:道歉使者李乐平和道歉对象程红不经意间陷入了情感纠葛,得知了实情的妻子王京带着孩子离他而去。李乐平出钱给道歉公司,派自己同时也是代表自己向王京道歉。作品最后以王京重新接受这份"打了补丁的婚姻"作为结束。李乐平不愧为该公司的王牌道歉使者,在他看来,"补丁其实就是代表一个过程,你那么在意过程吗",他问前妻王京。过程当然不可能一帆风顺,错误就在所难免,那补丁,便是这几个年轻人所付出的人生代价,留下的人生印记。在《何天的故事》里,何天和女友满子的感情经历曲曲折折,尘埃落定时何天满身是血地躺在救护车上,泪流满面的满子不断地喊着他的名字;《打死我也不信爱情》中,专卖假名牌服装的小老板"我",无意中救助了被强暴的女大学生蓝馨,而蓝馨为了钱,犹豫于"我"和开着蓝鸟车的曹老板之间,"我"的雇员小璀因为感情上的绝望向工商部门举报了"我","我"倾家荡产最后不得不离开这个城市……生活,若是着眼于它的结果,那么人们熟知的庸常和琐细确实是它的常态。但张子雨瞩目于生活的过程,他的审美始终聚焦在活生生的人物及其人生选择上,在动荡纷乱的时代、在难以想象的压力和内心挣扎、在境遇与个性的碰撞中展现年轻人蓬勃的灵魂。

所以,张子雨笔下的年轻男女,总是在动荡中坚守着人所以为人的真正渴求,在迷乱里追索着生活亘古不变的底蕴,展现出这代青年真正的精神风骨。例如,小说《我要找到你》里的龙城。小说的主线固然是龙妈孤身寻找儿子龙城,劝说他在最后期限内归案自首的故事,另一端是刑警高原、余浩跟踪龙妈,企图擒获龙城的过程,但当龙妈用手铐把儿子和自己铐在一起,而自己又猝死在回程路上的时候,"死的时候她的手仍然和

图十二　张子雨在马鬃岭

龙城的手铐在一起,龙城拒绝了高原和余浩给他打开,抱着母亲的遗体在镇上的派出所投案了"。误入歧路如龙城者,尚且

能在一定的条件下幡然悔悟,年轻人其他的一时迷失,不过是人生探求路上的插曲而已。小说《上访》中的李阳就任供销社主任,内外交困,可谓是受命于危难之际,他使尽浑身解数,最后不得不在坚固而僵死的体制性缺陷前"把辞职报告小心地放好展平",然后走向清晨的太阳。《二手生活》里的谢生活尽管身患残疾,工作卑微,收入可怜,但是他积极乐观,助人为乐,待人厚道。谢生活一度在小城生活得自得其乐,特别是当他将收来的二手透析机用于为两个女病人治病,并和她们互帮互助在一起生活的那些梦一般的日子,生活是多么美好而幸福!"活着,就是幸福。前天我看一个家产几个亿的人跳楼,这样说我们也身家十几个亿呢""我们都是大款呢,这太阳月亮不都是我们的嘛"。张子雨以满腔的热爱和深沉的关切,写出了弱势者的困境和悲剧,也写出了穷苦人的美好和高尚,而这,几乎是一切优秀文学的精髓。

张子雨喜欢自己小说中的人物,他说:"谢生活,余姐,杏花,枫,包括柳青清,露露……他们是我邻家的兄弟姐妹,他们一日三餐,不偷不抢,不奸不滑,靠劳动吃饭,不苟求生活,不怨天尤人。偶尔的惊喜,偶尔的落泪,他们组成了我们这个社会的巨大基石。"正是他对芸芸众生的关注,对普通民众的关切,对生活的热爱,才使得他的目光能够透过平庸生活的表皮,触及到社会人生的深处,挖掘出人性、人情、民俗中的美来,弘扬普通生命中蕴涵的正能量,展现时代的精神风骨。

第四节　陈斌先的文学创作

陈斌先,1965年4月出生于安徽寿县安丰镇北岗村,现任安徽六安市文联党组成员、副主席,兼安徽省六安市社科联副主席。20世纪80年代中期,陈斌先毕业分配到霍邱,从那时起,他业余时间一直坚持文学创作。自1986年发表作品以来,曾在《十月》《北京文学》《清明》《飞天》《边疆文学》《安徽文学》《西湖》《广州文艺》《春风》《海燕》《小说林》《当代小说》等文学期刊上发表中篇小说近40部,短篇小说50多篇。共出版、发表文学作品350多万字。

图十三　陈斌先近照

主要作品有长篇纪实文学《铁血雄关》《遥听风铃》《中原沉浮》,中篇小说集《吹不响的哨子》《知命何忧》,中短篇小说集《蝴蝶飞舞》等。中篇小说《听着淮河唱歌》《感谢大水》被中作国安影视文化公司购买了电影改编权,中篇小说《铁木社》等作品被《小说选刊》《中篇小说选刊》《小说月报》《北京文学·中篇小说月报》等刊物选载,中篇小说《婚殇》《乡村大客户》《县乡行动》《天街咋就恁么长》《听着淮河唱歌》《自燃的蜡烛》等分别被湖南文艺出版社、北岳文艺出版社、作家出版社、长江文艺出版社等收录在不同小说文集中,中篇小说《留守女人》《铁木社》分别获2009—2012年第四届、五届"安徽文学奖",《留守女人》还获得第二届《飞天》十年文学奖,中篇小说《谁赶走了我的老婆》获安徽省首届南北小说对抗赛银奖,中篇小说《县乡行动》获《清明》杂志建国50周年文学奖,中篇小说《听着淮河唱歌》获全国第二届水利文化艺术节小说创作三等奖等等。近年来,陈斌先获得包括第二届"鲁彦周文学奖"在内的国家级、省级文学奖20余次。

陈斌先系中国作家协会会员,安徽省文学院第二届、第三届签约作家,安徽省小说创作委员会委员,安徽省第九届党代表。他于1996—2000年在花城出版社出版长篇纪实文学《铁血雄关》(与许辉合著)、《遥听风铃》、《中原沉浮》(于柯原合著),2009-2012年在安徽文艺出版社出版两部中篇小说集《知命何忧》《吹不响的哨子》,在合肥工业大学出版社出版中短篇小说集《蝴蝶飞舞》等。

陈斌先生活积累丰厚,总能在保持艺术性较好的前提下,实现与思想性的较好统一。读完他的小说,或喜或悲,或感慨或叹息,总会让人思考点什么。他总在试图告诫着人们应该怎么做人、做事,在这个过程中不断张扬着生命意识甚至还有一些哲学思考,在审美层面上,闪现着人性的光辉。陈斌先小说题材领域基本可以分为三大类:

图十四 陈斌先作品集

新乡土小说。注重客观冷静观察与思考变革时期农村乡土人物的生活与挣扎,如《留守女人》《知命何忧》《北岗就在江淮之间》《天福》《吹不响的哨子》《天狗》《秀秀这个娃呀》《响郢》《听着淮河唱歌》《感谢大水》等。

城镇题材类。注重描写新时期基层干部的价值取舍、困惑及艰难行走的身影,如《行走的姿态》《乡村大客户》《遭遇在上海》《宝贝疙瘩》《九枝桠》《北岗的蚂蚱》《听着淮河唱歌》《铁木社》等。

还有一类注重精神层面的描摹,如,《谁把谁的泪水擦干》

《兰花是很珍贵的》《情泪》《埋葬的不是眼泪》《蝴蝶飞舞》等。

在这三种题材类别的小说中,应该说,陈斌先写农村题材的小说似乎更加得心应手,无论坚韧、善良、勤劳、本色的农村妇女边少春、冯丽、段采购、董梅等,还是忠厚、愚钝、娶不到老婆的皮桶,坚守精神领地的黄瘪子,寻找精神家园与情感归属的帖子、侯五二,尖刻、刁滑但不失农民本色的黑皮以及具有奉献精神的何文清、李晓、郑小玉等,都被他塑造得栩栩如生,这些人物似乎就站在你的眼前,呼之欲出。他们情感深重,不失道义;命运多舛,不失乐观;追求渺茫,不失坚贞,都给人留下极为深刻的印象。陈斌先在基层干部的形象塑造上的努力也可窥见一二,《行政的姿态》中的李天是一个重点镇的党委书记,也是作者理想中优秀的基层干部形象,在面临提拔重用之际,出现了很多让他意想不到的事情,他困惑、迷惘,甚至失去了斗志,但故事的结局是李天得到重用,事情原委也弄清楚了,一切都是他的竞争对手给他设置的障碍,这些障碍最终被组织上清除了。作品以李天的胜利,告诫基层干部,只要把心放在为民服务上,踏踏实实为人民做奉献,人民是不会忘记的。而《铁木社》中何建的形象更有代表性,他似乎又在说明,作为基层干部,你不一定有那么大的能力左右一切,但组织上把你放在一定岗位上,你就要努力去做更多事,不论个人遇到多大的挑战,都应当把人民利益放在第一位,那样即便你做得还不完美,过程都十分美丽。

一、主要作品分析

(一)《铁木社》

作品的主题。《铁木社》是一部社会问题意识突出的小说。在中国现当代文学中一直不乏社会问题意识的作品,从 20 世纪 20 年代文学研究会的"为人生"写作,到 30 年代茅盾等人的"社会剖析小说",再到后来的抗战文学、延安文学、伤痕文学、反思文学、改革文学、寻根文学、"现实主义冲击波"等等,近一个世纪以来,中国文学思潮的更迭,其内驱力基本上是不断涌动的社会思潮和时代嬗变,作家们以敏锐的社会洞察力捕捉到了这种种社会问题与时代矛盾,成就了一部部不朽的文学经典。然而,进入21世纪以来,文学中的这种社会问题意识似有着明显的弱化,无病呻吟、精神钝化的作品大行其道,因此,能够积极介入当下生活,对现实社会有着深刻体察的作品便显得难能可贵。正是在这一意义上,陈斌先的小说《铁木社》显示出了独特的品格。

《铁木社》聚焦于城市职工低保和养老保险这一社会问题,小说以一个小县城轻纺协会下属的铁木社职工低保和养老保险问题如何解决为切入点,从中窥视社会变革时代的历史遗存、现实问题以及人们的精神状态。城市职工养老保险问题实际上是变革时代一个异常尖锐的社会矛盾。如何解决?能否解决?这是一个必须直面的现实命题,陈斌先以他敏感的触丝,伸进这一现实的角落,并以艺术的方式进行观照,寻求解决的途径,表现了一个作家对于社会的责任感。小说围绕何建与铁木社老职工的矛盾纠葛展开,全面而丰富地呈现了这一社会问题的丰富性和复杂性,表达了作家对特定历史和社会的思考,对身处的这一时代和时代人群的审视,陈述了作家独特的生命体验和心灵感受。

1. 作品的人物

《铁木社》着力塑造一个在社会变革中勉力前行的人物形象。20世纪70年代末至今的30余年,随着改革开放的稳步实施、市场经济的全面推进,社会发生了翻天覆地的变化,观念开放了,经济增长了,但很多现实问题也越来越凸显,由计划经济向市场经济过渡过程中遗留下了与老百姓生存密切相关的难题。上访,成了现代社会回避不了的问题。何健是县轻纺协会的会长,上任伊始,就面临着严重的工作困局,已经倒闭解体的铁木社800多名老职工为低保问题不断上访,早已成为县政府领导最为纠结的难题之一。如今,这一难题被无情地摆到了何建的面前。面对这一难题,也许有经验的领导会避重就轻,在回避问题和推诿责任中力求自保,但何建却是迎难而上。可是因问题本身的复杂,事态的发展远远超出了何建的预期,经过长时间的纷繁

图十五　陈斌先小说集《知命何忧》

地纠结与挣扎,虽然问题最后还是得到圆满的解决,何建终于化险为夷,但整个事件的发展过程,终还是让主人公备感焦虑、无助与无奈。

何建是一个善良本分的人,他待人坦诚,对待工作认真负责,充满热情,多少有几分处事能力,但还不够老练成熟。在工作方面,县政府、轻纺协会、其他相关单位、不断要求上访的铁木社职工,甚至还有纺织厂职工,中心与边缘、主与次,多种异质的力量交织在一起,在这复杂的现实面前,何建已经陷入绝境。这还不够,作家将何建置放于矛盾冲突的焦点,让他接受了来自工作、家庭、爱情、婚姻多方面的考验,在这多重考验和压力面前,让何建身上所具有的坚持和忍耐、宽容和善良等品格充分凸显出来。

何建是个知识分子,曾经担任过方志办公室主任,他身上有着较多的浪漫因素,对文学的热爱,对爱情的敏感,对二兰、洪敏、吕爽三位女性情绪状态的细腻体察,对洪拐子、杨二锤等下层职工生活的同情理解,无不彰显他的理想主义和浪漫情怀,这种浪漫因素是可贵的,也是可爱的。但现实往往是残酷的,何建身上这种浪漫因素从一开始就被"现实原则"所排斥所

规训。小说的结尾,铁木社问题虽然得到解决,但接下来还会有更为艰巨的难题在等待着何建去解决,今后的路何建能否顺利走下来,读者可能很明了。在整个故事进程中,何建一直是被推着往前走的,在权力场中,人往往会受控于这种自我无法把握的力量,理想主义终无法支撑现实的重量。

2.作品的意义

小说《铁木社》以及陈斌先其他一些小说,都有着当下中国社会现实的影子,反映的问题都具有一定的普遍性。陈斌先丰富的生活积累,让他的作品有了源头活水,不必挖空心思,向壁虚构。他向我们展示了一个置身历史大转型时代的作家的切身体验与精神困惑,既有感同身受的人情世态的描摹,又有剪不断理还乱的精神疑问,充满了强烈的社会责任感。他的小说表现出对县乡两级基层情况的娴熟的把握和精细的思考,呈现了传统体制向市场经济体制变革过程中,政府与民间、官员与群众、权力与资本、制度与道德、政治与人性等多重复杂的关系之间的纠葛与冲突。

陈斌先并不满足于对现实的批判和反思,他还试图写出心目中的理想。他有一种特殊的美学冲动。他对那种"有一说一"的现实主义极为不满,力求把现实装在叙事艺术的云雾中。他的小说有着强烈的现实与理想之间的冲突,他总是想将这种冲突放置在美学的框架之中。这种努力是一切有抱负的作家的共同追求,也是一种高难度的追求。《铁木社》是一篇非常珍贵的篇什,包含了这种追求和努力。正如陈斌先自己所说,"我

图十六 陈斌先在毛坦厂老街

在写小说的过程中,温暖着别人,也始终温暖着自己;在自己受教育的同时,切身感受一个作家更应该多担当一定的社会责任,多一些良知,多为底层人物说话,用鲜活的人物形象,去感染更多的人,从而引导更多的人向着有理想的生活迈进"。虽然文学最终不能直接解决具体的社会问题,但作为社会良心的作家,应该有责任保持强烈的社会问题意识;作为时代镜子的小说,也应该能够映现出社会生活的真实面影,并且引领人们走向更美的境界和灵魂。

(二)《天福》

1. 作品的主题

小说《天福》就以乡土俗语来为小说命名,作家要以村庄的婚姻状态和百姓对于土地的依存起伏来反映人们的生存状态和时代的变迁,并进而对"乡土中国"进行文化的反思。

帖子一生的爱情悲剧源于换亲,爹娘都天福了,就剩下兄妹三人,兄弟两个找不到人,最后只能拿妹妹去给哥哥换媳妇。换亲在那个时代很普遍,娶不上媳妇怎么办,能想到的办法就是拿妹妹换个媳妇回来。可是两个哥哥只有一个妹妹,本来说好了,换来的媳妇是给帖子的,但帖子的哥哥不同意,于是帖子就白瞎了,说给自己的女人成了哥哥的女人,帖子一生的爱情悲剧在一开始就种下了根。

小说以乡村的婚恋状态展示了乡村世情,乡村的贫穷,乡人的厚道,乡土乡情的规约,从某种程度上,帖子的悲剧可以看成是那个时代"乡土中国"的一个缩影。作家通过主人公一生的爱情经历描写了乡村的变迁。

这部小说除了承载乡村婚姻的现实,主人公帖子更承载了作者对于土地的依恋和思考。在土地干活吃饭是帖子一辈子固守的生活方式,他以土地为生,坚守在自己出生成长的乡村,以季节时令来安排自己的生活。帖子的土地要被征用,他的第一反应是:"那地征用了俺今后吃什么?"土地是乡土生活的根本,土地对于农民的意义不仅仅是生存的保障,也是精神的依托,有土地才有生活,活着才有喜怒哀乐。土地的收成得要靠个人的辛勤劳作,乡下人干活吃饭天经地义,从不惜力,也不觉辛苦。在乡土伦理中,评价一个人是否富裕是看其对土地的占有率,而鉴定一个人品行的优劣则通过其在土地上的劳作能力,土地与帖子的命运息息相关。

2.作品的意义

《天福》是作者陈斌先比较满意的一篇小说,作者在《〈吹不响的哨子〉序言》中说:"我抱着十分虔诚的态度对待这几个人物,他们身上不仅仅有我对乡村的记忆,也是我苦苦寻找的精神高地。"在整部小说集里,陈斌先的叙述不急不缓,对人物的描写极尽详细,在帖子这个人物身上,有着作者对乡土生活的深刻理解和美学追求。

帖子卖了土地,怀里有钱了,嫂子就疼他关心他,一辈子渴望而得不到的温情就会包围在他的周围。帖子似乎有一点小小的得意。但他对爱情有一种理想的追求,他要的是自己没有钱,嫂子也对他好。他甚至借由一个意外,编织了丢钱的谎言,希望确认嫂子的真心。

帖子有了钱,就想要去帮助人,他揣着一腔的善意,也揣着刚刚建立的自信,揣着信用卡到城里找菊子,菊子的老公犯事了,像菊子这样他以前根本不敢接触的人似乎离他近了一些。他现在有钱了,他的愿望就是帮助菊子。

图十七　陈斌先参加中俄对照版《安徽作家小说选》首发式

是什么力量能让帖子不丢失本分?嫂子人性的苏醒?菊子最后的回归?陈斌先用丰富细微的文学想象,为读者呈现了乡土世界的欢笑与哀愁,帮助读者走近和了解乡村,又提炼和概括出了人物背后隐藏的社会与文化根源,具有很深厚的社会内涵。

二、陈斌先小说的艺术特征

(一)厚重的生活积累

无论是古代还是现代,"乡村"一直是备受关注的文学对象。陈斌先对乡村生活很熟悉,"我是在农村长大的孩子,农村生活对我影响很大,进入乡村叙事,就是找到了自己的母体"。有人说,童年生活决定了作家的高度,乡村中一个个或悲或喜的乡土人物,成了陈斌先乡土记忆的载体,蕴藏在这些人物内里的乡土伦理更成为他着力去记忆的理由,也成了乡村题材小说书写的核心。

陈斌先一直坚持讲述乡村生活,《吹不响的哨子》《天福》《天狗》《响郢》《秀秀这个娃》《留守女人》等等都是以乡村生活为创作题材的。农民的辛苦与卑微,乡间生活的低矮与琐碎,农村基层干部的担当与挣扎,陈斌先执着地为读者勾勒和绘制着这群"乡下人"的日常生活与精神状态。

陈斌先曾经在自己文集的自序里,用了很长的篇幅述说自己的出生和成长,指出父亲母亲是他开始文学创作最初的动因。所以,陈斌先对乡土生活的描述充满情感,也充满疼痛,叙述真实细腻,也深刻厚重。

成年后,陈斌先在县城工作,基本三到五年换一个岗位,当过政府秘书、农业技术员、科员、科长、挂职副乡长,分别在政协办、宣传部、档案局、地方志办公室、乡镇企业局、招商局工作过。如此众多的单位,让他看见过形形色色的人,这是陈斌先生活第二方面的积累。陈斌先对镇县级职员和干部的生活及工作状态的熟悉,成为他城市题材小说的厚重营养。基层干部的酸甜苦辣、奉献与挣扎、不足与顽劣,事业的压力,人与人之间的矛盾与纠葛,工作、情感以及各样社会矛盾的集结与交错,使得陈斌先城市问题小说呈现出复杂而立体的面貌。

上面所举的《铁木社》就是聚焦于城市职工低保和养老保险这一严肃的社会问题,围绕何建与铁木社老职工的矛盾纠葛展开的,细致而丰富地呈现了问题的丰富性和复杂性。县政府、轻纺协会、其他相关单位、不断要求上访的铁木社职工,还有纺织厂职工、中心与边缘、主与次,多种异质的力量交织在一起,表现了作者对生活敏锐的观察和准确的把握。

粮食经过发酵便成了酒,很多东西在陈斌先的心中一直生长,多得无法不去倾诉,于是,一部部小说便由那些生活发酵,酿成了"酒"。于是一段段生活,一个个鲜明的人物形象被呈现出来。陈斌先的文学创作,温暖着

图十八　陈斌先小说集《李学先》三部

别人,也始终温暖着自己,他用他的文字,去感染更多的人,引导更多的人向着有理想的生活迈进。

(二)人物形象的塑造

陈斌先说,小说写人应该是第一位的,好的情节要围绕人物运作,所以在他的作品中人物形象的塑造往往很成功。陈斌先作品大多是中篇小说,牵涉到的人物众多、繁杂,但每一个人物陈斌先都精心安排和刻画,都力求达到形象生动的目标。

小说是通过人物说话的,把人物塑造得生动了,才能感染别人、影响别人、教化别人,也才能表达对社会、人生的思考。陈斌先把小说的人物基本都集中到改革开放后的年代,当然也有放到更加久远的岁月,但无论放在什么年代,他都注意了典型环境和典型人物,他所写的人与事才真实可信,他的小说人物造型才不显得"扁平"。

陈斌先对小说中主要人物的塑造自然刻意用心,但次要人物他也从不疏忽轻慢,大多和主要人物一样鲜活立体,给人留

下深刻的印象。如香辣蟹的泼辣、自暴自弃、嫉妒、善良等,《铁木社》中火爆脾气又不失真诚可爱的杨二锤、洪拐子等,这些人物被他描写得有声有色,过目不忘,实属难得。

任何人物的塑造,都离不开小说语言,陈斌先小说的语言是细腻的,有着舒缓自如的特征,他总是不徐不疾地讲述着他的人与事,可能刚读他的小说你不会感受到他的语言魅力,但随着情节的深入,他语言质感、劲道,就会脱去表皮露出精美的质地,慢慢品读,你就能感受到他语言的老道和成熟,厚实与凝重。

第五节 黄圣凤的文学活动

黄圣凤出生在六安市叶集镇南大街。80年代中期,黄圣凤考入六安师范专科学校(现皖西学院)中文系,毕业后分配到叶集中学工作。她满腔热情,勤奋敬业,在教育教学上取得了骄人的成绩。

2003—2006年,黄圣凤进修安徽师范大学教育硕士,这期间开始提笔写作,并在《安徽青年报》发表处女作《我愿是一棵树》。2009年10月,黄圣凤第一本文集《野菊花的秋天》结集出版,这本书收录了黄圣凤诗歌100余首,散文30

图十九　黄圣凤近照

篇。之后,黄圣凤转向散文写作。2010年秋天,她收集近作散文80篇,结集为《一路轻歌》。2011年冬天,安徽省作家协会编纂的"江淮文学丛书"杏花村系列,黄圣凤作品入选,结集出版了散文集《一棵树的穿越》。

《一路轻歌》广泛涉及了自我、自然、亲情、交游、乡土,述说了故人生活和情感的方方面面。进入21世纪,叶集像全国大多数城镇一样快速地发展,喧嚣浮躁,黄圣凤却始终保持着一种诗意的态度,从容淡定。如果说《一路轻歌》更偏于诗意、轻灵,唯美,那么《一棵树的穿越》除了以上特征以外,还显得比较稳重、厚实、深刻。

《一棵树的穿越》收录黄圣凤散文60余篇,内容更多地具有对生存哲理的思考,对生命价值的礼赞。黄圣凤的梦里始终有一棵树,在绵绵群山间、人迹罕至处,无欲无求,在天地间发滋荣枯。黄圣凤认为无论是穿越季节、穿越光阴、穿越尘事、穿越纷飞的思绪,还是穿越目光、穿越意气、穿越深情、穿越文字的萦绕、穿越久远的记忆,九九归一,都是穿越自己,穿越一个渺小而执着的生命!时间的转动,光影的斑驳,死灭与新生,断驳与承续,无论做怎样的穿梭,只要爱生活,就永远不会遗落灵动的气韵和真诚!这就是生命,这就是生活。《一棵树的穿越》出版以后,先后进入同济大学、中国石油大学、上海交通大学医学院、扬州大学等诸多高校图书馆。

2013年秋,黄圣凤作为江山文学网的签约作家,由网站编纂,她结集了一本诗歌集《凤的江山》。《凤的江山》收录黄圣凤诗歌作品百余首,这些诗歌自然、真情、智慧。黄圣凤是个崇尚自然的人,她渴望在自然的怀抱里获得平和的心态,温润纯净的心灵,她的诗歌汲取自然的精华,给人以美好的享受。

2014年初春,黄圣凤散文集《等一朵花盛开》出版,这本文集是由新浪博客推荐、中央编译出版社推出的《读者文摘系列丛书》中的一册。全套书有《情感篇》《力量篇》《智慧篇》《心灵篇》四大板块,被誉为2014年中国图书市场上的"满汉全席"。《等一朵花盛开》是《情感篇》中的力作。全书共18万字,收录黄圣凤发表在报刊和博客上的散文新作近70篇。这部作品内容精选,设计制作精良,可以说是黄圣凤文学创作一个阶段性的标杆。

2015年7月,黄圣凤加入中国作家协会,成为六安市唯一的中国作家协会女性会员。在《人民文学》《清明》《海外文摘》《西北文学》《西部散文选刊》《作家文荟》《辽宁青年》《安徽文学》《中国精短文学》《中国社科报》《中国妇女报》《新安晚报》《三湘都市报》《安徽青年报》等几十种报纸杂志发表文章(诗歌)400篇(首),在纸质和网络媒体发表作品近200万字。作品入选《中国美文:21世纪十年精品选》《中国网络诗歌精品大系》《新时文》《中国散文100篇》《新乡土诗选》《长白山年度诗选》等几十种选本。

图二十　黄圣凤在中央电视台领奖现场

2014年5月,黄圣凤散文《让兄弟姐妹都开花》获得中宣部文艺局和人民网、新华网、光明网联合举办的"我们的中国梦——讲述中国故事"文艺作品征集二等奖。这项征集活动面向全国各族人民及港澳台同胞和全球华侨华人,2013年12月启动之后,获得了社会的广泛关注,投稿数量多、质量高。三家网站共收到作品两万多件,分为文字作品、音频作品、音像作品三类。经过初评、公示、投票、专家讨论等多个环节,《让兄弟姐妹都开花》以鲜活感人的真情故事,优美练达的文笔,彰显民族精神,弘扬主旋律,传递正能量,在文字类作品中脱颖而出,排名第6位,喜获二等奖,入选中宣部向全国重点推荐的51

部文艺作品。

黄圣明,是黄圣凤的长兄,几十年来他担当起父亲母亲的职责,照顾每一个兄弟姐妹,黄圣明的梦就是让亲情之树上,每一个枝丫都开出温暖幸福的花。他常说:"父母是根,哥哥是干,弟弟妹妹是枝枝丫丫,咱们要让每一个树丫都生长的俏俏巴巴。"黄圣凤将这些记入她的亲情故事,很好地展现了史河岸边叶集人的道德品质和精神风貌,表达了血浓于水的手足亲情,展现了人间的温情与美好。2014年5月24日到27日,黄圣凤赴北京中央电视台参加了颁奖特别节目的录制。"圣明的故事"由著名演员岳红在节目现场真情讲述,感动了无数的人。叶集人的故事、叶集方言首次登上央视舞台,展现给亿万观众。

黄圣凤在文学创作上硕果累累。散文《让兄弟姐妹都开花》获得中宣部文艺局和人民网、新华网、光明网联合举办的"讲述中国故事"全球征文二等奖;散文《母亲·簸箕》获得"孙犁文学奖"散文大赛二等奖;散文《时光是一盘磨》获得"林非散文奖"最佳散文组章奖;散文《此地妙高》获得《人民文学》"美丽中国"全国旅游散文大赛佳作奖;散文《槐花的故事》《深爱旧书》分别获得安徽省"金穗文学奖"一等奖;散文《乡土·簸箕》获得湖南"天元杯"全国文学作品大赛二等奖,黄圣凤还获得江淮散文大奖、"观音山"杯全国诗歌大赛、六安市政府文学奖等各类文学奖项40余项。

黄圣凤所居住的叶集区,2016年被划为六安市的一个直辖区。一提到叶集,不得不说的是"未名四杰"。"未名四杰"是皖西人对台静农、李霁野、韦素园、韦丛芜的敬称。这四个人师从鲁迅,一度成为中国新文化运动著名的进步文学社团"未名社"骨干,四人均是皖西叶集人,除却漫长的岁月因素,都是和黄圣凤住在同一条街上的。

黄圣凤深深知道这一脉文源何其珍贵,她愿意以一个文化人的社会责任和担当,做一名文化使者,为繁荣乡土文化,传承未名精神,倾一己之力。黄圣凤作为一名教师,她不仅面对学生传播未名文化,宣讲未名精神,还大量阅读和研究"未名四杰"作品,她撰写的《李霁野的故土情》《台静农李霁野——九十年情深似海》等文章先后在《中国社科报》、《新安晚报》等报纸杂志发表,在相关研究会上交流。

黄圣凤多年主编《未名文艺》,以脚踏实地的具体文化行为,展示地方文化。《未名文艺》是叶集试验区统战宣传部主管的一份纯文学杂志,《未名文艺》以"弘扬未名精神,服务经济建设,搭建联谊平台,繁荣乡土文化,推介文艺新秀"为办刊宗旨,以其广泛真实地反映叶集文化和精神风貌而成为叶集对外宣传的一扇窗口,对外展示的一张文化名片。

黄圣凤选稿重视乡土气息,文字必须接地气,不脱离一方水土。黄圣凤一直立足于乡土文学的发展方向,让最美的乡土之花灼灼绽放。带着鲜明个性特征的《未名文艺》,每期容量大约9万字,到2016年已经办刊整整十年,出版约40期,总容量300多万字。这些带着体温、带着乡风民情的文字,流传在民间,氤氲在那片美丽神奇的土地,几乎可以说是叶集风俗风情的一部百科全书。

未名文化承载的是一种很厚重的传统和精神,这种传统和精神需要发展,需要传承。黄圣凤做这份工作完全是义务的,但她倾注了很大的心血和热情,她觉得这样的付出很有意义,很值得。她一直希望,《未名文艺》这个平台能凝聚更多的人,尤其是年轻的一代,能够培养更多的文学爱好者,推出更多优秀的文学作品,能够为叶集文化建设起到更大的推动作用。

2016年4月,人民日报的海外网记者采访了黄圣凤,并在海外网发表了题为《未名精神的传承者——访安徽著名女作家黄圣凤》的专题文章,文章赞赏黄圣凤在三尺讲台上辛勤育桃李,在文化战线执着务耕耘的精神,赞赏黄圣凤为弘扬未名精神,传承未名文化所做的努力,以及取得的成绩。

黄圣凤和她的同仁们,一直默默地做着这项公益性的工作,让文化服务于地方经济建设和精神文明建设,让地区文化舞台传出激荡人心的喧响,让未名精神代代传扬。

传承未名精神,黄圣凤肩负起了一个叶集人、一个文化人应有的责任和担当。

一、主要作品分析

(一)《童年的歌谣》

黄圣凤的童年是在叶集小街度过的。叶集是文藻之乡,新文化运动时期,在叶集不足五里的长街上,走出了四位很有影响的人物:台静农、李霁野、韦素园、韦丛芜。黄圣凤居住的南街,居民生活

图二十一　黄圣凤个人文学作品集

看似散淡,却从来不乏文学的因子:街边墙头下一溜溜售阅的小人书,民间艺人娓娓道来的大鼓书,纳凉老人芭蕉扇下源源不断的民间故事……在这样的街肆,从来没有人把这些东西叫文学,但是自幼聪慧的黄圣凤从民风民俗里吸纳了精华的东西,骨脉里浸满文韵。

尤其是街巷里孩子们跑跳念唱的歌谣,像种子一样,深深扎根在她幼小的心田,"虽然我们已经过了相信童话的年龄,虽然我们已经没有了做梦的心情,虽然我们的笑容已经不再单纯,但那些埋藏在记忆里的歌谣,一旦提起还能够朗朗上口"。

1. 朴素、童贞、亲切,带着浓浓的乡土气息

刺麻台,叶子多,人家夸俺姊妹多,

俺姊妹,也不多,两个推磨两个箩,

两个厨房做馍馍,两个房里裹小脚,

两个上山砍柴禾,看见一只小花鸡,

大姐逮,二姐杀,三姐烧水,四姐掀(褪毛),

五姐剁,六姐煎,七姐开柜拿油盐,

八姐盛,九姐端,端到十姐脸面前,

十姐十姐你尝尝:家鸡没有野鸡鲜。

这是一群孩子,张口就是叶集乡音;这是一群孩子,懵懂而又天真烂漫;这是一群孩子,你指着我,我指着你:"你是大姐!""你是二姐!""你是十姐!"……指指点点,推推搡搡,争吵不休,闹成一团。在《童年的歌谣》里,黄圣凤把浓浓的乡音,叶集市井的淳朴。以及久久回响在狭窄街巷里的童真生活,栩栩如生地展现在眼前!

一个作者,他(她)的身上总会带上故乡的况味,比如:读了鲁迅的《故乡》,心里就有了绍兴江南水乡的画面和回味,还有沈从文的湘西、萧红的呼兰河、孙犁的白洋淀,无不蕴藉着一个作家的气场。在《童年的歌谣》里,有活脱脱的皖西民间生活,歌谣内容里反映的民风民俗,时代和民族气息,让人们似乎听到大别山的回声,闻见史河青沙淤泥的芬芳。

2. 富有韵致,朗朗上口

民间小朋友的玩耍可谓是种类繁多,跳绳、抓子、踢毽子、跳格子、摔老包、滚铁环、打得锣(陀螺)、跳橡皮筋、抓老羊,丢沙包、捉特务,玩累了就坐在廊檐台子上歇着,歇着歇着就响起歌谣来:

大月亮,小月亮,开开后门洗衣裳,

金盆洗,银盆浆,打扮哥哥上学堂。

学堂路,盖瓦屋,瓦屋高头一只鹅,

扑棱膀子过江河,江河那边人又多,

穿着花鞋来对歌。对歌还要对歌人,

梳头还要红头绳,搽粉还要明镜子,

坐官还要秀才人。

黄圣凤如实记录了童年的生活,原汁原味地保存了民间歌谣的风味,一板一眼,一句一韵。这歌谣不仅能勾起无限的回忆,就是新世纪的孩子们看了也过目不忘。好多学生或学前儿童,读了听了就记住了,有的甚至张口就来,倒背如流。在当今社会读书压力很大的时代,在失落了原始的童年生活的今朝,几十年前的歌谣没有老去,它重新带给人们美好的享受。

黄圣凤说在她的童年里,不懂得什么是歌、什么是谣,学习这些歌谣也不需要什么舞台,不需要谁来排练,没有老师,没有可以学习的人,大家你一句我一句,自然而然,张口成诵,心有灵犀。这些歌谣不知道从哪里来,不知道是谁第一个念,也从来不是写在书本上的,不知道谁教会了谁,大家口口相传,数代不衰。

黄圣凤书写的是一种生活,黄圣凤记录的是宝贵的文化财富。2012年,六安市委宣传部、六安市老新闻工作者协会组织编写组,广泛采集民歌民谣,编著了《皖西民间歌谣集成》一书,纵贯100多年,辑录1700多首。中国民间歌谣自古繁盛,《诗经》中的"风"就是来自民间歌谣,歌谣是宝贵的文化遗产,歌谣也是民间老百姓的文学,它扎根于泥土,汲取营养于民间,是极其珍贵的精神财富。

黄圣凤有几十首童谣收入了《皖西民间歌谣集成》中的"儿歌"篇。黄圣凤在《童年的歌谣》一文也因文字的优美,回味的悠长,以及这些富有韵致、朗朗上口的童谣备受读者好评,成为一篇有代表性的作品。

图二十二　黄圣凤在六安市党代会上

3.浸润着叶集小镇的民俗风情

一个地域有一个地域的风情。中国地域广阔,共同构成我们多民族祖国的异彩纷呈。

叶集地处皖西,毗连河南和湖北两省,"三省含珠",特殊的地理位置,让叶集自古就是交通要道,南来的北往的,四通八达,人口聚集,成为一个商贸重镇。特殊的地理环境孕育了特殊的风俗民情,叶集人的骨子里不仅浸润着商贸的因子,也浸满文化的因子。

叶集人生活散淡随意,在没有电视电脑手机的时代,叶集的夜晚可以听到大鼓书的鼓声,可以看到讲故事唠白话的老人和孩子,可以碰得见跑跑跳跳而过的唱着歌谣的儿童……叶集人可以把并不富裕的生活过得有滋有味。

黄圣凤和台静农出生在同一条街上,她的家距离台静农旧居不足 50 米,只是两人之间有远超过一个甲子的跨度。当年台静农先生站在南哨门前,看到了形形色色生活着的人们,写出了《天二哥》《红灯》《拜堂》《我的邻居》等小说,刻画出 20 世纪初年叶集底层百姓的生活状态,留下了叶集民国时代的风情画和民俗画。如今黄圣凤的《童年的歌谣》《小街上的童年》《豆腐店》《孙婶》等散文,则画出 20 世纪六七十年代叶集长街孩童们的生活状态,展现了叶集民风民俗的另一种面貌。

(二)《母亲·簸箕》

《母亲·簸箕》情深、大气、深刻,是黄圣凤散文中的精品。这篇散文初写于 2013 年春天,初稿的名字叫《乡土·簸箕》,大概两千字,获得过湖南湘潭"天元杯"全国文学作品大赛二等奖,后来经过修改整理再创作,成为一篇大约五千字的精美散文,获得安徽省首届散文大赛·江淮散文大奖,2014 年获"孙犁文学奖"散文大赛二等奖。

1. 精致传神的场面描写

文章一开篇,就是一幅画:"简朴的院落,健朗的老太太,灰头巾,蓝布围裙,脸上的皱纹和簸箕的纹路交相辉映。夕阳照过来,谷子上铺满金黄,上上下下颠颠簸簸中,尘杂飞去,谷子变得粒粒分明。"

这幅画可以命名曰"妇人簸谷图":典型人物,乡村老人;典型装束,灰头巾,蓝布围裙;特写镜头,皱纹,簸箕的纹路,交相辉映;背景,夕阳;动作,挥动簸箕;细节特写,谷子上铺满阳光,陈杂飞去,粒粒分明。

到了皖西的乡村,这种画面似乎随处可见。但是,如果没有一双敏锐的眼睛、一颗热爱的心、一支饱蘸深情的笔,或许画不出这一幅画来。《母亲·簸箕》一打开,读者就站在了皖西的土地上,面对夕阳下一张老而慈祥的脸,面对一串娴熟而优美的动作,面对一片开阔的土地和阳光,面对一个普通的乡下院落而沉醉。

下文,画面定格到母亲:"母亲把簸箕舞起来,像一个大型乐队的指挥:麦子或者谷子飞起来、落下去,一起一伏,绝不会让一个音符跑到节拍的外面去","那些瘪稻子呀、碎石子呀、草梗呀……自觉地与丰盈饱实的队列划清界限。更轻的尘土和碎叶,簸的过程中就知趣地从一个妥当的方向飞出去"。

黄圣凤擅长描写场面,善于把普通的生活细节勾画成一种美丽,有色彩、有动感、有节奏、有韵律的画面,美不胜收。黄圣凤这样赞美生活,这样表现劳动,令人叹服。

2.生活哲理的渗透

《母亲·簸箕》把母亲和簸箕紧紧串联在一起,让母亲在娴熟的、高超的颠簸箕中,展现母爱之美、劳动之美、人性之美,尤其是劳动过程中的哲理之美,让人眼睛为之亮,精神为之振。

簸箕贯穿母亲的一生,从姥姥教母亲颠簸箕,到母亲特别用颠簸箕的方式来选择婚姻,再到养育儿女勤俭生活,到母亲去世,在散文

图二十三 黄圣凤在西九华

有限的容量里,截取最有代表性的生活画面,表达主题,展现情感,亮点纷呈。

　　簸去尘杂,留下丰润,这是簸箕对谷物的选择。簸去浮躁,留住坚韧;簸去偷懒,留住本领,这是姥姥对母亲的选择。姥姥,这个名不见经传的乡村老太太,她和千千万万个农村妇女一样,不仅教给儿女劳动的本领,更教会儿女勤恳踏实正直的做人:"端平,端平!这簸箕呀,就跟你人一样,不可低头,也不能仰脖子。低头,谷物会掉出来;仰脖子,杂物就簸不出去""你要把心实实地沉下来,才能把轻飘飘的东西簸出去。你现在不是簸箕没端平,你是心没有放平。"许多年后,母亲说:"人这辈子,其实跟簸箕差不多,身子摆正了,心态放平了,就得心应手了,该去的自然去了,该留的自然留了。"

　　哲理从生活中来,这个世界从来没有凭空的哲理,一切真知灼见,一切生活智慧,都来自于生活,来自于劳动。黄圣凤的笔像一把犁,犁开了质朴的生活土壤,把劳动人民的人性美呈现给读者。

　　　　母亲开始有心事了。她把摇动的心旌放在簸箕里,晃了很久,簸了很久,一直簸进梦里头。在梦里,一些面孔屑末般从簸箕里飞出去,飞出去,最后簸底亮出一汪晶莹。母亲终于把满簸的心事簸成了珍珠,有了珍珠,母亲手心里就有了宝。天亮的时候,母亲告诉姥姥,那三家提亲的,我选第一家。母亲的手装在裤兜里,手心里握着昨晚的梦,她相信那个曾经给过她一个憨笑的人,手心里一定也有一颗和她一样的珍珠。

　　细腻的语言,逼真的生活细节,也是《母亲·簸箕》感人至深的地方。母亲从颠簸箕的劳动中学会了生活的道理,她知道自己应该选择什么。母亲的一生是辛劳的一生,也是很有质地的一生。文章结尾写到赋闲的簸箕被一根钉子挂住,据守在山墙的一隅:"它想到母亲对稻米的虔诚,想到谷麦对土地的追随;它想到一个人的生命像太阳升了又落,却又像河水去了就不再回;它想到历史面目一直冷峻,而相思总有扯不尽的余音。簸箕决定向所有美好的旧日时光致敬……"簸箕被赋予了人类的情感和灵魂,簸箕的眼睛里装着母亲的一生,簸箕与母亲合二为一。这是一种通灵的写法,生命的哲理在这里,真挚的情感在这里。簸箕成为定格的风景,母亲忙碌的身影栩栩如生,如此鲜活,如此契合,可见作者笔力。

3. 对乡村生活的赞美,对农耕文化渐行渐远的回眸

黄圣凤写过不少关于母亲的文章,也写过不少关于乡村的文章。比如:《母亲节追思》《鬼变的红蜻蜓》《清明·泥土》《时间的步履》《乡村黄昏》《麦苗青,麦苗黄》等等,大多感人至深。这篇怀念《母亲·簸箕》不仅感人,而且加足了深度,不仅挖掘出簸箕蕴涵的深刻人生哲理,而且有着对乡村生活的由衷赞美,对渐行渐远的农耕生活回眸。腌腊菜、晒萝卜干、焐酱豆子这些乡村极为常见的生活场景,甚至在很多人看来是繁琐的、枯燥的、毫无情感的机械劳动,在黄圣凤笔下是那么美,那么富有诗意,那么具有智慧含量。

"腌腊菜是体力活,也是技术活。在刺骨的河水里洗腊菜,青翠的菜叶考验着红肿的手背……簸箕支在长凳上,砧板放在簸箕里,挽起衣袖,菜刀飞舞""等菜揉得湿漉漉水淋淋了,得一把一把按进坛子里,用擀面杖捣实。弓腿、侧步、弯腰、抡臂,劲要大,力要猛,往往把人累得龇牙咧嘴,气喘吁吁,满面通红""菜要切得匀称,盐要撒得适中,还要揉得恰到好处……"

"母亲在月光下唱歌,母亲的汗水从额上冒出来,滴在泥土里,激起一缕一缕的烟尘,很细,袅袅地……"

黄圣凤的语言饱蘸深情,字里行间渗透着对生活的爱和赞美。

可是这种田园牧歌式的农耕生活离我们越来越远,播种机

代替了小鸡啄米一般的插秧,收割机代替了割稻滚碾扬场,那些美丽的时光定格在旧照片里,"簸箕站在母亲生命里,站在乡村原生态的生活里,站在故乡记忆的深处。簸箕无语。簸箕看着一个人、一些村庄、一种文化,不可阻挡地向另一个方向走去"。

人总要老去,时光总要驰离,迟早有一天簸箕会和别的农具一起在庄稼院里被渐渐遗忘,最终落满尘埃。但有谁愿意站在时光的屋檐下,穿过风,穿过雨,穿过簸箕簸掉的石子和沙粒,去倾听古老农业身后那断尾的压抑?

最后,"母亲成为土地的一部分,簸箕向刀耕火种的黄昏转身。母亲淡出了红尘,簸箕成为定格的风景"。

黄圣凤的《母亲·簸箕》给读者以诸多的生命思考。

二、黄圣凤作品的艺术特色

(一)诗意和唯美

黄圣凤创作过很多诗歌,她的《野菊花的秋天》《凤的江山》《那河那岸》都是诗歌集,诗歌语言不自觉地介入了散文,或者说散文里渗透了诗歌的元素,所以黄圣凤的文字是诗意而唯美的。黄圣凤的心里有诗,她说,当一个人骨子里有诗情的时候,无论写什么,怎么写,都会有诗的意趣和韵味。

现代社会人心浮躁,有多少人能真正坐下来品一杯香茗,读一篇文章。连品读一篇文章的心都没有,哪有时间和心情去品味自己的生活,去品鉴自己的内心世界呢?黄圣凤对生活有一种安静平和的追求,她花大量的时间在阅读和写作上,她的内心很安宁,对生活很知足,对世界充满感恩,她的世界是静的,也是净的,所以她的文字从容而美好。

黄圣凤在《摔跤也幸运》中写道:"过一种怎样的生活,往往取决我们的心态,取决于我们对生活的态度。""假如你遇到不

图二十四 黄圣凤部分文集照片

顺心的事情,不要抱怨生活……凡事多往好处想,就会以一种积极的心态对待生活,有了积极的心态,快乐和幸福就会常伴你身边。"她又告诉你:"再多的钱,你一天也只吃三顿饭,再大的房子,你一夜只能睡一张床。钱能买到一切实物,却买不到快乐与幸福,买不到真情,买不到天伦之乐,买不到青春美丽。"生活的艺术关键要与现实生活保持一定的距离,不脱离生活,也不拘泥于生活中一时一地、一点一滴的恩怨得失。"如果你离生活远点,你就会发现自然之美,闲适之美,雅趣之美,友情之美……"

在黄圣凤的文字里,我们能够充分地领略到美,心情能够得到润泽,我们还可以学习到生活的艺术,得到难得的人生智慧。

"山涧若隐若现,在我们的视线里躲躲闪闪。这不是人工雕琢过的风景区,是自然的、未开发的、原始的山野,所以山谷显得比较羞怯,或许我们的突然闯入,是它心扉最初的颤动"(《叩开一条山间的门》)。黄圣凤能够在人的社会中淡泊从容,也能够在自然生态中体会到"山谷的羞涩",山谷"心扉最初的颤动",这些文字就具有了诗一般的美好。

一杯水,它在浑浊杂乱的时候,是完全没有诗意的,只有当它慢慢安定,杂质沉入杯底,变得澄澈透明的时候,阳光就在里面起舞了,这杯水的心就干净了,诗意也就来袭了。

很多人抱怨生活的杂芜和繁琐,抱怨是因为一切充满私心和物欲。其实,怎么把生活过得像花儿一样,完全取决于一种心态。心里阳光美好,世界就阳光美好;心里有幸福感,生活就充满诗意。

在黄圣凤的世界,诗意并不是指向风花雪月,油盐柴米是诗意的,家务劳动是诗意的,养蚕栽菜也是诗意的。她拥有一颗不受世事干扰的平和的心,所以纷纷扰扰就不来打搅她。黄圣凤在文字里告诉人们:"不在于生活给予我们多少,而在于我们以一种什么样的心去对待生活。"

(二)绿色和阳光

黄圣凤的文字里处处是清朗的天,芬芳的泥土,洁净的空气,醉人的绿。她的文字是没有工业污染的原始生态,有一种天然的美好。

这种文字的美好,来自于她阳光的人格和健康的生存方式,来自她对山川草木的热爱。黄圣凤始终认为自己是可以和植物对话的。

"亲爱的树,此后,我会在每一个春风渐暖的日子走来,看你成长,看你枝桠交错,看你叶子相叠,看你脚下无数微微点头的小黄花;我会默默注视你,看你头上的流云,看你飘飘的衣袂,看你每一个叶片上灵动的色彩;我会走得很近很近,触摸你的肌肤,深嗅你的体香;我会坐在你的根下,让心绪与你的梢头一起在轻风里恣意起舞,让我与你相依相拥……"

植物是有情有义的。老话说"人非草木,孰能无情",意思是说人有情,草木无情,其实这是错误的。现在人们的观念已经在改变,比如,草坪上已经换成这样的牌子:"小草有灵,请呵护。"这是一种进步。

黄圣凤亲近自然,与自然相契合。她有一颗善感的心,在她眼中,一草一木总关情。她愿望自己成为一棵生长于山坡上的树,或者一朵开在幽僻处的花。黄圣凤多本文集在某种程度上延续了她关爱自然的主题。她曾自陈:"愿意有一个宁静的天空,能从自然万物之中收获灵性。愿意欣赏每一朵花的微笑,每一介草的叹息……"

图二十五　黄圣凤陶醉在自然中

她说,自然是心灵的一个折射,与自然的交流,就是与自己内心世界的交流,物我合一,灵性共通。

"小草从地里冒出来,土壤一定痒痒的;

嫩芽从树枝里爆出来,树皮也一定痒痒的;

连第一脉春水从石板上流过,石板都定是痒痒的。"(《春之痒》)

用一己之心,去体悟土壤、树皮、石板之意,如果没有绿色和阳光在胸,没有思会和感念在怀,怎么能够!自然的一山一石,一草一木,人类要用怎样的心灵去体察、去描摹、去靠近呢?小草冒出土壤时土壤的痒,嫩芽爆出树皮时树皮的痒,春水流过石板时石板的痒,这是人类可以感知的吗?不在理论,在于人心。人是社会的人,也是自然的人。如果人的社会性太盛,也许就远离了自然,只有一个人更多地抛却社会的因子,诸如政治、功名、利益等等,身心回归,靠近天地,接近泥土,才能在自然中获得更多、更细、更敏锐的触觉。

第六节　张烈鹏的文学活动

张烈鹏,男,出生于1967年,安徽省霍邱县人。安徽省作家协会会员,中国散文学会会员,中国诗歌学会会员。在报刊发表散文、诗歌、小说、文学评论等各类作品700多篇,著有散文集《梦中的家园·遥望》、诗歌集《梦中的家园·遥寄》,作品入选多种选本,曾获安徽省作家协会首届散文大奖赛、江淮散文大奖等多种奖项。

张烈鹏出生在一个农民家庭。家中人口多,劳力少。生活的窘迫,使他自幼饱尝贫贱的滋味,对生活早早有了深切的认识和独特的体验,同时也激发了他奋发图强、摆脱现状的斗志。张烈鹏的祖母读过私塾,粗通文字。张烈鹏儿时,祖母经常给他讲故事、背诵诗文,潜移默化之中,培养了他浓厚的学习兴趣。张烈鹏的父亲天资过人,虽说只读到初一便因家境贫穷不得不辍学,但靠刻苦自学,不仅练得一手好字,写得一手好文章,而且学会了识简谱、拉二胡、唱京剧。这都给张烈鹏的成长提供了有别于一般农家的良好文化氛围。

1978年秋天,张烈鹏以全公社第一名的成绩考取龙潭中学。在这里遇到了他文学创作的引路人,教授语文的马有彬老师。马老师学识渊博,治学严谨,经常把自己购买的和学校图书室收藏的图书,借给张烈鹏阅读,极大地丰富了他的文学积淀。张烈鹏还在马有彬老师的鼓励下,向报刊投寄了第一篇作文稿件,尽管这篇习作最终没能发表,但对张烈鹏以后的文学生涯,却有着积极意义。

1981年,张烈鹏从贫苦的农家老屋,进入霍邱师范学习。在霍邱师范,学校图书馆大量的藏书,给张烈鹏提供了广阔的文学视野;张诚接、陈道新等语文老师的授课,给张烈鹏打开了无限的知识空间;县电影院、剧场推出的影片和戏剧,给张烈鹏带来了强烈的内在震撼。随着张烈鹏对文学艺术的兴趣越来越浓,写作水平也在大幅度提高,在各类作文比赛中多次获奖。

1984年秋天,从师范毕业的张烈鹏,被分配到霍邱的龙潭中学教书。他很珍惜和热爱这个教书育人的工作岗位,全身心投入教育教学工作中,并积极推行了一些教学改革。1987年,张烈鹏结合自己的语文教改实践,撰写论文《〈有的人〉创新教法设计》,发表在河北省廊坊师专主办的杂志《语文教学之友》上,此后五年时间里,他先后在《语文报》《中学语文报》《安徽教育》等报刊发表《"药"的妙用》《语文课导语设计举隅》等100多篇语文教研文章,参与撰写《作文病点110例》等图书的部分章节,并被全国农村中学语文教改研究会吸收为研究员。

1988年,张烈鹏发表了平生的第一首诗歌《九月与你》。此后,张烈鹏在倾心教学、致力教研的同时,先后在《杂文报》、安徽人民广播电台等报刊电台发表了《仿拟诗二首》《无题》《永不后悔》等一批文学作品。

图二十六　张烈鹏作品封面

1991年,张烈鹏从小镇学校,调到霍邱县委机关。他刀笔精通,对工作认真负责。在经年累月的政府公案写作之余,张烈鹏将业余写作重点和主攻方向调整为文学创作。张烈鹏坚持不懈,辛勤创作文学作品,他的诗歌、散文、小说、评论,时常出现在报刊和网络媒体上。已经有越来越多的目光,投向张烈鹏和他的文学家园。

一、张烈鹏的散文创作:观照现实与人文精神的构建

张烈鹏的散文多和故乡的人、物、事产生联系,展现了普通人实实在在的生活,是普通人生命与情感的本色写真。他的散文朴实真挚、明净淡雅,是平民化的艺术,蕴涵着对故乡深沉的热爱和依恋,彰显了他在观照现实中致力于构建人文精神的良苦用心和良好祈愿。

(一)写实:一个人眼中的世界

张烈鹏散文绝大多数是写实之作,表达了对现实的观照、对生活的聚焦和对世界的印象。在篇篇千字短文里彰显着时

空特色,也注入了自己的观察和解读。

一方面,张烈鹏的散文时代特色鲜明。他善于以小见大,从身边平平常常的小事入手书写大时代的风采,善于用一滴滴晶莹的水珠折射太阳的光辉。电话的进化,炉灶的"变脸",被遗弃的稻草,尘封的钢板铁笔,从大信封到一键通的跨越,e网打尽万卷书的神奇,以及当商品粮户口飞入寻常百姓家,当蒲扇和火盆成为往事……小事不小,时代的风云变幻无不凝聚于笔端。张烈鹏的散文视角独特。他写汶川大地震的几篇作品,篇篇有不同寻常的视角。《另一种"震感"》,写地质"震感"之外的另一种"心灵震感",可谓匠心独运;《生死关头的母爱》,写地震震不倒的人间母爱、党的温暖和祖国的团结,更是出语惊人。张烈鹏的散文善用对比。在今昔对比中感受发展,在抚今追昔时饮水思源,鲜明的时代烙印,有更能打动人心的艺术力量。张烈鹏的散文常常卒章显志。将记叙、描写、议论、抒情熔为一炉,结尾处画龙点睛。

另一方面,张烈鹏的散文地域特色浓郁。张烈鹏以滔滔淮河水为墨,以美丽的淮河沿岸和广袤的皖西大地为纸张,书写了别具韵味的江淮绝唱。著名作家徐岳指出,这些有关故乡霍邱的作品,可以作为张烈鹏进入当代文学史册的通行证。

在他的笔下,家乡的山作为大别山余脉,是一种奇特的景观,"巍巍大别山不经意间回头一望,淮河南岸的平原地带便出现了一长溜痴情的追随者"(《家乡的山》);家乡的水是"倩影随处可见":城边有湖,桥下有河,林间有泉,"拥有迷人的波光水影、独特的灵气和神韵"(《家乡的水》);家乡沿淮的雪"最懂得季节,知道什么叫着来得正是时候","它以自己的聪慧,出色地充当了冬的天使、年的标志、春的引荐者,使得沿淮地区有资格成为四季分明的标本"(《沿淮的雪》);家乡的小城则"像一个健壮的挑夫,一头挑着几千年历史文化,一头挑着千百里淮河波涛"(《小城》)……最独特的是淮堤上的民居和沿淮的庄台:"这些民居,是人们为了摆脱洪水的威胁,择高建筑而成。它们矮矮地蹲在长龙般的淮河堤坝上。"淮堤上的民居,布局、走向都有自己的个性。"它们打破了普通民居坐北朝南的常规,每一家、每一栋,无一例外地都是山墙正对着滚滚淮河","为的是抵挡淮河水面上呼啸而来的狂风,以免被大风掀翻房屋的草顶"。而庄台作为沿淮特有的防洪设施,像舞台,像讲台,更"是个生活的平台,它承载了不少苦难,也流淌着无尽的欢乐"。诸如淮堤上民居和沿淮庄台的种种独特,给张烈鹏散文注入了许多生动鲜活的地域元素,赋予了作品让人耳目一新的视觉冲击力。

  在他的笔下,拜年的学问,正月十五玩火把的习俗,无不彰显着沿淮特有的风情。特别是沿淮的酒文化,更是积淀深厚,古朴豪放,正如张烈鹏所描绘的:"沿淮汉子喝酒,喜欢'放雷子',就是满满地斟上一大杯,看谁顺眼就和谁'一口干';也爱'推小磨子',也就是几个人围坐酒桌,共用一个酒杯挨个儿喝,天王老子也不例外"(《沿淮汉子》),"个个都是气吞万里如虎、欲与天公试比高。就连房顶上那一群群高声大语叽叽喳喳的鸟儿,套用淮河岸边的一句俗话来形容,也是'麻雀也能喝三两'呢"(《淮堤上的民居》)。一方水土,一方风情。沿淮的风情,秉承的是淮河的粗犷、直率和热烈,富有典型化的艺术效果。

  张烈鹏笔下的人物更是与众不同。《淮河岸边的女人》,她们"黝黑的脸膛,粗糙的皮肤,焦黄的牙齿,滚圆的四肢,丰乳肥臀的形象,不修边幅的仪表,无不将红高粱似的淳朴书写得淋漓尽致。扯着嗓门喊出的侉音,风风火火行走的背影,像男人一样吧嗒吧嗒抽着旱烟,和男人一起大口大口喝着烈酒,则又将淮河赋予的特质宣泄得尤为酣畅""饿了就捧着一碗稀粥喝得有滋有味,屈了就流下两道泪泉哭得捶胸顿足,乐了就露出两个酒窝笑得捧腹喷饭,怒了就睁圆一双杏眼骂得天昏地暗"。张烈鹏以纯熟的艺术提炼,把淮河岸边的女人质朴无华、彪悍直爽、敢爱敢恨等特点刻画得入木三分。

(二)怀旧:对生命内核的探求

文学在根子上是怀旧的。文学是对生命的眷恋,有了这份眷恋,人才会用五彩之笔来描绘生命和生命所走过的路径,展现生命在每时每刻留下的印痕。文学怀旧常常与故乡、童年、旧交联系在一起。但是,现代怀旧却主要源于现代化所带来的文化变迁:都市生活对人的自然状态的异化,对人与人、人与自然关系的疏离,金钱的"脱域"功能对种种联系的抽象,以及现代人对"现在"的集体不信任,都迫使人借文学怀旧作为心理补偿。张烈鹏在怀旧过程中一次次比对着人生的重量,一次次探求着生命的内核。

1.对亲情的抒写

张烈鹏的亲情文字,最大的特色是选材典型。《母亲看电视》描述了母亲看新闻联播、看医药广告、看天气预报等事件,而桩桩件件都是缘于对儿子的牵挂,事例典型而感人;《我的文盲母亲》抓住母亲的文盲身份去选材写作,赋予了情节的生动性和文字的震撼力;《随烟而去》打开记忆之门,将二爷爷抽烟的诸多回忆组合起来,绘就"一幅遭受烟熏火燎的古画,容纳了人间最真诚的亲情、最简单的生活和最朴素的哲学"。

注重细节描写,是张烈鹏此类作品的又一特点。读《岳父的背影》一文,谁也无法忘记他笔下岳父的背影。一次是深夜挂号时"疾奔的背影":"也许是跑得太快的缘故,岳父在零下十几度的寒夜里,竟然脱掉了帽子。通明的路灯下,他一头花白的头发间隐隐散发出白色的热雾。"第二次是寒风中排队的背影:"他双手插在衣兜里,紧缩着头,佝偻着身躯,不时地用力跺着双脚,只是从未离开排队的'长龙',始终坚守着自己占据的有利位置。"第三次是负重前行时扭曲的背影:"由于东西太重,又不平衡,岳父的右肩向上高耸许多,伸着颈,弓着腰,身体扭曲,两条腿也不时颤颤巍巍,一副吃力的样子。"第四次是在火车车厢里"晃晃悠悠的背影":"为稳住身子,避免摔倒,他不得不一手扶着车厢的内壁,一手抓住卧铺的床栏杆,步履蹒跚,缓缓前行。"作者选用"脱掉""散发""插""紧缩""佝偻""跺""高耸""伸""弓""扭曲""颤颤巍巍""扶""抓"等一系列动词,对岳父的背影进行了细致而准确的刻画,生动传达出岳父的种种艰难,有力凸显了他对"我"的真切关爱。类似的例子,在《母亲的泪水》《我的文盲母亲》《祖母的脚》等作品中,比比皆是。

以典型的素材和细腻的笔触来描绘亲情,自然就有了更加强烈的感染力量。而在人间万象中,亲情无不是纯真无瑕的,作者对亲情的抒写和怀念,反衬出来的恰是当下人情的冷落。

2. 对环境的忧虑

随着城市化进程的加快和工业文明的发展,沿袭数千年的农业文明日渐式微。在社会转型、文化更迭的过程中,人类赖以生存的环境惨遭破坏,这已经引起许多有责任感的作家密切关注。张烈鹏的一些怀旧散文就表现了这一主题。他以敏锐的眼光观察到自然环境和人文环境的衰变,挥动着犀利的笔发出石破天惊的呐喊。

在《家乡的老街》中,他惋惜:"随着集镇的开发,家乡的老街早已被改造出千篇一律的城市表情",倍加怀念心爱的老街;在《故乡的龙井》中,他感伤于龙井在小镇人满为患之际的迅速衰败,惦记着"它究竟还是不是我心中的样子";在《夏夜擒鳝的记忆》中,他发现:"随着化肥、农药等的广泛使用,随着生态环境的渐渐恶化,不知什么时候,秧田里的黄鳝销声匿迹了,夏夜擒鳝也成了永久的记忆",因此时时捡起记忆的碎片;在《又见大雪》中,他由感受和回忆大雪纷飞的日子,发出喟叹:"这些年,随着全球变暖、气候恶化,大雪越来越少了,坚冰越来越少了,麻雀也不知躲到哪里去了。水上溜冰、雪地捕鸟等等,都已经成为尘封的往事。"进而领悟到:"地球是人类共同的家园,我们每个人都应该精心呵护它,这样,才能够拥有优良的自然生态,才能够赢得大雪的频频光临。"张烈鹏对农耕时代清新优美的自然环境是流连的、陶醉的,对当前日益恶化的生态环境是忧虑的、愤慨的。这种怀旧,正是一个作家的使命感所在。

与自然环境相比,人文环境的精神意义更加突出,对良好的人文环境追忆和思念,无疑是高层次上的怀旧。张烈鹏在《远去的连环画》《元宵节琐忆》《端午恰似一杆秤》等作品中,就绘声绘色地描写了人文环境的嬗变:少儿读物的演进,传统节日的衰落,民族文化的瘦身……他在一个个撕碎了的旧梦中寄寓了对现实的焦虑和担忧。

3. 对人生的思考

张烈鹏出身农家,青少年时代经历过许多艰辛和苦难。难能可贵的是,他始终珍惜自己的苦难人生,并善于从中发掘精神宝藏。他有不少散文涉及这类题材,《童年的味道》《难忘小花猪》《卖炮仗》,就是其中的代表作。作者在这些作品中,生动地记叙了生活中的艰难困苦,并注重从精神层面汲取养分、思考人生、完善自我。正因为如此,作品有了充实的思想内容、突出的教育功能和较强的叙述张力。

(三)诗意:精神坐标的艺术构建

诗意地栖息在大地之上,这是生命的最高境界;诗意地构建精神坐标,这是文学的艺术价值。张烈鹏的散文,蕴涵着浓浓的诗意。从审美情趣看,不少篇章有田园牧歌式的清新飘逸。《二月》《家乡的塘》《描绘清明》《河畔中秋夜》等,就属于此类。它们以山水田园为审美对象,把细腻的笔触投向静谧的山林、悠闲的田野,创造出一种田园牧歌式的生活,借以表达对宁静平和生活的向往。在《描绘清明》中,作者"把清明描绘成一个山水田园间的绝色女子","是俏丽的,有着质朴自然的美""是温柔的,缠缠绵绵陶醉了整个神州大地""是孝顺的,一成不变地恪守着传统的美德"。诗情画意溢于言表。在《春寒》中,面对突如其来的罕见春寒,作者通过细腻描绘和反复发问,得到了许多有益的暗示和希冀,明白了"即使再严酷的春寒,又怎能挡得住春天的脚步"这一人生哲理。总之,张烈鹏的这类作品,都能凭着对大自然敏锐的感受,抓住自然的色彩、声音和动态,或素描,或刻画,清新怡人,挥洒自如,意趣独到。

  从文本结构看,张烈鹏的散文有一线贯珠的精巧灵动。无论是并列式结构,还是递进式结构,总有一条线索贯穿始终,做到了形散神聚。《五月》以色彩为线索,写出了岁月的缤纷五彩;《很想听听你的声音》以声音为线索,抒写了开心、忧愁、忙碌、寂寞各种情境下的内在体验和思想感受;《爱的细节》以"爱"贯穿始终,生动地描绘了母子之间的亲情细节、夫妻之间的爱情细节、师生之间的友情细节,昭示了"大爱尽在细微处","只有读懂了爱的细节,才能够读懂乃至拥有阳光普照的人生"的深刻道理;《通往母校的路》以"路"贯穿全文,写活了小学、中学、中专、大专自考、本科函授等不同阶段的学习生活,注入了许多理性思考;《又是校园开学时》以时间为序,撷取了不同年代9月1日的不同画面,显示了时代的变迁;《我的"三级跳"》以我与广播的情缘为红线,通过记叙自己听广播、写广播稿、评播等经历,表达了对广播事业的情愫……明晰的线索,使得作品结构紧凑,脉络分明,纵横捭阖,收放自如。

  从语言风格看,张烈鹏的散文有含蓄隽永的艺术个性。张烈鹏有着很深的古文功底和丰厚的生活积累,运笔成篇时既典雅又生动。至少表现在以下几个方面:

  一是多种多样的辞格。张烈鹏娴熟地使用比喻、拟人、排比等修辞手法,字内行间文采斐然。在他的笔下,"老屋像一幅水墨画,酣畅的笔墨浸透了我记忆的宣纸"(《想念老屋》),设喻独特精到;在他的笔下,"田埂默默无闻,从不争名夺利。它们纵有成千上万条,也无一例外地共用一个称谓,谁都没有自己独有的名字。它们不像其他道路那样,赤裸裸地把自己的街名、路名标榜出来,巴望着所谓的名垂千古"(《家乡的田埂》),

拟人恰到好处,使得田埂不争名利的形象呼之欲出;在他的笔下,"洪泽湖笑傲沿淮,纳百川而归大海;城西湖静卧蓼都,藏千军而建奇功;瓦埠湖泽被楚国,呈万象而得美名"(《淮河赋》),排比句式的使用,平添了磅礴气势和艺术魅力。

二是骈散结合的句式。张烈鹏善用整句,以整句传神、出彩;也有散句,以散句写人、叙事,整散结合,张弛有度。

三是炼字成金的功夫。尤其是动词的使用,反复推敲,出神入化。比如《腊月》中的一句:"腊月是大度的,是有魄力的,他以自身的纯洁美好,把一年来的风风雨雨全部掖进腰囊,把大千世界的诸多龌龊抹了个干干净净。""掖",形象地写出了动作的干脆利索,传达出一种魄力和气度。再如《淮堤上的民居》写道:"蹲在长龙般的淮河堤坝上。"一个"蹲"字,把淮堤上民居矮小的特点表现得十分生动。

有现实的厚度,有思想的高度,有表达的力度,这是张烈鹏散文的成功之处,也是他多年来孜孜以求的艺术结晶。

二、张烈鹏的诗歌:自由心灵与诗歌的力量

张烈鹏是一个生活的歌者,他的诗歌题材广泛,处处闪现生活的真义,在他的笔下,自然现象、现实情境、人生感怀、爱情、亲情、友情,思乡、念旧、相知均能入诗。他用多彩的诗笔,不但揭示了生活的真谛,还建构起一个自我精神对象化的诗意世界。在这个世界里,诗人能超越凡俗的物质世界的一切羁绊,他的自我应该是无比强大的,也是无比自由的。

思乡诗是张烈鹏诗歌中重要的部分,张烈鹏以细腻的情感写出了故乡对游子的召唤和游子对故乡的依恋。

"用弯弯的小路为绸带/把故乡的田野扎起来/寄给你/可是,谁又是/最可靠的邮差/用朦胧的月光为信封/装入故乡的风情万种/寄给你/可是,鸿雁可否捎去/那么多的内容/用四季的风雨为彩笔/书写故乡的每一个朝夕/寄给你/可是,你能否

辨认/是谁的字体"(《寄》)

"人在天边/足迹却在你的心田/泪在眼眶/却为何打湿了你的衣衫/墨迹未干/却成就了柔情千年/步履蹒跚/却走出了永远永远"(《游子的故乡》)

这是张烈鹏思乡系列诗歌中的前两首,大体体现了他的思乡诗的总体精神结构。张烈鹏将他诗歌的总标题定为"遥寄——梦中的家园","遥"昭示了距离,正是因为有了距离,才有牵挂,有了牵挂才有召唤,这是故乡对远方游子的牵挂与召唤。"梦中的家园"不仅仅具有现实故乡的意义能指,更是游子的心灵依归,是游子的精神栖息地。

在张烈鹏的笔下,春燕、春雨、秋夜、秋雨、春色、秋色,每一次花开,每一次雨落,每一个节日,每一个村庄,都寓含着故乡的故事和回家的感觉,以及绵延不绝的乡思乡愁,所有这些,都源于诗人对故乡的热爱:

"最爱恋心中的那个老巢/一年年牵着春风数万里寻找/不在乎它的简陋和狭小/更不问主人的地位究竟多高/一趟趟衔来春泥将它筑牢/不变的痴情写就无字的风骚/总是对老窝唱个不停/唱出了人世间最好的歌谣/总是让老窝热热闹闹/这热闹又岂不是心灵的拥抱"(《春燕》)

"谁把泪水抹得/满天都是/莫非你又在望乡/悄悄地哭鼻子/春风最懂得温柔/无声地为你擦拭/却在泪痕里/成就了婉约的词/大地的衣襟湿漉漉的/那么多红花绿草/欲言又止/在晶莹的泪光中/被你染上了乡思"(《春雨》)

诗歌是人类精神的对象化,是心灵的外化,诗人也许并没有长久离开过生于斯长于斯的家园,也没有那种真正的漂泊体验,但是,诗人依靠对生活的独特敏感,准确把握和传达了这种情感。正是因为在诗人的内心,故乡具有无尽的包容性,也正是因为在诗人的内心,永远有着这样的家园,他的内心才无比的强大和自由。

"回乡的路究竟有多长/煦暖的春风在一次次丈量/地图上那一点点距离/却分明占用了漫漫时光/回乡的路究竟有多长/湍急的江水在日夜奔忙/虽然闯过九曲十八弯/为什么大海依然在远方/回乡的路究竟有多长/南飞的雁阵在展开翅膀/纵然挣扎到筋疲力尽/也要回归梦中的村庄"(《回乡的路究竟有多长》)

这首诗写出了归乡的艰难以及归乡的决绝。诗歌运用反问的方式,不仅对现实的生存处境进行追问,也对常规的理性规范进行追问,其中蕴涵的仍然是对故乡的热爱和思念之情。排比句的运用,不但增强了诗歌的音乐感和节奏感,同时也使得情感宣泄不可阻挡。

值得注意的是,张烈鹏不仅写了大量传统思乡题材的诗歌,还写了为数不少有关打工群体思乡的诗歌,这是一种独特的"现代性"体验。随着现代化进程的推进,城乡二元对立的格局逐渐被打破,大批乡村青年奔向城市,希望在城市中实现理想。这些进城的乡下人,内心充满了复杂的矛盾情感,一方面极力地融入城市,想改变自己的乡下人身份,但同时又因为这种强烈的身份意识反而带来了巨大的身份认同的焦虑,最终很难真正地融入城市,他们与城市总是格格不入,与城市是一种"在"而"不属于"的关系,也就是在这时候,这些漂泊的游子对故乡的思念之情最为浓烈。

"总有坚硬的皮鞋踩在身上/没人关注脚下的痛痒/呼啸而过,大大小小的车辆/碾压中有多少冷酷和疯狂/噪音刺耳,尾气排放/麻木了水泥路呆滞的脸庞/夜深人静时依然惆怅/路灯正不怀好意地满街张望/真不如做那乡村的田埂/总是被无名花草染得喷香/一双双赤脚传递着体温/千万盏萤火为它照亮/青蛙的歌喉一声声高亢/秧苗献上清新的诗行/即使在风雨中满身泥泞/又何尝不是舒展的模样"(《城市的街道》)

"我把故园装进拉杆箱/踯躅在都市的熙熙攘攘/一路承载

了太多的重量/拉杆箱的脚步总是踉跄/街面的水泥坚硬如铁/箱底的滑轮遍体鳞伤/红绿灯在路口不停地闪亮/城市的表情虚幻而夸张/拉杆箱喘息着驻足遥望/一条条街道依然漫长/短小的拉杆渐渐无力/满载的乡愁将置于何方"(《拉杆箱》)

　　这两首诗写出了城乡的反差,这种反差不仅仅是物理属性的,还是心理体验的。《城市的街道》表现得更为直接,诗歌运用对比的方式,写出了城市的冷酷、麻木和疯狂,乡村的温暖、幽静和清新。《拉杆箱》写出了城市的虚伪和夸张,以及乡下人进城的迷茫,虽没有对城乡做出直接的对比,但其中寓含的价值取向则是相当明确的。尤其值得注意的是,在这两首诗中,诗人都使用了典型的具有现代性特征的意象,"城市的街道"和"拉杆箱"无疑彰显了现代社会的进步,但正是这种进步带给了一个特定群体"城市恐惧症"和"乡村忧思病"。在以下这首《不如删除所有的节日》中,这种纠结的心灵体验被表达得更为淋漓尽致。

　　"岁月的键盘/应该安一个删除键/把所有的节日全部删完/删除节日/就删除了团团圆圆的年夜饭/删除了元宵花灯闹翻天/删除了龙舟竞渡笑声喧/删除了八月十五月儿圆/日日夜夜/一样的平平淡淡/岁岁年年/不再有/每逢佳节倍思亲的/双双泪眼"(《不如删除所有的节日》)

　　张烈鹏在诗歌中多次写到节日,比如《中秋》《腊八粥》《过小年》《年关很近,乡关很远》《春节回乡的客车》《某个村庄的年关》《立春》《清明》《粽子》等等。传统节日常常蕴涵着丰富的文化意涵,被赋予特定的意义,它使一个民族获得了相对稳定的共通的心灵体验。每逢节日,人们总是能够因某种文化上的因由被牵系在一起。但在这首诗歌中,诗人却表达了一种遭受阻拒的心灵体验,节日不但不能让人们团聚,反而增添了更多的乡愁。张烈鹏有着深厚的传统文化的"根",同时在这一传统文化之"根"的滋养下,获得了足够的心灵张力。

诗歌是社会生活的反映,诗人作为社会中的一员,也感受着时代社会文化的变迁,同时更敏感地感受着这一文化变迁给人们内在心灵带来的巨大震荡,所以张烈鹏虽不是一个背井离乡的"打工仔",但他却敏锐地感知了这一独特群体的心灵体验,这也构成了他诗歌中最独特最有分量的部分。

除了《永远的六十年》等少数几首长诗外,张烈鹏的诗歌大多是"小诗"。这些小诗无论是意象的选取,还是意境的营造,都非常朴素、自然和清新,诗歌的意旨也澄明透彻,毫不晦涩。

"是谁把夕阳嵌入蓝天/成就了大自然绝美的浪漫/彩霞红着脸奔走相告/秋风在稻浪上抚掌赞叹/是谁把一颗心嵌入思念/抒写了人世间最美的情感/一份愁重于那关山千里/一滴泪能打湿春秋万卷"(《嵌》)

"袅袅升起的炊烟/牵着我儿时的心愿/弯弯曲曲的小路/牵着我走出乡间/一头如瀑的秀发/牵着我滚烫的视线/一架美丽的金桥/牵着我不变的情感"(《牵》)

"我在春风中捡拾你的气息/竟捡起了花香万里/我在小路上捡拾你的足迹/竟捡起了那么多的回忆/我在诗书中捡拾你的泪滴/竟捡起了情感的妙笔/我在岁月里捡拾你的传奇/竟捡起了永远的甜蜜"(《捡拾》)

"是你长长的辫子拍打腰间/是我用手轻抚着你的脸/是你深夜遥望的月儿弯弯/是我将烟头扔下独凭的栏杆/是相见时你落下的一组粉拳/是夕阳下我们佝偻的躯干/是百年后那一双蝴蝶起舞翩翩"(《弧线》)

"相思是那弯清瘦的月亮/一半是笑脸/一半是断肠/相思是那坛千年的陈酿/一半是缠绵/一半是奔放/相思是那本婉约的词章/一半是墨迹/一半是泪光/相思是那种银河的守望/一半是织女/一半是牛郎/相思是那条奔腾的大江/一半是故园/一半是他乡/相思是那轮美丽的夕阳/一半是黄昏/一半是辉煌"(《相思》)

这些小诗节奏明快,干净洗练,朴素得像乡间民谣。面对汹涌而至的商业文化大潮,诗人没有以躁动的心灵去投身物欲,背身离去放弃诗歌,而是能够以独立自由的姿态超越现实环境的囿限,坚守自己的精神家园,这应该得益于他拥有的自由心灵,从诗歌中,他同时也积聚了属于自己的话语力量。

"莺声燕语婉转／一声声／翻译着美好的春天／小河流水潺潺／一程程／翻译着壮丽的江山／鸿雁渐行渐远／一回回／翻译着迢迢的思念／有人将栏杆拍遍／一次次／翻译着情感的经典"(《翻译》)

"独坐幽篁／拥有最美丽的画廊／微风吹响竹笛／旋律在月色中流淌／鸟鸣婉转悠扬／抒写着温馨时光／翠竹挺立相伴／散发着缕缕清香"(《独坐幽篁》)

"新古典主义",是张烈鹏诗歌作品的标签。诗歌集《梦中的家园·遥寄》里的诗作,虽然内容各不相同,有的思慕故乡,有的描摹生活,有的抒写情感,但是都有一个共同之处,那就是:它们的字里行间,都流露出了浓浓的古典气息。张烈鹏善于从中国古典诗歌里面,提炼出精华,并把它们带入现代语境之中,使得其诗歌作品具有独特的审美情趣。

"车厢里总是塞了又塞／人和乡愁一起超载／从天南地北不同的方位启程／却让同一首歌响彻长城内外／归心似箭／千里冰封脚下踩／回家过年／关山挡不住炽热的情怀／当客车疲惫地停靠在大年的站台／它依然侧耳聆听着／驮回来的乡音是否更改"(《春节回乡的客车》)

张烈鹏还善于使用动词,他不少诗歌甚至就用动词作标题,比如《嵌》《牵》《寄》《吻》《读》《剪》《关》《衔》《系》《捡拾》《串联》等等,在《春节回乡的客车》这首诗中,"塞""踩""挡""停靠""侧耳聆听""驮"等动词的运用,使得诗歌气韵生动,情境感人,这需要熟稔的艺术技巧,更需要对归乡者有真切的心灵体察,唯如此,才能在浓郁的诗意之外呈示真实的心灵。

三、张烈鹏的小说创作

张烈鹏的小说有显著的荒诞色彩,他常常借历史人物或传说人物的那张"皮"来演绎完全不同的现代故事,讽喻在现实生活中人们已司空见惯的一些丑恶现象,把五花八门、形形色色的毫无价值的东西撕破给世人看。如《某厂长在情人节庆祝会上的讲话》,着重表现少数领导干部看重权位、利欲熏心、患得患失,"又想当婊子又想立牌坊"的丑恶嘴脸;《胡屠户发财记》则讽刺那些身居高位的领导的亲属挖空心思,胡作非为大发横财的不法行径;《秦香莲与包公秘书的通话实录》则表现在商品社会中一些人善恶不分,放弃原则,只图实惠,一切向钱看的扭曲心态。这些人物和故事看上去是荒诞不经的,但其主题和思想内涵却是相当严肃的。

张烈鹏的小说构思奇巧。作者善于把一些读者很熟悉的历史人物或传奇人物放到当代社会的特定环境之中,从而演绎出完全不同、令人啼笑皆非的新故事来。像秦香莲、胡屠户、愚公等,都是家喻户晓的人物,然而他们都出人意料地以迥然不同的另一种身份、另一种形象、另一种思维形态和处事方式出现在故事中,让读者惊诧之余,哂笑之余,掩卷反思。他的"官"字系列小说,每一篇都是奇思妙想,匠心独运。《官疾》生动的描述了一个名叫"尹响"的孩子因受到当局长的父亲影响,引发的如在作业本上作批示、把课堂当会场、把家中来的女孩子当小姐、把邮递员送来的信件当现金等一系列闹剧,从侧面揭示了官场的腐败。《官犬》写的是乡长家"个性独特"的大狼狗,对带着礼物进门的人大献殷勤,对于将乡长家东西往外拿的人坚决出击,结果在县长及其秘书到乡长家中坐坐的时候,大狼狗反而惊吓了赤手空拳、大摇大摆进门的县长,咬中了从乡长家告辞出来、替县长拎皮包端茶杯的秘书。作品通过夸张、变形等多种手法,在奇特巧妙的构思中,达到了揭露和讽刺社会丑恶现象的艺术效果。

张烈鹏小说的第三个特征是语言的简洁、生动和诙谐幽默。如《某厂长在情人节庆祝会上的讲话》中将"某厂长"的语言,描绘得惟妙惟肖,妙趣横生。通过这些生动形象的人物语言,使人物形象栩栩如生,呼之欲出。

四、张烈鹏的文学评论

张烈鹏的文学评论,主要有三个特点:一是短小精当的评论样式。张烈鹏的文学评论基本上属于文学作品论,而且多为瞄准单篇作品发表理论创见的千字短论。作者选用这种体裁样式,既紧跟当今社会的快节奏,适应新形势下读者的阅读需求,有效避免长篇阔论无人问津的尴尬,又完全符合评论对象多为短篇小说和千字散文的实际,实现了形式和内容的有机统一。二是社会分析的评论方法。作者注重从文学的本质属性即社会性、历史性入手,运用马克思主义的社会价值观和历史发展观来分析研究作家作品等文学现象,不仅深入挖掘作品的思想内容,也客观评价作品的艺术形式,达到了"两有":其一,有深度。作者善于从人物、情节、环境、意境等要素入手,进行艺术的再创造,层层发掘作品的内核。《短篇现实主义佳作》一文,重点分析戴厚英小说《生命隧道》中揭示的社会转型期现实生活的种种尴尬——爱情的尴尬、文学的尴尬、理想的尴尬,帮助读者看清了当今社会伦理道德的缺损、文学艺术的衰落和理想世界的苍白,可谓深中肯綮,入木三分。《唤回人间的真情》,则抓住"真"字做文章,重点剖析韩天航的小说《养父》中主人公沙驼的人性美,实现了评论主体与作品之间和谐一致的情感交流。《由大师感悟人生》《一枝红杏出墙来》《喜怒哀乐熔一炉》《谁家新燕啄春泥》《横看成岭侧成峰》《一枝一叶总关情》等评论文章,也都深挖细掘,直逼主题,颇有深度。其二,有新意。作者在鉴赏文学作品时,善于通过新的视角,发现新的现象,取得新的成果。在《新写实小说的重大收获》一文中,作者大胆剖析刘醒龙小说《白菜萝卜》中的性描写,深入分析其在刻画人物、表现主题上的积极作用,见解新颖独到。《工业园里的春消息》在评论谈歌的小说《年底》时,紧扣作品的思想内容,把作品标题的双重寓意和奇特功用挖掘出来,令人耳目一新。《一路拾花醉春秋》在系统评论拾花女人的散文创作时,提出了"组画式"结构、"诗散文"等新的散文观,富有创新色彩。正如辽宁作家侯德云在《张烈鹏的纸上行走》一文中所评论的那样:"从张烈鹏的评论中,我们可以看到他理性的触角是多么的敏捷",他"能以寥寥数语点到作品的妙处,读来有一种畅快淋漓之感"。三是严谨洗练的语言风格。作者一方面注重借鉴学术论文的语言特色,遣词造句准确严密,术语使用恰到好处;另一方面认真汲取文学作品的营养成分,在整饬中求生动,在洗练中见形象,具有游刃有余的功力和引人入胜的魅力。

第七节　方雨瑞的文学创作

雨瑞,原名方雨瑞,男,出生于 1955 年,1982 年毕业于安徽大学中文系。曾任皖西博物馆馆长多年,现任六安市文物管理局副局长、文博副研究员、安徽省作协理事、安徽省散文学会理事、中国微型小说学会理事、六安市作协副主席。

方雨瑞自 20 世纪 80 年代开始创作,创作小说、散文、报告文学 400 多万字,曾在《北京文学》《萌芽》《作品》《文学青年》《安徽文学》《希望》《百花园》《读点》《小小说选刊》《微型小说选刊》《中学生阅读》等杂志和《中国文化报》《新闻出版报》《中国审计报》《中国纪检监察报》《中国红十字报》《报刊文摘》《北京晚报》《齐鲁晚报》《合肥晚报》《安徽日报》《文化周报》《微型文学报》《中国微型小说报》等报刊上发表多篇文学作品。出版个人文学专著有小小说集《别说再见》《雨瑞精短小说散文选》《老城旧事》《遇上你是我的缘》,散文集《岁月留痕》等。近几年,作者致力于六安本土题材的历史传奇小说的创作,有长篇小说《六安王国》《大汉刘安传》《淮南王英布》等;中篇小说《风雨一品斋》《茶墨缘》《汉武帝南巡轶事》等;短篇小说《神算云

图二十七　方雨瑞

七》《老城旧事》《八公山豆腐传奇》《妓盗奇缘》和《盗墓者说》(系列8篇)等。

雨瑞的老家在一个山区小镇,童年时家境贫寒,父亲在一家大集体的商店里卖杂货,母亲是家庭妇女,家里都是老实本分的乡下人。雨瑞少年时最爱读的书是《水浒》,常自叹生不逢时,空有一腔"杀富济贫,除奸锄恶"的壮志。雨瑞自言:"此生受文学之害犹深。至今执迷不悟,痴心不改。"坦陈:"我这人,一爱青山绿水,二爱文学艺术,三爱游戏玩乐。"

一、揭示人生世态的真相——雨瑞的小小说创作

雨瑞的小小说在读者中影响很大,是中国第一代小小说代表作家之一,发表小小说作品300余篇。其小小说代表作《断弦》《家庭文件》《别说再见》《写信》《破镜》《日子》等分别在各类小小说竞赛中获奖,并入选国内外50多种小小说选集。雨瑞从历史和现实取材,运用机智巧妙的构思,幽默诙谐的笔调,去揭示人生世态的真面目,小说写得有趣而耐嚼。

(一)传奇小说:揭示历史人物的双重性格和悲剧命运

《老城旧事》堪称雨瑞的代表作。小说最大的成功在于:刻

画了一个绵里藏针、笑里藏刀的圆形人物——朱权。朱权与徐恒称兄道弟,朱权北上入京参加秋试的二十两银子,乃徐恒所送。后来,朱权衣锦还乡当了州官,徐恒却被人陷害,图影描形悬赏缉拿。朱权假借兄弟情义将徐恒骗进了衙门:"得意兄,我岂不知你冤枉?然我能有今日,全凭吏部尚书王大人鼎力栽培。离京赴任前,王大人曾再三叮嘱,务要拿你归案,我焉敢不从?思来想去,此事万难两全,只

图二十八 《古镇传奇》

好委屈仁兄了。况且即使换了别的州官,也会照此办理的,只是方法不同而已。你我兄弟一场,我不愿瞒你,也请仁兄成全愚弟这一遭吧!"说完脸一拉,喝道:"来人,将徐犯打入死牢!"半月后,徐恒被判死罪,开刀问斩。斩后,朱权将其厚棺盛葬,并率众在其坟前恸哭,声泪俱下:"我与仁兄虽情同手足,但皇子犯法,与庶民同罪,我焉能网开一面?吾身受皇恩,岂敢因私废公,徇私情而枉国法,遭天下唾骂?吾为一方百姓父母,实在身难由己,只好忍痛割爱,大义灭亲。万望仁兄在九泉之下宽之恕之……"在场众人,见朱权捶胸顿足,痛不欲生状,无不为之动容。朱权表面上把徐恒当兄弟,实际却因利忘义,是一个典型的道貌岸然的伪君子。让人深思的是朱权不仅欺骗了徐恒,而且欺骗了全州百姓,更欺骗了历史。小说最后写道:"至今六安城中老年人都知道六安古代出过一位姓朱的清官。"《老城旧事》虽然是一篇历史小说,却在还原历史的同时观照现实,警醒后人。

(二)现实题材小说:以小见大,见微知著

入选《中国新文学大系 1976—2000·微型小说卷》的《断

弦》,是这方面的佳作。为了树立一个五好家庭典型,市妇联工会讲师团5432办公室,以及左邻右舍亲戚朋友领导同事,都苦口婆心、语重心长上门做工作,终于使这对夫妻破镜重圆。于是,报社电台电视台各路记者纷至沓来,一遍又一遍采访,双方单位领导也一遍又一遍在大小会上广泛宣传。与这种热闹场面相对应的,是夫妻之间和好外表下的煎熬。他们仿佛是偶然住进旅店里的两位文明旅客,"请""对不起""谢谢"之类文明礼貌用语,整天挂在嘴边,日子过得非常压抑、沉闷与无聊。重新分开,是他们的必然选择。可是,这样做会触犯许多单位和许多人的既得利益。如果他们离婚,这面"五好家庭"的旗子就会倒下,许多单位和许多个人的努力,将会付诸东流。所以,办事处老太太不同意他们离婚。第二天,一批又一批邻居亲友同事领导,又络绎不绝地出现在他们面前。夫妻二人只好骗他们说:"请回吧,我们和好了!"表面上看,他们苟活着,整天照样吃饭睡觉,似乎像正常人一样。实际上,他们的精神已经处于崩溃边缘,他们的灵魂已经死亡。这个家庭貌似美好,实则已经毁灭。悲剧形成的原因,值得我们反思。尤其值得我们警惕的是,制造悲剧的人,反而以"救世主"和"胜利者"自居,不以为耻,反以为荣,这样的"好人"令人警醒。

《寻找阿凡》中酷爱诗歌的韩梅,苦苦寻觅的当地诗歌才子,居然是她憨厚话不多爱笑的老公朱新国。这印证了一句俗语:人不可貌相,海水不可斗量。看来,认识一个人还真是不容易,不仅要观其言,更要察其形。陈川在爱荷咖啡屋只喝了一杯咖啡,就被老板娘狠宰了一刀才放行。令他始料不及的是,老板娘居然是他中学时代的恋人。物是人非,让人感慨万千。方雨瑞的小小说在描写生活百态中,展示了人性的复杂,读来令人深思。

(三)语言幽默诙谐,富有生活情趣

方雨瑞是个率性而为散淡随意的人,幽默而不油滑,玩笑而内蕴严肃,且不为名利所累,做人作文都自然自在。他的小小说言简意赅,亦庄亦谐,字句间洋溢着自信的大气。

"在老秦弥留之际,老尹赶了过去。老秦听了老尹的一声呼喊,突然回光返照,清醒了过来,睁开眼,望着老尹一会,叹了口气,说:我一直以为我能参加你的葬礼哩,人哪,总还是犟不过命呀!"(《等着参加你的葬礼》)

"吃着喝着,喝着吃着,老丁嘴角边上又粘上了一片小菜叶。不少的人都在暗地里偷笑。但他们汲取了上一次的教训,谁也没有指出来。冯科长当然心里也急,皱着眉头想了想,便掏出手机,给老丁发了一个短信。老丁听到手机铃声,取出手机一看,心里明白了,随手抓起桌上的小毛巾,假作擦汗状,趁机擦去了嘴角上的菜叶。以后凡有饭局,老丁必带冯科长出席。没多久,局里的文件出来了:经研究决定:任命冯明同志为人事科科长。"(《留在嘴角的菜渣》)

"文教授出院时,缴了四千多元的医疗费,其中有近两千元是属于自费的部分。老伴是学数学的,回家算了算,这笔自费的部分可以买高峰期的居民用电三千多度,如果全部用于烧水,大约可以烧两万壶。"(《失算》)

"老瞿绞尽脑汁,最终编织了一个自以为比较严密的'见义勇为'的故事:昨晚,瞿从发同志和几位中学老同学在'天地一家'酒店聚会,下楼时,其中一位同学因酒醉失足险乎摔倒,在这千钧一发之际,瞿从发同志不顾自身安危,一个'旱地拔葱',以迅雷不及掩耳之势窜上前来,又是一个'饿虎扑羊'之势抓住了该同学,致使该同学化险为夷,转危为安,可瞿从发同志却不慎被楼梯扶手所磕碰,磕伤了嘴唇……"(《圆谎》)

"文稿按例送'大佛'审阅。没大一会儿,文稿退回,只见末尾一句被红笔改为:'该同志的不足之处是有时出差因过度疲劳睡觉时打打呼噜,有影响别人休息的可能。'贾秘书阅罢,倏然色变,失叹曰:'真乃强中更有强中手也!'"(《高手》)

"这么一来,韩老师恋爱对象的范围就变得异常狭小,谈了几年,吹了一个又一个,只觉得像是在一勺一勺地喝着忘了放盐的菜汤,一点意思也没有。倏忽之间,韩老师芳龄已是二十有八了,仍是小姑独处,人不犯我,我不犯人。"(《寻找阿凡》)

作家白榕称方雨瑞为"一架幽默的摄像机",指出他"在如此局促的地盘上,要营造一个个完整而可信的'小说世界',并且暗藏进辛辣、抑揄,调侃和嘲弄,这就注定了作者必须具备准确的洞察力",认为他的"幽默感使人摆脱了平庸,表露出信心和智慧"。

二、回望历史——雨瑞的历史传奇小说创作

作为六安本土作家,方雨瑞通过查阅相关历史资料和对当地民间传说故事的搜集整理,在历史背景真实的基础上,遵循"意料之外,情理之中"的创作原则,创作了一批具有文学性、史料性、趣味性和可读性的历史传奇小说。

方雨瑞的历史传奇小说笔力遒劲,人物鲜活,故事曲折,雅俗共赏。《大汉刘安传》便是其中的代表作。

《大汉刘安传》是关于西汉淮南王刘安的传记小说。淮南王刘安是中国古代史上的著名人物。他不仅是影响西汉政治历史发展进程的一位政治家,同时,他也是推动西汉文化发展繁荣的文学家和哲学家。

图二十九 《大汉刘安传》

他组织编撰的《淮南子》,在中国文学史和哲学史上都有着重要的地位。除此之外,他还发明了中华美食——豆腐,在中国饮食文化史上留下了浓墨重彩的一笔。

刘安谋反案一直是中国古代史中一个争议颇多的谜案。多年来,有许多史学专家和学者对此进行质疑。《大汉刘安传》

以史书记载为基础,独辟蹊径,详细介绍了淮南王刘安成长、成熟、成功、成仁的漫长人生经历,再现了西汉自文帝、景帝至武帝这个历史转型期间,中央政权与诸侯国之间扑朔迷离、异象丛生的矛盾斗争,塑造了从中央政权、诸侯国领导集团、江湖侠士到底层民众的多姿多彩、栩栩如生的人物群像,尤其是对武帝时期长安和寿春两大文化中心的斗争、较量的描写很透彻,作者娓娓道来,鞭辟入里,既尊重历史,又不乏灼见,深刻地剖析了"淮南谋反案"的政治、历史和文化背景,尖锐地揭示了"淮南谋反案"背后的曲折隐情和惊人内幕,大胆地对"刘安谋反"这一历史悬案提出了质疑,为世人重新认识"淮南谋反案",重新认识政治家刘安、文人刘安、道教信徒刘安、豆腐之祖刘安打开了一扇新的窗口,提供了一条新思路,为解释刘安谋反案的深层政治历史原因、还原历史真相提供了一个新的途径,不光令广大读者耳目一新,也为史学家提供了一个重要的参考元素和研究方向。

近几年,作者在中长篇历史传奇小说创作方面投入了更多的精力,创作出一批引人注目的优秀作品,代表作有《六安王国》《淮南王英布》《风雨一品斋》《茶墨缘》《汉武帝南巡轶事》《神算云七》《八公山豆腐传奇》《妓盗奇缘》《老城旧事》等。

第八节 陈巨飞的文学活动

陈巨飞,男,汉族,中国民主同盟盟员,曾用笔名四野(2003—2004年)、木槿花突然开(2005年,"榕树下"文学网站昵称),2006年时,经诗人何冰凌建议,开始使用本名"陈巨飞"发表作品。现在国内知名传媒集团担任高管,大型文化项目"国际诗酒文化"总策划和总负责。系安徽省作家协会会员,安徽80后诗歌领军人物,安徽文学院第四届签约作家。大学期间创办河畔诗社,为首任社长;曾负责《映山红》《淠河》等本地文联、作协刊物的编辑工作;曾在本地文学团体任职,如任皖西作协法人代表、秘书长,六安市作协办公室主任,皋陶诗联副会长、秘书长,《大别山诗刊》理事会秘书长等。

陈巨飞主要从事诗歌、小说创作,已经初步形成个人风格,在一定范围受到认可,其创作事迹被《新安晚报》《市场星报》《江淮时报》等媒体采访报道。其诗歌被《中国文学》《中国诗歌》《诗歌月刊》《诗林》等推荐,入选《感动中学生的 100 首诗歌》《21 世纪诗歌精选》《中国诗歌排行榜》《中国诗歌精选》《中国诗歌年鉴》等权威选本

图三十　青年诗人陈巨飞

20 多种,诗歌《湖水》入选最畅销语文课外阅读教材《这才是最好的语文书(诗歌卷)》,诗歌作品获得过第二届中华校园诗歌节大学生组二等奖、第三届中华校园诗歌节教师组一等奖、首届安徽诗歌奖新锐奖等奖项,出版有《受降书》《时光书》《少年史》三部诗集。其小说被《安徽文学》多次推荐,入选"安徽省中长篇小说精品工程",获得过 2015 年度《安徽文学》小说奖提名奖,以及安徽省"网络原创消防文学大奖赛"长篇小说类三等奖等。

陈巨飞 1982 年 11 月 28 日生于安徽省六安市裕安区西河口乡江家店村匡冲村民组一个普通农民家庭。匡冲地处大别山腹地,西邻金寨县响洪甸水库,南接霍山县诸佛庵、小七畈一带,可谓"鸡鸣三县"。匡冲是大山之间的一道沟谷,曲折幽深,绵延近十里,故当地人称之为"匡十里"。大山的阻隔使匡冲的交通、通信极其不便,据陈巨飞《时光的诗篇》(发表于《安徽文

学》2012年第7期)中介绍,匡冲"1995年才通电",至今也没有手机网络的信号。虽然凋敝落后,但匡冲安静宁谧,春夏秋冬各有景致,真切的乡村生活、淳朴的百姓人家、优美的自然环境,给了陈巨飞以美的感受和熏陶。类似于湘西之于沈从文、高密之于莫言,陈巨飞的作品中沉潜含蓄的力量往往来自于他的写作根据地也就是出生地——匡冲。陈巨飞于2003年考入皖西学院中文系汉语言文学专业,2007年毕业。大一期间任春泥文学社编辑、主编,主编了《春泥》第25期和26期,策划了27期"小说专号"。大二期间创办河畔诗社并任第一届社长,策划、主办"皖西学院第一届校园诗歌节"系列活动。2005年暑假,陈巨飞开始在六安市文联长期实习,参与《映山红》的编辑工作,在写作上受到当时的市文联组联部主任、作家胡传永的指导和帮助。

毕业后,陈巨飞在六安中学入职,当了一名语文老师,同时负责学校校报的编辑工作。2008年被推荐到六安经济技术开发区管委会工委、管委办公室工作,任开发区主要领导秘书,负责开发区文字和宣传工作。因为对机关文字工作的反感,同年秋,陈巨飞辞职回到六安中学,之后在那里一待7年,历任教师、班主任、学科组长、年级部副主任、教研室主任。2013年暑假,他布置了十道新颖别致的暑假作业题,如学做一道菜、学唱两首歌、看三部电影、新认识五种动植物、采访一位70岁以上老人、给班主任写一封信等等,旨在培养学生的实践能力、动手能力、思考能力等。暑假作业题传到网络后,引发了各种媒体的关注,中央电视台派记者对陈巨飞进行了采访,并且在13套(新闻频道)"焦点新闻"和1套(综合频道)"晚间新闻"予以播出,对该暑假作业充分肯定,称之为"史上最牛暑假作业"。2015年,陈巨飞加盟六安实验中学,任学校董事会董事兼教务主任。

2015年,陈巨飞接受山东卫视的邀请,参加其教育真人秀节目"我是先生"第一季的录制,成为唯一一个登上"我是先生"节目的安徽名师。陈巨飞在节目中向央视名嘴李咏、文化大咖马未都、相声新秀高晓攀和女神学霸寇乃馨等"好学团"成员传授高考作文心得,自创作文教学"一三五七九"五字心诀,获得好评,被媒体称为"作文宗师""高考战神"等。该节目在山东卫视播出后,应观众要求,陈巨飞在"我是先生"的微课堂,又给全国各地的观众上了一节"作文学渣逆袭攻略"的微课。

陈巨飞获得第二届"皖西好老师"称号,在省、市语文优质课大赛中获得佳绩,作为核心成员参与安徽社科院课题"中学语文选修课教学策略"研究,发表多篇教育教学论文,是一位有一定成绩的语文教师。

2017年,陈巨飞离开六安赴北京工作,告别教师岗位,在中视华凯传媒集团任传播管理部总经理,全程负责集团大型文化项目。

一、文学启蒙之路

据陈巨飞回忆,他最早的文学启蒙读物是一本没有封面的《儿童文学》。2013年第七期《安徽文学》的《回到匡冲(外二篇)》中,陈巨飞对这本神秘的《儿童文学》作了详细的描述:"大概十岁左右,我从家里翻出了一本没有封面的《儿童文学》","它一动不动地躺在一堆干松针上"。由于他当时年龄甚小,识字不多,阅读起来还有障碍,所以这本《儿童文学》,他"读得异常的慢,一读就是两年"。正是通过对这期《儿童文学》的精读,他开拓了自己的视野,提升了自己的想象力,对文学特别是诗歌,产生了浓厚的兴趣,埋下了写作的种子。陈巨飞说,我记得这本书上的大多数篇章,甚至在20年后的今天,我还能一字不错地背出其中的一些句子:"我生在冬天,小雪花和我同一天出生。她们都很淘气,想要和我玩耍……""天上也有猎户哟,看见流星,我担心是猎户的子弹。听到雷鸣,我担心是猎户的枪声……""有一个国王,他有一只漂亮的虎皮鹦鹉……"

小学高年级时,陈巨飞的哥哥姐姐们相继毕业。他的二姐、哥哥都是文学爱好者,是《辽宁青年》的忠实读者,经常带回一大摞的旧杂志。《辽宁青年》上经常发表汪国真、席慕蓉等人的诗歌,并且经常介绍各种世界名著及诺贝尔文学奖获奖作品。在寂静的物质匮乏的乡村生活中,年幼的陈巨飞只能用看书来打发放牛、放鹅的时光。陈巨飞那时的阅读并不太适合他,比如,他小学时读了很多《小说界》杂志,甚至读完了张旻的《情戒》,他较早地接触了先锋派文学作品,小学时就树立了写小说的目标。后来很多人评价他的作品,说"少年老成",恐怕是和小时候的阅读经历有关。

陈巨飞有扎实的古汉语功底,也赖于此时哥哥的培养。1989年,他的哥哥高中毕业在家务农,每天都要求陈巨飞背诵一首唐诗,并要求他能讲出诗歌大意。这个学习活动大概持续了一年,使陈巨飞小小年纪,便能背诵200多首唐诗作品了。常常在一盏煤油灯下,陈巨飞的哥哥姐姐们讨论着汪国真等当代诗人的诗歌。幼小的陈巨飞经历这样的文学启蒙,长大后能发自于内心地去创作,始终不改初心,也在情理之中。

陈巨飞在村小江家店小学就读时,成绩名列前茅,语文成绩尤其突出。从三年级时写的第一篇作文《白头翁的故事》开始,陈巨飞的作文一直受到小学时的班主任、语文老师邓发传的鼓励和指导(其小说《谜语》的若干情节表明了相关内容)。20多年过去了,邓老师还保存着陈巨飞小学时的作文本。在这些篇篇被打90分以上的作文里,陈巨飞显现了自己的文学天赋:记事,精彩生动;写人,幽默传神;写景,新颖别致。而他小学四年级时的一篇游记就写了1500多字,还用了"春风频吹,露水滚动"这般的词语,后来发布到网络后,引起网友的赞叹。

在龙门冲中学读初一的时候,陈巨飞和坐前后位的另外三名同学成立了一个诗社,名字不可考,每人出五角钱买了一个硬面抄作为诗刊。陈巨飞热衷于给语文书上的插图配打油诗,比如天安门,他配上"天安门上红旗升,雄鸡一叫天下明"。这种"诗歌"朗朗上口,深受同学们欢迎,而自己写的另外一些分行的"现代诗",同学们则毫无感觉,连他自己看了都汗颜。后来"诗刊"被同学遗失,"诗社"只好宣布倒闭。

初一下学期,受热播电视剧《白眉大侠》的影响,陈巨飞尝试创作武侠小说《英秀山传奇》,并且小说里人物的名字均来自于本班同学。小说写了两万多字时,已经在学校传播甚广,高年级学生都争相借读。后来一名同学上课时偷偷看小说笑出声来,《英秀山传奇》被没收。初三时尝试创作现代诗歌,写了100多首类似于顺口溜的"诗歌"。尝试写作校园青春小说《爱拼才会赢》,刚刚开了个头,手稿就不见了。小学和初中时代,陈巨飞虽然没有取得写作上的成绩,但显现了较好的文学天赋。他的一本诗集《少年史》,较多地记录了自己的年少时光,说明他的内心有很深的少年或同学的生活印记。

在独山中学读高中的时期是陈巨飞夯实文字基础的时候。高一刚入学,他的作文就受到了班主任王维东老师的表扬,登上了班级的黑板报。之后他开始大量阅读《散文诗》杂志,几乎以每天一篇的速度写日记,他的作文总是获得高分。他给《辽宁青年》投过一次稿,但是石沉大海。高三时,他重新对现代诗歌产生兴趣,保留了好几本手抄诗集。他的作文《美丽人生》在学校文学社社刊《山里红》上发表,自己的文字第一次变成了铅字。后来由于青春期的叛逆,他的成绩有所下降,但文字逐渐成熟,逐渐脱离学生作文的样式。其间,他根据自己的梦境创作了小说《蝙蝠》和虚构文本《地狱之门》,有明显的先锋探索的意味,使他离文学的门槛又近了一步。

现在看来,陈巨飞中学时代所写的文字,虽然语言较为成熟,有一定的深度,但还不能称之为真正的文学作品。但这些积累的时光像是一枚文学的种子,在默默集聚着力量,最终它将破土而出,带来绿意。

在皖西学院读大一上学期时,陈巨飞抱着几本手抄作文集和日记本,加入了春泥文学社,任编辑。整整大一上学期,陈巨飞也没有找到什么方向,他除了泡在篮球场上,就是写了几首味同嚼蜡的分行文字。物理系的白荣森,原是陈巨飞在独山中学的校友,也喜欢写作,他对陈巨飞说,你的诗问题很大,没有深度。这句话陈巨飞以前就听过,但是他没有在意。

经过一段时间的反思,陈巨飞认为,自己的诗歌阅读狭窄得可怜,仅限于徐志摩、汪国真、席慕蓉等,难免造成自己视野有限,深度不足。而要改变这种现状,只有通过广泛地阅读。于是到了大一下学期的那个春天,陈巨飞和同学王太贵往返于宿舍和图书馆,系统阅读了朦胧诗以来的诗歌作品、俄罗斯白银时代诗歌作品和美国"垮掉的一代"系列作品,重点阅读《诗刊》《星星》《花城》《诗歌月刊》等杂志,研读新诗理论作品。

海子的诗歌给陈巨飞很多启发,他由海子那"刀劈斧砍"似的抒情入手,彻底摆脱了汪国真式的苍白语言。他在对诗歌意象,特别是诗歌内在节奏感的把握上,受到了海子很大的启发。当然,如果他的诗歌创作仅仅停留于模仿海子,必将会死路一条,于是他从"学院写作"的阅读跳到于坚等人的"民间写作"立场,尝试用生活的语言进行创作,终于使自己的诗歌呈现出自己的色彩。对陈巨飞的诗歌创作产生影响的诗人有:陈先发、余怒、魔头贝贝、杨键、雷平阳等当下国内诗人,还有米沃什、阿赫玛托娃、茨维塔耶娃、布罗茨基、曼杰施塔姆、阿多尼斯等外国诗人。

大一下学期,陈巨飞的诗歌《关于海子》在"榕树下"文学网站发表并被推荐,诗歌《古船》在《映山红》发表,诗歌《槐花在四月落下》和《春天,想起海子》在《散文诗·校园文学专刊》发表,他终于开始正规发表文学作品,并在"榕树下"网站和"乐趣园"

论坛结交了一些诗友、文友。

陈巨飞的小说创作是受到了六安作家莽汉的直接影响,莽汉的《江户时代》多涉及乡村题材,使得陈巨飞的早期小说具有浓浓的乡村风味。后来,陈巨飞广泛阅读格非、余华、莫言、苏童、刘震云等国内作家作品,模仿卡佛、马尔克斯、卡夫卡、福克纳等人的写作,呈现出先锋荒诞的色彩。再后来,他的小说回归生活本身,取得了点滴成绩。

陈巨飞终于完成了文学,特别是诗歌的启蒙,走上了自我提升、独立创作的文学之路。

二、文学创作观形成

陈巨飞和河畔诗社的校园诗人经常举办各种文学活动,虽然没有文学沙龙那样正规,但相互之间的交流十分必要,他们在一次次的散步、聚会中谈论文学,讨论作品,提升了自己。

进入市文联实习后,皖西地区举行的各种大大小小的文学活动中,总会有陈巨飞忙碌的身影出现,他作为年轻人,要经常忙于会务。在各种会议中,他与皖西的老中青三代作家均建立了深厚的关系,得到了很多前辈的帮助和指导,促成了写作的进步。

2004年春,陈巨飞和白荣森在当时最著名的文学网站"榕树下"注册成立"明日河畔社团",接受全国各地诗友、文友投稿,"明日河畔"在当时小有影响。后来,陈巨飞和《诗歌月刊》编辑阿翔、诗人樊子(现为《诗歌月刊》常务副主编)加盟"平民诗社",由阿翔任主编,樊子任社长,一度任副主编,陈巨飞任编辑部主任,成立"大象诗社",创办"大象诗歌网",编印《大象诗志》。陈巨飞负责了《大象诗志》前两年的编印工作,印数上万册。通过网络交流活动和名刊编辑工作,陈巨飞积累了办刊经验和诗友资源,与全国各地的文友进行交流,成为安徽80后诗人的优秀代表。

2005年3月,诗人余怒的诗集《余怒诗选集》出版,在合肥牧云人书吧举办首发式兼朗诵活动,得到消息后,陈巨飞和河畔成员刘义民(笔名枫非子)、白荣森、熊德志前往合肥参加活动。在活动中结识多名诗人,其中的蓝角、陈先发、余怒、小引,正是当时中国诗坛的中坚力量。这是陈巨飞等人第一次参加真正的诗人聚会,通过直接的感受和启迪,也对诗歌有了自己的认识。余怒被称为"中国的卡夫卡",他的诗歌影响了安庆乃至湖北一带的写作,对陈巨飞等人从空洞的乡村抒情走出来起了很大的帮助作用。一年后,余怒为河畔诗社题词道:永远做少数人的一分子,永远不鼓掌,也不为掌声所动。

2006年年底,为促成《河畔》和《平民诗歌选刊》在2007年第4期《诗歌月刊》"民刊专号"上集中展示,陈巨飞和刘义民赴《诗歌月刊》编辑部现场选稿数天,与合肥诗人广泛交流,结下深厚友谊。2007年,《大象诗志》创刊号由陈巨飞编印出版,"大象"同仁在黄山高尔夫酒店召开首届"大象诗会",这份大型跨省民刊,以新颖的名称、新锐的诗人、新鲜的理论向诗坛发出自己的声音。

2008年10月,陈巨飞参加了安徽省首届中青年文艺评论家高研班的学习,学习期间,著名学者崔凯(小品《送水工》作者)、著名评论家苏中、王达敏等,给大家上课或讲座,陈巨飞在文学评论方面得到了专业的培训。学习后,陈巨飞受邀参加马鞍山李白国际诗歌节,并被指定在省作协、文学院主办的杨键诗歌研讨会上作为青年诗评家发言。陈巨飞作了题为《古塔和落日:杨键诗歌中的两个关键词》的发言,他谈到,古塔和落日作为杨键诗歌精神的典型意象,触发诗人的创作,是诗意核心的承载。古塔和落日不是分离的意象,而是统一的一幅画卷。当我们缓缓打开这幅画卷,我们是否也在像高更一样思考:我们是谁?我们从哪里来?我们将要到哪里去?

2008年从春末到秋末,陈巨飞参与了作家胡传永发起的生态文学田野考察项目——淠河行,他们从淠河的源头白马尖、佛顶寨开始,顺流而下,一直来到淠河入淮口,徒步几百公里。陈巨飞当时在开发区管委会上班,只能利用周末时间参与部分行程,但心灵受到了巨大的震撼。从淠河上游的风景秀丽,到中游的垃圾遍地,到下游的泥沙俱下,他看到了一条河的变迁,也看到了人类对自己本源的侵入和破坏。从那次活动起,陈巨飞将文学创作的题材放在自己的根据地"匡冲"和"淠河"上,努力在根据地上挖一口深井。

2009年11月,陈巨飞以青年诗歌评论家的身份受邀参加由省作协、《清明》杂志主办的"陈忠村诗歌研讨会",并在会上作了题为《解读陈忠村诗歌:守望之鱼》的发言。陈巨飞说,作为诗人,陈忠村是深陷于世界的客观现实之中,还是清醒地和这种"真实"保持距离,充当一个"局外人"的角色?如果选择了前者,他似乎更能够获取存在所赋予的真切感受,并使他的心理层面也充满真实感,从而形成个人意识与现实的高度统一。在陈巨飞看来,陈忠村已经理所当然地用他的作品表明了他的"在场",但又不仅仅是"在场"。他的很多诗歌表现出了他迥异于其他诗人的一面:陈忠村既是现实生活中的"钓者",也是一条怎么都不能或不愿脱离鱼钩的"鱼"。

2013年7月,由著名诗人流沙河、谢冕、陈超评选,最终陈巨飞获得第三届中华校园诗歌节征文一等奖。陈巨飞前往李白故里四川江油领奖,与著名诗人杨牧、王家新、梁平、梁晓明、伊沙等交流,诗歌观点发生改变,开始主张诗歌尽量要提炼出口语的精彩和生活的荒诞。10月,陈巨飞被鲁迅文学院安徽中青年作家班录取,开始了近20天的集中学习。本次学习规格较高,由鲁院全权负责教学事务,联系导师,设立课程,配备班主任,由安徽文学院统一管理。来授课的导师有多位是鲁迅文学奖、茅盾文学奖的评委,各大文学期刊的主编,著名作家、评论家、学者,如中央党校教授周熙明,中山大学博导谢有顺、

图三十一　2012年寿县梨花诗会,高峰、穆志强、子艾、陈巨飞于八公山

《人民文学》主编施占军,著名作家刘庆邦等等。陈巨飞本次收获颇多,他在《鲁院学习心得》一文中写道:"听周熙明教授说,乌托邦是人类独有的最奇妙的东西。我觉得,这是我们追求文学的真正原因。乌托邦也是实实在在的客观存在——它存在于我们寄寓理想的文字中;听成曾樾院长说,中国经验、童年记忆、乡村体悟可以使我们的写作终生受用。我认为我们体内的时光的刻痕,以及对母性的渴望和依赖是我们写之不尽的题材。"

2014年起,到2016年结束,陈巨飞与著名作家潘小平院长签订合同,成为安徽文学院第四届签约作家。签约后,多次参加省里组织的各种学习活动和对接活动,创作逐渐成熟,受到关注和指导。2016年,陈巨飞参与四川泸州"高粱红了"大型采风活动,结识王祥夫、雷平阳、马原等文学前辈,近距离接受大师教诲,对年轻作家来说,机会难得,受益匪浅。

一次次的文学活动,是一次次非常难得的学习机会,使得陈巨飞的文学创作观逐步形成。他在活动中学到了很多阅读时学不到的知识,丰富了自己的内心,开拓了自己的思维、视野。

三、陈巨飞的文学创作

对于陈巨飞的早期创作,诗人、《诗歌月刊》常务副主编樊子在《与想象和心灵性的东西纠缠》一文中提到,"(陈巨飞)如何摒弃束缚想象力的窠臼打破事物之间存在的合理性和内在秩序,重现一种诗歌的结构世界?当诗人把几条河流转化为檐下的一串辣椒时,这种想象力生成出的物体现象已经开始改变诗歌语言言说的习惯"。

这种想象力带来了语言的跳跃,陈巨飞用心灵抚摸和接受细微的事物,如一草一木,如清风磨损山冈,如看到一朵野菊花的怦然心动。陈巨飞早期的诗歌《镜子》《蟋蟀》等,重在利用想象拉动古今,彰显了诗歌的多义和复杂,但总体来说,当时的陈巨飞,诗歌语言尚显生涩。

2006年年底开始,陈巨飞在诗歌方面扩展视野,广泛阅读,注重交流学习,进步斐然。枫非子在2008年第5期《诗歌月刊》中说:"皖西80后诗人的领军人物陈巨飞……在他的诗歌中有一种罕见的成熟感。他如此冷静而仿佛他在冷眼旁观这个世界,在他的诗中看不出青春的躁动和迷惘。"如果深入阅读陈巨飞2007年的创作,就能感觉到他内心巨大的悲悯和对现实世界的敏感,当然他的诗歌在叙述和技艺上都有独到的一面。他不是一个凭日常经验和灵感来写作的人。我们会觉得他好像承担着某种义务,好像他是在对世界承担着用诗歌来言说的使命。

余华曾说"永远为内心而写作",陈巨飞就是这样时刻拷问着自己内心的人,他的诗歌常常因为介入了往事的疼痛而有着不一般的刺破力。"妈妈/每当你和父亲打架/我都后悔是你们的儿子/妈妈/很多年过去了/你的针越来越明亮/我在阴暗中/

逐渐变锈变钝"(《灯》)。

诗人、诗评家、《安徽文学》副主编何冰凌在《光阴冰凉的痕迹——陈巨飞诗歌印象》(原载《安徽文学》2014年第3期)一文中说,"在安徽众多优秀的80后诗人中,陈巨飞显得内敛而成熟。'少年老成'这个词用在他身上是合适的。"而陈巨飞的诗歌也似乎缺少一些"少年精神",缺少蓬勃昂扬的"荷尔蒙"支配下的宣泄。陈巨飞应该算是安徽80后诗人的一个异数:当大家选择冲破传统的藩篱追求自由的时候,他选择退避给自己建造一座虚无的精神城堡;当大家为自信的将来时踌躇满志的时候,他偏爱景物冰凉的过去式;当大家躁动不已、摩拳擦掌准备一场词语的暴力时,他开始虚心地向汉语致敬,在向下的小径中寻找一个隐逸的南山。

这也许是陈巨飞能够在人才辈出的安徽80后诗人中脱颖而出的原因。阅读陈巨飞的诗歌,很容易给人以在欣赏一幅中国画,或聆听一支古琴曲的感觉。那些长短句,在不动声色的叙述、呈现中,把眼前枯瘦的山水转化为一幅料峭的八大山人画作,又如初雪覆盖下呜咽吞声的江河水,其表面的冰封下面潜藏着人世的些许生机和暖意。

陈巨飞的诗,是当今极少数没有被污染的原生态诗歌之一。

他的诗歌之源,追溯起来,应是中国古典诗歌。前文说过,陈巨飞在其哥哥陈军的影响下,受到唐诗之美的文化熏陶,具有较好的古典文学积淀。他的诗中,能寻觅到王维和刘长卿的影子。阅读他的几首《冬日》时,我们总能想起王维的"荒城临古渡,落日满秋山"和刘长卿的"日暮苍山远,天寒白屋贫"。"卖豆腐的人挑着豆腐担子/他的豆腐是热的,但是河里的冰/还很冷/一个捡粪的老人/提着他半生的往事/一文不值/多年来他习惯弯着腰回忆/多年来,他用咳嗽活着"(选自《青春飞扬》,人民文学出版社),在此,我们看见了中国式乡村的白描,热腾腾的豆腐并不能温暖寒冷的回忆之冰,弯腰捡粪的老人,他用咳嗽加快了乡村文明的凋零。

也许诗人更懂得木叶萧索的力量和凌厉,他在《落叶赋》里将这种冷峻之美推到极致。他把眼前的无限江山化解成纷乱的落叶,于是《落叶赋》成了一首写在落叶上的诗篇。诗人甚至主观地摒弃了春天的纷繁绿意,让饱满的汁液蒸发殆尽。他说,"天气一天不如一天,初春也飘零着落叶","那些年代是一堆落叶","我见过那些砍不完老不死的乡村古树/我是其中的一片落叶"(选自《诗歌月刊》2013年第8期)。落叶放弃了生命的绿意,才能抵达燃烧的温暖,诗人在落叶般干枯的文字里,向我们缓慢呈现事物的冷峻之美。冷峻之美,不是火车在冰冷的雪国里踽踽独行,也不是阿赫玛托娃在俄罗斯大地的颠沛流离,而是一种漫江寒雪的独钓精神。

在陈巨飞笔下,很少出现那些圆润的充满生命气息的少女,爱情似乎也是他诗歌的生僻词。他的诗句里更多地出现一些行将衰朽的农妇,坐在池塘边垂钓的奄奄一息的老人,以及一抹不再使人感到灼热的残阳。"一个妇人击碎河边的薄冰/她的篮子暂居着不谙世事的青菜/她的老骨头,还有着不可屈服的争斗/她浑浊的眼睛/还傲视着不可一世的冬风"(《冬风定》)。诗人为什么偏爱这些冷风景呢?也许大凡冷峻的事物,都历经了梦幻般的青春,在繁华尽脱的背后,事物才能归真到它的本原。历经沧桑的老妇人,她对这个世界的透视让我们对生命产生敬畏。和少女们懵懂清澈不同,沧桑的眼神本身就充满了逼视的力量。

曾经的燃烧,现在只剩下灰烬;旧日的枝繁叶茂,而今只留有"稀疏的树林"。不过,我们不能认为诗人在刻意营造凋敝的乌托邦以寄托自己渺茫的抒情,"冷峻"不等于"凋敝"。"凋敝"缺失了刺破力和冲击力,"冷峻"是在挣脱现实的枷锁后,更深刻地凸显生命的对抗和张力。

同时,"冷峻"还使陈巨飞的诗歌获得了悲悯的情怀。"我放弃长久的拒绝开始接受了/这无言的郊野/和我们难忘的旧事"(《即景》)。在从"拒绝"到"接受"的过程中,诗人也许从郊野的荒凉中找到了汉语的钥匙。

如果细心聆听,你还能在陈巨飞的诗歌中听到一些细微的声响。这声音若有若无,它有时是"母亲深夜做鞋时麻绳拉过鞋底的声音"(《灯》),在记忆的仓库里日渐稀薄,变得模糊不清,或者"越来越明亮";有时是遥远乡村依稀传过来的"二胡声"(《乡村小戏》),这些微弱的声音,已随着乡村文化的凋零而让我们久违和陌生了。

陈巨飞说:"寂静,是心灵的无声流淌,是入微的搏动。四两拨千斤,寂静的时间是往事颓圮的见证,寂静的眼神常常拥有拔山盖世的力量。其实,世界是起源于寂静的,最终亦将归于寂静。"(随笔《寂静的声音》,原载《安徽文学》2013年第7期)

由此看来,《湖水》中"木桨哗哗,拨动湖水;春风无言,吹拂往事"的句子可以看作诗人由"有声"到"无声"的一个跳跃。木桨拨动湖水的哗哗声是单调的,像我们漫不经心的生活,但是满头白发的父亲母亲听着如此熟悉的桨声,是否听出了生活之外的况味?无言的春风唤醒了沉睡的往事,但往事又是什么?在岑寂的春夜里,有心事的人都在黑暗里睁大了眼睛。

"河水流去了,没有声音"(《老浠河的秋天》)、"整个乡村沉浸在戏中/寂静、缓慢、陌生"(《乡村小戏》)、"他死了,草叶也没有一丝颤动"(《货郎》),与其说诗人想通过这些"寂静之声"向我们呈现什么,还不如说他是在小心翼翼地将要说的话包裹和掩盖起来。当我们剥去重重的包裹,找出了一个"内核",这无疑就是诗意本身。

当下的诗歌,总让人感到有点儿窒息。艾伦·金斯堡的嚎叫早就震破了我们的耳膜,有很多诗人从重金属音乐里也找到了所谓的灵感,让诗歌充斥着嘈杂之音。而陈巨飞对"寂静之声"尤为偏爱,在他的笔下,哪怕是有细微的声音,有人的活动,但总是让人觉得世界如此阒寂,在这安静中,又有着一种浑厚的力量在奔涌、升腾。"一个老人在池塘边钓鱼/他被夕阳照耀着/早已没有了悔恨/一个农妇在菜地里浇粪/一只狗静静趴在那儿/早就丧失了回忆"(《即景》)。老人在钓鱼,农妇在浇粪,狗趴在地上,他们都在做自己的事,但声音无所不在,比如鱼儿咬钩的声音、粪瓢撞击木桶的声音和狗的鼾声。他们各自都沉浸在自己的世界里,一切就显得宁静而庄严。

由于寂静,我们听到了日常所听不到的声音。现代文明的躁动和喧哗,使我们的耳朵一度失聪。由于雾霾我们看不见星空,但用心灵的寂静,诗人捕捉到了孩子的摇篮曲(《远山》),听到了"石头内部的鸟语花香"(《清风起》)。

在剔除浮躁的世界里,那些朴素的事物因本身的存在而变得肃穆。所以,诗人能够和炊烟"交谈"并找到了人与炊烟的共性(《在乡村》),也可以将牛在池塘"哗哗地撒尿"当成寥廓诗意的一部分(《冬夜》),甚至可以"在路旁听到木槿花谈论故乡的事"(《空城》)。

诗人愿意自己成为静物的一种,在安静中积蓄力量,也正如《百年孤独》中所描述的,在表演了磁铁的魔术后,吉普赛人对马孔多的居民说:"一切事物皆有生命,关键是如何唤起它的灵性。"

当然要唤起"寂静之声"的灵性可不是一件简单的事。它需要诗人从一开始就把自己的心灵关上一扇俗世的窗。如果不能走进心灵的旷野,又怎能听到野外种子萌动的声音?不过,这并不要求诗人成为形体上的隐士,心灵的澄净才是至关重要的。此外,还需要诗人把自己当作万物中的一种,而非主宰,就像刘亮程说的那样:"任何一棵草的死亡都是人的死亡,任何一棵树的夭折都是人的夭折,任何一粒虫的鸣叫都是人的鸣叫。"因此,任何一种物的寂静也都是人的寂静。无论是《愧疚》中的"你的心出奇地安静",还是《淠河志》中的"一个人静静地躺下来了/变成一条无声的河流",抑或《沉默家园》写到的"我张大了嘴巴可是喊不出声音",其中的难以言说的不解、寂寞、恐惧等情绪环绕着诗人,他因这些没有发出的声音、寂静背后的声音而承受着生命不能承受之轻。在寒冷的冬夜,不说话、低着头搓玉米的生存让我们感受到了某种坚守和艰难。

《淠河志》《湖水》《喊山》等诗歌的出现,标志着陈巨飞的诗歌最终形成了独特的个人风格,走向了成熟。"母亲很少感慨生死/尽管她已经到了岌岌可危的年纪/我不敢想象一条河在梦中站立了起来/幽暗的河水/会变成白色的瀑布/我更不曾想过/一个人静静地躺下来了/变成一条无声的河流"。诗人把母亲与河流、河流与生命、生命与灵魂、灵魂与世界的那种无法剥离的疼痛和融汇,以低吟浅唱般的韵律,以放飞宿命的体验来诠释那些没有答案的叩问:

"我曾发誓要走得更远/比如:到远方去/到银河去/到宇宙的未知里去/可我从未走远/每当月明星稀/我都会听见/淠河若有若无的流动声/人是会死的,河会不会死?"

著名作家、《收获》杂志编辑部主任叶开先生在评价《湖水》时说:"诗人把'湖水'和'春天''槐树''父亲''大鱼''梦'连在一起,诗就划定了一个简单的范围:春天来了,湖水涨了,年迈的父亲梦见了少年时代的一条大鱼,'木桨哗哗,拨动湖水/春风无言,吹拂往事'。把景物、季节跟人生放在一起,产生了真切的、生动的隐喻。"(《这才是中国最好的语文书〈诗歌卷〉》)

诗歌《喊山》使陈巨飞获得了首届安徽诗歌奖新锐诗人奖,颁奖词说,陈巨飞具备了一位优秀诗人的可贵潜质:内敛和沉着。作为一位80后诗人——写村庄,心中有见断桥藓涩之慨;写亲情,笔下有草木谢荣于春风之叹;写山水,眼睛里又有犹见远岭人家之怀。其抒情与叙事,有振翼凌空的气势,又有对生活睿智、锋利的切入——组诗《喊山》融入了他对自身诗歌写作的思索和对诗歌美学的追求,诗歌的异质呈现让他勇敢而灵巧地具备了先锋诗歌写作的品质和风范。

与诗歌相比,陈巨飞在小说上的成绩并不突出,但也引起一定的关注。陈巨飞的小说创作起步较早,中间中断数年,后来重新拾笔,创作了一批短篇小说,其中《城北女孩》获得2015年度《安徽文学》小说奖提名奖。

陈巨飞真正意义上的第一篇小说,是发表在《春泥》第26期的《村口那棵歪脖子树》。这篇一万多字的短篇小说写作于2004年,受皖西作家莽汉小说《表姐》的直接影响,这篇小说表现了鲜明的皖西乡土特色,方言俚语随处可见。小说通过光棍二德子和一棵"神树"——"榆大仙"的遭遇,反映了破除封建迷信的必要性。小说充满戏剧色彩,语言诙谐,但明显缺乏思想深度。

2005年,陈巨飞在皖西学院阅览室的《上海文学》杂志上,读到莫言小说《小说九段》,受到莫言大胆的叙事和狂欢的语言震动,小说创作理念发生变化。这一年,对他影响最大的作家是先锋派小说家格非,陈巨飞几乎读遍了格非的所有作品,而他自己的小说,也朝着先锋派的路径一路行走下去。他先后写作小说《大暑》《一个黄昏的早晨》《杀人的人》《槐花》和《桐花劫》。《大暑》通过"老大""老小"对现代文明和乡村文明的反向追索,用一场暴雨影射城市化的迅猛有力,用一把篾刀象征乡村文明,表达了对乡村文明的深刻担忧。《一个黄昏的早晨》通过一个荒诞的"奥德修斯"式精神漂泊的故事,表达对时间的怀疑。《杀人的人》具有一定的寓言性质,在"遗忘酒吧",每晚都像是世界末日,每个人都在进行最后的狂欢,而第二天依旧平静地到来。"我"在一系列的消极和恍惚中失手杀人,那一晚变成了"我"真正的末日。陈巨飞大学时的这些小说,与先锋派的追求探索精神一脉相承,但形式大于内容,语言缺乏生活的温度,情节也缺乏一定的张力。

稍微成熟一点的是《槐花》《桐花劫》《村庄的神秘来客》。《槐花》虽然只有短短的一万余字,却是一部隐秘的家族史,三个部分对应着清末、民国和新中国成立后,通过陈氏家族陈登榜、陈贤雨、陈南江三代人物的悲剧命运,折射出一部皖西乡村史。小说语言诗意,对于槐花这个中心意象的摹写显现出良好的语言功底,可惜小说太短,情节推进过急,没有写出应有的篇幅,显得生硬。《桐花劫》发表于《黑蓝》44期,契合黑蓝文学一直追求的"小说不是一场冒险的叙述,而是一场叙述的冒险"。《桐花劫》采用分人物叙事的方式,明线通过一个小学校的拆迁,暗线通过一个嫁到皖西山村的四川女人失败的私奔活动,明暗交织,表达了命运的无常和无奈。小说人物众多,性格各异,第一次塑造了傻子"尤福"的形象。受到福克纳"约克纳帕塔法世系"的影响,傻子"尤福"后来在陈巨飞的小说中多次出现,如《大拖拉机》《谜语》中,"尤福"均为次要人物,但亦有重要作用。《村庄的神秘来客》具有明显的荒诞性质,一个与世隔绝的小村庄突然来了三个身份可疑的木匠,掀起了村庄的阵阵风波。后来村庄在一场洪水中被摧毁,木匠打造的木船却仅仅拯救了两个不守礼法的女人。

大学毕业后,陈巨飞先后创作小说《大拖拉机》(2007年)和《谜语》(2008年),最终在五六年后的《安徽文学》2013年12期集中发表,以"皖籍作家"的版块推出。

作家胡传永评论《大拖拉机》说:"当我读完陈巨飞的《大拖拉机》时,那天夜里我失眠了。耳边老是有一种声音在轰隆隆地响着,在这种原始苍凉震动人心的轰隆隆的声响之中,我听到了一个名字叫作小玉的山里女孩带着巫性的哭喊,在这个女孩的哭喊声里,我还看到了一个将眼光抛向澄莹蓝天而灵魂不得不挣扎在大拖拉机笨重轮胎下的良知诗人冷静的思考和疼痛。这篇小说最能打动我的不是它的语言,也不是它的结构,而是文字的张力,文字中所蓄藏着的一片广阔无垠的意象空间使我流连,在这个空间里,每一个真正的读者都能从中经历一次自己童年的殇祭,打捞一份属于自己的人生成长的感受和领悟。"

小说《大拖拉机》,回忆里遍布闪闪发光的时间碎片,大拖拉机这个现代化的庞然大物以它的先进和冰冷、突突的马达声打破了乡村的宁静,制造了一种"新的铁的秩序"。在1993年的乡村,"我"和小伙伴们罗生、小玉,还有小玉的傻子弟弟尤福,一起兴奋地乘坐拖拉机上学。小玉是小学校里最漂亮的女生,"我"和罗生都暗恋她,拖拉机手胡师傅是小玉和尤福的继父,不久小玉的母亲受他虐待而死,傻子尤福为了给母亲报仇,拎着菜刀等在继父晚归的路上,被胡师傅扔进粪窖溺亡。失去了母亲和弟弟、又被胡师傅霸占身体的小玉再次计划复仇,她对罗生承诺:如果杀死胡师傅,长大后她就嫁给他。少年罗生从此精神恍惚,最后怯懦地跳河自尽。在一个秋雨绵绵的早晨,小玉开着现代化的拖拉机,杀死了她的继父。

小说单数一节主要叙述故事,而偶数一节则为对话录,作者在此创造出了另一个"我",如同梦呓一般进行对话,"我"不断地腾挪变换身份,全知全能视角,心理分析、内心独白、意识流、蒙太奇等多种手法交织,与童年之"我",甚至未来之"我"对话,一边试图靠近真相,同时又摇摆不定,对所获悉的一切加以否定,打破叙述垄断,混淆事实真相,设置阅读障碍,使得整篇小说弥漫了月光与河水一样的潮湿的迷雾,人物的身体里散发着迷惘的生铁的气息,显现出小说的多义繁复之美以及它无限循环的趣味。

何冰凌在评论文章《一个人悲伤就去平安大道》中说:"在一次文学沙龙中,巨飞供认,他写小说主要是受卡夫卡和格非这两位作家的影响,尤其沉迷于格非小说诗意的表述和悲剧的美。卡夫卡的《城堡》和格非的'人面桃花三部曲'是他永远也读不厌的小说。此外,福克纳的'约克纳帕塔法体系'、莫言的民间视角,也给了他很多启发。"由此可见,陈巨飞的小说寻求诗意的表达,他似乎在试图撬动小说和诗歌这两种文学体裁的语言壁垒,让小说与诗歌互通,希望能收获乡村史诗般的表达效果。故事碎片化,声音多元化,语言诗意化,是陈巨飞刻意追求的一种小说理想。他的小说遍布生活打破的镜子,企图通过随意拾起的碎片,来折射生活和命运的微光。

如果说《大拖拉机》意图书写命运的既定,有古希腊悲剧"弑父"结构的影子,从一个少年的视角,回忆一段乡村旧事的话,那么《谜语》主要写的则是命运的不可知。在小说里,生活本身就是一个谜语,谁也无法揭晓答案,"天上飞的三只脚的东西"到底是什么,连"我"自己也不能确定。在小说里,有些现实变成杜撰,有些杜撰变成现实。小说里的每个人都有着能在"天上飞"的梦想,但在生活的挤压下,最后都变成了类似于"三只脚的东西"。谜语在小说里变成了一个巨大的隐喻,"天上飞的三只脚的东西"可能是脚部患有增生症的鸟,太阳里的金乌,考古发掘中的携带铁棍陪葬的墓主,也可能是醉心于汉墓发掘的刘教授,"我"一直暗恋的乡村小学校里美丽女生张晓曼……小说结尾,谜底揭示为汉墓里新出土的陶制三足鸟,但作者又随之加以否定,并在梦里昭示了另外一种谜底:梦境中的雷锋拄着拐杖,为我表演了一个精彩的魔术:他拍打着双臂,腾地飞向了天空。他越飞越高,直至消失不见。小说行文到此,让人唏嘘不已,现实生活中处处充满了碰壁的人,这个小名叫"雷锋"的小伙伴,一个曾经失踪多时的乡村杀猪匠,居然在腿被撞瘸之后,在"我"的梦境里最终实现了飞翔。

在鲁迅文学院安徽作家班举办文学沙龙中,陈巨飞说:"我的小说的灵感多来自乡村中的那些不可知的事物,来自于幽灵和风雨,拆庙和祭祀。我曾想写一篇类似于地理志的长篇小说,来展现我的老家匡冲的人事。"作为一个六安大山里走出的作家,陈巨飞所有的书写都朝向了一个方向——他的老家匡冲。匡冲是他的写作根据地,那里至今连手机移动信号也没有,但是有着最原生态的优美风光和最安宁质朴的乡村生活,陈巨飞始终在观察这个封闭小社会的内部运转机制,它的道德体系、人物情理以及高深莫测、诡谲不可知的乡村神秘性。但是这种写作由于远离当下的生活,显得有些"乌托邦"式的轻飘。如何让小说呈现现代生活的真实的荒诞,是摆在陈巨飞面前的难题。

通过对刘震云、韩东、毕飞宇等人小说的阅读,多次聆听了评论家王达敏教授、作家潘小平、许春樵等人的讲座后,陈巨飞决心在小说写作上暂时离开创作根据地匡冲,放眼于当下生活。2014年,陈巨飞创作了小说《城北女孩》。《城北女孩》中的办公室文员周梦和快递员刘小川是在城市里奋斗的大学毕业生情侣,他们的梦想是尽快获得20万首付,按揭一套属于自己的住房。但房价的快速攀升使得他们的梦想遥遥无期。后来他们偶然看到富二代吴先生豪掷20万寻找擦肩而过的"城北女孩",刘小川认为周梦就是"城北女孩",周梦否定。在矛盾冲突中,周梦与刘小川发生了信任危机,两人最终分手。周梦发现自己真的是"城北女孩"后对吴先生产生好感,去赴吴先生最后的表白,等着给沸沸扬扬的"城北女孩"事件画上一个完美的句号,却最终发现"城北女孩"事件只是房地产开发商一个营销的炒作。

《城北女孩》在安徽新生代作家小说改稿后获得最高评价,2015年第6期《安徽文学》"安徽新生代作家专号"以头条的形式推出,作家潘小平、许春樵高度评价了《城北女孩》。文学评论家李海丽、张丽军教授在《活的苦难与生的希望、勇气、尊严》中写道:"当整个社会都在抱怨着人心不古、欲壑难填之时,文学艰难地给我们指出突围之途,让我们看到了生活的希望,给予我们坚持下去的勇气和力量。就像陈巨飞的《城北女孩》中的周梦,在金钱欲望面前,在残酷现实压迫下,她也曾经迟疑犹豫过,但最终在作者的柔情笔调下成功定位自己,验证了情比金坚的真理。"

在《城北女孩》获得较好的反响后,陈巨飞似乎找到了一定的感觉,又创作了中篇小说《绑架》,入选安徽省中长篇小说精品工程。

除诗歌和小说创作外,陈巨飞还有不少文学评论。陈巨飞并未接受过专业的文学理论的学习,他对文学评论特别是诗歌评论的兴趣,源于自己的大量阅读和思考。学生时代,他痴迷于海德格尔对"存在主义"的阐释,他经常将海德格尔的话引述到自己的评论中,试图解析文学存在的本质。

大二时,他写出《陈先发诗歌中的植物意象》(《绿皮书》2008年第2期)一文,对《丹青见》《与清风书》《前世》等晦暗未明的陈诗进行分析,从植物意象入手,探索陈先发诗歌中阴郁、荒诞、飘忽不定的植物描写。陈巨飞认为植物是陈诗中混沌真理的来源,有时候甚至就是真理本身。"对于诗人来说,他充分认识到植物在表达个人心理情感方面的种种优势,注意到植物的透明性或浑浊性,把握了人物与植物互相作用的关系,从而有效地利用这种关系,凸现出隽永、神秘、丰富多彩的文体效果。诗人对于植物意象的梳理和应用,使诗歌呈现了更多的潜在内涵,具有曲折、深邃、内敛的永恒艺术魅力"。评论的部分章节在《芳草》发表,获得著名诗人陈先发的好评和推介。

随后,陈巨飞又写出《高峰诗歌的语言艺术》,以及携相关评论作品参加了杨键、陈忠村诗歌研讨会,成为安徽省最年轻的诗歌评论家。

陈巨飞对皖西籍作家的关注是最多的,他利用阅读的方便和对作家的了解,写出了众多有关皖西作家的评论。例如《荒原里的播种者》(《北京文学》2012年第7期),他写道:"胡传永的写作因为亲近了深厚的土地而充盈。正是这样,当笔落在纸张上的时候,就好似种子嵌进了泥土里。她写出的不是干涩苍白的文字,而是记忆、苦痛和欢悦。荒原里的播种者带着泥土的清新和脉动,也带着泥土的枯涩和疼痛回到精神的家园,带给我们的是整个秋天的收获。"又如《舒放与收聚》(《安徽文学》2016 年第 8 期,获 2016 年度《安徽大学评论奖三等奖》),他写寿县作家赵阳的散文,说:"或许有些人误读了赵阳的散文,认为其文化的意义大于文学的意义。其实不然,翻开《城墙根下》,在赵阳对寿县所做的历史反省与文化审视中,涌动着的始终是当下散文中并不多见的审慎思考。这种思考的根本向度,又毫无疑义地是现实关怀和终极关怀。于是,赵阳显然拥有更接地气的写作。"

2014 年 9 月,陈巨飞参加雅歌国际诗会,与埃及诗人赛义德·顾德、美国诗人伦纳德·施瓦茨、西班牙诗人尤兰达·卡斯塔诺等研讨诗歌。在会议上,陈巨飞作了题为《山水给我们的语言经验何种启示》的发言稿,由美国诗人、汉学家梅丹理和新锐作家潘萌现场翻译转述,赢得大家的认同和掌声。陈巨飞认为,山水有自己的话语系统,诗人的介入是无效的。这种看法大胆而新颖。他进一步说明,很多诗人都尝试过和山水进行对话,并且感觉自己真的和山水取得了沟通。但山水有自己的话语系统,这个系统不是我们苦苦寻求就能进入的。山与山、水与水、山与水、山水与它们自己的内心,也许是在进行着人类一样的表达和交流,只是我们无法参悟。山水独立于我们的话语之外,它们比人类古老,比诗歌永恒。山中的一朵野花就可以建造一座天堂,水里的一粒沙子很可能就是整个世界。英国诗人威廉·布莱克在《天真的暗示》里较早地告诫我们:上帝的暗示就在山水之间,诗人的思考注定不会有任何答案。

陈巨飞指出,从这个角度来说,《独坐敬亭山》甚至是一首伪诗。那么,诗人在山水面前何为呢?既然诗人无法介入山水,是不是我们永远无能为力?陈巨飞给出的答案是否定的。

他说,我们不必强行介入山水的世界,不要妄求与它们交谈，但我们可以在山水的面前自言自语，它们不一定聆听，你却能得到释然；我们不必揣摩山水的心理，但可以赤裸裸地剥开自己。所以山水是一本奥义书，我们不可能通过一片落叶、一朵浪花读懂它们，但是我们可以在这种艰难的阅读中，埋葬或洗涤自己的内心。我们这个民族有太多的生存密码，如"看山不是山，看水不是水"，那么此山此水究为何物呢？按陈巨飞的说法，是一种"寓言体"。这种寓言的道理并不简单，如果一定要找出答案，或者自以为自己看出了什么，都只能是自我的破产。

陈巨飞的评论不是那种学者评论，而是用与作者平行的视角来评述，更加贴近作品、贴近生活、贴近创作本身，不足的是，陈巨飞的评论欠缺文学评论必须的一定的理论性。

前文说道，陈巨飞的创作涉猎甚广，除上述文体外，还有散文、古体诗词、辞赋、剧本等，但成就均不高。2013年高考后，陈巨飞根据高考作文题创作网文《为什么会这样？》，批判社会不公平现象，语言犀利，观点独到。被网络迅速传播，冠以"高考零分作文"，称之为"史上最强零分作文"。著名媒体人纪许光看过此文后，强烈呼吁北大破格录取陈巨飞，被网络讹传为"北大破格录取安徽考生陈巨飞"，引发广泛的讨论，李敖、袁立、崔成浩等名人纷纷转载，《为什么会这样？》点击过亿，成为年度热文。后来陈巨飞接受《新安晚报》、安徽卫视、浙江卫视等多家媒体采访，对该事件作出回应，予以澄清，及时消除了网络谣传。

近年来，陈巨飞把业余精力重点放在个人微信公众号"无端崖之词"的维护上。他几乎以每天一篇的速度创作公众号文章，有文学作品，但更多的是时事评论。由于文风幽默，时效性强，使他拥有一定数量的固定粉丝，也在一定程度上有益于纯文学的创作。

四、陈巨飞与河畔诗社

河畔,"滔滔者之边缘"也。年轻的河畔诗社,如滔滔淠河畔的一朵浪花,也如巍巍大别山中的一株灌木,宁静、质朴、自由、单纯。诗歌的灵光,不仅引领了个人的呼吸与灵魂,也给一大批年轻人的青春打上了浪漫与诗意的印记。她依然在前行,依然在路上……

陈巨飞除了文学创作外,最重要的文学活动就是组建了皖西学院河畔诗社,诗社繁荣了皖西学院的校园文化,培养了陈巨飞、王太贵(现用笔名王十二)、孙苢蓿、刘义民(枫非子)、张落、姚庆林、何伟、任少亮、孙效增等一大批80后、90后诗人,2015年,河畔诗社被《中国诗歌》杂志评为"中国十大民刊"。

河畔诗社的社员们根据创作先后,划分为三个时代,分别为黄金时代,以陈巨飞、王太贵、刘义民、孙苢蓿、抹园为代表;白银时代,以何伟、任少亮、李涛、孙效增、单永帅为代表;青铜时代,以丁耀洋、孙姣姣、王爱、蓼蓝为代表。其中,黄金时代的创作成果最为丰硕。

2003年年底,中文系的陈巨飞、物理系的白荣森、教育系的熊德志筹划成立诗社,以诗歌沙龙的形式活动,王太贵、苏勤相继加入,他们成为诗社最初的中坚力量。2004年,白荣森、熊德志相继毕业离校,陈巨飞、王太贵、刘义民成为第二批中坚力量,在中文系的帮助下,在陈巨飞的努力下,河畔诗社于2004年10月24日正式成立,陈巨飞任首任社长,刘义民为副社长,王太贵出任执行主编。

从大一到大四乃至毕业后,陈巨飞将自己的感情和精力都一定程度地倾注到河畔诗社之中。河畔诗社成立10多年来,每年出版一期《河畔》诗刊和两期《河畔》诗报,并得到著名作家张锲、徐贵祥、叶开,著名诗人李少君、陈先发等人的大力支持与指导,谢冕、余怒、张锲、卞国福等先后为河畔诗社题词。

河畔诗社的社员主要以在校大学生诗歌爱好者为主,秉承"纯粹、质朴、自由、安静"的写作理念,每期《河畔》诗刊发行600余本,面向作者及广大诗歌爱好者、著名诗人、诗歌刊物编辑发行。几年来,河畔诗社先后组织社员参加了余怒诗歌朗诵会、陈先发诗歌朗诵会、黄山大象诗社诗会、寿县八公山梨花诗会、《中国诗歌》"新发现"夏令营等省内外著名诗会,举办了六安市首届大学生诗歌朗诵会、同题诗大赛等诗歌活动,丰富了在校大学生的精神文化生活。与合肥抵达诗社、六安市文联、六安市作家协会、安庆师范大学白鲸文学社、大别山诗刊等协会团体长期保持着联系与交流,相互学习、共同促进。

图三十二　河畔诗社作品

　　因为河畔诗社,皖西学院很多年轻学生已经成为诗歌爱好者,很多诗歌爱好者已经成为诗人。河畔诗社已经成为皖西地区极具影响力的文学社团,在全省乃至全国都有一定的知名度。《诗歌月刊》在2007年第3期民刊社团专号、2008年第5期"安徽诗歌巡展"中重点推出过"河畔"专辑,《中国诗歌》一共4次整体推荐《河畔》诗刊,共推出过20多名河畔诗社成员的诗歌作品。新浪网、六安市广播电视台、《皖西日报》等媒体曾多次重点推介过河畔诗社以及主要社员。几年来,河畔诗社社员先后有500余首诗歌发表于《诗刊》《山花》《诗歌月刊》《天涯》《诗选刊》《诗潮》《青年文学》《星星》《安徽文学》等100余家报纸杂志。有多部作品入选《中国诗歌年鉴》《中国年度诗选》《中国新诗排行榜》《中国诗歌精选》《21世纪诗歌精选》等中国作协、诗刊社编选的权威选本,并且有多人在全国诗歌大奖赛中获奖,如孙苜蓿曾获得过北京大学未名诗歌奖;王太贵曾获得《星星》诗刊全国征文一等奖。

河畔诗社在网络建设上走在很多诗歌社团的前列,因为陈巨飞、张落和刘义民的努力,河畔诗社先后建立过大明中文在线"河畔诗社"、榕树下"明日河畔"、乐趣园"河畔诗歌论坛"、严肃文学网、在一起网站、博童网等网络平台,一定程度上起到宣传诗社、发表作品、联系诗友、共同提高的作用。

著名诗人、新华社安徽分社总编陈先发说,安徽诗歌有三个重镇:安庆、合肥和六安。而六安成为安徽诗歌的一极,河畔诗社功不可没。学者祝凤鸣说,正因为河畔诗社,我才知道皖西学院,也因此向一个将读二本的亲戚积极推荐了该校。作家、《收获》编辑部主任叶开说,看到河畔诗社的16本诗集,我被震撼了,他们如此安静,又如此有力,所以我在《这才是中国最好的语文书》中选了河畔诗社陈巨飞、孙苜蓿和冯谖的作品。《诗刊》副主编李少君说,在名校林立的大学生诗坛,一个地方高校何以培养出众多优秀诗人,皖西学院河畔诗社现象值得思考。

《笔尖的舞蹈》(电子工业出版社)这样介绍河畔诗社:河畔诗社2004年秋成立于皖西学院,成立之初,核心成员为陈巨飞、木贼(白荣森笔名)、叶落不扫(熊德志笔名)等人,陈巨飞担任首任社长。现有代表人物陈巨飞、叶落不扫、小小唐(王太贵曾用笔名)、枫非子、孙苜蓿、简蒻蒻(周遥遥)、抹园(姚庆林)等几位青年诗人。他们的写作状态相对安静,充满了怀念、对植物和酒的钟情,有一种灌木的清醒和女巫的疯狂、偏执气质散布其中,这可能和他们所处的山区环境有关。

如今河畔诗社依然存在,但相对沉寂。虽然陈巨飞、孙苜蓿、王十二已经成为安徽诗坛的新生力量,但更多的社员,特别是在校社员的创作,并未引起更多的关注。为此,陈巨飞正在积极启动河畔诗社的培养计划,希望通过他的努力,能够让河畔诗社坚持下去,成为安徽诗歌永恒的力量。

第九节　霍邱作家群的文学活动

一、霍邱当代文学概况

新时期以来,霍邱文学创作活动日益活跃,大家、名作不断涌现,文学社团兴起,留在本土的和走出去的作家全面开花。

(一)老一辈作家

王余九,出生于抗日战争时期,参过军,做过教员,在那个饥饿的时代,晚上经常空着肚子睡不着觉,就起来写作。故乡开挖淠史杭的创举点燃了他的创作激情,组诗《淠史杭的歌》很快在《安徽日报》上发表。有了第一篇,就有第二篇,短短时间,王余九就在省级报刊上发表了五六篇作品,其中《捕象的人》《二十四棵桃树》两篇小说相继发表在《安徽文学》1963年第1期、第9期,受到广泛好评。1972年,王余九也被吸收到县文化馆创作组,并参加皖西地区组织的创作活动,这一时期的作品主要有《支部书记》等。改革开放以后,王余九的创作,出现了"井喷",在《安徽文学》连续发表10篇小说,在其他报刊发表散文报告文学数十篇。1978年加入中国作协安徽分会,曾任六安地区文学协会主席,霍邱县文化馆副馆长,如今离休。2013年8月由安徽人民出版社出版作品集《窗口》。

陶锦源,霍邱县姚李人,回族,安徽省作家协会会员。在剧本和儿童文学创作上颇有成就,主要作品有:剧本《红岩青松》(中型京剧)、《长相思》(九场京剧)、《爱的不是你》(七场黄梅戏)等;童话《小浪花》《幼儿故事》《小白兔开店》等;歌词《老师门前有条河》等。

苗振亚,霍邱人,作家、文艺评论家。早在20世纪80年代,就在《安徽文学》《星火》《朔方》等杂志发表过发小说《纺车缨缨》《一片飘忽的云》《生活采珠二题》等作品,散文、诗歌也有《孩趣》《山中(组诗)》等代表作品。著有《思想者文摘》(一、二、三辑)等著作。

史红雨,霍邱洪集人,安徽作家协会会员,现任六安市民间文艺家协会主席。早年从政,退休以后,醉心于皖西文化事业的发展,参与策划天堂寨等十几个旅游景点的开发。他的诗词联赋在六安文化圈也很有影响。参与编著过《皖西概览》《六安沧桑》《皖西漫步》等书籍。

此外,霍秋籍的老一辈作家还有 20 世纪 60 年代在《诗刊》《安徽文学》《萌芽》等杂志发作《大别山中》《不识大山真面目》《一盏红灯》的台德谦;80 年代,曾获六安地区文学创作二等奖的王国信、王稼杰;以及 80 年代获过阜阳市优秀文艺创作奖的刘奕云等等。

这一批作家,几十年来,有大量的作品发表于国家重量级报纸和文学刊物,见证着霍邱文学的辉煌。

(二)文学社团简介

"蓼风文学社"。文学社大约于 1985 年成立,当时参加这个文学社的有张子雨、李训喜、陈斌先、余春江、吴限、穆志强、潘庆农、侯金雁、刘志明、刘鹤群等。办了不久,由于反资产阶级自由化,被限令停办。后这批人又都加入到已故作家陶景源代表官办的"未名文学新社",这个社团有当时写小说很有名气的李志,还有后来加入的张烈鹏等,从此为霍邱文学创作的繁荣埋下了良好的种子。

李志,主要作品:小说《这是一个白色的世界》《啊,我的太阳》等。

潘庆农,笔名子艾,诗人。代表作《云淡风轻　花儿灿烂》《魂兮归来》等。

霍邱一中"冶秋文学社"。2004年秋在安徽省特级教师赵克明指导下成立,以霍邱一中老校友、著名学者、鲁迅研究专家王冶秋先生的名字命名,意在激励学子立志成才。秉承倾吐真情,张扬个性的写作理念,近年来,社员们阅读美文,勤奋练笔,成果丰硕,习作经常在《语文报》《作文导报》《新课程报》《美文》《中学生》《作文月刊》《创新作文》《作文成功之路》《全国优秀作文选》《作文升级》等报刊发表。曾被《美文(下半月刊)》《中学生》等杂志列为上榜文学社。文学社宗旨是:读天下美文,写真情佳作。

左王中学"芦荻文学社"。指导老师是全国优秀教师王培康,社团产生过不少优秀的作品,曾得到马烽、魏巍、峻青、鲁彦周、陈登科等知名作家肯定。

霍邱县诗词学会。成立于2000年,成立十几年来,学会工作开展得有声有色。学会建立健全了诗教组织,开展诗词知识培训,成功举办了霍邱"首届诗歌节",评先并表彰了先进诗教集体,开展诗词大赛,组织了采风活动,并创办了诗刊《蓼风》,编辑出版了诗集《古今诗人吟霍邱》,召开了争创诗教先进县动员会。这些卓有成效的活动,促进了霍邱文化事业的繁荣,使霍邱县的诗教工作跻身安徽省先进行列。

(三)走出去的霍邱文学

徐贵祥,霍邱县姚李镇人。1978年12月参军,1991年毕业于解放军艺术学院文学系,历任排长、连长、科长、团副政委、解放军出版社编辑、总编室主任、科技编辑部主任等职,现居北京,任解放军艺术学院文学系主任,中国作家协会副主席,享受政府特殊津贴。

主要作品有中篇小说《潇洒行军》《弹道无痕》《决战》《有钱的感觉》等,长篇小说《仰角》《历史的天空》《明天战争》《八月桂花遍地开》《高地》《特务连》《四面八方》《马上天下》等。曾获第三届人民文学奖,第七、九、十届中国人民解放军文艺奖,第四、八、十届全国"五个一工程"奖,第六届茅盾文学奖。(具体内容见本书第三章)

柳冬妩,1973年生,本名刘定富,霍邱洪集人,现居广州,现任东莞文学艺术院副院长。(具体内容见本书第四章第五节)

韩传喜,1972年生,霍邱白莲人,现居辽宁。北京师范大学文学博士,现任东北财经大学新闻传播学院副院长、教授,辽宁省鲁迅研究会副会长等职,《文艺报》"聚焦文学新力量"重点关注和推荐的"70后"文学评论家。2002年以来,在《文艺报》《北京社会科学》《社会科学论坛》等刊物发表文学评论和研究文章50多篇,文章观点被《南方文坛》等刊物多次评介和转引。主持或参与过安徽省高校优秀青年人才基金项目"先锋派作家九十年代后的小说研究"、安徽省省级教学研究项目"中国现代文学文本法教学研究"、辽宁省教育厅科学研究一般项目"东北沦陷区抗战戏剧研究"等项目。参编教材多部,讲授课程有:《中国现当代文学》《中国现代文学名家选讲》《港台文学》《媒介批评》《文学欣赏》等。获得过北京师范大学优秀研究生学术优秀奖、北京师范大学京师校友金声奖学金、辽宁省普通高等教育本科教学成果省级奖等奖项,先后8次获得校级教学成果奖、人文社科优秀成果奖、教学科研优秀奖、师德先进个人等奖项或荣誉称号。

莽汉,原名王政,1956年生于霍邱县王家圩子。1987年开始正式发表作品,曾在《中华散文》《散文天地》《散文百家》《时代文学》《飞天》《百花园》《厦门文学》《工人日报》《羊城晚报》《合肥晚报》等报刊发表散文随笔400余篇,中篇小说3部,短篇小说50余篇,系中国作家协会安徽分会会员,安徽省散文学会会员,安徽省杂文学会会员。2005年4月因患病去世,享年49岁。

莽汉的作品,现已结集出版的有散文集《叩问乡关》《生命物语》《给上帝打个电话》,小说集《江湖时代》,随笔集《一个业余鸟类观察者的日记》。

莽汉先生出身于地主家庭,在那个特殊的年代,他的童年和青年时期,一直受到歧视和压抑,十岁便被"下放"到离家20多里的农中上学,每天天不亮就像个地道的庄稼人一样下地干活,这些经历造成了他思想上的早熟,也加深了他对世事认知的深度。他的文字里,没有风花雪月,没有灯红酒绿,没有无病呻吟,没有矫揉造作,有的只是冷静的思考和对最高法则的追求,是对大自然的热爱和生命对造物主的敬畏,是对弱者的怜悯和对无助之人的帮助和关怀,是他于无意中已与上帝的造物之间血脉相通息息相关的超然体验。

莽汉的《生命物语》,与刘晓滨的《江湖无辈》、玄武的《爪子、嚎叫与飞舞》,蒋蓝的《哲学兽》和《玄学兽》等一共5本书,合成一套"动物镜像"系列丛书,可以说是中国散文作家开始认真审视动物,体察动物独特生活状况和感情的集中体现。敬畏生命,对生命艺术的追求,以及动物写作中关于"人"的建设,成就了他作品的深度、厚度、高度。

李训喜,1967年生,毕业于安徽师范大学,高级工程师,居北京。现任水利部办公厅副主任。业余从事过诗歌、散文和文学评论创作。1986年10月公开发表作品,迄今已在《诗刊》《星星诗刊》《诗歌报》《诗歌报月刊》《清明》《安徽文学》等国内数十家报刊发表诗歌、散文、评论200余篇,有少量作品曾被《新华文摘》转载和若干选集收录。著有诗歌集《谁能把一朵玫瑰举过天空》、诗歌、评论集《交叉》等。

王晓璇,是霍邱籍走出去的作家群中一个80后作家,1984年生于霍邱城关,中国作家协会会员,某传媒投资有限公司执行总裁,作家,影视剧、动画编剧,游戏构架设计师,电视广告创意人。著有长篇小说《商魇》《时间动,爱情不动》《娱乐大家》

等;儿童文学系列《华山论剑》《琪妙和魔幻字母王国》《豹石》《炎黄》等系列小说;独立或参与电视剧本《女马帮》《致命筹码》《娱乐大家》,电影《牡丹亭》《天降》《理想者:诺尔曼白求恩》等作品的创作。现居陕西。

胡世远,笔名"白天鹅的情人",70后诗人,现居沈阳。中国诗赋学会常务理事、中国诗词研究院副院长、辽宁省作家协会会员,辽宁省当代文学研究会副会长,世界青少年文学艺术联合会理事、《中国诗赋》杂志新诗文主编、《白天鹅诗刊》主编、《诗潮》特约编辑、《文苑春秋》杂志执行主编、《内蒙古文学》顾问。

他钟情于诗歌创作,坚持每天创作一首诗歌,迄今已创作诗歌3000多首,诗歌散见于《诗刊》《诗潮》《知音》等刊物,著有文集《山的那边》、诗集《白天鹅的情人》《奔走的草》。曾获首届全国当代文学奖、辽宁省首届辽河三农文学奖、首届"梁祝"杯全球华语爱情诗文大赛金奖、2010年度中国首届"十大先锋诗人"。

2012年,胡世远自费创办东北第一个民间诗歌奖项——白天鹅诗歌奖。首届中国白天鹅诗歌奖全国诗歌大赛于2012年9月在沈阳颁奖。《辽沈晚报》《沈阳日报》、辽宁电视台、新浪网辽宁频道分别给予跟踪报道。

罗会祥,笔名阿祥,霍邱县新店镇人,安徽省作家协会会员。"文革"后恢复高考第一年考入淮南师范学院中文系,后入中国作协鲁迅文学院作家班进修一年。当过工人、教师、秘书、编辑,现任六安市作家协会常务副主席。

罗会祥自1976年起,在《安徽文艺》(《安徽文学》前身)发表作品,多年来发表散文、杂文、传记文学作品约400余万字。出版个人文集《四维阁文钞》(五卷),被国家图书馆、上海图书馆、首都图书馆、现代文学馆等收藏。有数十篇散文、随笔、人物传记被《读者》《书摘》(光明日报)、《作家文摘》《文汇读书周报》《杂文选刊》《青年文摘》等文摘报刊转载。多篇文章收入《全国中青年散文选萃书系》《时文选萃》《撑起头顶蓝天》《新世纪之光》等书。曾获得安徽省电视广播作品奖、安徽省社科类期刊作品奖等多种文学奖项。

陶勤之,安徽省作家协会会员,中国电力作家协会会员,现居北京。主要从事通俗文学创作。主要作品有长篇小说《黑红剑》《天涯绝情剑》等。

(四)活跃在霍邱本土的作家群

霍邱文学近年来呈现出欣欣向荣的局面,涌现了像张子雨、陈斌先、穆志强、张烈鹏等一批作家。2012年,在安徽省小说大赛中,霍邱作家张子雨、陈斌先分别获得金奖和银奖;在2014年初春,安徽省第二届小说大赛,作家陈斌先、张子雨又分别获得了银奖和铜奖;2014年,安徽省第一届散文大赛,作家穆志强获得铜奖。霍邱文学在整个六安市走在了最前列,在安徽文学方阵中成为很有力量的一支队伍。

除他们以外,在霍邱的土地上,还有耕耘在文学沃土中的庞大的作者群:著名儿歌歌词作家,已在《词刊》《歌曲》《儿童音乐》、中央电视台等媒体发表、录制、播放作品500余首的张冰;第四届"全国青年歌词创作奖"获得者,词作家、淮河文化专家,多次获得过各类大奖的李春吟;曾写过报告文学《淮河作证》,获《人民文学》举办全国征文优秀奖的庄有禄;安徽省作家协会会员,出版过长篇小说《给命运洗个澡》,纪实文学《决不放弃》的殷娟;中华诗词学会会员,安徽省作家协会会员,出版《诗词趣话》《女史春秋》等专著何怀玉;曾参与创立皖西学院河畔诗社并担任过主编的诗人王太贵;特级教师,著有《中学生个性化作文引路》的赵克明;中学教师,曾在《人民日报》《中国教育报》《安徽日报》等报刊发表过作品的刘家宝;小学教师,在《人民日报》《飞天》等报刊发表散文作品的沈立全;安徽省作家协会会员,个体店老板,被誉为"柜台作家"的王和文;下岗工人,以街头修自行车维持生活却钟情于文学创作的高少之;与《读者》《格言》《特别关注》等签约的农民作者张振旭;作品《和夏天有个约会》曾获2002年度安徽省报纸副刊好作品评选二等奖的史训玉,还有马有彬、李强、侯金雁、胡传虎等等作者,他们一起构成了风生水起的霍邱作家群落。

二、穆志强的文学创作

穆志强,回族,早年做过教师,也做过乡镇干部,现为霍邱县文化广电新闻出版局副局长。1965年10月出生于霍邱县洪集镇洪集老街,洪集这地方民风淳朴,邻里和

图三十三　穆志强近照

睦。一个老人去世,街坊邻居们会为之守灵,出殡时沿途商铺会点燃鞭炮为之送行,这种场景在其他地方很难看到。穆志强在这座回汉两族人民和谐共居的古老小镇上,他先后度过了童年、少年、青年时光。小镇的古朴、安宁、典雅和极具淮河风情的乡风民俗给他的心灵打下了深深的烙印,结下了浓浓的乡土文化情结。

穆志强1982年10月走上工作岗位,在家乡的一所小学教书。每天除了教学之外,他面对的是淙淙的溪流、弯弯的小路、青青的竹林、炊烟袅袅的村庄、一望无垠的原野,眼里布满美景,心中装着乡情。在乡村教书的日子里,接触到许多民歌故事、俚曲、谐语,这些乡村百姓口传心授的民俗文化无时无刻不影响着他,吸引着他。1985年1月,穆志强搜集整理的民间故事《乡间妙对》在《安徽农民报》发表,之后他共整理出民间故事985篇,民歌1200余首,谚语6000余条,其中《张英戏题王皮楼》《娥眉州的传说》《包拯巧联断奇案》等百余篇民间故事分别在《乡音》《山西民间文学》《山海经》等报刊上发表,有的还被搬

上了舞台,走上了荧屏。

1994年11月,穆志强因工作关系离开他生活30年的故乡,调入霍邱县委统战部从事民族事务工作。离开了老街,离开了家,他总有一种漂泊感、迷茫感,内心时常被孤独寂寞包裹着,魂无所依,心无所系。他始终怀念头顶上皎洁的月色,檐前呢喃的燕语和满院明媚的春光,怀念那鸡鸣树颠、犬吠深巷的意境,那飘逸的五谷杂粮的芳香和袅袅升腾的炊烟,怀念那清清的池塘,还有那满大街流淌的叫卖、问候和欢笑……穆志强前期主要是搜集整理民间文化,真正的个人创作开始于1995年7月在《皖西日报》副刊头条发表的第一篇散文《故园入梦》。

故乡的一山一水,一草一木在他的笔端诗意地闪烁,《怀念红杏》《早稻红》《腊梅》《青青夏日唱山歌》《童趣悠长的夏天》《故乡的春》《鸟儿栖故乡》《乡村的月亮》《清明雨》《故乡的小镇》《桑叶青青桑叶情》《寻找春天的心》《怀念远去的冬天》等一大批描绘故乡、抒发乡情的美文见诸报端名刊,产生了一定的影响。国内著名选刊《读者》曾连续三次选载他的散文《青青夏日唱山歌》《童趣悠长的夏天》《乡村的月亮》,分别

图三十四　穆志强在故乡的桃花林

收入《读者乡土人文版十年精华丛书》——《心灵的家园》和《六安文学六十年》。穆志强深爱父母,深爱亲人,在大写特写家乡的同时,也曾用深情的笔墨写他的小家、写长辈、写活着的和故去的亲人,《母亲纺线线》《大路上走来我的父亲》《永远的外婆》《爷爷的印象》《宝玉》《站在节日的门槛前》《想家的时候》《明月

皎皎照母魂》《小城终有家》《家的诠释》等一篇篇感人至深的文章是他心灵的真实写照。他的散文也得到了大家的认可和喜爱,《童趣悠长的夏天》《母亲纺线线》分获安徽省报纸副刊好作品一、二等奖。《九华悟道》获"九华三十年"征文优秀奖。《怀念红杏》获"全国绿色诗文大奖赛"佳作奖。散文《青青淮河柳》收入《滋润心灵——晨读美文百篇》。2014年,在安徽省首届散文大奖赛中,他的抒情散文《为故乡喊魂》荣获六安市"淠河文学奖"一等奖、"江淮文学奖"、安徽省散文大奖赛铜奖。大型文学双月刊《清明》2015年第4期以重点力作推出,著名文学选刊《中华文学选刊》《散文选刊》分别转载。另外,该文还被收入《武昌湖笔记——安徽省首届散文大奖赛获奖作品集》。

图三十五　穆志强作品被多种选刊收录

洪集这地方出文人,现代的就有徐贵祥、柳冬妩、张冰等,这一方水土滋养作家,和这里环境、民风、生活习俗、文化氛围息息相关。穆志强对故乡充满情感,他长大的那条青石板老街,在记忆里分毫不乱,这里是茶楼,那里是酒肆,阿訇在什么地方屠宰,何处有口大锅烀牛骨头,这些记忆鲜明地印在穆志强的心里,成为他以后写作的土壤和养料。

穆志强喜欢民间文学,曾经收集整理了不少民间故事和民歌。穆志强也写小说、散文和歌词。其中写得最好的当是散文,他的散文意境好,词语讲究,于平淡中见境界。穆志强的文学创作开始于20个世纪80年代,先后在《新华月报》《农民日报》《词刊》《安徽文学》《诗歌报月刊》《小小说月报》《山海经》《儿童音乐》等60余家报刊上发表各类文学作品500余篇(首),获得各级各类文学奖项20余次。歌词《野菊花》被谱曲获第二届中国少年儿童歌曲大奖赛创作一等奖,被中宣部等七部委选为全国百首爱国主义教育歌曲,并入选多家音乐教材。诗歌《乳名》收入《中国当代抒情短诗集萃》。作品《家在淮上》获六安市首届"五个一工程奖"。

穆志强现为中国民间文艺家协会会员、安徽省作家协会会员、中国音乐著作权协会会员、六安市作家协会副主席。

(一)代表作品分析

《为故乡喊魂》。这是穆志强2013年秋天创作的一篇散文,全文6000余字,这篇文章在安徽第一届散文大赛中是六安市区域赛的一等奖,经过层层筛选,最后获得省赛铜奖。

1.作品的立意

为故乡喊魂,不仅是喊故乡的,母亲的,也在喊自己的魂。如今人们缺少的是什么?不是物质,而是精神,信仰,是魂。我们天天喊发展,喊GDP,喊腐败,喊教育……就是没有喊魂。

图三十六　穆志强在外省考察

2.章节的设置

第一段母亲为我喊魂,第二段写故乡的魂,第三段写母亲的挽歌,第四段是渐行渐远的故乡的魂。连串成片,让读者感受到,故乡就是母亲,母亲就是故乡。我们所有的文学情结,文学的营养,都来自故乡。而我们今后的子女,他们还会知道乡村的花草树木,庄稼、农具、村庄、沟渠吗?我相信城里的月光一定不会有故乡的明亮。我们离自然太远。作者看到了这个危机。所以他要喊,声嘶力竭地喊,或者孤独地喊。喊对于故乡也好,母亲也好,可能是喊不回来了。但喊,就是穆志强的个性使然。

3.饱满的感情,优美的文字

散文是需要用真情的,穆志强对故乡的山水,对母亲,对龙井,对老街……用情极深,力透纸背。相信读过文章的人,都能感受到。小说作家可以游离于文章本身,去冷静地叙述一个故事,一个人。而散文作家,则要进入文章本身,参与进来。

城里的我们常常噤声,原因很多。但多数人认为,喊又有用吗?但如果我们连喊都不会了,不敢了,我们将会失去最重要的,那就是魂。这篇文章内涵丰富,文本干净。那个故乡在穆志强的笔下,多姿态地向我们呈现。

图三十七　穆志强作品发表在《读者》杂志

(二)穆志强散文特色

穆志强的散文,真正是"乡土散文",很多篇章字行之间,流溢着浓郁的血脉亲情之爱、故土眷眷之思和泥土禾稼的芬芳气息。《母亲纺线线》《青青六月唱山歌》《早稻红》等篇章都是这类文章的代表作品。

古人曰:"言之无文,行而不远。"穆志强"乡土散文"写得精练、精致,特别是在语言的运用上,下了很大的功夫:或大气磅礴,或古朴苍凉,或柔婉密致,或平淡悠远,令人读之爱之,不能忘怀。试看他笔下的早稻红:"终于在一个天朗气新的早晨,向主人展示起妖娆妩媚的姿容:打着花骨朵儿的,一朵朵像玛瑙般的石榴米;含苞欲放的,像天真烂漫的小姑娘眉心间点着的红红的'眉眉俏';成束儿的,犹如出嫁的新娘搽着胭脂披着绯红的婚纱;低头的,含情脉脉;昂首的,百媚横生。清风乍起,绿摇红飘,令人牵魂动魄,诗情浓浓。"

穆志强善用工笔刻画,试看他写的《青青淮河柳》,"恬静而不俗,纤丽而不妖,既能泛绿旷野山冈,又能滴翠溪畔地头","冷落地跻身在苇草蒿蓬丛中,悄无声息地伸展着纤细的根须,上饮寒露,下吸黄泉,背负苍穹,脚踏瘠土,千帆为伍,白云相伴,沐浴凄风苦雨,看惯惊涛拍岸"。穆志强对淮河柳充满深情,饱蘸一腔热血抒写淮河柳,由物及人,借柳喻人,表达了对淮河柳以及淮河岸边人的由衷的赞美之情,形神兼备、主旨鲜明。

穆志强是一个回族人,一直恪守着回族的生活信仰和生活习惯。他性格直率,为人低调,从来不愿为"五斗米折腰",看不惯官腔官话,也绝不趋炎附势。所以他工作空闲的时候,总是喜欢独自读书。穆志强有佩玉焚香的习趣,在

图三十八　穆志强在淮河岸边

他家里,有一个长条形的供桌,桌上摆放着香炉。穆志强喜欢陆游的一首诗:"官身常欠读书债,禄米不供沽酒资,剩喜今朝寂无事,焚香闲看玉谿诗。"穆志强夜晚焚香读书,常怀幽静雅致,他的不少作品都是在袅袅青烟、氤氲缭绕中捕捉灵感创作出来的。

第十节　叶集新生代作家群

叶集位于六安市西部,南依大别山,有史河蜿蜒流于西边,与河南固始县隔河相望,素有"大别山门户"之称。叶集镇原来隶属霍邱县,1998年叶集镇计划单列,行政区划上直属六安市。叶集是一块风水宝地,也是一方文藻之乡,巍巍大别山、悠悠史河水滋养了叶集人的聪明才智和诗情文韵。

20世纪20年代,北京出了个"未名社",这是鲁迅领导下的一个进步文学团体。在未名社的六个成员中,除了鲁迅和河南籍的曹靖华外,其余的韦素园、韦丛芜、台静农、李霁野都出生于皖西叶集。一个皖西小镇,一条五里长街,同时出现四位有影响的文化人,不能不说是一个奇迹。"未名社"成员追随鲁迅先生,积极投身"五四"新文化运动,不仅自己创作文学作品,还大力介绍和译介国外优秀作品到中国来。叶集的先贤,凭借"未名社"以及他们创作的大量优秀作品而名扬中国文坛,为叶集湾打开了引以为荣的"文脉"。

时光荏苒,岁月如歌,80年过去了,我们欣喜地看到,这道"文脉"在叶集承续着、畅通着、延展着。

黄开发,男,1963年12月生,叶集人。文学博士,教授,博士生导师。1986年获安徽师范大学中文系文学学士学位。1989年获北京师范大学中文系中国现代文学专业硕士学位,后到北京教育学院工作。1997年考入北师大中文系,攻读中国现当代文学专业博士学位,2000年7月毕业后留校任教。2002年在韩国国民大学任客座教授。现为丹麦奥尔堡大学创新学习孔子学院中方院长。主要研究现代汉语散文、现代文学观念和周作人等。著有《人在旅途——周作人的思想和文体》

(1999年)、《文学之用——从启蒙到革命》(2004年大陆版，2006年台湾版)、《民国苦魂：周作人的精神肖像》(2013年，台湾版)、《周作人研究九十年》(2014年，台湾版)，主编有《中国散文通史·现代卷》(上)等。

如今，在叶集本土上，活跃着一批文艺新秀，他们不是专业文化工作者，但业余从事文学创作，使叶集文坛呈现出"红杏枝头春意闹，佳作迭出不胜看"的景象。诗歌、散文、小说各种文学体裁都在这块美丽的沃土上开出了灿烂的花朵。

老一辈的文化人有安天国，曾经担任叶集文化馆馆长，现在已是耄耋之年，仍然热衷家乡文化建设。姜兴云，1964年毕业于安徽农学院，长期从事商贸工作，业余从事诗歌创作，出版过两部诗歌集《心雨》《眷念》。20世纪90年代中期，姜兴云、安天国等人联合史河对岸河南固始的赵家利等人，创办了地方文艺杂志《史河风》。《史河风》办刊不久，因为各种原因成员分家，由河南赵家利等人继续办《史河风》，叶集姜兴云、安天国等人创办了一个新的文学刊物，取名《未名文艺》。《未名文艺》杂志给叶集的文学带来了一股春风，它把叶集的文学爱好者团结凝聚在一起。

以《未名文艺》为平台，涌现出一个较大作者群，黄圣凤、李艳、黄菊、李静、黄恩枫、曹声明、蒋崇杰、朱德奎、刘光武、黄平富、陈永睿等等。其中，黄恩枫多年在南方打拼，一边经营着自己的广告公司，一边笔耕不辍，在报纸杂志发表过不少作品，并出版过诗集《猎狼族诗选》。黄恩枫置身于欲望喧嚣的都市，他以一个"乡下人"的眼光审视都市，用诗歌关注民生、净化灵魂。曹声明是一位退休教师，2012年才开始动笔写作，创作题材多为历史评论，或者研读红楼，在新浪博客形成了自己的阅读群，赢得了较好的人气，主要作品有评论《隐藏了两千年的历史大迷局》《真真假假哭可卿》等，著有文集《史河追梦》。刘光武是一名成功的商人，他是叶集建材经营领域的领军人物，对文学创作情有独钟,无论生意有多忙都没有把爱好的文学遗落,业余从事小说、杂文和曲艺的创作,主要作品有散文《老杨是个活宝》、相声《叶集往事》等。他的作品多用叶集方言,诙谐幽默,嬉笑怒骂皆成文章,有很强的可读性。蒋崇杰主要写作散文诗,出版过散文诗集《石头花开》(三人合集)。朱德奎也是近年才开始写作,作品题材主要是散文,他的文字朴素自然,口语化较浓。代表作品有散文《石油工人一声吼》《我是一个兵》等。

尤其值得关注的是,叶集作者群中女性作家颇为活跃:黄圣凤、李艳、黄菊、李静在散文、诗歌、小说创作中也取得了一定的成绩,影响越来越广泛。她们创作出《母亲·簸箕》《苏轼,我的千年月》《读你》《往事峥嵘》等一批优秀作品。这些女性作家群中,有人民教师、有行政干部、有商业经营者、有普通农民,她们生活在各自不同的圈子里,共同踩着叶集的"文脉",延展着叶集的"文韵",书写着不同的人生,各自凭借自己的努力,创作出不凡的作品,正一步步走进大众的视野。

一、李艳的创作

李艳生于20世纪70年代初,父母都是大字不识的农民,兄弟姐妹8个,她排行最末。李艳的小哥当年是村民办教师,小哥的书架,滋养了李艳的豆蔻年华。在席慕蓉的、普希金、泰戈尔的诗句里,李艳知道原来还有这样的一种文体,短短数行便能表达喜怒哀乐,诠释爱恨情愁,所以,她爱上了诗。

李艳说:"我是一位手工业者,我用自身价值建设物质家园,养活我的诗歌。"从少年到中年,无论生活发生怎样的变化,无论境况是阳光还是风雨,她一直坚持写诗歌,她一直没有放弃过。

图三十九　李艳近照

2007年,李艳收集二十年来写的诗歌114首,集成一本文集《槐花如雪》。《槐花如雪》中的诗歌朴实纯真,每一首小诗都不长,像一朵朵洁白亮丽的槐花,淡雅洁净,构思也精致小巧。

李艳早期作品的主要特征是注重个人情感的表达,注重直感,很有想象力。诗集的主要篇幅表达一个敏感多情女子的种种心态,有回想、有思念、有期待、有告别、有寂寞、有悲伤,灵动的诗句传达出微妙的情感驿动。

李艳的生活动荡不平、一波三折,她做过手工,打过银器,现在经营一家金店,要进货、要销售、要管理,在顶住生存压力情况下,她对文学倾注了极大的热情,有一些诗歌甚至是趴在柜台上完成的。生活中遇到很多的状况,她也习惯于用诗歌来表达。

2013年,李艳出版了第二部诗集《听风的女子》。这本诗集收录了李艳在2007—2013年创作的诗歌100多首。在当今心气浮躁的社会环境下,她总是能从特别的角度带给我们温情脉脉的"小幸福""小甜蜜""小忧伤""小思考",这些就是她的日子,每一首每一行都有着寻常人察觉不到的爱和被爱、感动和被感动。在这本诗集里,除了延续她一贯的"心灵按摩"的风格以外,更多地表达了无处诉说的苦衷,超越自身的渴望和无奈,以及对生命意义的追寻和探求。该诗集大多采用第二人称倾诉的方式,意象能够翻陈出新,感情真率,清新自然。在这本诗集里,李艳开始将个体情感和对社会人生的关注对接,表达她对理想生活的真诚期待,对现实生活的释然态度。

李艳的诗歌在主题和写作上的特点:永远的真诚和美好。人有异于动物,在于生存温饱之余还需要寻求生活的价值、活着的意义,李艳的诗歌无论是表达亲情、友情、爱情还是闲情都那么亲切平和,透着真诚和美好。"这个春天不再有您,妈妈,曾经的相守是那样珍贵,多么渴望能再握着您的手,妈妈,哪怕是走在风里雨里"。诗歌的灵魂在于表达真情,李艳的每一首诗歌里都洋溢着这样的真情,她对母亲说《来生还做你的女儿》,对亲人说《嫂子,别哭》,对朋友说《友情不曾远去》,对爱情说别《担心我的空间多雨》《今夜,星光灿烂》。李艳是用心灵在讴歌生活,她说:"我像打磨工艺精品一样打磨我的诗歌。"试想,有着这种执着坚韧,细心打磨的精神,还有什么精品文章不能打造呢!

李艳生活在两个世界,一个是现实世界,一个是诗意世界,她在两者之间苦心经营,可能比较辛苦,但真诚始终如一。

注重诗歌的细节。无论是小说,还是散文、诗歌,细节往往是最能打动人心的因子。

"如果,可以／我是多么希望／我能够忘记家乡的小路／忘记两旁如雪的槐花／和槐花般飘香的／短暂的爱情／我是多么的愿意啊／可是／那诱人的气息、总在某个相似的清晨／抓紧了我的记忆／让黄昏的风再一次／溢满了期盼"

诗歌最微妙、最能挠到人的灵魂,让人为之一惊、一动、一激灵的就是细节。李艳在她的诗作里,能够很好地把握细节的力量。很多的时候,人们都在期盼,但很多的时候人们都不知道自己在期盼什么,在迷惑或者懵懂后才能幡然醒悟:在期盼曾经类似记忆中的场景,那场景让我们伤感,让我们温暖和安然,如回笼觉,短暂,却过瘾。她的文字里常有这样一些客观信息:槐花,小路,爱情,清晨,黄昏,风……敏锐地捕捉这些信息,把那些过去曾经融合在槐花般颜色里,融化在五月的记忆拉进现实,就是这样的细节,引发出我们内心深切的共鸣。

二、黄菊的创作

黄菊,出生于 20 世纪 60 年代中期叶集北关一个农民家庭,高中毕业之后便南下珠三角打工,打工期间,她以散文写作为主,内容多是宣泄在异乡打工生活的无奈、困惑、徘徊以及对故乡亲人的思念和牵挂。她的纪实散文《打工的路好苦哇》,发表于《佛山文艺》副刊,曾引起过人们对打工一族的生存关注。2006年,黄菊结束在异乡的打工生活,回到家乡叶集。回乡之后的一段日子,她阅读了乡贤台静农先生的不少乡土小说,开始了乡土小说的创作。

黄菊的乡土小说多以史河为背景,作品以中篇居多,倾注了她对生活的思考和反省,小说多侧面、多层次地描绘了"地之子的后人们"当今多姿多彩而又充满艰难曲折的生活,写了他们创造之中的喜悦,耕耘之后的收获,摈弃贫穷的磨难,走向富裕的坎坷。

黄菊生活在乡村,有很丰厚的乡土生活经验,她的题材来自于真实的乡土生活,比较接地气。主题开掘较深,结构和布局开合自然,人物性格拿捏比较到位,人物形象鲜明,立体感强。

图四十　黄菊作品集

黄菊比较注重环境描写和人物心理描写,语言有其独到的特点,有哲理的叙述,也有深刻的思辨,有些地方也有诗意的描绘。黄菊顶着巨大的生存压力,每日需要为口食劳碌,还能够多年坚持自己的追求,难能可贵。

2013年,黄菊加入了安徽省作家协会,同年,她出版了第一部小说集《地之子的后人们》,收集了黄菊的小说作品7篇。1928年,乡贤台静农的小说集《地之子》作为鲁迅选编的"未名新集"之三在北京出版,台静农的这部著作,每每让黄菊的眼前出现家乡这片黑黝黝的土地,以及世世代代生于斯、长于斯、耕耘于斯、挣扎于斯的坚韧的父老兄弟,黄菊就生出书写他们、描绘他们的愿望,于是黄菊的创作题材离不开勤劳艰辛的叶集人民。

黄菊注重对叶集人高洁灵魂的抒写。《河之魂》中的周慧,《名分》中的刘四宝等,都表现出了叶集人勇于奉献、甘于牺牲、乐于助人的传统美德,歌颂了家乡的土地和普通百姓日益美好的新生活。

叶集是个出文人的地方,从20世纪之初到现在不过百年,叶集不仅涌现出在新文学运动中有影响的"未名四杰",新时期又有新生代作家群盛开如花,一个弹丸之地,文学人扎堆出现,是个不可小觑的文化现象。

三、李静的创作

李静出生于20世纪70年代,中学时代就爱好文学,一直笔耕不辍。2009年,李静出版了诗歌集《静观飞花》,2013年,她又出版了散文集《草尖上的阳光》,同年加入安徽省作家协会。

李静是国家公务员,平时工作量很大,有着很多繁杂的工作,但她仍然坚持写作,没有放弃。她热爱生活,能超越尘世的纷扰和闲杂,静享着内心的蓬勃与丰富。她的文字发自心灵,带有小女子特有的气息,带有对生活的体验和感情,带有对生命的守望和对这个世界

图四十一　李静近照

的注目、感怀、眷恋和热爱。文字朴素生动,清新自然。

李静非常感性,她忙时工作、闲时看书写作、忧时流泪、乐时开怀,从不无病呻吟,矫揉造作。在她的集子里,写了很多花,她描写这些花的娇艳、芬芳、高洁,寄托自己的审美情感和

人生追求;她写亲人,情真意切,感人肺腑;写世界事,慷慨激昂,爱憎分明;写美食,口角生津,回味绵长。面对大千世界、浩荡乾坤、亿万众生,麻木是可悲的,一个作家就应该敏感、多感、善感。李静总能在伤感之后获得了"感悟"。她怕风,担心"风起时心如花瓣零落成泥",但她又写道"风吹雨打之后终于练就坚硬的盔甲";她怕寒冬,"绿色尚存却在顷刻间一片荒芜",但她又写道"春暖花开其实为时不远"。她将自己喜怒哀乐渗透进了作品里。对朋友,有"窗前看月"的宽慰,"上天保佑"的祈祷;对爱人有"红丝巾"的情结,有"纸鸢"的线牵;对孩子有享受天伦的欢乐、祈愿健康的心语;对工作有"忙中有乐"的感受和取得成绩的自豪;以及对母亲的感恩尽孝,对古代"四美"的咏叹同情,对江南之行的痴心吟唱,对老街记忆怀念,对清明时节的哀思,对"春蕾"的关爱,对"好心大姐"的惦念,对流浪汉的怜悯……

"情"涵盖了李静的每一首诗、每一篇文。

后 记

  一个国家、一个地区的发展应该是经济、政治、文化、社会、生态的和谐发展。文化软实力在社会的可持续发展中起着越来越重要的作用。文学是文化的重要组成部分和主要载体之一。近年来,皖西的红色文化、水利文化、旅游文化、民俗文化等方面的研究与整理进展较快,但是关于皖西文学研究还比较薄弱,尤其是现当代文学,皖西大地曾经走出了一批具有全国影响的作家,皖西本土也有一批作家取得了不凡的成绩。系统地总结与研究他们的文学成就和创作经验,大力宣传他们、推介他们,是皖西本地高校义不容辞的职责。当前,"通识+专业"的培养模式已成为中国高等教育的趋势,许多大学都在调整课程,改变本科教学以往比较单纯的专业培养模式,要求学生在完成本专业课程之外,选修一定学分通识课程。为了适应形势的发展需要,化皖西地方文化资源为教育资源、提升应用性人才培养质量,我院已将《皖西籍现当代作家研究》课程列为全校非中文各本科专业的通识选修课程,充分体现了地方应用型本科高校的特色。

  《皖西籍现当代作家研究》课程自编讲义虽然初具规模,但是没有一本与之配套的、公开出版的教材,这对课程建设和学生学习都产生不利影响。因此,为了更好地进行课程建设、更有利于学生学习,使这门课程更系统、更完备,我们组织课程组教师以及皖西部分本土作家编写了《皖西现当代作家研究》这部教材。我们多次召开教材撰写研讨会,在大家讨论的基础上，由余学玉拟出全书编写大纲。全书完稿后，由江琼统稿，余学玉审定全部书稿。

与中国现当代文学相关课程教材相比，本教材特色鲜明，主要体现在以下几个方面：

地域性。展示皖西地域文学的风采，侧重揭示皖西现当代文学的独特性，是本教材的首要目标和价值所在。本教材的编写范围主要包括两个方面：一是皖西籍作家，这些作家生长于皖西，从小受到皖西地方文化的哺育，后来走出皖西，散居全国各地；二是皖西土生土长作家，他们生长于皖西，生活在皖西，坚守着皖西这方热土。本教材植根皖西，以皖西籍和皖西本土作家的文学活动为研究对象，具有鲜明的地域特色。

文化性。皖西区域内有着丰富的文化，农耕文化、淮河文化、皋陶文化、晚楚文化构成皖西地域文化的精髓。皖西是著名的革命老区，皖西现代文学的发生、发展都与红色文化密切相连。本教材以皖西地域文化为背景，以红色文化为基点构建体系，因此，具有浓郁而独特的文化性。

学理性。本教材的编写者长期致力于皖西地方文化和文学研究，学科积累丰厚，科研、教研成果突出。这些为本教材的编写提供了坚实的学理基础。

需要补充说明的是，皖西现当代作家、作品众多，资料浩如烟海，我们在编写过程中，难免顾此失彼。教材前后各章在体例和篇幅上也没有强求一致，有些作家未能给予充分的篇幅评介，这是略显遗憾的。

全书执笔情况如下：

绪论由张烈鹏执笔，第一章的第一、二、三节由余学玉执笔，第一章的第四节、第二章、第五章的第八节由江琼执笔，第三章由张丽萍执笔，第四章的第一、二、三、四节由崔玲执笔，第四章的第五节、第五章的第一、二、六、七节由陈红梅执笔，第五章的第三、四、五、九、十节由黄圣凤执笔。

后记

因为本书要作为高校选修课程教材使用,所以为保证学术的可靠性,编者多处直接或间接使用了自己此前的研究成果。在编写过程中,编者参考并吸收了一些专著、教材、相关学术论文以及网站、博客文章,这里向作者一并表以诚挚谢意!

本书能顺利出版,得力于编者所在院校教务处和文化与传媒学院的大力支持,还得力于安徽大学出版社的鼎力协助。在此,向所有参加本书编著的同仁,向关心与支持本书工作的领导、专家、朋友,表示由衷的感谢!

由于水平有限,我们热诚期待有关专家、使用本教材的老师、学生和各路读者摘谬指误,匡助编者,俾使皖西籍现当代作家研究与教学臻于新的境界。

余学玉

2016 年 9 月 20 日